U0681552

领你走进西藏

一部学术探险与拓荒的经典

亚欧丛书　EurAsia Series

1

梵天佛地

索引及译名对照表

[意] 图齐　著
魏正中　萨尔吉　主编

上海－罗马　SHANGHAI-ROMA
上海古籍出版　地中海与东方学国际研究协会
SHANGHAI CLASSICS PUBLISHING HOUSE　ISMEO - INTERNATIONAL ASSOCIATION OF MEDITERRANEAN AND ORIENTAL STUDIES

译 者 说 明

《梵天佛地》原著出版时间跨度较长，书中索引的分类、体例不太一致，为方便读者，特在全书翻译之外，另附本册索引及译名对照表。

索引的范围为《梵天佛地》第一至三卷、第四卷第一册的正文和注释，以及第四卷第二册中图齐原有的注释。

索引分为字词索引和主题索引，字词索引中又按照语言分为中文、梵文、藏文、其他语言。

中文索引依据拼音排序，梵文、藏文索引不再按照各自的字母顺序排序，而依据英文字母排序。

索引词条后的罗马数字代表《梵天佛地》卷数，若一卷中又分数册，则在罗马数字后加上阿拉伯数字代表册数，并以连字符连接。其他的阿拉伯数字表示该词条在《梵天佛地》各卷册中出现的页码。例如，**III-1**，5 代表《梵天佛地》第三卷，第一册，第5页。

译名对照表对书中出现的名词术语进行了简单的归类，分为六个大类：文献、天众尊号、人名、地名、术语、其他，依据拼音排序。需要提醒读者注意的是，因为书中出现的名词术语极为庞杂，这样的归类并非完全准确，而且依据书中具体内容，同一名字术语也会出现在别的归类中。例如“幻网”既作为佛教对世界的认识而归入术语中，又作为一部怛特罗文献的缩略标题而归入文献中。

关于文献。原著往往给出的是缩略标题，索引亦根据缩略标题编排，不再补全，需要查询的读者请参考各卷册相关之处。

关于天众尊号。依据藏传佛教，同一本尊依其不同化现而有不同的尊号和不同的图像表现，而且，原著对天众尊号的转写时有缩略和简写的情况，为了尽可能尊重原著，对这些缩略之处不予补全，

读者若欲获知其具体所指，请参阅正文及注释相关之处。天众尊号均单条罗列，即使它们有时所指的是同一本尊，例如大自在天在原著中有时亦称为湿婆，我们将其编为两个条目；再如观音的不同名号大悲观音、观音、观自在、世自在均单列词条。以星宿、动物等形象出现的天众，直接写出星宿、动物等的名字，不再标明其为神名。例如，牛宿、虎面等。

关于地名。地名中不仅包括大的地域、具体地点，也包括江河山川，佛寺佛殿的名字，佛教文献中出现的一些无法确切比定的地名、河名等也纳入其中。若一个地方有不同的称呼，均单列条目。例如，日喀则（gzhis ka rtse）又称为桑珠孜（bsam sgrub rtse）、桑孜（bsam rtse），单列为三条。

关于人名。藏人往往依其地望、氏族、出家受戒等而有不同的名字，若同一人物以不同的名字出现，我们将其编为不同的条目，并且各条目之下均列出其他所有称号。例如布让巴·安顿札仁亦称安顿札仁，编为两个条目，各条目中均出现布让巴·安顿札仁和安顿札仁两个名字，这样读者无论依据“布”字条还是“安”字条都可以查到，从而获悉两者为同一人物的不同称谓。如果同一人物不同名字的差异仅在后部分，则不再单列词条，例如，阿麦钦波和阿麦钦波桑杰意希为同一人物，仅列出“阿麦钦波”条，“阿麦钦波桑杰意希”不再单独列出。人名中的地望除非单独出现，一般不单列条目。

目　录

译者说明 …… i

索引 …… 1

　中文 …… 3

　梵文 …… 70

　藏文 …… 90

　其他语言 …… 137

　主题 …… 142

译名对照表 …… 145

　文献 …… 147

　天众尊号 …… 172

　人名 …… 220

　地名 …… 253

　术语 …… 271

　其他 …… 301

索　引

中　　文

阿达贝考赞　**II**，13
阿达赤热巴巾　**IV-1**，97，104
阿达柯热　**II**，13
阿底峡　**I**，30，39；**II**，2，6，13，16-18，20，21，35，37，38，41，44-49，52，63，71；**III-1**，77；**III-2**，38；**IV-1**，39，42，49，79，103，110，147，148，160，162，197，198，207，238；**IV-2**，307，316，364，392
阿底峡传规之二十一度母成就法并随许　**IV-1**，147
阿底峡传规之二十一度母成就法羯磨集·两种成就之库　**IV-1**，147
阿济(寺)　**I**，17，29，30，38，40，43，57；**II**，4，5，56，63，69；**III-1**，79
阿迦伦　**IV-1**，65
阿卡拉　**II**，13
阿卡罗悉地　**II**，28
阿库　**IV-1**，204
阿赖耶识　**III-2**，21；**IV-2**，349
阿里　**II**，1，8，10，12，13，17-20，22-24，28，62；**III-2**，2；**IV-1**，1，37，61
阿里三围　**II**，8；**IV-1**，62
阿里札仓　**II**，21
阿罗　**IV-1**，120
阿罗波遮那成就法　**II**，44
阿罗汉　**IV-1**，42
阿罗汉等正觉之一切恶趣清净威光王仪轨　**III-1**，24
阿麦钦波　**IV-1**，63
阿弥陀佛　**III-1**，59，60
阿摩罗瞿民　**II**，21
阿莫杜琼　**IV-1**，47
阿那达玛　**II**，10
阿那律　**IV-1**，196
阿那玛　**II**，12
阿难陀　**IV-1**，196
阿耨达池　**I**，49；**III-1**，3
阿毗达磨　**II**，3；**III-1**，35，112
阿婆度底巴　**IV-1**，80，188；**IV-2**，356
阿若德　**II**，10
阿若憍陈如　**IV-1**，196
阿尚　**IV-1**，44
阿阇梨　**I**，69；**II**，26；**III-1**，111；**IV-Ⅱ**，337，356
阿阇世王　**I**，10，100
阿说示　**IV-1**，196
阿说他树　**III-2**，22
阿索德　**II**，10
阿索卡德　**II**，12
阿塔尔　**II**，58
阿喜玛　**II**，10，12；**III-1**，9，51
阿修罗　**III-2**，15，40，41
阿育王　**I**，5；**III-2**，36
阿育王譬喻鬘　**I**，15
阿旃陀　**III-2**，2
埃文斯·温茨　**I**，70
艾劳拉　**II-2**，2
艾旺　**IV-1**，4，10，16，19，20-22，24，43，85，92，93，95，96
爱神　**I**，25；**III-1**，73；**IV-1**，168
安顿札仁　**II**，24，30
安夺德　**III-2**，83
安格拉·曼纽　**III-1**，73
安慧　**III-1**，38
安忍女　**III-2**，50
安隐因陀罗　**II**，29

安止（龙王） **IV-1**，180，202
庵没罗树 **III-2**，22
昂宿 **IV-1**，202
昂宿童子 **IV-1**，130
昂旺绛贝德勒嘉措 **IV-1**，87
翱·多德 **IV-1**，49
翱·格色尔 **II**，24
翱·洛丹协饶 **II**，22
翱译师 **II**，21；**IV-1**，44，112
奥伯米勒 **IV-1**，36，48
奥登堡 **III-1**，114
八怖畏 **IV-1**，211；**IV-2**，365
八大佛塔 **III-2**，66；**IV-1**，42，226
八大灵塔名号经 **I**，11
八大菩萨 **IV-1**，72
八大尸林 **III-1**，94；**III-2**，20-23，48，60
八大天 **IV-1**，82，91，190，191
八辐法轮 **III-1**，22，27，30，49；**IV-1**，76，168，170，176
八马主 **IV-2**，325，337
八马主药叉 **IV-2**，325
八男女阎摩 **III-2**，38
八起尸成就法 **III-2**，38
八山 **I**，23；**III-2**，22；**IV-1**，10，11，13，116，232，236，240，243
八思巴 **IV-1**，52，54，60，61，63，65，106，109；**IV-2**，307，317
八天女 **III-1**，45；**III-2**，55；**IV-1**，130
八曜 **IV-1**，202
八正道 **I**，24；**III-2**，80
八支心髓集 **II**，35；**III-2**，49
八支心髓注解·句义月光 **II**，35
巴曹白朗 **IV-1**，49
巴曹译师楚臣杰波 **IV-1**，49，50
巴达玛 **II**，12
巴德 **II**，12
巴尔蒂斯坦 **I**，31
巴高（寺） **I**，29，30，40，52，57，58，66，68
巴迦 **II**，58
巴考 **IV-1**，46
巴莱 **II**，10
巴罗拉恰 **II**，58
巴热 **II**，10
巴日 **IV-1**，157
巴日巴 **IV-1**，4
巴·赛囊 **IV-1**，39
巴升尔 **IV-1**，4
巴特萨利 **I**，53；**IV-1**，99
巴特恰利亚 **I**，53，55；**III-1**，55，56，69，83；**IV-1**，75，118，120，154
巴伍拉康 **IV-1**，48
巴伍寺 **IV-1**，38
巴夏尔 **III-1**，10
拔除地狱 **III-1**，35，44，86；**IV-1**，204
拔除地狱·忏悔王 **III-1**，86
跋罗达婆思扎 **IV-1**，204
跋陀罗兄妹 **IV-1**，86，87，104，143
白殿 **III-2**，3，61，72，73，82，83
白度母 **I**，59，66；**III-2**，70，74，85；**IV-1**，97，136，146，160
白噶德 **III-1**，4
白岗 **IV-1**，38，49
白金刚女 **IV-1**，219
白居寺 **IV-1**，30，33，42，52，96，100，101，113
白朗 **IV-1**，37，38，49，50
白朗巴 **IV-1**，49
白朗雪布 **IV-1**，49
白琉璃 **I**，3；**IV-1**，52，60
白琉璃论·除疑答问 **I**，3，9-11，48
白玛 **IV-1**，44
白玛噶波 **I**，51，69；**II**，7，9，11，14-17，24-28，30，47，51，61，62；**III-2**，62；**IV-1**，49
白玛坚 **IV-1**，50
白玛诺吉 **IV-1**，56
白女 **IV-1**，126
白伞盖佛母 **IV-1**，124
白伞盖佛母擦擦仪轨 **II**，62
白伞盖天女 **IV-1**，124
白色不动明王 **IV-1**，132，156
白色大金刚度母 **IV-1**，157
白色静相胜乐金刚萨埵 **IV-1**，108

白色女日月 **IV-1**，104，107
白文殊 **IV-1**，184，185
白阎摩 **III-2**，46
白衣母 **III-1**，20，35，82，105，106；**IV-1**，131，150，152，243
百夫长 **IV-1**，64
班觉 **IV-1**，10，106
班觉仁钦 **IV-1**，12，106
班那沃 **IV-1**，42
班纳吉 **III-1**，62；**III-2**，67；**IV-1**，99
班尼哈尔 **II**，57
班钦 **IV-1**，45，48，92
班钦波熏奴旺秋 **II**，56
班智达 **I**，13，31，42；**II**，5，18，20-22，24，26，27，47，48，50，56，59，61，70；**III-1**，44；**IV-1**，17，41，44，51，74，92，100，101，103，120，123，232
班准 **IV-1**，41
班左拉 **IV-1**，74
般若 **I**，17，28，57，58，60，68；**II**，20，64；**III-1**，22，27，30，34，36，66，67，83，84，104；**III-2**，6，10，12，43，88；**IV-1**，7，85，106，115，131，168，175，177，183-185，190，243；**IV-2**，307，347，349，402，418
般若波利 **II**，25，26
般若波罗蜜多 **I**，14，38，56，57；**II**，1，21，25，67；**III-1**，3，32，61，70；**III-2**，80；**IV-1**，84，103，234
般若波罗蜜多八千颂 **II**，17，21，31，49；**III-1**，62
般若波罗蜜多二万五千颂 **III-1**，62
般若波罗蜜多九颂精义论 **II**，33
般若波罗蜜多十万颂 **III-1**，62，85
般若佛母 **III-1**，83，84，112；**IV-1**，46，84，85，118，132，175，193，233-235
般若护 **II**，21，30
般若吉祥护 **II**，39
般若捷 **IV-1**，196
般若究竟 **III-2**，89；**IV-1**，123，183
般若女 **IV-1**，239
般若作护 **II**，50
斑莲 **III-2**，88；**IV-1**，183，184；**IV-2**，365
斑鹿 **IV-1**，211
半干半湿人头 **I**，68
半干人头 **III-2**，12
半跏趺坐 **I**，70；**III-1**，83
邦噶 **IV-1**，32，41
邦吉(寺) **I**，41，47，72；**III-1**，7
邦隆吉山 **IV-1**，35
榜题 **III-1**，15，50，76，77；**III-2**，23，24，26，29，30，35，43-46，65，69，76，79-82，86，90
宝 **III-1**，29，35，46，56，57，71；**III-2**，25，44，45；**IV-1**，134，150，188，191，199，200，203，215，216，220；**IV-2**，365
宝爱 **III-1**，30，47；**IV-1**，216
宝不动明王 **IV-1**，130
宝部 **III-1**，28，29，45，46；**IV-1**，78，81，213，216，221，225
宝成 **IV-2**，378
宝幢 **I**，19；**III-1**，30，32；**IV-1**，167
宝幢天女 **IV-1**，167
宝灯女 **III-1**，31，48
宝灯女陀罗尼 **IV-1**，186
宝度母 **IV-1**，226
宝忿怒自在母 **III-1**，95
宝歌女 **III-1**，30，47
宝供养 **III-1**，30
宝钩 **III-1**，30，31
宝冠 **I**，51，52，54，56-60，63，64，67，72；**III-1**，30，59，64，65；**III-2**，76；**IV-1**，70，101，167，168；**IV-2**，349
宝灌顶 **III-1**，29
宝光 **IV-1**，216
宝嘿噜嘎 **III-1**，95
宝护 **III-1**，30
宝花女 **III-1**，31，48
宝积 **I**，14
宝吉祥 **III-1**，30
宝吉祥女 **IV-1**，219
宝见 **III-1**，30，47
宝界自在母 **III-1**，70
宝金翅鸟 **III-1**，112；**IV-1**，161

宝金刚 **II**，25，26，30，47；**III-1**，30；**IV-1**，208，216
宝金刚杵 **III-1**，29，30
宝金刚女 **IV-1**，175，188
宝金刚手 **IV-1**，161
宝金刚作吽 **IV-1**，212
宝空行 **III-2**，30
宝空行母 **III-2**，32，33
宝利 **III-1**，30，48
宝莲 **IV-1**，217，243
宝莲度女 **IV-1**，184
宝莲三摩地 **III-1**，30
宝链 **III-1**，31，48
宝轮 **III-1**，30
宝鬘 **III-1**，28，30，33，70
宝鬘女 **III-1**，30，47
宝女 **IV-1**，134，219
宝瓶 **I**，65；**III-1**，56，96；**IV-1**，89，101，168，186，240；**IV-2**，349
宝拳 **III-1**，30
宝拳天女 **IV-1**，171
宝日 **III-1**，30
宝入 **III-1**，31
宝萨埵 **IV-1**，216，219
宝萨埵女 **III-1**，41；**IV-1**，177
宝伞 **IV-1**，167
宝伞天女 **IV-1**，167
宝烧香女 **III-1**，31
宝生佛 **I**，40，52，53；**III-1**，20，39，41，46，47，56，57，82，84，99，103，106，112；**III-2**，9，26，33，66，70；**IV-1**，81，96，115，150，168，176-178，209，214
宝生佛四印 **IV-1**，178
宝生佛休息 **IV-1**，176
宝手 **IV-1**，182
宝所成就 **IV-2**，401
宝索 **III-1**，31
宝涂香女 **III-1**，31
宝托木天女 **IV-1**，167
宝王 **IV-1**，216
宝无量寿 **IV-2**，347
宝舞女 **III-1**，30
宝嬉女 **III-1**，30，47
宝喜 **III-1**，30；**IV-1**，216
宝贤 **IV-1**，181，200；**IV-2**，306
宝贤女 **IV-1**，164
宝笑 **III-1**，30，47
宝行王正论 **I**，17
宝药叉 **III-1**，30
宝业 **IV-1**，218
宝雨 **III-1**，30，53；**IV-1**，182，202，218
宝语 **III-1**，30
宝月 **III-1**，114；**III-2**，90
宝月智严光音自在王 **III-1**，114
宝藏瓶 **IV-1**，166，170，186；**IV-2**，348
宝杖女 **III-1**，29
宝帐怙主 **IV-1**，25，42，86-89，104，106，139，143，162，242；**IV-2**，307，308，316，319
宝珠 **I**，24，27，29；**III-1**，70，95，111
宝主女 **IV-1**，226
宝自性天成山 **III-2**，22
宝自在 **IV-1**，149，150
报身 **I**，21
豹面 **IV-1**，104
暴恶 **IV-1**，167，211，230；**IV-2**，348
暴恶大忿怒 **III-2**，34
暴恶金刚 **III-1**，47，71，111；**IV-1**，122
暴恶金刚手 **III-1**，47，48，68；**IV-1**，111
暴恶金刚五鹏成就法·摧伏毒蛇金刚石 **III-1**，111
暴恶女 **III-2**，24，25；**IV-1**，124，166，242；**IV-2**，348
暴恶自在 **IV-1**，230
暴怒女 **III-1**，92
暴损明王 **IV-1**，204
悲 **I**，16，28；**II**，20；**III-1**，34，66，104；**III-2**，13，88
悲班智达 **II**，25，30
悲出现 **II**，43
悲华经 **III-1**，60
悲智不二 **III-2**，27
悲智双运 **IV-1**，236

北大殿　**IV-1**，72
北东山　**IV-1**，35
北俱卢洲　**IV-2**，302
贝　**IV-1**，61
贝奔　**IV-1**，65
贝达利　**III-1**，88，91；**IV-1**，204，205，241
贝德　**II**，10-13
贝吉衮　**II**，10-13
贝考赞　**II**，10-14；**III-2**，69，70；**IV-1**，42
贝克　**III-2**，8，14
贝廓德庆林　**IV-1**，100
贝廓曲德林　**IV-1**，100
贝拉　**IV-1**，23
贝拉赞普　**II**，15，50
贝拉尊希瓦沃　**II**，50
贝垅寺　**IV-1**，46
贝钦　**IV-1**，12
贝琴衮　**II**，13
贝桑波　**IV-1**，59
贝邬玛　**II**，23；**IV-1**，73
背光　**I**，50，52，66-69；**III-1**，6，15，16，45；**III-2**，3，46；**IV-1**，91，123
本初佛　**III-1**，66，104；**IV-1**，177，188-190
本初佛文殊　**IV-1**，156
本达　**III-2**，8
本莫切　**IV-1**，106
本莫宗奔贝　**IV-1**，60
本母　**III-2**，24，28，51-53；**IV-1**，166，172，202，204，211，230
本奈特·凯帕斯　**III-1**，16
本钦　**IV-1**，64-66
本生部　**II**，47
本师　**I**，41，55；**III-1**，65
本颂　**II**，48
本行　**I**，11；**III-2**，4
本益　**IV-1**，59
本尊　**I**，21，30，60，62，63，66；**III-1**，18，19，34，48，58，65，68，69，74，75，102；**III-2**，5，7，9，18-20，29，31，32，34，36-38，40，45，48，55-57，62，63，85，88，89，105；**IV-1**，51，82，106，122，137，156，173，189，210，231，239；**IV-2**，304，305，307，339，417
苯教　**I**，42-44，72；**II**，1，3，6，7，64，65；**III-1**，7，17，110；**III-2**，6，31，52，57，91；**IV-1**，34，35，40，49，88，96，105，208；**IV-2**，381，394
苯西琼那　**IV-1**，35，49
毕舍遮　**IV-1**，91，148
毕宿　**IV-1**，202
哔叽　**IV-1**，33
壁宿　**IV-1**，203
蝙蝠　**IV-1**，201
变相　**III-1**，53；**IV-1**，142
遍入天　**III-1**，32；**III-2**，65；**IV-1**，82，105，130，169，191，198，205，222，230
遍入天女　**III-1**，92；**IV-1**，166，187，211，230；**IV-2**，348
遍散　**IV-1**，185
遍照　**IV-1**，141，180，181，199
遍照藏　**IV-1**，101
遍照使者　**IV-1**，198
遍知布顿文集　**IV-1**，16，55，57，75，78，108-112，160，237-239，242，243；**IV-2**，305，306，327，328
遍知一切法主布顿译师传·掬花　**IV-1**，16，56
辨法法性论　**II**，61，62
辩积　**IV-1**，182，188，195
辩中边论　**III-1**，38
标识　**I**，27，39，52，54，58，62-66，68，69，72；**III-1**，16，20，29，31，32，34，35，40，44-46，50，55-57，59，66-68，70，71，83，84，95，99，109；**III-2**，5，12，16，19，23，27，28，34，35，42，44，45，49，54，56，57，62，65，67，69，73，79，101，106-110，114；**IV-1**，8，17，76，77，82，88，90，103，123，124，126，131，132，134，140，150，151，158，166-169，173，174，176，177，182-187，192，193，202，212，220，223-225，237，242；**IV-2**，347-349，364
别别自证　**III-1**，106，107
滨河　**III-1**，10
波迦吒树　**III-2**，22

波利质多本生　**III-2**，50
波林　**III-1**，3，5
波罗　**III-1**，16，57；**III-2**，72，73
波罗蜜　**I**，13；**III-1**，40；**III-2**，12
波罗蜜多乘修习次第优波提舍　**II**，34
波罗奈斯　**I**，9，10，34；**III-2**，78
波罗难陀经　**I**，51
波罗提木叉疏等唯不忘忆持书　**II**，35
波罗提瓦树　**III-2**，22
波阇波提　**IV-1**，219
波斯匿王　**I**，10
钵　**I**，53，67；**III-1**，58，63，64；**III-2**，68，76-78，81，82；**IV-1**，131，195；**IV-2**，347
伯希和　**II**，13；**IV-1**，53
伯·释迦多吉　**II**，24，115
勃律　**II**，3，28
薄伽梵吉祥胜乐轮曼荼罗仪轨　**II**，37
薄伽梵母般若波罗蜜多摄义九颂广疏　**II**，33
薄伽梵胜乐轮讚杖　**II**，46
薄伽梵现观　**II**，37
不败女　**IV-1**，205
卜力哩帝　**IV-1**，187
卜力哩帝天　**IV-1**，191
不丹　**IV-1**，5，34，40
不动　**III-2**，27；**IV-1**，79
不动地　**IV-1**，183
不动佛　**I**，40，43，52，54，67，102；**III-1**，47，48，55，57，66，76，82，84，99，100，103，106；**III-2**，4，9，26，27，32，33，41，66，67，73；**IV-1**，42，70，81，82，86，115，149，150，162，168，176，177，209，214，220，242；**IV-2**，340
不动佛部　**IV-1**，109，238
不动佛（怛特罗）　**II**，26
不动佛成就法　**IV-1**，162
不动金刚成就法　**II**，40
不动金刚手　**III-2**，88
不动明王　**I**，60；**III-2**，47，89；**IV-1**，85，122，123，129-131，139，153，157，192，197
不动无量寿　**IV-1**，145；**IV-2**，327
不动勇毅怛特罗　**IV-1**，131
不二金刚　**I**，18-21，35；**III-1**，55-57，104
不共念住　**I**，24
不空　**I**，40；**IV-1**，79
不空成就佛　**I**，40；**III-1**，41，43，56，57，67，82，84，99，104，106；**III-2**，9，26，33，64，66，87；**IV-1**，81，115，150，168，176，178，194，215，217
不空见　**IV-1**，195
不空见佛　**IV-1**，42，93
不空金刚　**III-2**，38，59
不空羂索　**III-1**，33
不空羂索心髓　**IV-1**，151
不空羂索仪轨细释王　**IV-2**，320
不空莲花顶髻　**IV-1**，129
不了义　**II**，4；**III-1**，109
不死鼓音　**IV-1**，145
布顿　**I**，3，8；**II**，8，9，12，14，15，21，22，63，64；**III-2**，15，90；**IV-1**，8，9，16，18，19，26，31，36，45，48，49-51，55-57，65，75，83，97，100，103，105，112，119-121，124，129，130-133，149，155，158，160，164-171，173-177，179-181，185，187-193，195，197-199，206-213，220，222，226，227，230，231，237-239，242，243；**IV-2**，122，123，163，267，268，304，305，347，348，358，363-366，378，397，414
布顿仁波切　**IV-1**，50；**IV-2**，378
布顿仁钦朱　**IV-2**，401
布噶色　**III-1**，88，91；**IV-1**，204，205，241
布画　**I**，39；**III-1**，18
布拉马普特拉河　**IV-1**，5
布尼玛　**III-1**，77
布尼玛拉　**IV-1**，57
布琼　**III-1**，98，115
布让　**II**，4，8，10，12-14，18，20，54，60，61，68；**IV-1**，62
布让巴·安顿札仁　**II**，23
布施　**I**，13，15；**III-1**，40；**III-2**，61，87；**IV-1**，44，95
布施度女　**IV-1**，184
步行黛　**IV-1**，120

怖畏 **I**, 62, 63, 67; **III-1**, 11, 47, 48, 73, 74, 94; **III-2**, 5, 6, 12, 21, 22, 30, 34-36, 42, 84, 85, 87; **IV-1**, 68, 70, 72, 88, 91, 104, 147, 191, 211
怖畏跋拉婆 **IV-1**, 210
怖畏本母 **IV-1**, 225
怖畏遍行 **IV-1**, 205
怖畏黑天 **III-2**, 11, 12
怖畏迦拉跋拉婆 **IV-1**, 211
怖畏俱毗罗 **IV-1**, 211
怖畏量 **IV-1**, 210
怖畏女 **IV-1**, 166, 205, 230; **IV-2**, 348
怖畏毗迭 **IV-1**, 211
怖畏毗萨塔 **IV-1**, 211
怖畏群主 **IV-1**, 211
怖畏智慧跋拉婆 **IV-1**, 211
部多 **IV-1**, 200; **IV-2**, 304
部多王 **IV-1**, 201
部类 **IV-2**, 363
部组 **I**, 39, 41; **II**, 3, 66; **III-1**, 24-26, 28, 45, 70, 81, 85, 86, 90, 94, 95, 103, 107, 111, 113; **III-2**, 4, 7, 10, 14, 15, 18, 20, 24-31, 34, 35, 41, 43, 46, 47, 54, 55, 58, 63-66, 73, 85, 88; **IV-1**, 5, 8, 75, 76, 80, 84-86, 88, 89, 93, 105, 106, 108, 115, 208, 237
擦擦 **I**, 3, 5, 14, 17, 21, 32-42, 45-47, 49, 50, 52-56, 58, 59, 62, 63, 64, 66-73; **III-1**, 16, 49, 79
才曲玛 **IV-1**, 39
财神王 **IV-1**, 200
蔡巴 **IV-1**, 60, 61, 64, 66
蔡巴家族 **IV-1**, 60
蔡诺朗德 **III-2**, 69, 70
蔡诺帕德 **III-2**, 69, 70
草体 **IV-1**, 28, 30
测给 **I**, 10
查巴那 **III-2**, 69
查巴・熏奴协饶 **II**, 23
查塘寺 **IV-1**, 41
查乌龙寺 **IV-1**, 40
差使 **IV-1**, 198
禅定 **III-1**, 40, 55, 56, 67, 102; **III-2**, 5, 9, 20, 21, 63, 72, 77, 76; **IV-1**, 19, 93, 96
禅定度女 **IV-1**, 184
禅定佛 **I**, 30, 40; **III-1**, 49
禅定六法安立 **II**, 34
禅定六法安立注 **II**, 34
禅定印 **I**, 50-54, 65, 67, 72; **III-1**, 19, 20, 32, 43, 49, 54, 58, 60, 64, 71, 75, 82, 84, 96, 99, 112; **III-2**, 64, 67, 68, 78; **IV-1**, 76, 77, 84, 131, 151, 175, 190, 209, 217; **IV-2**, 327
禅定坐 **I**, 53, 56, 57, 58
禅定坐 **I**, 53, 57, 59
禅观 **III-1**, 67, 69, 103; **III-2**, 5, 18, 49
禅修带 **I**, 70
禅修殿 **IV-1**, 97
弗戈 **III-1**, 89; **III-2**, 21; **IV-1**, 198
忏悔 **III-2**, 40
忏悔讚 **II**, 36
忏悔十万颂 **III-1**, 86, 103
忏罪仪式 **IV-2**, 312
昌常 **II**, 69
长刀 **IV-2**, 348
长号 **III-2**, 83
长玛山 **IV-1**, 35
长矛 **III-1**, 93; **IV-1**, 96, 107
长寿女 **IV-1**, 158
常慧 **IV-1**, 204
常明 **III-1**, 102
常时断除业障怛特罗 **II**, 26
常啼菩萨变 **III-1**, 107
超岩寺 **I**, 1; **II**, 2, 26, 51, 58, 71
朝服 **I**, 67; **III-1**, 54; **III-2**, 67, **IV-1**, 103
朝圣地 **I**, 40; **II**, 5, 55; **IV-1**, 40
嗔 **III-2**, 32, 33; **IV-2**, 364
嗔金刚 **III-2**, 26, 32
嗔空行母 **III-2**, 32
尘土鬼 **III-2**, 76
陈那 **IV-1**, 84
称天女 **III-1**, 71

成就　**I**, 2, 12, 16, 19, 22, 26-28, 39; **II**, 1-3, 6, 20, 52, 53; **III-1**, 17, 35, 40, 44, 45, 56, 66-69, 75, 94, 103, 108; **III-2**, 4, 5, 13, 22, 26, 27, 32, 36, 41, 43, 59, 63, 69; **IV-1**, 36, 76, 78, 80, 81, 83, 105, 165, 166, 173, 236, 238, 240; **IV-2**, 348
成就殿　**III-2**, 35, 58
成就法　**I**, 8, 54, 57; **III-1**, 17, 26, 28, 48, 66, 68, 69-72, 74, 75, 84, 113, 115; **III-2**, 7, 8, 14, 15, 18-20, 26, 27, 32, 37-39, 42, 43, 56, 59, 64, 88; **IV-1**, 5, 7, 8, 68, 87, 103, 118, 122; **IV-2**, 304, 307, 314
成就法海　**IV-1**, 8, 136-138, 155
成就法海仪轨并随许法·妙欲吉祥宝藏　**I**, 51
成就法海仪轨并随许·如意吉祥藏　**III-2**, 62
成就法集　**IV-1**, 8, 147, 241; **IV-2**, 304, 305, 307
成就法略集　**II**, 38
成就法鬘　**I**, 51, 54-56, 62, 63; **III-1**, 68, 69, 83, 84, 112; **III-2**, 86; **IV-1**, 75, 119-122, 124, 128, 138, 140, 147, 210
成就女　**IV-2**, 348
成就女王　**IV-2**, 328
成就瑜伽自在　**IV-1**, 150
成就者　**I**, 1, 43, 67, 68, 70; **II**, 2, 27, 51, 71, 121; **III-1**, 66, 96, 100, 103; **III-2**, 10, 14, 21, 22, 32, 35, 56, 69, 72; **IV-1**, 68, 105, 106, 109, 110, 122
成就主女　**IV-1**, 226
成就自在　**IV-1**, 149
成熟度母　**IV-1**, 146
成所作智　**III-1**, 37, 104; **III-2**, 33
成住坏空　**III-1**, 107; **III-2**, 16
城邑神　**IV-1**, 206
痴　**IV-2**, 364
痴（空行母）　**III-2**, 32
痴阎摩敌　**III-2**, 44; **IV-1**, 237
持　**III-1**, 35
持藏女　**IV-1**, 228
持长刀明王　**IV-1**, 167
持成就自在　**IV-1**, 150
持大矛女　**IV-1**, 227, 228
持法王佛　**IV-1**, 212, 218, 225
持钩明王　**IV-1**, 167
持国（天王）　**III-2**, 47, 58; **IV-1**, 200
持光天女加持　**II**, 41
持恒河　**II**, 34, 35, 47
持虎皮　**IV-1**, 150
持髻　**IV-1**, 131
持剑明王　**IV-1**, 167
持箭女　**IV-1**, 228
持戒度女　**IV-1**, 184
持金刚明王　**IV-1**, 167
持羂索明王　**IV-1**, 167
持快刀明王　**IV-1**, 167
持聩　**IV-1**, 187; **IV-2**, 306
持链母　**III-1**, 92
持铃母　**III-1**, 92
持轮　**III-1**, 32, 89, 112; **III-2**, 24, 42, 44, 45; **IV-1**, 150, 167, 178, 185, 191, 192, 204-206, 215, 218, 230, 239
持轮女　**IV-1**, 228
持密女　**IV-1**, 149
持明　**III-1**, 59; **III-2**, 22
持明王义成　**IV-1**, 181
持明咒　**IV-1**, 205
持摩尼宝　**I**, 55, 65; **III-2**, 89; **IV-1**, 163
持女　**IV-1**, 149
持清净女　**IV-1**, 158-160
持诵　**I**, 29
持索母　**III-1**, 92
持索女　**IV-1**, 228
持天杖明王　**IV-1**, 167
持天杖女　**IV-1**, 228
持梃护法　**IV-2**, 306
持头饰印　**IV-1**, 150
持杖明王　**IV-1**, 167
持众飞幡女　**IV-1**, 228
赤贝　**II**, 14
赤德　**II**, 13
赤德衮　**II**, 13
赤德祖丹　**III-2**, 70

赤吉德尼玛衮　**II**, 13
赤吉林　**II**, 13
赤拉衮　**II**, 14
赤钦·阿其图·诺门汗钦波　**IV-1**, 69
赤热巴巾　**IV-1**, 43, 46, 49
赤松德赞　**II**, 3, 27, 51; **IV-1**, 36, 37, 39, 46, 50, 67, 73, 97, 104, 232; **IV-2**, 403
赤塘·扎雅　**II**, 19, 20, 52
赤札巴德　**III-1**, 4
赤扎西阿达孜德赞　**II**, 50
赤扎西拉德赞　**II**, 49
赤扎西札巴德　**III-1**, 4
赤扎西孜巴贝　**II**, 12
赤扎西孜贝　**II**, 13
赤札门赞　**III-2**, 69
炽燃金刚鬘名称　**IV-1**, 125
冲巴涌曲　**IV-1**, 33, 38
冲萨　**IV-1**, 40
崇巴　**IV-2**, 348
丑身　**III-2**, 47; **IV-1**, 231
出黛　**IV-1**, 120
出家经　**II**, 32
出家苦行　**I**, 50
出世间　**III-1**, 109; **III-2**, 21; **IV-2**, 358
出曜经　**IV-2**, 403
初业者灯　**I**, 35, 36
除盖障　**III-2**, 89
除尽　**III-2**, 44
除灭恶见　**I**, 18, 35-37
除无明暗　**III-1**, 70
除忧　**IV-1**, 188
除障　**III-1**, 74; **IV-1**, 84
除障明王　**III-2**, 89; **IV-1**, 123, 151, 183
楚臣坚赞　**IV-2**, 393
楚臣杰瓦　**II**, 48
楚臣迥乃　**IV-1**, 50
楚臣尼玛　**I**, 38
楚臣仁钦　**IV-2**, 304
楚臣永丹　**II**, 32, 47
处自在　**IV-1**, 131
触地印　**I**, 50, 52, 53, 67; **III-1**, 50, 67, 76, 82, 85, 99, 114; **III-2**, 67, 68, 77, 79; **IV-1**, 182
触金刚母　**III-1**, 105
穿耳派　**I**, 68
穿耳者　**III-1**, 96
传承　**I**, 41, 69, 70; **II**, 2, 4, 21, 22, 27; **III-1**, 17, 35, 45, 61, 66, 108; **III-2**, 1, 4, 5, 9, 10, 15, 16, 31, 38, 39, 59, 60; **IV-1**, 8, 19, 24, 35, 49, 72, 87, 120, 148, 197, 207, 232, 238
传规　**I**, 22, 62; **II**, 21, 23-26, 29, 51, 63, 71; **III-1**, 17, 24, 26, 40, 44, 45, 57, 66, 69, 82, 96, 100, 108, 113; **III-2**, 4, 5, 10, 13, 15, 16, 19, 20, 26, 27, 30-32, 36, 39, 43, 47, 56, 59, 64, 85; **IV-1**, 7, 8, 18, 74, 78-81, 100, 103, 105, 108-112, 122, 128, 137, 145, 147, 154, 156-158, 160, 162, 163, 190, 197, 209, 210, 212, 238, 241, 242
钏镯　**III-2**, 12
幢　**IV-1**, 217
幢顶臂严佛母　**IV-1**, 139, 140
幢顶臂严女　**IV-1**, 226
垂穗女　**IV-1**, 140
锤阎摩敌　**III-2**, 44
春丕　**IV-1**, 4, 5
春神　**IV-1**, 180, 231
绰理哲瓦　**IV-1**, 54
慈悲　**I**, 11; **III-1**, 73, 74; **III-2**, 24, 39, 87; **IV-1**, 72, 95, 113
慈氏　**II**, 21
次第净治　**III-1**, 36, 38, 108, 109; **IV-1**, 82
赐成就度母　**IV-1**, 146
从意而生　**IV-1**, 168
聪颖女　**IV-1**, 205
崔比科夫　**I**, 4
摧破沉掉度母　**IV-1**, 146
摧破金刚　**IV-1**, 122, 123, 156, 157
摧破金刚成就法　**IV-1**, 122
摧破金刚曼荼罗仪轨　**II**, 46; **IV-1**, 122
摧破金刚沐浴仪轨释　**IV-1**, 122
摧破金刚陀罗尼释广注　**II**, 44

摧破金刚陀罗尼注释　**II**，44
摧破死主金刚手　**IV-1**，209
摧破虚空金刚女　**IV-1**，125，128
摧破阎摩女　**IV-1**，159
达巴宗　**III-2**，75
达奔　**IV-1**，51
达波钦波囊钦·衮噶帕巴　**IV-1**，42
达波钦衮噶帕巴　**IV-1**，56
达蔡　**IV-1**，39，48
达蔡宇嘉　**IV-1**，48
达仓热巴　**III-2**，16
达尔德语　**I**，31
达戟明王　**IV-1**，228
达赖喇嘛　**I**，41；**III-1**，7，9；**III-2**，29；**IV-1**，16，24，55，56，59，60，63，64，66，105，239
达垅　**IV-1**，61，64
达罗　**IV-1**，120
达玛　**II**，13，14
达那　**IV-1**，23
达尼钦波桑波贝　**IV-1**，55，57
达奇　**II**，56
达热寺　**IV-1**，37
达斯　**I**，32，33；**II**，3，62；**IV-1**，26，45，98
达阳达迦入舌鬼　**IV-1**，207
达孜　**IV-1**，35，37，38，40，48，49；**IV-2**，406
怛特罗　**I**，14，19，26，27，29，35，38，39，41，60，61，63，68，69；**II**，1-3，6，18，22-26，29，63，66，70；**III-1**，10，17，24-26，28，34-36，40，44，45，49，50，66-70，72，88，103-108，111，113；**III-2**，1，4-8，10，11，13-16，18，21，23，26-30，33，34，36-41，43，48，55-59，61，63，64，85，89；**IV-1**，5，8，18，36，79-83，87，88，107，108，112，113，115，123，151，157，158，165，166，168，173，184，190，192，206，207，211，212，227，240；**IV-2**，304，338，417
怛特罗大王幻网　**II**，31
怛特罗中所述诸天众成就法次第集·给予利乐诸欲之毕集藤树　**III-2**，29
答麻八剌饶其达　**IV-1**，51
打隆宗　**IV-1**，32
大白焰鬘女　**IV-1**，134
大般涅槃经　**II**，32
大宝尝味　**IV-1**，167
大宝赐财　**IV-1**，167
大宝伏藏　**III-1**，86，87，90，94，100；**III-2**，31，49，55，57；**IV-1**，87，107
大暴恶女　**IV-1**，128，134
大悲　**I**，24，60；**III-1**，73；**III-2**，10，42，44；**IV-1**，74，207
大悲班智达　**IV-1**，74
大悲观音　**IV-1**，51
大悲莲花网　**IV-1**，112
大悲莲花网成就法·悲光出生　**IV-1**，112，243
大悲曼荼罗　**IV-1**，152
大悲胎藏曼荼罗　**IV-1**，78-80，84，151
大悲心　**I**，16
大禅师　**I**，70；**II**，23；**III-1**，96
大成就自在　**IV-1**，150
大炽燃女　**IV-1**，124，134
大村西崖　**IV-1**，79
大德解脱军　**II**，48
大地身形　**IV-1**，169
大叠涩　**IV-1**，115
大顶髻　**IV-1**，185
大佛母　**III-1**，61
大法宝　**IV-1**，167
大歌女　**III-1**，42
大谷　**III-2**，14
大黑女　**IV-1**，140
大黑天　**I**，63；**III-2**，57；**IV-1**，69，87，88，143，166，180，230；**IV-2**，348
大红色群主　**IV-1**，137
大护法成就功业　**III-2**，49
大护法野赞雅秀玛波主从酬补仪轨·成就甘露漩之如意宝瓶　**III-2**，57
大幻怛特罗　**IV-1**，242
大幻广大现证之大幻生起　**IV-1**，242
大幻金刚慈力　**IV-1**，242
大回遮女　**IV-1**，128
大慧　**IV-1**，101

大吉祥女　**IV-1**，211
大计里摩里　**IV-1**，136
大迦利　**IV-1**，166，191，230；**IV-2**，348
大迦叶　**III-1**，84
大教王经　**I**，57
大金刚　**III-2**，91；**IV-1**，122
大金刚怖畏　**III-2**，35，37，42，45
大金刚持　**III-1**，66；**III-2**，26，27；**IV-2**，305
大金刚持道次第优波提舍甘露秘密　**II**，39
大金刚女　**IV-1**，140
大孔雀佛母　**IV-1**，131，132
大乐　**III-1**，102；**III-2**，10，12，13，29，33，34，37，38，41-43；**IV-1**，19，208
大乐金刚萨埵　**IV-1**，173，231
大乐空行　**III-2**，30
大乐空行母　**III-2**，33
大力　**I**，11；**III-2**，56
大力明王　**IV-1**，122，123，138，139，157
大力女　**III-1**，93；**IV-1**，124
大莲　**IV-1**，169
大莲暴恶自在　**IV-1**，169
大莲暴恶自在之标识　**IV-1**，170
大莲持地　**IV-1**，169
大莲持地天女名师利　**IV-1**，170
大莲风天名提　**IV-1**，170
大莲海　**IV-1**，169
大莲黑之标识　**IV-1**，170
大莲（龙王）　**IV-1**，130，180，202
大莲日名吉　**IV-1**，170
大莲贪欲武器之标识　**IV-1**，170
大连海名纥利　**IV-1**，170
大铃　**IV-1**，230
大轮　**III-2**，47
大论　**IV-1**，34
大满贤　**IV-1**，136
大名称女　**IV-1**，175，194
大明母　**IV-1**，132
大牟尼　**I**，54；**IV-1**，157-159，233
大怒　**III-2**，54
大怒金刚手　**III-2**，88
大鹏金刚手　**III-2**，89
大菩提　**IV-1**，50
大人（相）　**I**，58
大日如来　**I**，19，39，40，49，50；**III-1**，16，17，28，29，31，34-37，40，44，45，49，50，55，57，58，71，75，80-82，84，99，100，103，106，109，112，113，115，116；**III-2**，4，9，24，26，27，33，63，64，66，70，91；**IV-1**，18，47，71，75-82，84，96，102，106，115，118，149-152，175-177，184，187-190，207，208，212，213，220，233，235；**IV-2**，366
大日如来现证　**IV-1**，84，135
大日如来现证怛特罗　**IV-1**，78，79，151，160
大日如来现证佛　**III-1**，49
大日如来现证菩提仪轨・一切利乐生处之自生　**IV-1**，77
大上生　**IV-1**，185
大神变　**IV-1**，196
大神殿　**III-1**，98
大乘　**I**，11，13-16，18，20，22，25，26，28，30，35，37-39，42，60，64；**II**，1；**III-1**，3，10，11，35，40，60，65，70，73，99，102，103，107，113；**III-2**，1，9，19，27，31，35-38，40，58，61，74，80，86，87，89；**IV-1**，5，7，8，84，107，115，119，142，207；**IV-2**，340
大乘上怛特罗论　**III-2**，74
大士　**I**，41，67；**II**，53
大势至　**III-1**，59，60；**III-2**，68；**IV-1**，126，152，182，188
大手印　**II**，27；**IV-1**，82
大司徒　**IV-1**，29，62，65
大司徒衮噶帕巴　**IV-1**，29
大天　**III-2**，48，64，65；**IV-1**，130，230
大天母　**III-2**，50，51
大天女　**III-1**，92
大无量宫　**IV-1**，58，105
大象　**I**，9，52；**III-1**，55，103，113；**III-2**，81；**IV-1**，115，133，180，202，203，241
大象女　**III-1**，93
大药叉　**IV-1**，136
大因陀罗山　**III-2**，22
大圆镜智　**III-1**，37，103；**III-2**，33

大正藏　**III-1**，26，60，114；　**IV-1**，52-54
大孜囊吉山　**IV-1**，35
大自在　**IV-1**，198
大自在天　**I**，60，61；**III-1**，111；**III-2**，40，41，56；**IV-1**，191，222，229；**IV-2**，348，365
大自在天女　**IV-1**，211
大自在天身形　**IV-1**，169
代（村）　**I**，44
带角狮子　**III-1**，57
戴涅理　**I**，31；**III-2**，83
丹珠尔　**I**，8，9，13，14，17，21，23-26，29，30，35，37，46；**II**，9，18，19，22，25，29，47-51，54，61，62，67；**III-1**，21，22，26，29，36，41，49，50，55，88；**III-2**，9，14，28，38，48，55，58，66，86，88，89；**IV-1**，8，41，45，51，71，74，77，107，109，122，137，145，147，148，155，162，197，198，206，207，210，237，238；**IV-2**，304，305，314-321，326-329，331-333，335，341，357
丹珠尔拉康　**IV-1**，51
担木度母　**IV-1**，145，146，154
诞生塔　**I**，9
淡黄金刚　**IV-1**，223
忉利天　**I**，11
导邪　**IV-1**，201，204
岛通卡尔　**III-1**，6，7
道次第　**IV-1**，105
道格拉族　**III-1**，61
道果　**IV-1**，105
道果殿　**IV-1**，105
倒食　**IV-1**，204
德巴尔　**III-2**，8
德格　**III-2**，8；**IV-1**，8，120；**IV-2**，304
德格定斯　**I**，32
德护　**II**，21，30
德拉·派那　**II**，8
德勒噶巴温波南卡　**IV-1**，29
德勒绛贝嘉措　**IV-1**，29
德普寺　**IV-1**，37
德庆　**IV-1**，11，23
德西德里　**IV-1**，1
德祖衮　**II**，10-14
德作吉祥贤　**II**，48
灯女　**III-1**，28；**III-2**，23；**IV-1**，130，162，176，222
灯焰明　**III-1**，102
灯作明　**II**，38
氐宿　**IV-1**，203
底噶迦西　**I**，10
底克塞（寺）　**I**，43，45，46，47，56，57，59，62，67，69；**II**，64
底哩三昧耶不动尊胜者念诵秘法经　**I**，60
底洛巴　**I**，42，70；**II**，27；**III-2**，38
底雅　**III-1**，5，6，8
地经　**II**，46
地母　**IV-1**，70，187
地祇　**I**，44，72；**II**，64；**III-1**，7，73，115；**III-2**，6，52，91
地祇大手　**IV-1**，206
地天　**IV-1**，219
地下金刚　**III-2**，29；**IV-1**，121，122
地下金刚怛特罗王　**IV-2**，305
地狱　**III-1**，90，94；**III-2**，36，40；**IV-1**，104；**IV-2**，338
地狱变　**III-2**，21
地狱部组　**III-1**，87，94，96；**III-2**，34
地狱鬼怪　**III-1**，85，86，94
地狱文殊　**III-1**，71
地藏　**III-1**，60；**III-2**，89；**IV-1**，101，132，140，156，182
帝履富婆　**III-2**，78
帝师　**IV-1**，43，53，54，58，66
帝释天　**III-1**，32；**III-2**，46，47，78，80，81，82；**IV-1**，31，130，152，179，191，198，230
帝释天女　**III-1**，92；**IV-1**，187，211
第二品行部曼荼罗庄严　**IV-1**，131
第三品事部曼荼罗安立　**IV-1**，121，124，129，132，133，149，158，164
第悉·桑结嘉措　**I**，3
第一天　**III-2**，18
第一义谛　**I**，26；**III-1**，109；**III-2**，4，41；**IV-1**，76，80，81，84，114；**IV-2**，386

谛语 **IV-2**，313
雕首母 **III-1**，88，92
调伏 **IV-2**，304；**III-1**，51；**III-2**，39，40
调伏部多 **III-2**，89；**IV-2**，304，305
调伏部多怛特罗大王 **IV-2**，304
调伏部多金刚手 **IV-1**，121，143
调伏怛特罗 **IV-2**，304
调伏三界明王 **IV-1**，192，197
调伏三猛厉怛特罗 **IV-1**，238
调伏众生 **III-1**，71
调伏众生观自在 **IV-1**，163
调伏众生曼荼罗 **IV-1**，78
调伏众生世尊 **III-1**，31
调息 **III-1**，102
调御丈夫 **IV-1**，196
顶阁 **IV-1**，24，96，104，105，107，144；**IV-2**，312
顶髻 **I**，62-65；**III-1**，4；**III-2**，91；**IV-1**，158，176，190
顶髻白伞盖(佛母) **IV-1**，124，176，185
顶髻宝 **III-2**，12
顶髻炽燃 **IV-1**，138，153
顶髻大生 **IV-1**，152
顶髻光 **IV-1**，157
顶髻上生 **IV-1**，152
顶髻音声 **IV-1**，152
顶髻转轮 **IV-1**，176
顶髻尊胜 **IV-1**，185
顶髻尊胜佛母 **I**，64，66
顶髻尊胜佛母陀罗尼 **IV-1**，186
顶轮 **I**，28
顶普巴 **IV-1**，40
顶普寺 **IV-1**，40
定破一切忧暗意 **IV-1**，156，195
定日朗可寺 **IV-2**，341
东嘎 **III-1**，10
东嘎寺 **IV-1**，4
东胜身洲 **IV-2**，302
兜率天 **IV-1**，141
斗宿 **IV-1**，203
斗战胜 **IV-1**，131
独部 **IV-1**，110
独髻女 **IV-1**，89，129，139，140，146，154
独髻天女 **IV-1**，128
独雄 **III-2**，38，43
独雄成就法 **III-2**，38
独一大乐 **IV-1**，242
杜鹃 **III-1**，90，93；**IV-1**，180，223
杜琼 **IV-1**，33，35，47
妒金刚阎摩敌 **III-2**，44
妒阎摩敌 **IV-1**，237
度母 **I**，41，59；**II**，71；**III-1**，15，20，35，72，73，82，83，99，106，113；**III-2**，50，70，85-88；**IV-1**，45，97，113，139，145-148，150，152，160；**IV-2**，328
度母诸业出现怛特罗 **III-2**，86
短号 **III-2**，83
短矛 **IV-2**，347
堆 **II**，12，13，18
堆龙 **IV-1**，40
堆纳 **IV-1**，5；**IV-2**，308
敦煌 **II**，9；**IV-1**，17
顿 **IV-1**，159
顿观 **I**，57
顿卡 **I**，56
顿日 **IV-1**，11
顿月贝 **IV-1**，65
顿月坚赞 **IV-1**，57
顿珠查布 **IV-1**，13
顿珠桑波 **IV-1**，11
多巴·勒顿 **II**，23
多宝佛 **IV-1**，119
多贡喀巴 **II**，24
多哈藏 **III-2**，10；**IV-2**，383
多吉丹 **IV-2**，335
多吉丹寺 **IV-1**，38，48
多吉杜迥 **IV-1**，49
多吉帕姆 **IV-1**，98
多吉旺秋 **IV-1**，59，60
多吉则 **IV-1**，97
多吉札 **III-2**，39，59
多嘉 **IV-1**，40

多罗那它　**III-2**，38；**IV-1**，14
多门（塔）　**I**，10，47，71，72；**III-2**，82；**IV-1**，206
多庆　**IV-1**，34，43
多穷寺　**IV-1**，43
多闻　**IV-2**，47，58
多闻子　**III-1**，73，115；**III-2**，55；**IV-1**，42，106，121，142，148，153，159，162，181
多香　**III-1**，5
夺波　**II**，23
夺人女　**IV-1**，211
夺意女　**IV-1**，193
朵堆　**IV-1**，62
朵甘思　**IV-1**，62
朵思麻　**IV-1**，62
额浦河　**III-1**，5
恶鬼　**IV-2**，338
恶鬼文殊　**III-1**，71
恶魔门布跋特　**IV-1**，90
恶趣　**III-2**，36，40；**IV-1**，76；**IV-2**，338
恶趣清净　**III-1**，4，44-46，49，96；**IV-1**，77，84，192，207；**IV-2**，58，64
恶趣清净怛特罗　**IV-1**，78，79
恶趣清净怛特罗释义　**III-1**，24
恶趣清净曼荼罗　**III-1**，25
恶兆　**IV-1**，34，35
饿鬼　**III-1**，73；**IV-1**，187，200
耳珰　**III-2**，12，42
耳度母　**IV-1**，154
耳饰　**I**，51，68
二十八宿　**IV-1**，202，210
发光地　**IV-1**，183
发髻　**I**，58，62；**III-1**，96；**III-2**，13，42，61，62；**IV-1**，118，119
发猛厉女　**IV-1**，242
发心　**I**，16，17；**II**，59；**III-1**，3，68；**IV-1**，52；**IV-2**，5，177
法宝　**I**，14；**IV-1**，173，174
法藏　**I**，14；**III-1**，67；**III-2**，56；**IV-2**，313
法称　**II**，21，50
法海雷音　**III-1**，114；**III-2**，73，91
法海胜慧游戏神通　**III-1**，114
法护　**II**，21，25-27，30
法华经　**IV-1**，119，141
法会　**II**，18，22，51，69；**III-2**，80；**IV-1**，37，43，49，71，136
法慧　**III-2**，89；**IV-1**，73
法吉祥贤　**II**，32-39，41，43，47
法集　**IV-1**，183
法界　**I**，36；**III-1**，99，102，103-105，107；**III-2**，9，19，21，28，33，69，82；**IV-1**，7；**IV-2**，304
法界体性智　**III-2**，33
法界语自在文殊　**IV-1**，156
法界智慧性印持金刚　**IV-1**，241
法界自在母　**III-1**，70
法金刚女　**IV-1**，175
法流不断　**IV-1**，85
法轮　**I**，11；**II**，69；**III-1**，20，49，55，57，70，89，92，109；**III-2**，9，79，80
法轮塔　**I**，9，10
法螺三摩地文殊　**IV-1**，156
法女　**IV-1**，219
法器　**I**，22，69；**II**，5，59，65，67；**III-1**，34，85；**III-2**，83；**IV-2**，398
法萨埵女　**IV-1**，177
法身　**I**，15，22，25，26；**III-1**，99，100；**IV-1**，115；**IV-2**，303，339，340
法身支提　**I**，13
法施　**I**，13，14
法王　**II**，62；**III-1**，4，53，54；**III-2**，36；**IV-1**，7，10，18，25，29，36，42，56，58，101，102，115，232；**IV-2**，350，385，387
法王饶丹衮桑帕巴　**IV-1**，9，27，29，48，52，55，56，58
法王十万大佛塔志　**IV-1**，8，30
法贤　**I**，10，11
法相　**II**，20，26
法性空界藏所出空行会聚断尸成就库藏　**III-2**，32
法性智　**III-1**，37
法性中阴讲义·闻即自度之解说　**III-1**，100

法性中阴祈请大闻度 **III-1**, 90
法衣 **III-1**, 64, 111; **III-2**, 73, 83
法印 **IV-1**, 82; **IV-2**, 366
法云地 **IV-1**, 184
法智慧 **IV-2**, 160
法主 **IV-1**, 58
法自在 **IV-1**, 186
幡 **I**, 25, 45-47, 49, 54, 64, 67; **III-1**, 89; **IV-1**, 42, 104, 107, 170, 173, 182, 206, 224, 228
翻译名义大集 **I**, 24; **IV-1**, 196, 186
烦恼魔 **III-2**, 13
烦恼障 **III-1**, 3, 34; **IV-2**, 303, 352
梵授王 **I**, 10
梵天 **III-1**, 32; **III-2**, 11, 46, 65, 78, 79, 81, 82; **IV-1**, 130, 191, 198, 204, 218, 222, 223, 230
梵天女 **III-1**, 92; **III-2**, 65; **IV-1**, 166, 187, 198, 210, 211, 223, 230; **IV-2**, 348
梵天身形 **IV-1**, 169
梵天之标识 **IV-1**, 170
梵头 **I**, 62; **III-2**, 11, 12, 13, 25, 34, 43
梵线 **I**, 5
方便 **I**, 18, 26, 60; **II**, 20, 122; **III-1**, 8, 40, 66, 104; **III-2**, 5, 6, 10, 12, 15, 16, 18, 31, 41, 58, 65; **IV-1**, 102, 115, 236; **IV-2**, 402
方便怛特罗 **II**, 26
方便度女 **IV-1**, 184
方广游戏经 **III-2**, 76, 77
房宿 **IV-1**, 203
飞天 **III-1**, 59; **III-2**, 72
飞行寺 **I**, 1
飞檐 **IV-1**, 116
非天 **IV-1**, 105, 199, 208
非天罗刹 **IV-1**, 105
非天王 **IV-1**, 181
非天文殊 **III-1**, 71
菲利奥札 **III-2**, 49
吠舍离 **I**, 9, 10, 11; **III-2**, 80, 82
吠舍佉月 **I**, 51
费卢波 **IV-1**, 68, 105, 110, 122, 123, 237
粉碎天女金刚 **IV-1**, 175
奋迅金刚女 **IV-1**, 125, 126
奋勇度母 **IV-1**, 146
忿怒 **I**, 61; **III-1**, 11, 72-74, 90, 94; **III-2**, 11, 20, 39, 47, 60, 61; **IV-1**, 70, 72, 88, 96, 106, 123, 128, 156, 167, 175, 192, 211, 220, 227; **IV-2**, 304, 366
忿怒爱 **IV-1**, 220
忿怒宝 **IV-1**, 220
忿怒宝帐怙主 **IV-1**, 104
忿怒歌女 **IV-1**, 216
忿怒护 **IV-1**, 220
忿怒秽迹成就法 **III-2**, 56
忿怒吉祥金刚童子 **IV-1**, 108
忿怒金刚 **IV-1**, 216
忿怒金刚法 **IV-1**, 216, 220
忿怒金刚军 **IV-1**, 220
忿怒金刚利 **IV-1**, 216
忿怒金刚入 **IV-1**, 216, 220
忿怒金刚萨埵 **IV-1**, 215, 220
忿怒金刚萨埵女 **IV-1**, 220
忿怒金刚手大轮 **IV-1**, 238
忿怒金刚业 **IV-1**, 220
忿怒金刚因 **IV-1**, 216
忿怒金刚语 **IV-1**, 216
忿怒利 **IV-1**, 220
忿怒鬘女 **IV-1**, 216
忿怒母 **III-1**, 87, 88; **III-2**, 19, 20; **IV-1**, 174, 204, 208, 241
忿怒拳 **IV-1**, 220
忿怒萨埵女 **IV-1**, 215
忿怒王 **IV-1**, 209, 220
忿怒王恶 **IV-1**, 139
忿怒威光 **IV-1**, 220
忿怒威猛 **III-2**, 39
忿怒舞女 **IV-1**, 216
忿怒嬉女 **IV-1**, 216
忿怒喜 **IV-1**, 220
忿怒相 **III-1**, 15, 45, 71; **III-2**, 37, 42, 45, 85, 89; **IV-1**, 89
忿怒笑 **IV-1**, 220

忿怒阎摩敌 **IV-1**, 157
忿怒药叉 **IV-1**, 220
忿怒因 **IV-1**, 220
忿怒语 **IV-1**, 220
忿怒幢 **IV-1**, 220
忿怒自在母 **III-1**, 95
风黛 **IV-1**, 120
风天 **III-2**, 47; **IV-1**, 207, 219, 231
风天女 **III-1**, 93
风天身形 **IV-1**, 169
风天摇撼 **IV-1**, 206
封诰 **IV-1**, 59
佛宝 **I**, 14; **IV-1**, 173, 174
佛传 **I**, 3, 11, 34, 51; **III-1**, 54, 107; **III-2**, 3, 4, 21, 73-79, 81, 82, 91; **IV-1**, 17, 70, 119
佛顶盖 **IV-1**, 111, 112, 242
佛顶盖瑜伽母怛特罗王 **IV-1**, 111
佛顶尊胜 **I**, 14
佛法源流·教莲盛开之日 **II**, 16, 25, 28; **IV-1**, 49
佛忿怒自在母 **III-1**, 95
佛灌顶 **III-1**, 28
佛灌顶讚 **II**, 37
佛嘿噜嘎 **III-1**, 95
佛吉祥 **IV-1**, 126
佛吉祥寂 **II**, 36, 37, 42, 47
佛空行 **III-2**, 30
佛空行母 **III-2**, 32, 33
佛密 **IV-1**, 50, 79, 207
佛瓶 **III-1**, 96
佛日 **IV-1**, 216, 221, 225
佛说一切如来真实摄大乘现证三昧大教王经 **II**, 31; **III-1**, 25
佛说造塔功德经 **I**, 15
佛说造塔延命功德经 **I**, 16, 18, 37
佛所行讚 **II-8**; **III-1**, 63
佛贤 **II**, 34, 47
佛眼母 **III-1**, 20, 35, 82, 105, 106
佛眼佛母 **IV-1**, 149, 150
佛语 **I**, 13, 25, 31; **II**, 66; **III-2**, 68
佛语总集精粹如意宝所出外部大圆满静怒羯磨仪轨之补遗·四双忏悔瑜伽之总涤·拔除地狱 **III-1**, 87
佛智 **II**, 25, 26
佛祖历代通载 **IV-1**, 52
佛作铠 **II**, 36
夫妇黄门息解羯磨集·除空行晦念诵仪轨庄严·白晶瓶之水流 **III-2**, 56
弗兰克 **I**, 17, 42, 43; **II**, 1, 4, 7, 9, 15, 17, 20, 51, 52, 59, 67, 69; **III-1**, 4, 10, 12, 13, 16, 17, 50, 54, 61, 62, 79, 85, 97-99, 112, 115
伏藏 **III-1**, 90; **III-2**, 32, 50, 56, 58
福德 **I**, 16, 19; **III-2**, 50; **IV-1**, 166
福德善慧 **IV-1**, 206
福德资粮 **I**, 16
辅音 **III-2**, 12, 41
腐女使 **IV-1**, 224
父续 **II**, 20; **IV-2**, 414
妇女 **IV-1**, 202, 205
富楼那 **IV-1**, 196
富歇 **I**, 5, 11, 34
腹行 **IV-1**, 200
腹行坚固 **IV-1**, 200
腹行王地祇 **IV-1**, 199
缚刍河 **I**, 49
缚三界明王 **IV-1**, 192, 197
嘎布帕(寺) **II**, 71; **III-1**, 6
嘎东寺 **IV-1**, 49
嘎拉湖 **IV-1**, 34
嘎恰噶 **IV-1**, 33
嘎乌 **III-1**, 3, 153; **IV-1**, 92
噶 **IV-2**, 305; **II**, 26
噶大克 **III-2**, 7, 35; **III-1**, 5, 7
噶丹拉康 **IV-1**, 47
噶当派 **I**, 1, 12, 30, 39-43; **II**, 2, 18; **III-1**, 9, 49; **III-2**, 15, 31, 32, 50
噶杜 **IV-1**, 107
噶尔索克寺 **I**, 42
噶举派 **I**, 1, 12, 41, 42, 69, 70; **II**, 2, 27, 28; **III-1**, 10, 65, 86; **III-2**, 62; **IV-1**, 4,

51、26、28、39、106；**IV-2**、385
噶举寺　**IV-1**、4
噶拉恰提　**II**、58
噶觉　**III-2**、90
噶朗玛　**II**、10、12
噶逻禄　**II**、16
噶玛巴　**III-1**、86；**IV-1**、66
噶玛拔希　**IV-1**、40、45
噶玛丹迥　**IV-1**、50
噶玛噶举　**IV-1**、14
噶莫垅　**IV-1**、39
噶南（寺）　**I**、59、60、67；**II**、55、71
噶浦寺　**IV-1**、38
噶琼拉康　**III-1**、98
噶瓦·贝则　**II**、27
噶瓦尔　**III-2**、7、35、83、84
噶扎　**III-1**、10
盖尔西　**III-1**、8、13、98
盖日噶　**II**、58
干枯热瓦提　**III-2**、49、50
干人头　**I**、67；**III-2**、12、13、54
甘丹寺　**I**、68
甘露　**III-1**、58；**III-2**、43；**IV-1**、31、39、89、199；**IV-2**、301
甘露嘿噜嘎　**IV-1**、111
甘露军荼利成就法　**II**、39
甘露军荼利明王　**IV-1**、122、130、138、157、192、197
甘露力　**IV-2**、301
甘露女　**III-1**、93
甘露瓶　**IV-1**、202；**IV-2**、327
甘露所依口　**IV-2**、301
甘露作吽　**IV-1**、111
甘珠尔　**I**、8、67；**II**、9、18、19、25、29、61、62、67；**III-1**、24、25；**III-2**、8、14、40、86；**IV-1**、8、107、71、71、87；**IV-2**、384
冈底斯山　**III-2**、22
岗巴宗　**IV-1**、34
岗地　**IV-1**、45
岗嘎　**IV-1**、59
岗桑　**IV-1**、10、38
岗桑波山　**IV-1**、32
岗桑波　**IV-1**、31、32、39
岗桑山　**IV-1**、59
岗瓦桑波山　**IV-1**、32
高贵空行母囊萨文邦传　**IV-1**、30
高罗佩　**III-2**、61
高胜　**IV-1**、152
高野山　**IV-1**、151
歌女　**III-1**、28；**IV-1**、176、215、229、231
格蒂　**IV-1**、118、120
格勒贝　**IV-1**、241
格勒贝桑　**III-2**、57
格隆　**IV-1**、10、11
格鲁派　**I**、1、30、41、42、63、66；**II**、4；**III-1**、9、17、65、66、115；**III-2**、36、57、60；**IV-1**、4、15、24-26、28、68、86、93、96-98、100、104-106、207
格伦威德尔　**I**、60、62、70；**III-2**、49
格年　**IV-1**、11
格萨尔　**III-1**、115；**III-2**、57；**IV-1**、49
格桑嘉措　**III-2**、51
格瓦　**IV-1**、11
格威洛卓　**II**、21、30、49、50
格西　**IV-1**、4
格西坚协　**IV-1**、23
格协　**II**、30
葛玛日　**III-1**、88、91；**IV-1**、204、205、241
给孤独长者　**III-2**、79
根本般若波罗蜜多文殊　**IV-1**、175
根本怛特罗　**III-2**、15；**IV-1**、88
根本曼荼罗　**IV-1**、175、195
根本续　**IV-1**、79
根敦珠巴　**IV-1**、24、27
根寂　**III-2**、89
更敦朗杰　**III-1**、18
工巧论　**I**、5
弓　**I**、56、65；**III-1**、21、27、30、31、70、87、91、93；**III-2**、43、62；**IV-1**、133、150、156、168、174、177、180、182、183、185、192、198、215、219、228、229、242
弓箭　**IV-1**、166、167、169、180、191、199、

200，205，210，211，214；**IV-2**，348
公哥儿监藏班藏卜　**IV-1**，54
公哥列思巴冲纳思监藏班藏卜　**IV-1**，54
公哥罗班藏卜　**IV-1**，53
公哥罗古罗思监藏班藏卜　**IV-1**，53，54
公哥罗亦中纳思监藏班藏卜　**IV-1**，53
功德　**I**，12，14，15，16，17，18，20，39；**II**，63；**III-1**，61，103，106，108；**III-2**，13，87；**IV-1**，120；**IV-2**，301，337，396
功德萨埵　**III-1**，70
功德水　**III-2**，24
功德无量寿　**IV-1**，145；**IV-2**，327
功业天成　**III-1**，70
恭卡尔　**II**，54，63，64，68；**III-1**，2，4
供食女　**III-2**，23
供水女　**III-2**，24
供物仪轨　**II**，45
供养　**I**，3，11-15，18，22，30，32，35，41，42，53，57；**II**，5，53；**III-1**，16，36，63，65，74，75，77，96，108，110，111；**III-2**，18，20，32，57，69，72，77，78，81-83，86；**IV-1**，14，17，30，66，123，135，174，227
供养天　**III-1**，59
供养天女　**III-1**，36，57，59，82；**III-2**，23，26；**IV-1**，123，130，135，139，145，156，160，162，169，179，194，209，222
宫殿　**III-1**，8；**IV-1**，24，42
共松岗赞　**III-2**，70
贡巴·格协　**II**，23
贡觉　**IV-1**，59
贡却伦珠　**III-1**，18
贡却桑波　**IV-1**，11
贡却孜　**II**，30
贡塘　**II**，8，62
钩　**III-1**，21，23，27，28，33，44，88，90，92，93；**III-2**，25，42，56，62；**IV-1**，138，155，159，177，192，214，215，218，224，231，243
古尔顶　**IV-1**，47
古尔莫　**IV-1**，33，50，60
古格　**I**，45；**II**，4-6，8，10，12，14，18，19，21-24，27，51-57，59，62，65，67，69，71；**III-1**，1，2，4，5，7-10，16，51，52，57，61，63，64，76，79，86，96，97，110；**III-2**，1-4，30，35，61，65，69，72-74，76，79，81-83，85，90；**IV-1**，15-17，62，86
古鲁　**I**，67，70；**II**，22，27，28；**III-1**，28，58，75；**IV-1**，19
古鲁拉康寺　**IV-1**，39
古鲁仁波切　**I**，41，42
古钦如　**II**，23
古如　**IV-2**，308
古如隆　**IV-2**，308
古尚　**IV-1**，44，51，55，59
古尚·衮噶顿珠　**IV-1**，56
古尚·札巴坚赞　**IV-1**，51
古新·尊追坚赞　**II**，20，23，27
谷嘉勒　**III-2**，69
骨骼　**IV-1**，87
骨连环套　**IV-1**，230
骨饰　**I**，70
鼓　**III-1**，89，106；**III-2**，83；**IV-1**，33，167，173
故事海　**III-2**，50
刮铲　**IV-1**，224
关房　**III-1**，5
观福女　**IV-1**，158
观想　**I**，18，28，61，63；**III-1**，10，17-19，34，35，38，49，67-69，75，84，100，103，105，107，108，112；**III-2**，5，10，21，24，28，32，33，38，63，67，87；**IV-1**，8，76，89，123，153，189，189，238
观无量寿佛经　**III-1**，60
观音　**I**，30，40，41，55，56，65；**II**，65，71；**III-1**，59，60，73，83；**III-2**，46，63，74，89；**IV-1**，5，39，51，72，101，103，113，126，129，131，132，143，152，160，163，182，187，209，233，238；**IV-2**，301
观音成就法　**IV-2**，331
观音佛　**III-1**，82
观诸福女　**IV-1**，158，159
观自在　**IV-1**，149
管家　**IV-1**，56

灌顶　**II**，3，4，20，23-25，71；**III-1**，17，26，28-30，34，35，46，56，58，67，74，75，96，103，108；**III-2**，4-7，10，14，18，20，24，25，37，39，46，59；**IV-1**，73，80，82，97，107，112，123，207，241；**IV-2**，300，386
灌顶宝　**IV-1**，167
灌顶传承　**II**，22；**III-1**，24；**III-2**，4，18，59，60，85，87，113；**IV-1**，42；**IV-2**，414
灌顶略说注　**III-1**，74，96，99，101，102；**III-2**，9
灌顶论　**II**，41
灌顶者　**IV-2**，305
光黛　**IV-1**，120
光积　**IV-1**，196
光鬘　**IV-1**，152
光明　**I**，61；**II**，2；**III-1**，3，16，34，36，37，68，73，99-102，106，107；**III-2**，9，13，18，19，26，27，34，41，43，63，77，81；**IV-1**，7，80，82，88，118-120，141，189，243
光明庄严　**IV-1**，198，199，207，208
光照金刚顶髻称　**IV-1**，125
广本生　**III-2**，50
广财（龙王）　**IV-1**，130，180，202
广大　**I**，16；**II**，2；**III-1**，43，106；**III-2**，38，86；**IV-1**，81，204，220，226；**IV-2**，366
广目　**III-2**，47，58
广疏　**II**，21
广月　**III-2**，15
广讚宝藏　**IV-1**，120
广注　**IV-1**，207
广注明灯　**II**，44
皈依　**I**，14，34，60；**II**，5；**III-1**，8，68；**III-2**，79，80，81
诡诈　**IV-1**，204
鬼　**III-2**，5，21，47，52，83；**IV-1**，91，201
鬼祟魔障　**IV-2**，304
鬼宿　**IV-1**，203
鬼曜　**III-2**，51
鬼蜮　**III-2**，55
鬼蜮活鬼等授记及甚深调伏法　**III-2**，55
鬼蜮女　**III-2**，46
鬼子母　**IV-1**，175
鬼子母子　**IV-1**，181
鬼卒　**III-2**，41；**IV-1**，106，208
贵霜　**I**，31；**IV-1**，96
桂波垅　**IV-1**，42
桂·赤桑　**IV-1**，34
桂·赤桑波　**IV-1**，97
桂帕里　**IV-1**，34
桂·琼贵则　**IV-1**，97
桂氏　**IV-1**，36，97
桂译师　**II**，8
桂域　**IV-1**，33，36，43
桂域堆松　**IV-1**，34
衮噶顿珠　**IV-1**，56，57
衮噶坚赞　**IV-2**，307
衮噶坚赞贝桑波　**IV-1**，58，68，74
衮噶雷必迥乃洛卓坚赞贝桑波　**IV-1**，53，54
衮噶洛卓　**IV-1**，45
衮噶洛卓坚赞　**IV-1**，85
衮噶洛卓坚赞贝桑波　**IV-1**，58
衮噶尼玛坚赞波　**IV-1**，57
衮噶宁波　**IV-2**，319，411
衮噶帕巴　**IV-1**，58
衮噶仁钦　**IV-1**，65，87
衮噶桑波　**III-1**，18；**IV-1**，65
衮噶索南札巴坚赞贝桑波　**III-1**，18，25
衮噶瓦　**IV-1**，10
衮（噶）熏（奴）　**IV-1**，65
衮噶扎西坚赞　**IV-1**，58
衮申协措　**II**，56
衮斯·钦则旺波　**IV-1**，29
棍　**III-1**，32，33，93，95；**III-2**，42，54，83；**IV-1**，88，90，200，205
郭仓巴　**III-1**，96
果报　**I**，15，18，22；**IV-1**，17，115
果康　**III-1**，15
果西　**IV-1**，33，40
哈科　**III-2**，84
哈肯　**II**，9，18；**III-2**，76
哈沃山　**IV-1**，39
哈扎拉　**III-2**，16

海意　**IV-1**，188
亥密斯寺　**I**，41，42；**III-1**，90
亥母　**III-1**，93；**III-2**，24，45；**IV-1**，187，211，237；**IV-2**，348
亥母金刚天女　**IV-1**，153
亥母现证　**IV-1**，111
亥首母　**III-1**，89，90；**IV-1**，120
汉风　**III-1**，52；**III-2**，2，75；**IV-1**，15-17，20-22，24，91，94，95，141，142
旱魃　**IV-1**，201，204
豪布　**III-1**，7
豪布伦噶　**II**，60；**III-1**，7
诃利计罗树　**III-2**，22
诃罗诃罗观音　**IV-1**，153
合十　**I**，53，56，65，69；**III-1**，32；**III-2**，11，22，26，79；**IV-1**，94，95，133，168，179，181，187，202
和合（塔）　**I**，10，47，71；**III-2**，82
和合怛特罗　**IV-1**，108，112
和尚　**IV-1**，91
河口慧海　**IV-1**，45
赫塔瑜伽　**III-2**，14，16，21，41；**IV-1**，105
褐衣者　**III-2**，15
黑差役门巴　**IV-1**，138
黑女使　**III-2**，46
黑色群主　**IV-1**，137
黑僧　**IV-1**，90
黑蛇手　**IV-1**，150
黑身　**IV-1**，211
黑天　**III-2**，18
黑天宝帐怙主　**IV-1**，89
黑行　**III-2**，15，20；**IV-1**，111，242
黑阎摩敌　**III-2**，37，47，58；**IV-1**，108，111，239
黑阎摩敌怛特罗　**IV-1**，239
黑阎摩敌六面轮成就法　**IV-1**，239
黑阎摩敌轮一切业成就怛特罗王　**III-2**，37
黑药叉　**IV-1**，89，90
黑药叉女　**IV-1**，89，90
黑瞻巴拉　**III-2**，47
嘿噜嘎　**III-1**，94；**III-2**，4，9，11，19，24，27-29，34，41；**IV-1**，109，241，242
嘿噜嘎成就法　**II**，37
嘿噜嘎清净　**II**，37
嘿噜嘎现生　**III-2**，15
恒河　**I**，49
弘法大师　**IV-1**，79
红宝石　**IV-1**，166
红殿　**III-2**，3，68，72
红色智慧梃杖怙主念、修、羯磨三事解说·摧破魔军霹雳焰轮　**IV-1**，69
红砂碗　**IV-1**，180
红阎摩　**III-2**，46
红阎摩敌　**III-2**，37，47，56，57；**IV-1**，108，109，110，237
红阎摩敌成就法　**IV-1**，237
红阎摩敌怛特罗　**IV-1**，239
红阎摩敌十三天曼荼罗仪轨真性明　**IV-1**，239
红阎摩敌五天现证摧破一切阎摩　**IV-1**，237
宏声　**IV-1**，152
喉音　**III-1**，103
后分　**IV-2**，358
后分处　**III-2**，50
后分之后　**IV-2**，358
后分续　**IV-1**，79
后分之后分续　**IV-1**，79
后弘期　**II**，7，20；**III-2**，30；**IV-1**，37，38，74，93
后藏　**IV-1**，3，5，16，19，26，27，31，40，52，62
后藏志　**IV-1**，16，26-28，31-51，56-59，62，63，67，73，74，86，92，97，98，100-103，106，108，110；**IV-2**，302，305，306，387
忽必烈　**IV-1**，54，60，62，66；**IV-2**，317
狐首母　**III-1**，88，89，91
胡特　**II**，7，19；**IV-1**，55
斛　**I**，23
虎面　**IV-1**，104
虎面忿怒母　**IV-1**，157
虎面女　**IV-1**，130
虎首母　**III-1**，88，89，91
户数　**IV-1**，63，64

护贝（龙王） **IV-1**，69，180，202
护财 **I**，9；**III-2**，82
护财女 **III-1**，93
护成就女 **IV-1**，149
护持地狱 **IV-1**，204
护持一切女 **IV-1**，226
护法 **II**，5；**III-1**，19，45，72，74，115；**III-2**，19，20，26，28，36，39，48，51，52，54，55，57，59，62，74，81，88，114；**IV-1**，72，88，143，174
护法密意心髓 **III-2**，57
护法神 **I**，60；**III-2**，7，47，48；**IV-1**，68，104，162，239；**IV-2**，316
护方神 **II**，64；**III-2**，20，23，48，65，66；**IV-1**，91，143，159，162，169，171，179
护境 **III-2**，29，59
护轮 **III-2**，29
护门 **III-1**，76，88，89；**III-2**，62；**IV-1**，104，106，197，201
护门神 **IV-1**，91
护摩仪轨 **II**，39，43
护善女 **IV-1**，159
护世 **III-2**，58
护咒女 **IV-1**，149
怙主 **I**，40，55，56；**II**，63；**III-1**，51，115；**III-2**，48，57，74；**IV-1**，68，69，72，89，96，106，137，138
怙主殿 **IV-1**，25，42，46，68，69，86，104，137，143
花女 **III-1**，28；**III-2**，23，24；**IV-1**，130，176，194，222
花盛如来 **III-1**，20，48
化身 **I**，41；**III-1**，47；**III-2**，18，34，56，59，67；**IV-1**，69，86
怀 **III-1**，8，111，115；**III-2**，48；**IV-2**，317
怀火天 **IV-1**，211
欢喜 **III-2**，87；**IV-1**，102，130，226
欢喜成就法 **II**，40
欢喜地 **IV-1**，183
欢喜自在 **IV-1**，180，230
幻 **I**，28；**III-1**，73，74，104，106；**III-2**，4，43；**IV-1**，7，112
幻金刚 **IV-1**，222
幻网 **II**，42；**III-1**，106；**IV-1**，110，154，188
幻网次第 **IV-1**，129，154
幻网次第观自在成就法 **IV-2**，315
幻网次第圣观自在成就法 **IV-2**，315
幻网怛特罗 **II**，23
黄色群主 **IV-1**，137
黄阎摩 **III-2**，46
黄瞻巴拉 **III-2**，47
回鹘语 **II**，3
回廊 **III-1**，13，54；**IV-1**，24，68，74，85，92，102，104，105，116，236，238
回向 **I**，16
回遮女 **IV-1**，226
绘制 **III-2**，19
晦魔 **III-2**，56
秽迹 **IV-2**，55，56
秽迹成就法·消除晦气大胜 **III-2**，55
秽迹忿怒母 **IV-1**，121；**IV-2**，308
秽迹金刚 **IV-2**，308
秽迹空行母 **IV-1**，121
秽迹明王 **III-2**，56；**IV-1**，121，122
秽迹明王成就法及诸浴仪轨直讲庄严·净眼 **III-2**，55
火祭 **III-2**，16
火舌轮 **IV-1**，200
火天 **III-2**，46，47，65，66；**IV-1**，72，211，219，231
火天光明 **IV-1**，206
火焰炽燃 **I**，59
火焰炽燃金刚 **IV-1**，139
火羊年 **IV-1**，9，58
火曜 **IV-1**，133，180，202，210，223，231
霍 **IV-2**，339
霍尔 **III-2**，51；**IV-1**，44，71
霍尔丕 **IV-1**，46
鸡邬楚荼德枝 **IV-1**，201
基仁楞镇玛 **III-2**，51
基座 **IV-1**，71，98，115
箕宿 **IV-1**，203

吉　**IV-1**，33
吉德　**II**，10，11，12
吉德古罗　**III-2**，84
吉德尼玛衮　**II**，10，11，12，14，20
吉尔甘　**II**，52，60，63，68，69，71
吉尔吉特　**I**，14；**II**，3，28
吉果　**IV-1**，97
吉奎　**IV-1**，40
吉隆　**II**，8；**IV-1**，5，106
吉沃　**IV-1**，60
吉祥　**I**，43，64；**III-1**，114；**III-2**，52，77；**IV-1**，4
吉祥薄伽梵现观　**II**，37
吉祥持　**III-2**，38；**IV-1**，109
吉祥大金刚怖畏怛特罗　**III-2**，37
吉祥大金刚怖畏生起次第安立·显耀顶饰　**III-2**，39，40，41，42
吉祥多门塔　**IV-1**，6，116
吉祥黑阎摩敌成就法·炽燃宝　**III-2**，58
吉祥黑阎摩敌怛特罗第三品　**III-2**，37
吉祥黑阎摩敌现证·杀者之堪畏　**IV-1**，239
吉祥嘿噜嘎　**III-2**，11，28
吉祥红阎摩敌怛特罗王　**III-2**，37
吉祥结　**IV-1**，205
吉祥金刚步　**IV-1**，205
吉祥金刚怖畏曼荼罗仪轨明　**III-2**，48
吉祥金刚怖畏仪轨怛特罗王　**III-2**，37
吉祥金刚大黑天之造业跋陀罗兄妹三之食子仪轨并随许·电之利刃　**IV-1**，87
吉祥金刚怛特罗次第中自身加持拘留拘啰成就法　**IV-1**，155
吉祥金刚心庄严大怛特罗难处释　**III-2**，28
吉祥俱生不变大乐　**IV-1**，241
吉祥军阿波陀那　**II**，32
吉祥军咒女　**III-2**，51
吉祥禄首女　**IV-1**，136
吉祥密集曼荼罗诸尊身讃叹　**III-2**，27
吉祥密集文殊金刚　**IV-1**，238
吉祥普明曼荼罗圆满成就·去除盖障　**III-1**，18
吉祥山　**III-2**，22
吉祥如意天成寺　**II**，61
吉祥萨迦派对大小护法怙主、兄妹护法、尸林主等奉献食子仪轨·功业速达之使　**IV-1**，87
吉祥萨迦派父法金刚橛共通护法噶杜兄妹成就并随许　**IV-1**，87，107
吉祥胜乐轮现观曼荼罗　**III-2**，32
吉祥世尊胜乐怛特罗　**III-2**，8
吉祥世尊总摄轮　**III-2**，8
吉祥四臂怙主　**III-2**，46
吉祥四座广大曼荼罗成就法·无忘作忆　**IV-1**，242
吉祥天大德菩提王　**II**，49
吉祥天女　**III-1**，85；**III-2**，51，91；**IV-1**，69，106，132，137，198，225
吉祥天女欲界自在女　**IV-1**，89
吉祥无边利他普明仪轨及多种必需仪轨合集·普明仪轨利他天成　**III-1**，18
吉祥无譬天成殿　**II**，62
吉祥喜金刚成就法·弃除惑乱　**IV-1**，241
吉祥喜金刚俱生成就法及加持口诀　**IV-1**，241
吉祥喜金刚释续金刚帐之业广大三神中所出调伏部多金刚手成就法随许并口诀　**IV-2**，304
吉祥贤　**III-2**，38
吉祥香佛　**IV-1**，160
吉祥月秘密明点怛特罗大王　**II**，31
吉祥增禄女　**IV-1**，136
吉祥总摄轮　**II**，37；**IV-1**，242
吉祥总摄轮成就法　**II**，37；**III-2**，20
吉祥总摄轮成就法注·弃除惑乱　**IV-1**，242
吉祥总摄轮初次第道学法易解诠说·如意心髓　**III-2**，27
吉祥祖母　**III-2**，51
吉祥最上　**IV-1**，168，174，175
吉祥最上本初　**IV-1**，165，173，174，227，231
吉祥最上本初大乘仪轨王　**II**，31
吉祥最上本初广释　**II**，62
极寂静天女　**IV-1**，143
极乐成就度母　**IV-1**，146
极乐殿　**IV-1**，126
极乐净土　**III-2**，68；**IV-1**，127；**IV-2**，313
极乐世界　**III-1**，65；**IV-1**，42

极难胜地 **IV-1**, 183
极喜 **IV-1**, 180
极喜女 **IV-1**, 137
笈多 **I**, 45, 61; **III-1**, 63; **III-2**, 34
集注 **II**, 21, 24
嫉 **III-1**, 53; **III-2**, 33
嫉(空行母) **III-2**, 32
计都 **I**, 29; **IV-1**, 133, 180
计度 **I**, 18
计里摩里 **IV-1**, 136
计算 **IV-1**, 46, 59
记事 **III-1**, 50
寂藏 **I**, 25, 27; **III-1**, 24
寂护 **II**, 25, 48; **IV-1**, 389
寂慧 **IV-1**, 101
寂静短矛所标识 **IV-1**, 172; **IV-2**, 348
寂静衮桑杰瓦都巴成就法 **I**, 73
寂静女 **IV-1**, 134, 166, 230; **IV-2**, 348
寂静天女 **IV-1**, 134
寂静相 **III-1**, 15, 45
寂静智慧 **III-2**, 38
寂静诸天供养女 **IV-1**, 125
寂天 **I**, 16, 19
寂贤 **II**, 48, 50
髻稞 **IV-1**, 131
加持 **I**, 18, 20-22, 36, 37, 56; **II**, 5; **III-1**, 46, 58, 65, 108; **III-2**, 30, 68, 87; **IV-1**, 46, 155, 207
加持塔 **I**, 10
加德满都 **III-2**, 8
加拉维里奥 **I**, 4
迦兰伽树 **III-2**, 22
迦兰陀竹林 **III-2**, 80
迦利 **III-2**, 11, 15, 51; **IV-1**, 69, 166, 173, 205, 230; **IV-2**, 348
迦利龙王 **III-2**, 77
迦楼罗 **IV-1**, 200
迦罗 **IV-1**, 120
迦纳明王 **IV-1**, 228
迦腻迦塔 **I**, 10
迦毗罗 **IV-1**, 204
迦毗罗卫 **I**, 10, 34
迦湿弥罗 **I**, 43; **II**, 2, 5, 6, 8, 18, 20-22, 24-29, 50, 55, 57-59, 61, 63, 64, 70; **IV-1**, 73, 74, 92
迦希吉夜 **I**, 64; **III-1**, 32; **IV-1**, 230
迦希吉夜童子 **IV-1**, 179
迦希吉夜文殊 **I**, 63, 64
迦叶 **III-2**, 81; **IV-1**, 196
家禽 **III-1**, 33; **IV-1**, 222
家舍神 **IV-1**, 206
袈裟 **I**, 52, 53, 58, 66, 67; **III-1**, 54, 64, 67, 75, 76, 84, 116; **III-2**, 34, 67, 69, 70, 73; **IV-1**, 85, 95, 140, 195
嘉(地) **I**, 29, 39, 46, 47, 48, 49, 54, 58, 72
嘉巴 **IV-1**, 33
嘉·绛贝桑瓦 **IV-1**, 36, 39, 43, 44, 97
嘉卡 **IV-1**, 38, 48
嘉卡垅 **IV-1**, 47
嘉垅寺 **IV-1**, 38
嘉乃寺 **IV-1**, 43, 92
嘉丕 **IV-1**, 46, 47
嘉且 **IV-1**, 41
嘉日东 **IV-1**, 41
嘉·桑喜 **IV-1**, 39
嘉氏 **IV-1**, 36, 39, 40; **IV-2**, 306, 325
嘉塘 **IV-1**, 11
嘉耶楚 **II**, 23, 30
嘉札 **IV-1**, 40
嘉·尊追森格 **IV-1**, 40
甲玛 **IV-1**, 61, 64
贾曹·达玛仁钦 **I**, 68
贾曹杰 **I**, 68
坚贡寺 **IV-1**, 50
坚固 **IV-2**, 385
坚固金刚天女 **IV-1**, 153
坚固手印女 **IV-1**, 158, 160
坚固一切真言、明、心髓之四转轮曼荼罗 **IV-1**, 209
坚固智慧 **IV-1**, 206
坚垅寺 **IV-1**, 41
坚轮仪轨 **II**, 44

坚赞 **IV-1**，13
坚赞巴 **IV-1**，11
坚赞贝 **IV-1**，4
坚赞贝桑波 **IV-1**，
坚赞札 **IV-1**，10，94
犍稚 **IV-1**，88，89，91
犍稚经 **II**，32
简略 **IV-1**，81
简要次第成就法 **II**，46
建立支提和擦擦 **I**，21
剑 **I**，52，56-58，63-65，68；**III-1**，22，27，28，30-33，35，56，57，67，70，83，88，92，95，112；**III-2**，8，11，25，34，43-45，48，49，56，58；**IV-1**，88，89，122，124，129，131，133，134，150，155，167，168，177，178，180-186，188-190，192，193，198-202，210，211，215，218，222，224，225，228-230，238，239；**IV-2**，347，348
剑盾 **IV-2**，348
剑阎摩敌 **III-2**，45
健相 **IV-1**，195
箭 **I**，65；**III-1**，21，27，30，31，70，87，91，93；**III-2**，42，62；**IV-1**，133，150，155，168，174，177，180，182，183，185，192，215，219，228，229，242
江 **IV-1**，33，35，74
江都拉康 **IV-1**，47
江都寺 **IV-1**，48
江噶贡玛 **IV-1**，42
江卡 **IV-1**，23；**IV-2**，307
江浦寺 **IV-1**，38，43，67，68，70，73，84
江热 **IV-1**，36，38，44-56
江若 **II**，23；**IV-1**，32-34，36，38，43，73
江若河 **IV-1**，33
江孜 **IV-1**，1，3，4，6，9，10，15-17，19，20，22，24-30，31，33，35-37，39-43，45，47，48，52，55-58，62，66，67，85，92，95，96，98，100-102，107，113；**IV-2**，204，339，385
江孜山 **IV-1**，35，38
江孜寺 **IV-1**，58
将军 **I**，61；**IV-1**，69
讲说传承 **IV-2**，414
降 **IV-1**，60，61
降忿怒本尊 **III-1**，74
降(秋)多吉 **IV-1**，65
降(秋)仁钦 **IV-1**，65
降秋坚赞 **IV-1**，65，66
降秋赛贝 **II**，17
降秋沃 **II**，11，12，16，17，48-51，59；**III-1**，50，76；**III-2**，31；**IV-1**，86，110
降秋协饶 **II**，30，51
降日色札 **IV-1**，38
降赛桑姆贝 **IV-1**，56
降神 **I**，20；**III-2**，24
降卓 **IV-1**，63
绛贝德勒嘉措 **IV-1**，90
绛林贡波 **IV-1**，41
绛央钦则 **IV-1**，241
交杵金刚 **I**，63，65，68；**III-1**，20，22，27，55-57，95；**III-2**，12，13，56；**IV-1**，122，125，126，134，166，168，178，182，183，186，192，193，212，214，216-218，220
焦若 **IV-1**，48，69
焦若·贡桑协饶丹玛 **II**，56
焦若·鲁意坚赞 **II**，27
焦译师 **II**，26
角宿 **IV-1**，203，204
绞刑柱 **IV-1**，90
脚旺 **II**，54，55，59，64； **III-1**，6，7
脚镯 **IV-1**，229
教法 **I**，2，13，14，17，20，22，25，26，29-32，34，35，38-41，43，57，60，69，113，114；**II**，1，2，4，5，8，9，11，12，15，18，19，22-24，26，27，30，57，61，63，64，70；**III-1**，44，61，67，76；**III-2**，4，6，10，31，36，39，40，51，52，68，82；**IV-1**，14，20，24，28，36，49，68，81，85，95，97，98，115，136，207，232
教法施主名录 **IV-1**，55，60，61，63
教授 **I**，13；**II**，2，117，118，123；**III-1**，17，34，66；**III-2**，37，38；**IV-1**，7，80，207
阶基 **I**，23，46，47，48，49

阶梯 **I**, 25, 45-47; **III-2**, 67; **IV-1**, 115
节敦钦波·帕杰瓦 **IV-1**, 59
节氏 **IV-1**, 36
节·曲桑 **IV-1**, 50
劫 **I**, 58; **III-2**, 52
杰波 **IV-2**, 308
杰朗 **I**, 52, 56, 59, 66
杰斯开 **I**, 32
杰瓦桑波 **IV-1**, 65
杰瓦协饶 **II**, 50
杰威迥乃 **II**, 26
捷意 **IV-1**, 152, 196
捷意女 **IV-1**, 164
羯哩摩哩 **IV-1**, 181
羯磨不动明王 **IV-1**, 130
羯磨部 **III-1**, 28; **IV-1**, 81, 193, 212, 213, 218, 225
羯磨忿怒自在母 **III-1**, 95
羯磨灌顶 **III-1**, 29; **IV-1**, 173
羯磨嘿噜嘎 **III-1**, 95
羯磨怙主 **IV-1**, 69
羯磨火天 **III-2**, 66
羯磨界自在母 **III-1**, 70
羯磨金翅鸟 **IV-1**, 161
羯磨金刚 **IV-1**, 163
羯磨金刚女 **III-1**, 29; **IV-1**, 219
羯磨金刚手 **IV-1**, 161
羯磨空行母 **III-2**, 32, 33
羯磨弥勒 **IV-1**, 163
羯磨秘密 **IV-1**, 163
羯磨女 **IV-1**, 219
羯磨瓶 **III-1**, 96
羯磨拳天女 **IV-1**, 171
羯磨萨埵 **IV-1**, 218
羯磨萨埵女 **IV-1**, 177
羯磨胜眼 **IV-1**, 163
羯磨王 **IV-1**, 218
羯磨印 **IV-1**, 82
解脱 **I**, 13, 15, 17, 24, 26; **III-1**, 3, 34, 65, 67, 68, 101, 103, 106, 107, 109; **III-2**, 4, 6, 10, 12, 31, 32, 75; **IV-1**, 7, 9, 68, 70, 72, 80, 82, 88, 95, 102, 105; **IV-2**, 301
解脱八难成就·隐蔽小龛 **IV-1**, 148
解脱道 **I**, 25; **III-1**, 74; **III-2**, 10, 39
解脱门 **III-1**, 37; **IV-1**, 113
解脱明点注释 **II**, 40
介·阿麦钦波桑杰意希 **IV-1**, 51
介·拉桑札 **IV-1**, 50
介氏 **IV-1**, 36, 50, 51
介夏 **II**, 23
介尊·协饶迥乃 **IV-1**, 51
戒日王 **I**, 10
戒主慧 **II**, 27, 30, 51
界 **I**, 11, 15, 60; **II**, 4; **III-1**, 37, 40, 42, 43
金翅鸟 **I**, 53; **III-1**, 55-57, 67, 109-113; **III-2**, 66, 68, 73, 79, 81, 88, 89; **IV-1**, 89, 111, 115, 161, 198, 199, 207
金翅鸟王 **IV-1**, 181
金翅鸟王金刚 **III-2**, 88
金殿 **II**, 63; **III-1**, 13, 64, 69, 71, 77; **III-2**, 64; **IV-1**, 51
金顶 **IV-1**, 47
金发 **IV-1**, 199
金刚 **I**, 12; **III-1**, 23, 25, 46, 48, 55, 57; **III-2**, 12, 13, 27, 33; **IV-1**, 138, 224; **IV-2**, 314, 365
金刚阿阇梨 **II**, 20, 60
金刚阿阇黎所作集
金刚爱 **III-1**, 21, 27, 47; **IV-1**, 176, 177, 185, 214, 215, 220
金刚白面女 **IV-1**, 139
金刚宝 **III-1**, 21, 27, 38, 47, 55; **IV-1**, 103, 174, 176-178, 214, 216, 217
金刚宝女 **III-1**, 26, 29, 31; **IV-1**, 214
金刚宝贤 **IV-1**, 217
金刚遍入天女 **IV-1**, 139
金刚不动明王 **IV-1**, 130
金刚不空喜女 **IV-1**, 219
金刚步 **I**, 61; **IV-1**, 126
金刚怖畏 **I**, 66; **III-1**, 71; **III-2**, 5, 29, 35-44, 46-48, 59, 60, 65, 85, 113; **IV-1**, 86, 109, 183, 238, 239

金刚怖畏怛特罗难语释　**II**，41
金刚怖畏使者　**IV-1**，224
金刚部　**III-1**，28，29，45，46；**IV-1**，81，82，108，213，215，220，222，230
金刚嘈杂天女　**IV-1**，219
金刚常　**III-2**，29，107
金刚成就女　**IV-1**，139
金刚持　**I**，41，58，59，66，69；**III-1**，65，66，104，105，115；**III-2**，28，52；**IV-1**，7，24，68，105，114-116，153，161，177，243；**IV-2**，386
金刚持髻　**IV-1**，229
金刚持金刚手羯磨成就法　**II**，46
金刚持明童女　**IV-1**，125
金刚持上师　**III-2**，69
金刚持武器　**IV-1**，227
金刚持武器女　**IV-1**，228
金刚杵　**I**，52，54，59-67，69；**III-1**，20，22，23，27，28，31，34，49，50，55，65，66，68，70，88，89，91-93，95，111，112，115，122，124；**III-2**，24，32，43，45，58，62，66，67，69；**IV-1**，77，82，125，126，130，132，133，150，167，168，170，177，182-184，191-194，198，199，201，205，210-212，214，215，220，222-225，227-229，239，242，243；**IV-2**，304，349，397
金刚幢　**III-1**，21，27；**IV-1**，176，178，215-217
金刚锤　**IV-1**，122
金刚锤使者　**IV-1**，224
金刚春　**IV-1**，231
金刚摧破暴恶　**IV-1**，162
金刚大持风女　**IV-1**，140
金刚大黑天　**IV-1**，90，112
金刚大黑天宝帐怙主　**IV-1**，87
金刚大力　**III-2**，29；**IV-1**，161
金刚大日如来　**III-1**，49
金刚灯女　**III-1**，23，36，48；**IV-1**，163
金刚调伏　**IV-1**，161
金刚调伏凶猛　**IV-1**，162
金刚顶　**II**，24；**IV-1**，79，212，213，220，222，225
金刚顶怛特罗　**II**，24；**IV-1**，74，78，212，213，220；**IV-2**，366
金刚顶髻　**III-2**，29；**IV-1**，228
金刚顶髻明王　**IV-1**，140，151
金刚顶礼　**IV-1**，229
金刚冬　**IV-1**，166，168，231
金刚度母　**IV-1**，112，156，157，219
金刚法　**I**，54，64；**III-1**，21，27，32，48；**IV-1**，103，165，176，178，189，208，209，214，215
金刚法女　**III-1**，27，29，31
金刚法世自在　**I**，64
金刚忿怒母　**IV-1**，140
金刚忿怒自在母　**III-1**，95
金刚风使者　**IV-1**，224；**IV-1**，224
金刚甘露　**IV-1**，108
金刚甘露怛特罗　**IV-1**，108
金刚甘露女　**IV-1**，223
金刚歌女　**III-1**，23，36，47；**IV-1**，163
金刚钩　**III-1**，23，28，40；**IV-1**，134，138，228，231
金刚钩女　**IV-1**，162
金刚钩仆　**IV-1**，224
金刚冠　**IV-1**，131
金刚灌顶　**III-1**，29；**IV-1**，223
金刚灌顶女　**IV-1**，226
金刚光　**III-1**，21；**IV-1**，176，178，215，217，223
金刚光女　**IV-1**，223
金刚光焰止风雨陀罗尼经　**III-1**，112
金刚亥母　**I**，62；**III-2**，11，13，25，34；**IV-1**，98，118
金刚嘿噜嘎　**III-1**，95
金刚护　**III-1**，22，27，41；**IV-1**，176，178，194，215-217
金刚护门女　**IV-1**，223
金刚怙主　**IV-1**，229
金刚花　**IV-1**，131
金刚花女　**III-1**，23，36，44，48；**IV-1**，161
金刚环　**III-1**，13；**IV-1**，222
金刚火使者　**IV-1**，224
金刚吉祥　**IV-1**，177

金刚吉祥天女 **IV-1**，219
金刚寂静女 **IV-1**，140，223
金刚跏趺坐 **I**，49，51-54，56-59，64-69，72；**III-1**，19，54，55，57，75，76，84；**III-2**，63，64，67，109；**IV-1**，89
金刚坚固吉祥天女 **IV-1**，69
金刚脚镯 **IV-1**，229
金刚羯哩羯哩 **IV-1**，231
金刚羯哩羯罗 **IV-1**，229
金刚羯哩羯罗亚玛 **IV-1**，231
金刚羯罗羯罗 **IV-1**，139
金刚羯罗羯罗亚 **IV-1**，168
金刚界 **III-1**，82；**IV-1**，80，226
金刚界大曼荼罗出现 **III-1**，49；**IV-1**，77
金刚界大曼荼罗诸天建立 **II**，41；**III-1**，36
金刚界曼荼罗 **III-1**，25，28，29，45；**IV-1**，47，71，75，78-80，84，102，108，151，176；**IV-2**，366
金刚界胜 **IV-1**，162
金刚界自在母 **III-1**，70，105；**IV-1**，149，150，226
金刚金刚女 **IV-1**，171
金刚金女 **IV-1**，139，222
金刚具唇女 **IV-1**，134
金刚羂索女 **IV-1**，162
金刚橛 **I**，47；**III-2**，49；**IV-1**，90，108，122，130；**IV-2**，398
金刚橛根本怛特罗品 **IV-1**，108
金刚橛根本怛特罗小品 **IV-1**，108
金刚橛形女 **IV-1**，175
金刚军 **IV-1**，212，229
金刚铠 **III-1**，22，27；**III-2**，58；**IV-1**，178，207，215
金刚空行 **I**，63；**III-2**，15，30
金刚空行母 **III-2**，32，33；**IV-1**，112，242
金刚空行释 **III-2**，28
金刚口女仆 **IV-1**，224
金刚乐差使 **IV-1**，199
金刚利 **III-1**，22，27，48；**IV-1**，176，178，215，217，229
金刚连环套 **IV-1**，134
金刚莲花 **III-1**，27，31，32；**IV-1**，216，217，228，229
金刚莲花女 **IV-1**，188，214，226
金刚链 **III-1**，23，28，36，48；**IV-1**，125，229，232
金刚链女 **III-1**，42；**IV-1**，132
金刚铃 **III-1**，24，50；**IV-1**，77，185，222
金刚铃女 **IV-1**，162
金刚龙仆 **IV-1**，225
金刚律仪 **IV-1**，229
金刚轮 **IV-1**，174，182，204
金刚鬘 **III-2**，12，13；**IV-1**，111，112，134，223
金刚鬘女 **III-1**，22，36，47；**IV-1**，176
金刚慢 **IV-1**，168，171，229，231
金刚慢女 **IV-1**，171
金刚眉 **IV-1**，131
金刚昧女 **IV-1**，140
金刚猛厉女 **IV-1**，140
金刚蜜 **IV-1**，166，168
金刚明女王 **IV-1**，228
金刚魔首仆 **IV-1**，224
金刚难立 **IV-1**，140
金刚念 **IV-1**，168，231
金刚念女 **IV-1**，231
金刚念诵广释 **II**，38
金刚女 **III-1**，93，94
金刚女使 **IV-1**，224
金刚瓶 **III-1**，96
金刚菩萨 **IV-1**，171
金刚普持 **IV-1**，161
金刚普女 **IV-1**，226
金刚起尸女 **III-2**，44；**IV-1**，140，154，239，242
金刚乾达婆 **IV-1**，154
金刚秋 **IV-1**，166，168，231
金刚拳 **III-1**，22，27，28，44，48；**IV-1**，166，168-172，174，176，178，194，215-217，229；**IV-2**，347
金刚拳女 **IV-1**，223
金刚日 **III-1**，27，48；**III-2**，25，29；**IV-1**，177，

187，216
金刚日光 **IV-1**，126
金刚入 **III-1**，24，28；**IV-1**，232
金刚入女 **III-1**，42
金刚萨埵 **I**，64；**III-1**，20，27，38，47，82，83，100，101，104，111；**III-2**，24，25，29，66；**IV-1**，71，80，103，104，151，166，168，170，171，173，176，177，185，187，191，192，195，208，209，214，219，220，229；**IV-2**，347
金刚萨埵女 **III-1**，26，29，31；**IV-1**，214
金刚萨埵心意成就中宣说之静怒拨除地狱之成就法 **III-1**，87
金刚三摩地女 **IV-1**，171
金刚色 **IV-1**，169
金刚色女 **IV-1**，179
金刚商主使者 **IV-1**，199
金刚烧香女 **III-1**，23，36，47；**IV-1**，162
金刚舌 **III-1**，22，27；**IV-1**，171，215
金刚舌女 **IV-1**，171
金刚身 **I**，12；**III-2**，16，19
金刚生起 **II**，23，26；**IV-1**，73
金刚生起怛特罗 **II**，23
金刚声 **IV-1**，169，189
金刚圣 **IV-1**，238
金刚胜身 **IV-1**，171
金刚胜业 **IV-1**，208，216
金刚乘 **I**，28，40，60；**III-1**，26，66，68，102，104，107；**III-2**，4，27，31，32；**IV-2**，402
金刚乘大过失 **II**，41
金刚时 **III-2**，29
金刚时女 **IV-1**，224
金刚时仆 **IV-1**，224
金刚食女 **IV-1**，223
金刚饰女 **IV-1**，224
金刚手 **I**，30，59-62，65，66；**III-1**，43，73；**III-2**，34，40，46，58，66，70，72，74，81，88，89；**IV-1**，42，73，96，101，121，122，129，131-133，140，142，143，148，151，153，161-163，168，170，175，190，191，208，209；**IV-2**，301，305，314
金刚手大轮 **IV-1**，110
金刚手秘密主 **III-2**，56
金刚手明妃 **IV-1**，134
金刚手王准提成就法 **III-2**，90
金刚手修多罗式优波提舍实修成就法 **IV-2**，316
金刚手印 **IV-1**，149
金刚手子 **IV-1**，131
金刚束腰女 **IV-1**，223
金刚水灌顶女 **IV-1**，139
金刚四座 **II**，26；**IV-1**，242
金刚索 **III-1**，23，28，36；**IV-1**，228，231
金刚弹指 **III-1**，21
金刚童女 **IV-1**，134，139，222
金刚涂香女 **III-1**，23，36，40
金刚王 **III-1**，21，27，41，48；**IV-1**，151，176，177，185，214，215，220，229
金刚味 **IV-1**，169
金刚无量寿 **IV-2**，327
金刚武器 **IV-1**，223，231
金刚武器女 **IV-1**，226
金刚舞女 **III-1**，23，36，48；**IV-1**，163，169
金刚嬉女 **III-1**，22，36，40，44，47；**IV-1**，176
金刚喜 **III-1**，21，27；**IV-1**，176，177，214，216，220
金刚喜女 **IV-1**，224
金刚相女 **IV-1**，139
金刚香 **IV-1**，169
金刚象鼻 **IV-1**，223
金刚笑 **III-1**，21，27，47；**IV-1**，169，176-178，215-217
金刚笑女 **IV-1**，139
金刚协饶桑布 **I**，69；**III-1**，79
金刚心 **IV-1**，161，175，182，190，195
金刚心庄严怛特罗之曼荼罗安立 **IV-1**，176，190
金刚心庄严难处释 **III-2**，28
金刚胸 **IV-1**，131
金刚漩 **IV-1**，223
金刚寻求女 **IV-1**，140

金刚迅疾女　**IV-1**，224
金刚牙　**IV-1**，215
金刚眼女　**IV-1**，219
金刚焰女　**IV-1**，224
金刚仰面　**IV-1**，139
金刚药叉　**III-1**，22，27，43；**III-2**，29；**IV-1**，162，169-172，176，178，194，215-217；**IV-2**，347
金刚业　**III-1**，22，27，28，35；**IV-1**，103，171，176，178，194，214，215，217-219，222
金刚业度女　**IV-1**，184
金刚业女　**III-1**，27，31；**IV-1**，175，188，214
金刚意女　**IV-1**，226
金刚意生　**IV-1**，168
金刚因　**III-1**，22，27，48；**IV-1**，176，178，215，217
金刚饮血　**IV-1**，183
金刚饮血女　**IV-1**，140
金刚瑜伽母成就法　**II**，46
金刚瑜伽母讃　**II**，38
金刚瑜伽女断首成就法　**IV-1**，45
金刚语　**I**，12；**III-1**，22，27；**IV-1**，171，176，178，215，217
金刚欲自在女　**IV-1**，219
金刚月　**IV-1**，131
金刚悦　**IV-1**，131
金刚悦女　**IV-1**，140
金刚云　**IV-1**，166，168，231
金刚杂孜噶　**IV-1**，140
金刚杖　**I**，36；**III-1**，89；**III-2**，62；**IV-1**，122，130，138，223
金刚杖女　**IV-1**，223
金刚帐　**IV-1**，112
金刚帐二品　**IV-1**，110
金刚照女　**IV-1**，140
金刚正施　**IV-1**，152
金刚智　**IV-1**，79
金刚姊妹　**IV-1**，162
金刚自在　**IV-1**，149
金刚自在女　**IV-1**，139
金刚醉　**IV-1**，223
金刚尊胜　**IV-1**，223
金刚作吽　**III-2**，29；**IV-1**，108，122，123，139，157，167，170，171，191，210，212，215，221；**IV-2**，365，347
金刚作吽成就法　**IV-1**，108
金刚作乐　**IV-1**，161
金刚作损女　**IV-1**，140
金刚座　**I**，9，40，54，63；**III-1**，67；**III-2**，67，73；**IV-1**，98，233
金刚座殿　**IV-1**，233，235
金刚座释迦牟尼　**I**，49，50，53，54；**III-2**，67
金光妙眼女　**IV-1**，125，126
金光明　**I**，14
金光明狮游戏　**IV-2**，313
金卡垅　**IV-1**，47
金铠　**II**，43，47
金色般若佛母　**III-1**，84；**IV-1**，193
金色宝光妙行成就　**III-1**，114
金色童子因缘经　**II**，35
金线　**IV-1**，31
金颜度母　**IV-1**，146
金眼金翅鸟　**IV-1**，199
金曜　**IV-1**，133，180，202，210
紧那罗　**III-2**，68，79，81；**IV-1**，207
紧那罗女　**III-1**，53
紧那罗王树　**IV-1**，181
锦格　**II**，71
近耳　**IV-1**，200
近王　**III-2**，47
近住弟子　**IV-1**，51
晋美南卡　**IV-1**，43，55，61，106
经函　**I**，56-58，63，68；**III-1**，22，27，32，67，70，71，83，84；**IV-1**，131，159，167，168，177，183-185，188，190，193，202，210，215，218；**IV-2**，349
经合集　**II**，38
经书护板　**IV-1**，5，103
经堂　**III-1**，13，15，45，52，54；**IV-1**，24，101，104
经咒金刚手　**IV-1**，162
经庄严　**IV-2**，402

经庄严初二颂疏　**II**，61
精进度女　**IV-1**，184
精进贤　**II**，40，44，46，47
精舍　**II**，62
井宿　**IV-1**，203
颈饰　**III-2**，12，30
净饭王　**I**，10，11
净瓶　**I**，27，51，54，58，65，67，70，72；**III-1**，32，58，67，96；**III-2**，66，90；**IV-1**，131，133，133，150，169，180，181，187，198，218，224
净土　**I**，37；**IV-1**，17，19，105，127，136，141，162；**IV-2**，305，417
净心　**IV-1**，105，180
净心非天　**IV-1**，130，199
净信度母　**IV-1**，154
净治　**I**，17，26；**III-1**，34-36，67，68，70，106；**III-2**，87；**IV-1**，7，102，105，115；**IV-2**，366，384
净治一切业障陀罗尼　**IV-1**，186
静怒（相）　**III-2**，29，39，63，88；**IV-1**，166
静怒拔除地狱之忏悔·悲月光　**III-1**，86
静怒拔除地狱之灌顶仪轨·甘露恒河　**III-1**，87，94
静怒密意自度仪轨·净治罪障　**III-1**，29，94
静怒十身宝帐怙主护法眷属金刚石寨·诸障悉除　**IV-1**，87
静怒生圆羯磨编排·光明精粹　**III-1**，87
静色大威光女　**IV-1**，125
静寺　**I**，1；**II**，2，18；**IV-1**，97
静相　**I**，60；**III-1**，73；**III-2**，45；**IV-1**，128，187
静相作乐多闻子　**IV-1**，142
镜子　**I**，24，27，63；**IV-1**，199
鸠盘荼　**III-2**，58
九髻曼荼罗庄严　**IV-2**，358
九曜　**I**，29；**IV-1**，202
旧密　**IV-1**，98
救八难度母　**IV-1**，75，147
救八难度母成就法　**IV-1**，148
救毕舍遮难度母　**IV-1**，147，148
救嗔难度母　**III-2**，87
救痴难度母　**III-2**，87
救盗贼难度母　**IV-1**，147，148
救妒难度母　**III-2**，87
救度　**II**，2，28；**III-1**，3，24，90，106；**III-2**，5，32，40，86，87；**IV-1**，8，75，80，81，84，147
救度恶趣度母　**IV-1**，146
救度六趣　**III-2**，89
救火难度母　**IV-1**，147，148
救慢难度母　**III-2**，87
救悭难度母　**III-2**，87
救强盗难度母　**IV-1**，147，148
救蛇难度母　**IV-1**，147，148
救狮难度母　**IV-1**，147，148
救水难度母　**IV-1**，147，148
救贪难度母　**III-2**，87
救象难度母　**IV-1**，147，148
救邪见难度母　**III-2**，87
救一切难　**III-2**，86
救疑难度母　**III-2**，87
鹫首母　**III-1**，88，89，92
拘留拘啰　**IV-1**，112，154，155
拘留拘啰天女　**IV-1**，155
拘尸那揭罗　**I**，10，34
居芒　**II**，69
居米　**IV-1**，204
居士　**IV-1**，11
具宝陀罗尼　**IV-1**，186
具抖怙主　**III-2**，46
具福女　**IV-1**，158，160
具鼓天女　**IV-1**，167
具光女　**IV-1**，205
具光塔　**I**，10
具亥面　**IV-1**，150
具金刚　**IV-1**，243
具颈肢　**IV-1**，201
具库箧　**IV-1**，150
具乐　**IV-2**，313
具力　**IV-1**，181，218
具力部多　**IV-1**，200

具力部多王 **IV-1**，199
具莲女 **IV-1**，205
具莲天女 **IV-1**，162
具髅 **IV-1**，211
具拳 **IV-1**，201
具瑞军咒女王热玛提 **III-2**，51
具瑞卡喀 **IV-1**，13
具瑞自生女王所出本母护命陀罗尼 **III-2**，49
具色女 **IV-1**，159，162，205
具善 **IV-1**，69
具善女 **IV-1**，226
具身佛 **IV-1**，215，221
具饰智慧怙主 **III-2**，46
具誓护法海之名录 **III-2**，15，48，55
具威女 **IV-1**，159
具笑女 **IV-1**，226
具鸦面 **III-2**，46，48
具一切佛法藏陀罗尼 **IV-1**，187
具语音 **IV-1**，196
具欲 **IV-1**，201
具增女 **IV-1**，158-160
具种（龙王） **IV-1**，130，180，202
具众仆 **IV-1**，199
俱差罗庄严 **II**，23，41；**IV-1**，47，73
俱毗罗 **IV-1**，200；**IV-2**，306
俱毗罗药叉 **IV-1**，199
俱生 **I**，28；**III-1**，34，157；**III-2**，9；**IV-1**，80
俱生金刚 **IV-1**，241
俱生派 **III-2**，10
俱生身 **III-1**，99，104
俱生游戏 **I**，8，9，17
俱胝 **I**，18，19
瞿昙弥 **III-2**，79
眷属 **I**，12，15，39，55，65；**III-1**，16，17，36，44，54，59，60，64，71，72，83，94，111，113；**III-2**，3，4，6，13，20，25，36，43，62-65，74；**IV-1**，9，70，75，88，90，104，113，120-124，126，128，131，138，139，142，143，145，149，150，154，156，158，159，161，166-168，170，171，176-178，188，189，192，193，197，199，201，227，233，238，239，241
羂索 **I**，60，62，63，65；**III-1**，89，90；**III-2**，12，25，43，56，57，62；**IV-1**，89，91，122，126，131，134，159，182，183，191，193，199，200，215，218，224，228，229，239，243；**IV-2**，304
羂索女 **III-2**，55
决定胜 **I**，17；**IV-2**，251
抉择智慧方便成就 **III-1**，106，107
觉囊 **IV-1**，11，15
觉瓦 **III-1**，5
觉沃 **II**，71；**IV-1**，39
觉译师 **IV-1**，109
觉支 **I**，24；**IV-1**，233
军咒 **III-2**，51，52
军咒女 **III-2**，49，50，51，53，54，57
军咒女王 **III-2**，46
军咒热玛提 **III-2**，51
君陀花 **IV-1**，133，159，188，202，210
卡巴鲁 **II**，60；**III-1**，7
卡喀 **IV-1**，13，23
卡拉琼尊 **IV-1**，205
卡拉孜 **I**，31，52；**IV-1**，96
卡兰那 **II**，28
卡莫色寺 **IV-1**，40
卡切 **II**，55；**IV-1**，92；**IV-2**，378
卡切班钦 **IV-1**，92
卡如 **I**，43
卡萨 **IV-1**，12
卡萨巴尼 **III-2**，89；**IV-1**，51
卡则 **I**，52；**II**，54；**III-1**，2，10，61
卡孜 **I**，52；**II**，20，53，54，61，63，68；**III-1**，2-5
卡孜王 **III-1**，2
咔堆 **IV-1**，33
咔若 **IV-1**，39
喀陀朗迪赞 **III-2**，69
开光 **I**，13-15，18，19，21，32，36，37，46；**III-1**，96；**III-2**，68，69，82，83；**IV-1**，94，101，103
开光仪轨 **II**，43
开眼仪轨 **II**，43

凯萨森塞姜格巴哈杜尔 **I**，61
凯斯 **III-2**，8
铠甲 **III-1**，71；**III-2**，24；**IV-1**，181，218，229
铠严女 **IV-1**，158-160
堪布 **II**，20，53，56；**III-2**，90；**IV-1**，18，26，29，39，45，46，97，98，100
康 **II**，22
康巴·噶顿 **II**，24
康林罕 **I**，53
康马 **IV-1**，43，46
康区 **III-1**，9，110；**IV-1**，40
康热 **IV-1**，33，45
康萨 **II**，60
亢宿 **IV-1**，203
考德 **I**，33
考哈拉 **II**，57
靠背 **III-1**，57，67，109-111，113；**III-2**，63，66，68，69，73，85，90；**IV-1**，50，93，98，107
柯热 **II**，10-12，14，15，60
科尔迪埃 **I**，8；**II**，49，50；**III-2**，8，14
科加寺 **II**，60，61；**II-2**，2
科日 **IV-1**，204
科日度母 **IV-1**，154
科日玛 **III-1**，87，91；**IV-1**，211
科日天女 **III-2**，45；**IV-1**，237
科斯马·印第科普莱特斯 **I**，51
克 **III-2**，41
克拉尔 **II**，58
克什米尔 **I**，31，42；**III-1**，16，62，63，79；**III-2**，2，16，27，83；**IV-1**，3，15，21
克什瓦尔 **II**，58
克珠·格勒贝桑 **I**，68；**III-2**，80
克珠·格勒贝桑文集 **IV-1**，241
克珠杰 **I**，68；**III-2**，38，44，60，86
空 **I**，25，26，28，29；**III-1**，37，38，68，105，106；**III-2**，4，9，10，11，14，19，21，22，26，32-34，37，39，42，43，46，48，52，53，60，65，67-69，74，78，83，89，91，106-108；**IV-1**，84，85，113，119
空行 **II**，53，71；**III-2**，30，33，57，105；**IV-1**，91
空行观自在 **IV-1**，164
空行海 **III-2**，15；**IV-1**，109
空行金刚帐 **IV-1**，110
空行母 **I**，43；**III-2**，9，19，30，31-34，48，56；**IV-1**，87，108，110，242；**IV-2**，308
空行母金刚帐 **IV-1**，110
空性 **I**，28；**III-1**，34，38，68，103，104；**III-2**，12，13，41，43
孔雀 **I**，51，52，53，63，64；**III-1**，55，56，104；**III-2**，42；**IV-1**，115，179，203，222
口传 **I**，34；**II**，40，54
口诀 **I**，20；**II**，71；**III-1**，69，109；**III-2**，14；**IV-1**，110，112，197
骷髅 **I**，62；**III-1**，111；**III-2**，12，13，20，30；**IV-1**，90，91，107
骷髅冠 **I**，62；**III-2**，42，44；**IV-1**，89，107
骷髅鬘 **I**，62；**III-2**，57
骷髅杖 **IV-1**，205，211
苦修 **III-2**，75，76；**IV-2**，384
库昂 **II**，70
库勒 **IV-1**，39，40
库鲁 **II**，57，58；**III-1**，10；**III-2**，16
库那瓦 **I**，45；**II**，8，59；**III-1**，6，7，9，10，57，85，86，94，98；**III-2**，84；**IV-1**，76
快刀 **III-2**，49；**IV-1**，90，230
狂乱怖畏 **IV-1**，211
旷野 **IV-1**，200；**IV-2**，306
奎穷寺 **IV-1**，43
奎宿 **IV-1**，201，203，205
昆仲 **III-1**，4
拉达克 **I**，3，17，30，31，40，41，42，44，45，57，65，72；**II**，4，7-9，17，28，57，59-61，67；**III-1**，10，12，49，75；**III-2**，3，70，74，83；**IV-1**，96
拉德 **II**，10-14，16，17，49，59，60，64
拉德赞 **II**，17，20，59
拉堆 **IV-1**，63
拉多 **IV-1**，46
拉多贝垅寺 **IV-1**，38
拉噶 **IV-1**，39

拉胡尔 **I**, 30, 31, 40; **II**, 4, 59
拉吉加歇 **II**, 13
拉吉嘉那 **IV-1**, 47
拉吉曲降 **IV-1**, 93, 96
拉康沃 **IV-1**, 42
拉喇嘛 **II**, 15, 17
拉喇嘛降秋沃 **II**, 10, 14, 63, 64
拉喇嘛意希沃 **II**, 10, 13-15, 25, 63, 64; **III-1**, 76
拉隆 **II**, 5, 53, 54; **III-1**, 2, 4, 5, 17, 49, 57, 81, 84, 110, 113; **IV-1**, 184
拉鲁玛 **II**, 10
拉露 **III-1**, 112; **III-2**, 8, 14
拉玛 **IV-1**, 204
拉麦 **IV-1**, 63
拉穷寺 **IV-1**, 38, 49
拉日 **II**, 69
拉萨 **I**, 68; **II**, 24; **III-1**, 6; **III-2**, 3, 61, 70, 83; **IV-1**, 24, 26, 35, 39, 40, 45, 61, 100, 101; **IV-2**, 314
拉萨之旅 **IV-1**, 26, 45
拉沃 **III-1**, 7
拉衣布降秋赛贝 **II**, 17
拉益坚赞 **IV-1**, 13, 23
拉益旺波 **IV-1**, 48
拉则 **II**, 50
拉孜 **IV-1**, 10-13, 15, 23; **IV-2**, 307, 330, 367
拉尊 **II**, 17; **IV-1**, 3, 28
拉尊巴 **IV-1**, 90
拉尊降秋沃 **II**, 13, 48
拉尊降秋沃之门布跋陀罗兄妹成就法·柱间经典 **III-2**, 31
喇嘛衮 **IV-1**, 12, 53
喇嘛意希贝 **III-2**, 60
喇嘛玉如寺 **I**, 41, 42, 43; **II**, 5; **III-2**, 71
喇钦波拉德 **II**, 60
喇章 **III-1**, 8; **IV-1**, 59, 98
莱尊衮 **II**, 13
兰札(体) **I**, 15, 72; **III-2**, 72
栏杆 **IV-1**, 116
蓝比浦 **II**, 61
蓝毗尼 **I**, 9
蓝色妙颈女 **III-2**, 51
蓝阎摩 **III-2**, 46
蓝杖明王 **IV-1**, 122, 123, 138, 139, 143, 157, 192, 197
狼面忿怒母 **IV-1**, 157
狼首母 **III-1**, 88, 89, 91
朗巴垅 **IV-1**, 44
朗巴庞塘寺 **IV-1**, 43
朗巴色顶 **IV-1**, 44
朗达玛 **II**, 1, 6, 7, 10, 11, 20; **IV-1**, 14, 42
朗杰 **I**, 49, 54
朗杰孜摩寺 **I**, 40, 42
劳弗尔 **I**, 33; **IV-1**, 19
老母 **IV-1**, 201
老女 **IV-1**, 187
乐 **III-1**, 103; **III-2**, 9, 10, 12
乐空不二 **III-2**, 27; **IV-1**, 115
乐空双运 **I**, 62; **III-1**, 103
勒巴 **IV-1**, 12
勒巴贝 **IV-1**, 65
勒堆 **II**, 23; **IV-1**, 44
勒堆贡却卡寺 **IV-1**, 44
勒珠寺 **IV-1**, 41
雷巴桑波 **II**, 56
雷必协饶 **II**, 23, 26, 27, 30, 56, 67; **IV-1**, 73
楞伽十颈罗刹 **IV-1**, 199, 200
离车子 **I**, 10
离垢 **IV-1**, 101
离垢地 **IV-1**, 183
离染得净 **I**, 17
犁 **III-1**, 95; **IV-1**, 180, 191, 202, 223
礼拜 **I**, 15, 18, 72; **II**, 69; **III-1**, 13, 46, 54, 67, 108, 111; **III-2**, 83; **IV-1**, 7, 24, 69, 96, 105, 115
礼拜走廊 **IV-1**, 102, 113
李(于阗) **IV-1**, 21
里(寺) **I**, 41; **III-1**, 86
里地 **III-1**, 86

哩嚩帝　**III-2**，50
理帕　**III-1**，9；**IV-1**，4
力度女　**IV-1**，184
力天　**IV-1**，231
力嬉　**III-2**，18
力贤　**IV-1**，180，191
力游（龙王）　**IV-1**，130，180，202
利他　**I**，13
利他贤　**II**，61，62
利益贤　**II**，21
连环套金刚　**IV-1**，125
莲花　**I**，28，45-47，49，50，52-59，63-72；**III-1**，20，21，27，29-33，35，55-57，66-68，70-72，89，92，93，95，111，112；**III-2**，24，34，44，45，58，59，62；**IV-1**，71，98，99，122，126，130，133，134，150，151，155，158，159，169，170，174，180-188，190，192，193，198，202，203，205，210，212，214，217，218，220，223，225，234，238，239，243；**IV-2**，348
莲花爱　**III-1**，31
莲花宝　**IV-1**，217
莲花不空自在　**III-1**，32
莲花部　**III-1**，28，29，45；**IV-1**，78，81，165，213，217，221
莲花持法　**IV-1**，163
莲花弹指　**III-1**，32
莲花灯女　**III-1**，33
莲花度母　**III-1**，32；**IV-1**，218，243
莲花忿怒自在母　**III-1**，95
莲花佛　**III-1**，31
莲花歌女　**III-1**，33
莲花观自在之莲花网次第薄伽梵曼荼罗供养仪轨　**IV-2**，315
莲花灌顶　**III-1**，29
莲花皈依智　**IV-1**，163
莲花嘿噜嘎　**III-1**，95
莲花护　**II**，26，30，32-35，38，39，44，47；**III-1**，33；**IV-1**，218
莲花花女　**III-1**，33
莲花吉祥　**III-1**，32
莲花戒　**II**，25；**IV-1**，103
莲花界自在母　**III-1**，70
莲花金翅鸟　**III-1**，112；**IV-1**，161
莲花金刚手　**IV-1**，161
莲花究竟　**IV-1**，123，183
莲花空行　**III-2**，30
莲花空行母　**III-2**，32，33
莲花链　**III-1**，33
莲花龙王　**IV-1**，180
莲花鬘女　**III-1**，33
莲花颦眉　**III-1**，32；**IV-1**，243
莲花瓶　**III-1**，96
莲花普降　**IV-1**，163
莲花拳　**III-1**，33
莲花日　**III-1**，32
莲花入　**III-1**，33
莲花萨埵　**IV-1**，217，219
莲花三摩地　**III-1**，32
莲花烧香女　**III-1**，33
莲花生　**I**，31，41，42，67，68；**II**，64；**III-1**，13，85，90，97，99，115；**III-2**，31，38；**IV-1**，29，31，32，34，35，39，46，98，103，149，150；**IV-2**，307
莲花生的修行洞　**IV-1**，39
莲花胜女　**IV-1**，164
莲花手　**III-1**，59；**III-2**，68；**IV-1**，150
莲花手观音　**III-1**，60，64；**III-2**，34
莲花手世自在　**I**，56
莲花童子　**III-1**，32
莲花涂香女　**III-1**，33
莲花王　**III-1**，31
莲花网　**IV-1**，148
莲花网观音　**IV-1**，243
莲花网十一面观音　**IV-1**，148
莲花无量寿　**IV-2**，327
莲花舞女　**III-1**，33
莲花舞自在　**III-1**，33；**III-2**，24；**IV-1**，218
莲花舞自在观自在　**IV-1**，151
莲花嬉女　**III-1**，33
莲花喜　**III-1**，32
莲花笑　**III-1**，32

莲花阎摩敌 **III-2**, 45
莲花眼 **IV-1**, 126
莲花药部 **IV-1**, 163
莲花药叉 **III-1**, 33
莲花业 **IV-1**, 218
莲花遗教 **IV-1**, 34, 64
莲花因 **III-1**, 32; **IV-1**, 218
莲花语 **III-1**, 32; **IV-1**, 218
莲花彰显金刚相 **IV-1**, 125
莲花彰显女 **IV-1**, 134
莲花自在 **IV-1**, 150
莲剑 **III-1**, 32
莲金刚 **III-1**, 31, 33; **III-2**, 59; **IV-1**, 126; **IV-2**, 365
莲聚塔 **I**, 4, 10, 48; **III-2**, 82
莲铠 **III-1**, 33
莲铃 **III-1**, 31, 32
莲形塔 **I**, 10
莲颜女 **IV-1**, 193
莲眼女 **IV-1**, 243
莲焰女 **IV-1**, 243
莲衣女 **IV-1**, 243
莲支 **IV-1**, 131
莲支菩萨 **IV-1**, 132
莲作铠 **II**, 30, 31, 34, 36, 40-42, 44-47
莲座 **I**, 48, 52, 58, 60, 65, 71; **III-1**, 57, 64, 76, 99; **IV-1**, 71, 75, 93, 115, 167, 183-185
恋喜女 **IV-1**, 226
两品 **IV-1**, 112
量度 **I**, 3, 5, 39; **III-1**, 45; **III-2**, 3, 5; **IV-1**, 17, 115, 144
獠牙突出 **III-2**, 12
了义 **II**, 2; **III-1**, 109
列城 **I**, 29, 30, 31, 38, 40, 45-48, 51-54, 55-60, 63-66, 69-72; **II**, 52
列维 **I**, 10
鬣狗 **IV-1**, 91
林仓 **IV-1**, 59
林热寺 **IV-1**, 41
麟角喻 **IV-1**, 196
灵鹫山 **IV-1**, 141; **III-2**, 80
灵提 **II**, 54
铃 **I**, 25, 47, 54, 55, 59, 62-64, 66, 69; **III-1**, 21, 22, 24, 27-31, 33, 34, 48, 50, 65, 66, 83, 89, 90, 94, 95, 111; **III-2**, 11, 12, 24, 25, 43, 56, 62, 66, 69; **IV-1**, 77, 89, 122, 131, 134, 166-168, 177, 178, 182, 183, 191, 192, 194, 197, 210, 214, 215, 218, 219, 222, 227, 228, 230, 242
铃者 **III-2**, 15; **IV-1**, 112
领队 **IV-1**, 90, 106
柳宿 **IV-1**, 203
六臂大黑天 **I**, 66; **III-1**, 73; **IV-1**, 96, 148
六臂迅疾智慧怙主食子仪轨酬补及支分 **III-2**, 57
六臂智慧怙主 **IV-1**, 153
六面怛特罗 **IV-1**, 239
六面童天 **III-2**, 40; **IV-1**, 191
六面童子 **IV-1**, 218
六支 **III-1**, 101
六支瑜伽注释 **II**, 38
六字大明佛母 **I**, 55, 65
六字大明咒 **I**, 55
六字大明主从三 **I**, 56; **IV-1**, 163
六字佛母 **IV-1**, 163
六字观音 **III-2**, 63
六字曼荼罗 **I**, 41
六字世自在 **I**, 55, 65
六字真言 **I**, 13, 48, 55, 56, 65; **III-2**, 72
龙 **III-2**, 15, 22, 56, 68, 73
龙妃 **III-2**, 77
龙供物仪轨 **II**, 45
龙马 **IV-1**, 40
龙那 **IV-1**, 44
龙女 **II**, 64
龙女持宝 **III-2**, 51
龙树 **I**, 17, 25, 26; **II**, 25, 26; **III-1**, 60, 106; **III-2**, 15, 87; **IV-1**, 89, 103, 163; **IV-2**, 390
龙王 **III-1**, 53, 67; **III-2**, 22, 66, 77, 79; **IV-1**, 149, 180, 202, 224; **IV-2**, 365
龙王噶迦 **II**, 64

龙须花　**I**, 58; **IV-1**, 131
龙自在王成就法　**II**, 45
隆多喇嘛　**II**, 10, 14, 61; **III-2**, 15, 48, 50, 55; **IV-1**, 55, 60, 61, 63
隆多喇嘛文集　**III-2**, 15, 48, 55; **IV-1**, 55
隆塘空　**IV-1**, 97
娄宿　**IV-1**, 203
楼阁　**III-1**, 64, 65, 115; **III-2**, 79; **IV-1**, 24, 131
楼陀罗　**III-2**, 15, 40; **IV-1**, 82
颅器　**I**, 62, 63, 65, 66, 68, 70; **III-1**, 87, 89, 93, 95, 111, 115; **III-2**, 11, 12, 13, 23-25, 30, 43- 45, 48, 54, 57; **IV-1**, 69, 88-90, 122, 130, 166, 169, 183, 187, 193, 205, 228, 230, 237, 239, 241-243; **IV-2**, 348
鲁　**I**, 44; **III-1**, 61, 73
鲁噶　**IV-1**, 39
鲁益巴　**III-2**, 12, 14, 15, 19, 20, 22, 23; **IV-1**, 105, 109, 242; **IV-2** 381
鲁益坚赞　**II**, 51; **IV-1**, 48
鹿王　**IV-1**, 201
鹿野苑　**III-2**, 79, 80
禄慧吉祥女　**IV-1**, 136
禄吉祥女　**IV-1**, 136
路科　**III-1**, 5
络腋　**III-2**, 12, 42
吕杰康　**IV-1**, 10
律藏　**I**, 23, 26, 27; **II**, 21; **IV-1**, 49
律摄　**II**, 50, 62; **III-1**, 62
律仪　**I**, 23, 25; **III-2,** 9, 43
绿度母　**I**, 59, 66; **III-1**, 72, 80, 116; **III-2**, 45, 74, 85, 87; **IV-1**, 97, 160
伦噶　**II**, 60
伦珠　**IV-1**, 13
轮　**I**, 56; **III-1**, 19, 27, 30, 32, 35, 50, 55, 70, 84, 95, 105, 112; **III-2**, 9, 15, 32, 34, 44, 45, 58; **IV-1**, 76, 77, 126, 134, 169, 183, 198, 199, 204, 211, 212, 225, 228; **IV-2**, 348
轮部　**III-1**, 28
轮回　**I**, 28; **III-1**, 38, 65, 74, 106; **III-2**, 9, 10, 12, 34, 63, 86, 87; **IV-1**, 8, 70, 88, 95, 113, 141, 208
轮盘　**III-2**, 9
轮王坐　**I**, 54; **III-1**, 66, 67, 83; **IV-1**, 160
罗汉　**III-1**, 3, 67; **III-2**, 91; **IV-1**, 86, 90, 113, 118, 158, 233
罗汉殿　**IV-1**, 17, 24, 113
罗睺　**I**, 29; **IV-1**, 133, 180, 199, 202, 210
罗睺罗　**IV-1**, 196
罗摩　**III-2**, 75
罗萨尔　**II**, 58
罗刹　**III-2**, 15, 22, 47; **IV-1**, 91, 200, 204
罗刹女　**III-1**, 92, 93; **III-2**, 51; **IV-1**, 166, 230; **IV-2**, 348
罗塘　**II**, 58
萝卜　**IV-1**, 187
啰嚩拏说救疗小儿疾病经　**III-2**, 49
啰嚩拏童子怛特罗　**III-2**, 49
螺髻梵王　**III-2**, 78
洛(地)　**II**, 71; **IV-1**, 60, 61
洛布江孜　**IV-1**, 38, 48
洛丹协饶　**II**, 21, 22, 33
洛堆　**IV-1**, 39
洛敦·多吉旺秋　**IV-1**, 50, 51
洛江达若　**IV-1**, 48
洛林　**II**, 61
洛略格玛　**IV-1**, 11
洛那格玛瓦　**IV-1**, 13; **IV-2**, 339
洛钦　**IV-1**, 65
洛桑贝丹意希　**III-1**, 47, 58; **IV-1**, 77
洛桑楚臣强巴嘉措　**III-2**, 57
洛桑格桑嘉措　**III-2**, 29
洛桑曲吉坚赞　**III-1**, 18; **III-2**, 50-52; **IV-1**, 147
洛桑曲吉坚赞贝桑波　**IV-1**, 31
洛札　**II**, 51; **IV-1**, 61
洛卓坚赞贝桑波　**IV-1**, 109
洛卓桑波　**I**, 3, 8-10
马　**I**, 50, 51; **III-1**, 55, 104; **III-2**, 83; **IV-1**, 91, 96, 115, 142, 199, 203, 241
马耳女　**IV-1**, 164

马颈 **III-2**，62
马克斯 **II**，9
马拉伊尼 **IV-1**，1
马面忿怒母 **IV-1**，157
马胜 **IV-1**，183
马胜王 **IV-1**，153
马胜智慧金刚 **IV-1**，129，153
马首母 **III-1**，88，89，92
马头 **III-1**，33；**III-2**，62
马头明王 **III-1**，33，73；**III-2**，25，46，61，62，70；**IV-1**，84，85，122，128-130，138-140，143，151-153，155，157，187，192，197；**IV-2**，331
马阳 **II**，55；**III-1**，110
马阳巴 **II**，55
马主 **IV-1**，142
玛 **II**，21
玛底 **IV-1**，22，74
玛达萨 **IV-1**，23
玛尔巴 **I**，30，70；**II**，2，27，28，51，53；**III-1**，65；**IV-1**，46，73
玛尔巴·多吉意希 **II**，24；**IV-1**，48
玛尔顿·曲吉坚赞 **II**，23
玛尔通·德巴协饶 **II**，22
玛格顶 **IV-1**，47，98；**IV-2**，335
玛吉贝姆 **IV-1**，56
玛吉拉姆 **IV-1**，56
玛拉王朝 **III-1**，77；**IV-1**，57
玛朗 **II**，23；**III-2**，2，81；**IV-1**，15，70
玛隆 **II**，14
玛乃赞 **III-2**，70
玛尼 **III-1**，86
玛旁雍措 **II**，8，55；**III-1**，1
玛曲 **IV-1**，41
玛如孜 **IV-1**，86
玛萨拉马提 **II**，64
玛桑达波 **IV-1**，56
玛夏尼 **III-1**，88，91；**IV-1**，204，205
玛域 **II**，8，10，12，51，54，61；**IV-1**，62
玛域瓦·贡却孜 **II**，23
玛支系 **III-1**，4
嘛呢经墙 **I**，3，13，42，65；**IV-1**，68
脉轮 **I**，28
满隆 **IV-1**，40
满隆寺 **IV-1**，48
满贤 **IV-1**，137，181，200；**IV-2**，306
满贤女妙光 **III-2**，51
满贤药叉 **IV-1**，32，39
曼荼罗 **I**，21，28，29，39，40，55，61，66；**III-1**，13，17-19，24-26，28，29，34，36-40，42，44-47，49，66，68，69，71，72，75，76，81-83，88，94，100，103-105，107，108，111-113，115，116；**III-2**，4，7-9，11，13-16，18-27，29，30，32，33，36，37，42-47，56-60，63-66，68，71，89，91；**IV-1**，7-9，17，18，58，76-84，87，88，102，105-114，117，121，124，129-133，136，137，140，142，143，147，148-152，155，158，161，162，164-179，183-185，187-193，195-197，207-210，212，213，215-222，225-227，229-232，234，235，237-243；**IV-2**，305，330，327，328，347-349，358，365-367，397，417
曼荼罗尺度略摄注释 **II**，42；**III-1**，62
曼荼罗殿 **III-1**，13，75，76；**IV-1**，113
曼荼罗仪轨 **II**，40
曼荼罗庄严补遗 **IV-2**，305
曼荼罗作明日光·初分中根本怛特罗真性集曼荼罗庄严 **IV-1**，75，78，222
曼陀罗山 **III-2**，22
慢 **II**，21，120；**III-2**，33；**IV-2**，364
慢(空行母) **III-2**，32
鬘女 **III-1**，28；**IV-1**，215
芒 **IV-1**，33
芒果树 **III-2**，22
芒垅寺 **IV-1**，43
芒松芒赞 **III-2**，69
芒沃 **II**，22，51
芒沃·降秋协饶 **II**，22
芒域 **II**，8，13
忙莽计母 **III-1**，20，35，39，82，105，106；**IV-1**，131，132，138，150
毛毡 **IV-1**，33

茂那　**II**，71
茂让　**III-1**，6
帽子　**I**，69；**II**，116；**III-2**，83；**IV-1**，33
没入　**II**，124；**III-1**，34
梅尾祥云　**IV-1**，79，152
梅森　**II**，58
霉烂　**IV-1**，201
美阿匆　**III-2**，70
美孜　**III-2**，55
美孜明王　**III-2**，46，55
昧女　**III-2**，24，25
门巴　**II**，57；**III-2**，85
门布　**IV-1**，86
门布跋陀罗　**IV-1**，85-88，90，104，106
门地　**III-2**，51
门格河　**IV-1**，34
门莫金色快刀女　**IV-1**，90
门神　**III-1**，74
门厅　**III-1**，13，15；**III-2**，64
门王　**IV-1**，181
门卓　**II**，24；**IV-1**，48
猛厉　**IV-1**，222
猛厉女　**IV-1**，166，187，230；**IV-2**，348
蒙哥　**IV-1**，66
蒙古　**IV-1**，14，16，22，43，44，51，55，59，62-66
孟加拉　**II**，5；**III-2**，8，10，18；**IV-1**，72，99
弥勒　**I**，40，52，58；**III-1**，66，67，83；**III-2**，67，68，73，74，85；**IV-1**，42，50，72，86，98，101，103，131，132，135，140-142，160，188，195，209
弥勒殿　**III-1**，79
弥勒护　**III-2**，15；**IV-1**，44，111，161
弥勒请问经　**IV-1**，141
弥如　**I**，43，47，48，49，64，68
米拉日巴　**I**，70；**II**，2，8，53；**III-1**，65；**IV-1**，73；**IV-2**，384
秘密　**I**，27；**III-1**，11，36；**III-2**，5，11，32，37，49，59，63，80；**IV-1**，81，138，159
秘密成就马头明王　**III-2**，47
秘密成就业　**IV-1**，158
秘密金刚怛特罗王注释　**III-2**，9
秘密莲花　**II**，40
秘密曼荼罗　**IV-1**，208
秘密真言理趣光　**II**，45
秘密庄严　**IV-1**，193
秘密庄严曼荼罗安立　**IV-1**，193
密法　**II**，20，22；**III-1**，58；**III-2**，5，36，59，60，64；**IV-1**，7，68，74，105，157，158；**IV-2**，339
密集　**I**，12，62；**II**，23，25，26，38，66；**III-1**，15，35，50，66，82，100，102，104，107；**III-2**，10，26-29，32，44，89；**IV-1**，49，74，77，239
密集不动金刚　**IV-1**，109
密集不动　**IV-1**，238
密集观音　**IV-1**，110
密集后分　**III-1**，101
密集金刚　**III-2**，4，85
密集曼荼罗　**II**，66；**III-2**，26
密集曼荼罗仪轨　**II**，39，40
密集曼荼罗仪轨注释　**II**，40
密集曼荼罗诸尊身讚叹　**II**，39
密集难处释　**II**，41
密集世自在成就法　**II**，41
密集文殊金刚　**IV-1**，109，238，238
密集文殊金刚成就法・文殊夺意　**IV-1**，109
密集文殊金刚成就法・意乐文殊　**IV-1**，238
密集文殊金刚曼荼罗仪轨・文殊加持变化　**IV-1**，109
密集文殊金刚曼荼罗仪轨・文殊加持幻化　**IV-1**，238
密集现观成就法　**II**，40
密集注释　**II**，40
密教　**I**，12，14，21，26，41，60，62；**II**，2；**III-1**，10，34，68，96，99，107，112；**III-2**，4，7，10，15，21，38，44，63，87；**IV-1**，6，8，19，75，87，107，108，113，190；**IV-2**，401
密教大辞典　**III-1**，26，29
密相　**III-2**，49
密续　**II**，20

密意 **I**, 12, 20, 26, 28, 35, 43; **II**, 4, 6, 22, 25; **III-1**, 19, 34, 35, 36, 37, 40, 70, 99, 102-104, 107, 108; **III-2**, 4, 5, 10, 14, 18, 29, 31, 36, 41, 59; **IV-1**, 7, 19, 81, 82, 110, 115, 158, 178
密咒 **II**, 20, 64
密咒随持佛母 **IV-1**, 123
面容 **IV-1**, 201
妙臂 **IV-1**, 105, 131
妙法莲华经 **III-1**, 62
妙观察智 **III-1**, 37, 104; **III-2**, 33
妙金无垢 **III-2**, 73, 90
妙丽庄严 **III-2**, 58, 66; **IV-1**, 197, 201, 204, 207
妙损明王 **IV-1**, 122, 123, 138, 151
妙喜 **IV-1**, 162; **IV-2**, 338
妙喜世界 **IV-1**, 42
妙贤女 **IV-1**, 137
妙眼 **IV-1**, 101
妙眼佛 **IV-1**, 160
妙眼吉祥友 **II**, 51
妙音天女 **III-2**, 45; **IV-1**, 137, 156, 225, 237
妙种女 **IV-1**, 219
灭三界明王 **IV-1**, 192, 197
灭罪 **IV-1**, 101
敏珠诺门汗 **IV-1**, 29
名称天女 **IV-1**, 152
名等诵 **IV-1**, 80, 155, 177, 178, 185, 189
名等诵曼荼罗庄严 **IV-1**, 155, 177, 179, 181, 185, 187-189; **IV-2**, 355
名等诵注释 **II**, 43
明窗 **III-2**, 68
明点 **I**, 28, 72
明妃 **I**, 60, 62, 63; **III-1**, 26, 36, 37, 46, 70, 71, 82, 84, 95, 105, 111; **III-2**, 9-11, 13, 19, 25, 31, 32, 43, 45, 58; **IV-1**, 97, 106, 137, 175, 176, 187, 188, 191, 199, 200, 202, 204, 211, 231, 238, 239, 242, 243; **IV-2**, 328, 365, 418
明金鬘金刚手 **IV-1**, 125
明龛 **I**, 21, 32, 45
明女 **III-2**, 23
明王 **IV-1**, 138, 139
明咒 **I**, 46
命根 **III-2**, 33
命命鸟 **III-1**, 56
命主雅秀玛波意之化现护法忿怒战神成就法·食子仪轨次第支分平整 **III-2**, 57
摹制擦擦仪轨 **I**, 35
摹制一切仪轨 **I**, 35
摩诃男 **IV-1**, 196
摩诃毗卢遮那 **III-1**, 82; **IV-1**, 189
摩诃毗卢遮那现等觉 **IV-1**, 77
摩诃毗卢遮那现等觉所属供养仪轨 **II**, 44
摩诃毗卢遮那现证神变加持方广经之帝释王
摩诃婆罗多 **III-2**, 50
摩诃菩提 **I**, 54; **IV-1**, 101
摩亨佐·达罗 **I**, 49; **III-2**, 80
摩揭陀 **I**, 10; **III-2**, 15
摩揭陀贤女阿波陀那 **II**, 32
摩竭女 **IV-1**, 225
摩竭鱼 **III-1**, 57, 93, 110, 113; **III-2**, 66; **IV-1**, 225
摩竭幢 **I**, 25; **III-1**, 91; **IV-1**, 168, 180, 219, 223, 225
摩利支 **IV-1**, 118, 119
摩利支天 **IV-1**, 118-121, 123, 132, 146, 160, 205
摩利支天成就法 **IV-1**, 120
摩利支天陀罗尼 **IV-1**, 186
摩罗耶山 **III-2**, 22
摩尼教 **III-1**, 102
魔 **I**, 25; **III-1**, 73; **III-2**, 20, 21, 39, 40, 43, 49, 51, 62, 77, 83, 87; **IV-1**, 70, 207; **IV-2**, 363
魔鬼 **IV-1**, 204
魔界 **III-2**, 40
魔境 **III-1**, 73, 74
魔军 **III-2**, 74; **IV-1**, 70, 95
魔类 **IV-2**, 363
魔罗 **III-1**, 73, 74, 111; **III-2**, 77, 78
魔女 **III-1**, 88; **III-2**, 77

魔王　**IV-1**，104，107
魔障　**III-2**，56；**IV-1**，142，222；**IV-2**，304，305；**IV-2**，398
魔主　**III-2**，40
末罗　**I**，9，10
末那识　**III-2**，21
莫　**IV-1**，39
牟尼　**IV-1**，133
牟尼金刚　**IV-1**，222
毪子　**IV-1**，33
母续　**II**，20；**IV-2**，414
姆拜　**I**，57，72
木斯　**III-2**，67；**IV-1**，6
木曜　**IV-1**，133，180，202，210
目犍连　**III-1**，67，83；**IV-1**，118，196；**IV-2**，403
目真邻陀龙王　**III-2**，78
沐浴　**III-2**，56，63；**IV-1**，136
牧场　**III-1**，7
牧民　**IV-1**，32，33，92
牧区　**IV-1**，33，39
穆监达迦速入鬼　**IV-1**，201；**IV-2**，393
穆斯林　**I**，30，50；**II**，28，55；**III-2**，83
穆革力　**III-1**，113
那措译师　**II**，48；**IV-2**，393
那伽德　**II**，10
那伽罗阇　**II**，10，12，13，15
那伽提婆　**II**，12
那格浦尔　**IV-1**，118
那衮　**IV-1**，43
那果（寺）　**I**，41，61，71；**III-1**，86，97，109，114，115
那罗延　**III-2**，18
那烂陀寺　**I**，1
那热　**II**，71
那若巴　**I**，42，43，70；**II**，2，26-28，51；**III-1**，65，74，101；**III-2**，9，38
那若巴特别教法和合往生法讲解·进入金刚乘之大车　**I**，69
那若六法　**I**，69；**III-1**，102
那塘　**II**，49；**IV-1**，41，61，108
那推　**IV-1**，39
捺落迦　**III-1**，85，94
乃胡　**II**，68；**III-1**，5
乃宁　**IV-1**，11-13，15，19，33，36，44，92，97，99，106；**IV-2**，306，335
乃宁寺　**IV-1**，26，28，39，44，46，97，98
乃宁寺志　**IV-1**，28，31，34，35；**IV-1**，44，46，49，60，61，67，98
乃萨　**IV-1**，46，49
南殿　**IV-1**，71
南卡　**III-1**，10
南卡贝　**IV-1**，12
南卡丹　**IV-1**，65
南卡·晋美多吉　**III-1**，9
南卡雷　**IV-1**，54
南卡桑波　**IV-1**，23，29
南卡沃色　**IV-1**，11
南赡部洲　**I**，49；**IV-2**，302
难处释　**II**，42
难伏护门　**IV-1**，152
难陀　**III-2**，81；**IV-1**，196，202
难陀波罗　**III-2**，76
难陀龙王　**IV-1**，130
难语明　**II**，33
难遮女　**IV-1**，225
囊钦　**IV-1**，57，59
囊钦帕巴贝　**IV-1**，56-58
囊钦帕巴仁钦　**IV-1**，56
囊钦饶觉　**IV-1**，56
囊萨　**IV-1**，30
囊萨姑娘　**IV-1**，30，41，44
内殿　**III-1**，13，45，50，51，54，58，60，110；**III-2**，45，54，63，68，69，73，91；**IV-1**，24，51，101
内供　**II**，65；**III-1**，36；**III-2**，87；**IV-1**，
内相　**IV-1**，50，59
内障　**III-2**，24，29；**IV-1**，200
尼泊尔　**I**，30，61；**II**，5，8，12，18，24，48；**III-1**，25，74；**III-2**，2，8，38，40，67；**IV-1**，3，5，21，50，57，71，74，98，103，107
尼尔复达　**III-2**，84

尼连禅河 **III-2**，75-77
尼玛旺秋赤德 **III-1**，4
尼木桑日 **IV-1**，10，12
尼木雅德 **IV-1**，12
尼穆 **I**，30
匿女 **III-1**，88
年 **IV-1**，31，48
年巴 **IV-1**，32，33，46
年楚河 **IV-1**，27，31-33，35，38，40，43
年楚河上游地区游历指南 **IV-1**，31
年楚河上中下三域稀有语之言说·学者津梁 **IV-1**，27
年措拉康 **IV-1**，49
年地 **IV-1**，32，36，48；**IV-2**，335
年堆 **II**，23；**IV-1**，32，34，36，40，43，73，97，98
年麦 **IV-1**，32，33，36，48
年若 **IV-1**，36
念处 **I**，23；**IV-1**，116
念传规秽迹忿怒母成就法及灌顶沐浴仪轨 **III-2**，56
念诵圣佛顶放无垢光明入普门陀罗尼及契经中所集一百零八支提和五支提建立仪轨 **I**，9，23，29
念智称 **III-1**，25；**IV-1**，41，51
念珠 **I**，29，56，65；**III-1**，29，32；**III-2**，66；**IV-1**，107，125，133，134，151，158，169，180，186，187，218，229，230
念·达玛札 **II**，22
娘尔玛(寺) **I**，29，30，38，47，48；**II**，59，60
娘尔玛 **II**，60，61
念顿楚巴 **II**，24
聂旺 **II**，68
聂译师 **III-2**，39
涅巴·尼玛协饶 **II**，24，70
涅槃 **I**，11，13，16；**II**，20；**III-1**，38；**III-2**，10，12，68，74，78；**IV-1**，54，119；**IV-2**，377
涅槃塔 **I**，9，10，49；**III-2**，82
涅如河 **IV-1**，31
涅如藏布 **IV-1**，33
涅乌通乃诺梅 **IV-1**，201
宁玛派 **I**，1，41，42；**III-1**，3，9，10，70，85，86；**III-2**，31，32，49，55-57；**IV-1**，26，28，51，97，98，207
宁若 **IV-1**，33，39，40
柠檬 **IV-1**，181
鸟 **IV-2**，364，397
牛耳自在 **IV-1**，230
牛护 **I**，68；**III-1**，96
牛宿 **IV-1**，203
纽提 **II**，57
努尔巴 **IV-1**，195，197
努克 **II**，69
怒玛曲坭 **IV-1**，41
怒相 **I**，59，60，61，65；**III-1**，73，94，115；**III-2**，19，24，28，29，39；**IV-1**，68，89，90，91，104，106，120，124，133，140，162，171，173，187，192，193，212，221，236
女人 **III-1**，93
女使 **III-2**，23，55；**IV-1**，123，139
女宿 **IV-1**，203
诺布林巴 **II**，25，26
诺诺 **III-1**，10，12
诺桑 **III-1**，53，54
诺桑法王传集成·闻知意之喜宴 **III-1**，53
帕巴 **IV-1**，59
帕巴贝 **IV-1**，57
帕巴贝桑波 **IV-1**，45，58，59，66，102；**IV-2**，303
帕巴仁钦 **IV-1**，56
帕巴协饶 **II**，22，24；**IV-1**，74
帕贝 **IV-1**，29
帕当巴 **IV-2**，341
帕德 **II**，12
帕顶寺 **IV-1**，44
帕里 **IV-1**，5，33，34，36
帕罗河 **IV-1**，34
帕罗宗 **IV-1**，34
帕木竹 **IV-1**，64
帕木竹巴 **IV-1**，66
帕竹 **IV-1**，61

牌楼 **III-1**, 76; **III-2**, 14
傍生文殊 **III-1**, 71
培贵 **IV-1**, 44
皮契尼尼 **IV-1**, 1
毗达卡 **II**, 63
毗米切 **II**, 68; **III-1**, 5
毗那塞 **II**, 26, 30
毗那斯 **II**, 58
毗奈耶 **II**, 18, 21
毗绮宫达 **IV-1**, 181
琵琶 **II**, 9; **III-1**, 23, 28, 30, 33, 71; **IV-1**, 181, 198-200, 225; **IV-2**, 350
圮废神殿 **III-1**, 6
譬喻鬘 **II**, 35
譬喻如意藤 **II**, 29, 47; **IV-1**, 105
飘带 **I**, 64, 68; **IV-2**, 397
频那夜迦 **III-2**, 56
频婆娑罗王 **I**, 10; **III-2**, 81
频婆娑罗王 **I**, 10, 104; **III-2**, 81
颦眉 **III-2**, 42; **IV-1**, 215-217
颦眉度母 **IV-1**, 128, 132, 145, 146, 152, 160
颦眉明王 **IV-1**, 216, 220
平等性智 **III-1**, 37, 103; **III-2**, 34
平头 **I**, 23-25
瓶鼻 **IV-1**, 200
瓶座 **I**, 23
婆履 **III-2**, 78
婆罗 **III-2**, 38, 40
婆罗门 **II**, 5
婆罗门教 **II**, 28
婆罗谜文 **I**, 31
婆罗浮屠 **IV-1**, 6
婆毗耶王 **II**, 21, 22
婆苏达 **II**, 26
婆娑世界 **III-2**, 4
婆吒树 **III-2**, 22
破坏 **IV-1**, 211
破死女 **IV-1**, 159
破一切忧暗意 **IV-1**, 182
破欲度母 **IV-1**, 146
菩萨 **I**, 12, 16, 19, 52-54, 56-58, 63, 65; **II**, 16, 53; **III-1** 10, 38, 40, 43, 59, 60, 65, 66, 72, 77, 83, 112; **III-2**, 67-71, 73-77, 80, 89; **IV-1**, 17, 70, 85, 93, 95, 96, 101, 102, 113, 119, 127, 131, 135, 136, 140, 141, 151, 158-161, 165, 181, 182, 184, 185, 187, 188, 195, 209, 218, 220-222, 227; **IV-2**, 339
菩萨道次第略摄 **IV-1**, 74; **IV-2**, 305
菩萨行集灯宝鬘 **II**, 34
菩提（塔） **I**, 4, 9, 10, 30, 45, 46, 47, 48, 49, 71; **III-2**, 82
菩提 **I**, 12, 16, 21, 26, 60; **III-1**, 34, 38, 51, 90; **III-2**, 74, 76, 77; **IV-1**, 82, 88, 165, 182, 184, 236, 240
菩提道场 **I**, 53; **III-2**, 74, 77
菩提道灯论 **II**, 62
菩提伽耶 **I**, 9, 34, 40, 53; **III-2**, 67; **IV-1**, 51, 98; **IV-2**, 403
菩提萨埵金刚 **IV-1**, 178, 189
菩提树 **I**, 11, 40, 50, 52; **II**, 66; **III-1**, 65; **III-2,** 67, 68, 72, 77; **IV-1**, 184
菩提心 **I**, 16, 24, 28; **III-1**, 34, 66, 104; **III-2**, 10, 12, 41, 42; **IV-1**, 115
蒲散 **I**, 35
朴刀 **IV-1**, 90
普成自在 **IV-1**, 150
普持女 **IV-1**, 226
普除晦气秽迹灌顶仪轨・月晶甘露水流 **III-2**, 56
普地 **II**, 52, 65; **III-1**, 6, 94; **IV-1**, 4
普度恶趣 **IV-1**, 188, 195
普光 **IV-1**, 206
普光地 **IV-1**, 184
普花 **IV-1**, 152
普纪吕斯基 **I**, 29; **IV-1**, 82
普见无量寿 **IV-1**, 145; **IV-2**, 327
普卡 **III-1**, 5
普明 **III-1**, 18, 24, 26, 28, 37, 39, 44-49, 71, 82; **III-2**, 64, 66; **IV-1**, 75, 77, 80, 84, 195, 196, 207-210; **IV-2**, 358, 365
普明天众 **III**, 1, 17
普明大日如来 **III-1**, 17, 19, 34, 45, 49, 57,

75, 112; **III-2**, 64; **IV-1**, 75, 77, 80
普明殿 **IV-1**, 75
普明根本灌顶结合 · 明慧俱喜 **III-1**, 18
普明曼荼罗庄严 **IV-1**, 190, 208, 209, 210; **IV-2**, 358, 363, 364
普日 **II**, 68
普胜 **IV-1**, 130
普寺 **II**, 71
普贤 **III-1**, 95; **III-2**, 89; **IV-1**, 40, 208; **IV-2**, 385
普贤成就法 **II**, 40; **IV-1**, 101, 131, 132, 135, 160, 161, 181, 185, 187, 195
普贤成就法注释 **II**, 40
普贤女 **IV-1**, 226
普照 **IV-1**, 199, 206
普照慧 **IV-1**, 206
普照使者 **IV-1**, 198
氆氇 **IV-1**, 33
七佛 **IV-1**, 93, 96, 209
七功德说示论 **II**, 35
七功德正说论 **II**, 34, 35
七马 **IV-1**, 118, 133, 223; **IV-2**, 401, 421
七如来讚 **II**, 37
七十空性论注 **II**, 62
七政宝 **IV-1**, 139
七字 **I**, 62
期剋印 **I**, 59, 60, 62, 65, 70; **III-2**, 11, 13, 43, 56, 62; **IV-1**, 122, 123, 130, 131, 133, 134, 148, 228, 229, 241; **IV-2**, 305
奇地 **III-1**, 61
奇尼 **III-1**, 7
奇诺 · 意希旺秋 **II**, 27
奇诺 · 扎雅 **II**, 19, 23
祈愿 **I**, 16; **III-1**, 35, 86; **IV-1**, 9, 68, 88
祈愿文 **I**, 15
祇陀 **I**, 10
祇园 **I**, 10, 11; **III-2**, 79
祇园 **III-2**, 79
骑乘 **I**, 51-53, 64; **III-1**, 55, 57, 66, 99, 103; **III-2**, 46, 54; **IV-1**, 90, 115, 133, 180, 198, 199, 222-225, 239
骑虎梃杖 **IV-1**, 137, 143
弃诈 **IV-1**, 204
契经 **I**, 13; **II**, 18, 29; **III-1**, 61, 65
起尸 **III-2**, 22; **IV-1**, 162, 224
器世间 **III-1**, 3, 38, 73, 99, 100, 105; **III-2**, 16, 59; **IV-1**, 81, 82
恰巴 **IV-1**, 86
恰果 **III-1**, 6, 16
恰尼 **IV-1**, 201
恰让 **II**, 56, 70; **III-1**, 6
恰桑 **III-2**, 46
恰域 **IV-1**, 61, 64
千佛 **I**, 43; **III-1**, 60; **III-2**, 66, 68; **IV-1**, 109, 113
千户 **IV-1**, 63
千户长 **IV-1**, 64
千手观音成就法 **II**, 44
千手千眼观音 **III-2**, 63
迁德拉 **II**, 57, 58
迁德拉巴迦 **II**, 58; **IV-1**, 86
悭 **III-2**, ; **IV-1**, 81
悭贪对治金刚宝 **IV-1**, 175
悭阎摩敌 **III-2**, 44; **IV-1**, 237
前佛教 **I**, 1, 72; **II**, 64; **III-2**, 51; **IV-1**, 88
前弘期 **II**, 6, 7, 20; **IV-1**, 37, 47-49
前教 **II**, 65
前磨 **IV-1**, 204
前行 **I**, 14, 16; **II**, 71; **III-1**, 68, 74; **III-2**, 10, 14, 24, 26, 28; **IV-1**, 84
前行海 **IV-1**, 211
前藏 **IV-1**, 5, 61, 62
钱 **IV-1**, 101
乾达婆 **III-1**, 53; **III-2**, 15, 58, 79; **IV-1**, 200
乾达婆王五髻 **IV-1**, 181
乾隆 **IV-1**, 16
羌巴村 **I**, 30
羌地 **II**, 85, 94, 96
强丁 **III-1**, 6
乔梵波提 **IV-1**, 196
乔玛 **I**, 67; **II**, 71; **IV-1**, 52, 56, 60

切噶　**II**，70
且达寺　**IV-1**，38，43
且芒寺　**IV-1**，40
钦波　**IV-1**，166；**IV-2**，348
寝殿　**II**，63；**IV-1**，97
青颈观音　**IV-1**，156
青莲（花）　**I**，61；**III-1**，20，35，70-72，83，84；**III-2**，87；**IV-1**，125，126，131，159，181，183，184，186，188，203，204，210
青莲花　**III-1**，20，70-72，83，84；**III-2**，87；**IV-1**，125，126，131，159，181，183，184，186，203，204，210
青史　**II**，3，7，9，12，14-24，30，54，56，59，61，63，68，70，71；**IV-1**，52，53，55，64-66，73
青衣金刚手成就法　**II**，46
青哲　**I**，41
清查户数　**IV-1**，63
清净髻珠　**IV-1**，146
情世间　**III-1**，3，99；**III-2**，59
庆喜藏　**II**，23，25；**III-1**，25，26，29，44，82，88；**III-2**，58；**IV-1**，78，79，197，207
琼　**IV-1**，36，61
琼波曲尊　**II**，22
琼康巴钦波　**IV-1**，40
琼·仁钦札　**IV-1**，44
琼氏　**IV-1**，36
丘克　**II-1**，6，8
秋波冈噶波　**IV-1**，65
曲顶寺　**IV-1**，49
曲古沃色　**IV-1**，43，48
曲吉坚赞　**IV-1**，57
曲吉迥乃　**IV-2**，313
曲吉洛卓　**IV-1**，70，73，85
曲吉仁钦　**IV-1**，46
曲吉札巴丹贝旺秋　**IV-1**，86
曲杰顿珠仁钦　**III-2**，60
曲杰衮噶坚赞贝桑波　**IV-1**，68，71
曲杰喇嘛索南坚赞贝桑波　**IV-1**，58
曲迥扎西　**IV-1**，12
曲拉佐伯山　**IV-1**，35
曲龙　**II**，55
曲隆河　**IV-1**，33
曲洛　**II**，23，30；**IV-1**，72-74
曲弥　**IV-1**，41，61，63
曲木底　**II**，8；**III-1**，10
曲惹　**IV-1**，35
曲苏　**II**，56；**III-1**，6
曲行　**IV-1**，200
佉卢文　**I**，31
驱魔　**III-1**，56；**III-2**，42，56；**IV-1**，207
祛大毒　**IV-1**，196
祛忧度母　**IV-1**，146
拳　**IV-1**，218
群主　**III-2**，47，65；**IV-1**，223，231
群主天　**IV-1**，191
群者谿卡　**IV-1**，35
燃灯　**II**，30，31，33，49；**IV-1**，101
燃灯度母　**IV-1**，154
燃灯佛　**III-1**，62；**IV-1**，42，72，135
燃灯护　**II**，51；**III-2**，59
燃灯吉祥智　**II**，29，33；**IV-2**，392
燃灯贤　**II**，26
染海识　**III-2**，21
让日孜　**III-1**，7
饶巴　**III-1**，6；**II**，69
饶丹衮桑　**IV-2**，309
饶丹衮桑帕巴　**IV-1**，42，44，45，58；**IV-2**，303，350，385
娆动　**III-1**，100；**III-2**，27；**IV-1**，7
惹尼　**II**，55，61，64，65，67；**III-1**，6，7
热　**II**，69；**III-1**，5，33，43
热巴　**III-1**，6
热巴巾　**II**，3；**IV-1**，34，37，38，47，232
热·奔森格　**III-2**，59
热布加林（寺）　**III-1**，10，47，48；**III-2**，74
热布加林　**III-1**，10，48；**III-2**，74
热地狱　**IV-1**，204
热觉瓦　**III-1**，5
热龙　**IV-1**，32，38-40，60
热龙河　**IV-1**，31
热龙寺　**IV-1**，39；**IV-2**，385

热玛提 **III-2**，46，49，51，52，54，57，58；**IV-1**，153
热琼巴 **IV-1**，111
热·曲饶 **III-2**，59
热日 **II**，69；**III-1**，5
热瓦提 **III-2**，49，50
热译师 **II**，22，24；**III-2**，39，59；**IV-1**，109，238
热·意希森格 **III-2**，59
热执玛 **IV-1**，211
人尸 **III-1**，88，91-93；**III-2**，21，46，52；**IV-1**，199
人天福报 **I**，17
人文殊 **III-1**，71
仁钦班觉 **IV-1**，13
仁钦贝朱 **IV-1**，12
仁钦查布 **IV-1**，13
仁钦朗杰贝桑波 **IV-2**，378
仁钦洛卓贝桑波 **IV-1**，29
仁钦宁波 **IV-1**，40
仁钦乔 **III-1**，24
仁钦桑波 **I**，30，38，40，42，50；**II**，1，2，4-8，14，17-27，29-32，35-37，39-45，47，50-60，62-67，69，71；**III-1**，1，2，4-9，12，13，15-17，26，46，50，61，63，79，81，97，110；**III-2**，1，2，4，15，26，30，34，69，90；**IV-1**，15，24，70，73，79
仁钦桑波译师神殿 **II**，59
仁钦旺秋 **II**，56
仁钦熏奴 **II**，30
仁钦札 **IV-1**，10
仁庆岗 **IV-1**，41，49
忍辱度女 **IV-1**，184
日 **III-1**，21；**IV-3**，217
日不顶 **IV-1**，35
日绰 **IV-1**，27
日绰甘丹 **IV-1**，42
日光黛 **IV-1**，120
日护 **III-2**，86；**IV-1**，148
日喀则 **IV-1**，16，27，32，33，35，60，61，98；**IV-2**，330
日朗 **IV-1**，30，32，41
日朗浦曲 **IV-1**，41
日轮 **I**，27，29，46；**III-1**，21，27，32；**IV-1**，89，155，169，177，180，182，183，193，215，223
日轮座 **I**，60
日天 **IV-1**，230
日天身形 **IV-1**，169
日天心髓讚 **IV-1**，120
日土 **II**，57
日沃切 **IV-1**，41
日曜 **IV-1**，133，180，202，210
日孜 **II**，70
日宗寺 **I**，38
绒巴·协饶森格 **III-2**，59
绒地 **II**，20
戎穷 **II**，71
柔顺 **IV-1**，201
柔漩 **IV-2**，306
肉髻 **I**，49，52，53
如 **IV-1**，64
如此眼 **IV-1**，126
如轨密咒总集规则记录补遗 **I**，73；**II**，3
如火炽燃 **IV-1**，227
如火炽燃金刚 **IV-1**，183，227
如火炽燃明王 **IV-1**，191，192
如火炽燃微细明王 **IV-1**，174
如来 **III-2**，9
如来阿罗汉等正觉之一切恶趣清净威光王品 **IV-1**，206
如来部 **IV-1**，213，221，226
如来部怖畏明王怛特罗 **IV-1**，238
如来部忿怒红阎摩敌怛特罗 **IV-1**，238
如来藏 **I**，20，28；**III-1**，34，37；**IV-2**，313
如来钩女 **IV-1**，226
如来护 **II**，41，47
如来秘密布绘曼荼罗 **IV-1**，173
如姆泽 **I**，49
如休 **I**，30
如意宝 **I**，58，63，66；**III-1**，26，27，29-32，53；**IV-1**，131，149，150，164，182-184

如意宝树史　**II**，12；**III-1**，4；**III-2**，70
如意宝幢　**III-1**，27，30，32；**IV-1**，182，186，215
如意牛　**III-1**，25；**IV-1**，207
如意幢　**III-1**，21
入大解脱城门殿　**IV-1**，142，226
入大手印瑜伽口诀释　**II**，45
入毒　**IV-1**，201
入二谛　**III-1**，62
入女　**III-2**，46
入菩萨行论　**I**，16，19；**II**，33
入菩萨行论　**II**，33；**III-1**，62
入无上瑜伽怛特罗义集　**II**，45
入一切部之曼荼罗之因金刚轮　**IV-1**，174
入瑜伽　**II**，35
入瑜伽优波提舍　**II**，35
入真性　**II**，45
褥子　**IV-1**，33
锐利　**IV-1**，204
锐利文殊　**III-1**，70
萨班　**I**，3；**IV-1**，54，106，108；**IV-2**，358
萨埵金刚女　**IV-1**，175，177，188，190
萨埵母　**IV-1**，216-218
萨尔那特　**I**，49；**III-2**，78
萨加那　**II**，21
萨迦　**IV-1**，3，8，14-17，21-25，36，52，54，55，57-60，62，64-66，74，85，96，100，105，110；**IV-2**，319，381
萨迦班智达　**IV-1**，17，52，120，123；**IV-2**，307，333，336
萨迦拉康　**IV-1**，47
萨迦派　**III-1**，2，9，10，17，18，44，49；**III-2**，36；**IV-1**，3，8，14，20，24，25，28，42，67，68，74，86，87，92，96，100，104-106，108，110，120，122，128，137，197，20，207，241；**IV-2**，381，387
萨迦世系　**IV-1**，55
萨迦世系表　**IV-1**，53，54，57，58，68
萨迦文集　**IV-1**，120
萨迦座主 **IV-1**，14，16，44，51，52，58，60，65
萨垅　**IV-1**，12
萨马萨　**IV-1**，33
萨玛　**IV-1**，32
萨玛达　**IV-1**，4，16，20，22-24，32，43，67，68，72-74，84，85，92，94，95，104；**IV-2**，305
萨囊彻辰　**II**，15，17，25，62
萨丕寺　**IV-1**，44
萨婆拉　**I**，52
萨钦　**IV-2**，333，336，358
萨钦·衮噶宁波　**IV-1**，52；**IV-2**，305
萨让　**II**，56；**III-1**，6，86
萨尚瓦　**II**，55
萨特莱杰（河）　**I**，3，41，50；**II**，4，8，58，60，69，71；**III-1**，5，6，8，10；**III-2**，90
萨特沃斯　**II**，4，54；**III-1**，17，81-84
塞建陀　**I**，64；**III-2**，50
塞邬蒙达迦入心鬼　**IV-1**，201
赛多　**IV-1**，40
赛那勒　**IV-1**，50
三宝　**I**，21，34，43，60；**III-1**，3，68，72；**IV-1**，88，173
三叉戟　**I**，62，63，66，67；**III-1**，33，89，92，95；**III-2**，12，43，48，56，57；**IV-1**，89，122，130，150，166，169，180，187，191，192，198-200，204，205，212，218，222，224，225，228-230；**IV-2**，348
三皈依七十　**II**，35
三界自在　**IV-1**，123
三界尊胜　**III-2**，66；**IV-1**，130，138，139，157，167，182，183，190，210
三界尊胜成就法　**IV-2**，319
三界尊胜曼荼罗仪轨　**II**，42
三界尊胜明王成就法　**IV-1**，210
三界尊胜仪轨大王　**IV-2**，407
三界尊胜印　**IV-1**，167
三具善昆仲　**IV-1**，138
三昆仲　**IV-1**，166，172；**IV-2**，348
三理趣灯　**II**，45
三昧　**III-2**，18，78
三昧耶　**III-2**，33；**IV-1**，82
三昧耶度母　**III-1**，105
三摩地　**III-1**，67，68，102；**IV-1**，

三摩地金刚菩萨　**IV-1**，171
三区　**II**，22；**IV-1**，62，64，65
三身讚注释　**II**，36
三十五（忏悔）佛　**IV-1**，42，93，127，227
三十五善逝讚　**II**，36
三世佛　**IV-1**，72
三世怙王　**III-2**，89
三阎摩门巴　**IV-1**，138
三眼　**I**，59，60，62，63；**III-1**，32，33，111；**III-2**，11，13，15，25，54
三叶（形框）　**I**，52，56，57，66；**III-1**，63；**IV-1**，102
三蕴经　**IV-1**，126
三藏　**II**，67，69
三中分仪轨　**II**，45
三重　**IV-1**，199
伞盖　**I**，23，24，25，29，46，47；**III-2**，82
伞轮　**I**，5
散支　**IV-1**，200；**IV-2**，306
桑波贝　**IV-1**，54
桑丹桑波　**IV-1**，11
桑顶寺　**IV-1**，49，98
桑噶　**II**，6，22，51，70；**III-2**，16；**IV-1**，74，79，86
桑噶玛　**II**，10，12
桑噶译师　**II**，24
桑噶·熏奴楚臣　**II**，24
桑迦尸国　**I**，10，11
桑杰彭措　**IV-1**，61
桑杰仁钦　**IV-1**，13
桑杰桑波　**IV-1**，10
桑杰意希　**II**，3
桑拉　**III-1**，6
桑佩仁波切林　**IV-1**，42
桑仁　**IV-1**，13
桑耶　**IV-1**，39，97；**III-1**，13；**III-2**，38
桑仲姆　**I**，73
桑珠拉康　**IV-1**，5
桑珠孜　**IV-1**，27，51
桑孜　**IV-1**，33
色　**III-2**，32，33
色城寺　**IV-1**，41
色顶寺　**IV-1**，43
色金刚母　**III-1**，105
色拉　**II**，21
色拉寺　**I**，68；**II**，21
色拉珠德　**IV-1**，49
色莫　**IV-1**，35
色乌顿　**IV-1**，40
色乌塘　**IV-1**，40，41
色耶熏　**II**，24
色蕴　**III-1**，103，107
色札亚龙　**IV-1**，38，49
森格贝　**IV-1**，65
森格岗　**I**，43；**II**，5
森格岗殿　**II**，5
森格坚赞　**II**，24
森格朗杰　**III-1**，64；**III-2**，3；**IV-1**，15
森格普满曲　**IV-1**，39
僧宝　**I**，14；**IV-1**，173，174
僧户　**IV-1**，63
僧人　**I**，5，15，34，44，66，69；**II**，4；**III-1**，15，76，81；**III-2**，20，68，81，83；**IV-1**，6，12，17-19，21，25，30，37，60，66，68，71，73，85，86，90，93，94，98，100，101，106，113，173，187，232，241
杀　**IV-2**，161
杀女　**III-2**，46；**IV-2**，348
沙畹　**IV-1**，54
刹土神　**IV-1**，91
莎鲁　**IV-1**，74，92；**IV-2**，305
山顶　**IV-1**，42
山谷　**II**，28；**III-2**，71；**IV-1**，30，35，38，41，43，44，46，47，49，86
山居女　**IV-1**，241
山居叶衣佛母　**IV-1**，127，128，132，186
山樱花　**IV-1**，186
山神　**III-1**，115；**III-2**，6；**IV-1**，206
山胜　**IV-1**，196
善部多　**IV-1**，206
善财　**III-1**，54；**IV-1**，42，101，155，163
善财童子　**III-1**，107；**IV-1**，42

善道说示论　**II**，35
善度母　**IV-1**，146
善根　**I**，14-16，23；**III-1**，4，38，60；**IV-1**，72
善护　**II**，21，30
善慧地　**IV-1**，183
善灭女具味　**III-2**，51
善名称　**III-1**，**III-2**，90
善名称吉祥　**III-1**，14
善明成就法　**II**，40
善趣金刚手　**III-2**，88；**IV-1**，161
善生女　**III-2**，76，77
善士　**I**，25；**III-1**，96
善逝身像量度论·如意宝　**I**，3，8
善说　**II**，17，31，33，39，47，49
善闻集　**III-2**，50
善业寂静度母　**IV-1**，146
善意称　**II**，33
善知识　**I**，15；**II**，1，2，5，6，22，26，28；**III-2**，31；**IV-2**，301
膳食官　**IV-2**，211
赡部洲　**III-2**，15
商底巴　**II**，23
商主差使　**IV-1**，198
商主子诺桑　**III-1**，54
上怛特罗　**III-2**，74
上生　**IV-1**，185
上师　**I**，41，42，43，69，70；**II**，1，6，14，16，18，22，25-29，51，57-59，63，69-71；**III-1**，1，5，34，35，44，50，65，67，69，75，81，102，108，109；**III-2**，1，4，5，7，15，18，20，30，59，62，70，74，85，90；**IV-1**，7，8，14，24，28，29，35，36，40，48，58，66，68，71，74，79，81，86，88，98，120，122，148，157，232，238；**IV-2**，300，308，384，385，387，395
上师传承　**II**，4；**III-2**，59，63；**IV-1**，42，97，103，105，112，123，232；**IV-2**，414
上师供养讲义·剖析要点耳传窍决宝藏　**III-1**，49
上亚东寺　**IV-1**，4
尚吉察沃金　**IV-1**，153
尚乌噶波　**IV-1**，153
尚尊　**IV-1**，65
烧女　**III-2**，46
烧香女　**III-1**，28；**III-2**，23；**IV-1**，130，176，194，222；**IV-2**，364
少岗　**IV-1**，44
舌毒　**IV-1**，201
蛇　**III-1**，89，90，92-94，110-112；**III-2**，20，22，42，54，66，78，88；**IV-1**，89，118，133，150，167，170，180，201，203，241；**IV-2**，363，364
蛇索　**III-1**，90，93；**III-2**，49，56，57；**IV-1**，129，133，150，169，170，180，206，225
舍利　**I**，11-14，39，47；**III-1**，56，84；**III-2**，68，82
舍利弗　**III-1**，67，83；**IV-1**，45，101，118，196；**IV-2**，403
舍利弗主　**IV-1**，45
舍利弗足　**IV-1**，44，45
舍利塔　**I**，11；**III-1**，84；**III-2**，82
舍三摩地智藏　**III-1**，30，48
舍卫城　**I**，9，10，11，67；**III-2**，80，81
舍无量　**IV-2**，379
摄　**III-2**，9
摄部　**IV-1**，81，110，149，171，189，212，213，220，225
摄十万龙心髓　**III-2**，52
摄一切仪轨根本续　**IV-1**，173，174，227
摄真实论　**II**，48
摄政　**II**，16，17
阇烂达罗　**II**，57；**III-2**，17
阇那檀那　**II**，35，36，45，47
阇提花　**IV-1**，186
阇延多主　**I**，15
身　**I**，12，81，108，226
身持金刚　**IV-1**，157
身光　**I**，65；**III-1**，16；**III-2**，26，64，66；**IV-1**，89
身空行　**III-2**，30
身空行母　**III-2**，33，48
身所依　**I**，12

身语意秘密庄严　**IV-1**、192
身语意所依尺度具释·花鬘严饰　**I**、4
参宿　**IV-1**、203
神变　**I**、11、34、67；**II**、53；**III-2**、80-82；**IV-1**、34、119、141
神变塔　**I**、9、10；**III-2**、82
神殿　**I**、13、41-43、72；**II**、4、63、65、67；**III-1**、5-7、9、84、85、97-99、108、114；**III-2**、35、91；**IV-1**、4、5、17、24、67、97、102
神教　**II**、65
神垒　**I**、44
神通　**I**、11、24、27；**III-1**、108；**III-2**、21、29、43、78
神通王　**III-2**、73、90
神通自在　**IV-1**、119、186
神足　**I**、23；**IV-1**、115、165
甚深法静怒密意自度　**III-1**、90
甚深法静怒密意自度羯磨·觉受菩提自度精髓　**III-1**、56、90
甚深显密教法随许灌顶教指受法录·利他增上意乐宝王·白莲鬘饰　**IV-1**、31
生命　**I**、22；**II**、1、4、28；**III-1**、58、69、74；**III-2**、63；**IV-1**、70、120
生起次第　**III-1**、34、70、105；**III-2**、18；**IV-1**、7、243；**IV-2**、339、378、387
生身　**IV-2**、303
生主　**III-1**、73、74；**IV-1**、204
生自在　**IV-1**、186
声金刚母　**III-1**、105
声闻　**III-2**、80；**IV-1**、131、195；**IV-2**、338
声闻众　**IV-1**、195
胜敌　**IV-1**、145
胜护　**III-1**、24
胜吉祥持　**II**、41、47
胜解行地　**IV-1**、183
胜解自在　**IV-1**、186
胜乐　**II**、71；**III-2**、3、6-11、13-15、18-22、25-27、29-32、34、36、65；**IV-1**、99、105、109
胜乐出生　**IV-1**、111
胜乐出生成就法·成就宝藏　**IV-1**、111
胜乐触词　**IV-1**、111
胜乐怛特罗　**I**、62；**III-2**、15、16、18、20
胜乐金刚　**I**、41、61、62
胜乐轮常住忏悔大(品)　**II**、38
胜乐生起　**III-2**、15
胜乐小品怛特罗　**II**、29
胜菩提　**IV-1**、80
胜施度母　**IV-1**、147
胜天　**II**、26；**IV-1**、124
胜友　**II**、27、30、51
胜者　**III-1**、107；**IV-1**、185、205、231
胜者顶髻　**IV-1**、176
胜者度母　**IV-1**、154
胜者金刚女　**IV-1**、134
胜者塔　**I**、10
圣八难度母成就法　**III-2**、86
圣宝髻陀罗尼　**IV-2**、328
圣不空羂索观音　**IV-1**、151
圣处自在　**IV-1**、132
圣大力度母　**IV-1**、125
圣地　**I**、11、34、39；**II**、5；**III-1**、13；**III-2**、15、63、75、82；**IV-1**、34、35、40、41、204
圣地神　**IV-1**、206
圣度母　**III-1**、72；**IV-1**、134
圣度母救八难经　**III-2**、87
圣空行母金刚帐怛特罗大王仪轨　**IV-1**、87
圣名等诵广释秘密真言义观察　**IV-2**、357
圣女　**IV-1**、137
圣颦眉度母　**IV-1**、125
圣青衣金刚手三世间调伏　**II**、31
圣文殊　**III-2**、40；**IV-1**、163
圣文珠瞿沙讃　**II**、44
圣郐孜甲金刚手成就法随许并羯磨　**IV-2**、305
圣无量寿智成就法　**IV-2**、328
圣者　**IV-2**、385
圣智慧萨埵文殊生起　**IV-1**、155
圣智慧萨埵文殊真性成就法　**IV-1**、155
尸灰　**III-2**、12、13
尸利沙树　**III-2**、22
尸林　**III-1**、94；**III-2**、21、23、26、43；**IV-1**、86、91、104、106

尸林神 **IV-1**，87，206
尸林主 **IV-1**，143
失忆 **IV-1**，201，204
师子贤 **II**，33，49；**IV-1**，81
狮面 **IV-1**，104，148
狮面忿怒母 **IV-1**，157
狮面士夫 **IV-1**，150
狮首母 **III-1**，88-91，94
狮头 **I**，54；**III-1**，57，91，110
狮子 **I**，50，51，53；**III-1**，54-57，64，66，79，84，103；**IV-1**，89，91，92，115，225，241
狮子吼 **I**，51；**IV-1**，148，150，196
狮子吼王 **IV-1**，150
狮子座 **I**，51，69；**III-1**，54
施财 **IV-1**，231
施戒 **II**，51
施拉根韦特 **I**，32；**II**，9
施胜根度母 **IV-1**，146
施依印 **IV-1**，150，151，158，159，217，218
施主 **I**，15，21；**II**，21，63；**III-1**，15，51，52，96；**III-2**，1；**IV-1**，9，10，30，58，94，95，97，106，123，136；**IV-2**，337
湿婆 **I**，27，29，60；**III-1**，96；**III-2**，11，40，43，56，59；**IV-1**，105；**IV-2**，304
湿婆教 **IV-1**，105
湿婆女 **III-1**，93
湿婆派 **I**，60，61；**III-1**，96；**III-2**，27，31，41，43，56
十部 **IV-1**，202
十地经函 **IV-1**，182
十二度 **IV-1**，184
十二宏化事迹 **III-1**，54；**III-2**，74
十方佛 **III-1**，65；**IV-1**，84，85，93
十夫长 **IV-1**，64
十护方神 **IV-1**，72，126，158，191，193，202；**IV-2**，363
十力 **I**，24；**IV-1**，115
十万佛塔 **IV-1**，6-10，16-18，22，23，30，31，36，42，52，56，58，63，64，66，82，96，100，114-117，123，135，142，144，164，165，178，196，197，227，232，233，235，242，243
十一面观音 **I**，56；**III-1**，60，98；**IV-1**，74，103，148
十自在 **IV-1**，115，185
石柱 **I**，25；**III-1**，79
什布奇 **II**，55，61，68；**III-1**，46
时钩女 **IV-1**，197
时链女 **IV-1**，197
时铃女 **IV-1**，197
时轮 **I**，62；**II**，2，26，29；**III-1**，66，104；**III-2**，28，48；**IV-1**，108，110，111；**IV-2**，386
时轮怛特罗 **II**，51；**III-2**，10；**IV-2**，386
时轮金刚 **I**，41；**III-2**，47；**IV-1**，240
时罗刹女 **IV-1**，192，197
时索女 **III-2**，46；**IV-1**，197
时喜女 **IV-1**，192
时药叉女 **IV-1**，192，197
时杖女 **IV-1**，192，197
时夜 **III-2**，55
时夜女 **III-2**，46
食女 **III-1**，93；**IV-1**，166，230；**IV-2**，348
使者 **IV-1**，90，139，198
世间 **I**，14；**III-1**，3，35；**IV-1**，7，68，72，76，197；**IV-2**，348，358
世间八大天 **III-2**，48
世间怙主 **I**，54，55；**III-1**，116；**IV-1**，69
世间怙主观音 **IV-1**，156
世间曼荼罗 **IV-1**，229
世间神 **III-2**，59；**IV-1**，82
世界广说·情器世间明鉴 **IV-1**，29
世俗谛 **III-1**，109；**III-2**，87
世自在 **I**，55，64-66；**III-1**，43；**IV-1**，126，133，166，168-171，173，174；**IV-2**，347
世自在大势至 **III-1**，64
世自在王佛 **IV-2**，313
世尊大暴恶 **III-1**，88
世尊红阎摩敌十三天之摧破武器及立续吉祥愿 **IV-1**，239
世尊吉祥大金刚怖畏幻轮仪轨第三品之广释·三界全胜日光 **III-2**，38，41
世尊吉祥总摄轮曼荼罗仪轨 **III-2**，20

世尊吉祥总摄轮现观　**III-2**，12

世尊吉祥总摄轮总述・殊胜乘甘露喜宴大智良药　**III-2**，28，41

世尊牟尼　**IV-1**，158

世尊总摄轮护轮　**III-2**，29

事部怛特罗　**IV-1**，115，121，130

事部三怙主　**IV-1**，73

事师法五十颂　**II**，45

室宿　**IV-1**，203

释怛特罗部　**I**，8，9，13，14，17，21，23-26，29，30，35，46；**II**，29，36，47，48，62；**III-1**，21，22，26，29，36，41，49，50，55，88；**III-2**，9，28，48，55，58，66，86，89；**IV-1**，8，45，109，122，137，145，147，148，155，162，197，198，207，210，237，238；**IV-2**，314-321，326-329，332，333，335，341，357

释迦殿　**IV-1**，69

释迦佛　**III-1**，3

释迦光　**II**，48

释迦怙主　**IV-1**，131，132

释迦慧　**II**，21，50

释迦洛卓　**II**，33，47-49

释迦牟尼　**I**，3，11，30，34，39，40，51，53，54，67；**III-1**，24，31，54，57，62，67，82-85，98，99，113-116；**III-2**，4，21，36，66-68，73-77，79，81，91；**IV-1**，39，42，69，72，86，105，118，119，141，149-151，155，158，233，235

释迦桑波　**IV-1**，64

释迦师利　**IV-1**，43-45，48，50，74，92，93；**IV-2**，305，330，378

释迦狮子　**I**，51；**IV-1**，191

释迦协涅　**II**，50

释迦意希　**IV-1**，58

释迦友　**IV-1**，79

释迦种王佛　**III-1**，20

释鉴稽古略续集　**IV-1**，53，54

释经部　**II**，8，22，29，33，47-51，61，62；**IV-1**，41，74；**IV-2**，305

释量论(颂)　**II**，21

释量论注　**II**，21，49

释量论注释　**II**，50

释量论庄严　**II**，22，62，63

释量论庄严注疏　**II**，51

释续金刚顶曼荼罗庄严　**IV-1**，103，212，213，220，222，226；**IV-2**，365

誓言　**III-2**，22，34；**IV-1**，76

誓言空行　**III-2**，30

誓言空行母　**III-2**，33

誓言拳　**III-1**，28，30

誓言自在　**IV-1**，149，150

誓愿　**I**，16；**IV-1**，58，88

收摄　**I**，27；**III-1**，69，70，102，104，107；**III-2**，10，16；**IV-1**，80

手印　**I**，52，69；**III-1**，17，49，55，57，64，66，72，82，84，99，114；**III-2**，64，69，73，85；**IV-1**，75，76，80，82，93，94，99

手印女　**IV-1**，124

寿命自在　**IV-1**，185

受　**III-1**，100-103，108；**III-2**，22，33

受灌顶者　**I**，22，27；**III-1**，34，46，58，67，74，75，103，151，108；**III-2**，6，18，20，37，46；**IV-1**，80，82，123

受用身　**III-2**，67；**IV-1**，141；**IV-2**，339，340

授记　**II**，53；**IV-1**，21

叔父　**II**，50

殊胜　**I**，12，13，34，38，51；**II**，53；**III-1**，34，38，75；**III-2**，7；**IV-1**，68，106，167，203；**IV-2**，348

殊胜嘿噜嘎　**IV-1**，242

殊胜明　**IV-1**，228

殊胜讚广释　**II**，36

舒相坐　**I**，54；**III-1**，66

舒逸　**IV-1**，199

树神　**IV-1**，206

双身　**I**，60，63；**III-1**，15，94，95，105，111；**III-2**，5，6，10，11，23，24，28，30，34，43-45，61，85；**IV-1**，99，180，239；**IV-2**，307

双身佛空行　**IV-1**，243

双神变　**III-2**，80，81

水供物仪轨　**II**，45

水鸡年　**IV-1**，29
水晶女　**IV-1**，137
水马年　**IV-1**，29
水牛年　**IV-1**，29
水天　**III-2**，47；**IV-1**，219，241
水天汇集　**IV-1**，206
水天龙王　**IV-1**，130
水天女　**III-1**，93
水天身形　**IV-1**，169
水曜　**IV-1**，133，180，202，210
说法印　**III-1**，84，112；**IV-1**，181
铄乞底　**III-1**，105；**IV-1**，82
司徒　**IV-1**，62
思惟印　**I**，52，53，56，57，58，68
斯比蒂　**I**，30，40，41，45；**II**，4，8，28，53，57，59，69；**III-1**，1，2，6，9，10，12，52，57，61，81，86；**IV-1**，76
斯比多克寺　**I**，42
斯多克　**I**，46-49，52，53，55，58，59，63，66，67，69，71
斯瓦特　**III-2**，16，38
斯瓦场布　**III-2**，67
斯坦因　**I**，14
斯文·赫定　**II**，61
死避优波提舍　**II**，38
死魔　**III-2**，13
死尸清净焚烧方便仪轨经会　**II**，43
死主金刚手　**IV-1**，190
四臂智慧怙主　**IV-1**，153
四标识　**III-2**，49；**IV-1**，166，167，240，242
四不护　**I**，25
四大天王　**III-2**，58；**IV-1**，113，129，133，143，153，191，202
四大种神　**IV-1**，206
四颠倒断捨论　**II**，34
四护门　**III-1**，76；**IV-1**，69，104，130，170，171，183，191，193，194，196，209，210；**IV-2**，348，365
四魔　**I**，25；**III-1**，35；**III-2**，13
四十九天成就法　**III-2**，38
四业　**III-2**，13，48；**IV-1**，211；**IV-2**，307
四印　**III-1**，29，31
四语童子　**III-1**，71
四指　**IV-1**，115
四智　**I**，24；**III-2**，9
四姊妹　**IV-1**，172；**IV-2**，348
四座怛特罗　**IV-1**，110
四座金刚　**IV-1**，108
四座金刚曼荼罗广大成就法·无忘作忆　**IV-1**，108
寺院　**III-1**，12，13，15，26，61，80，94；**IV-1**，3，4，8，14，16，19，23，26，29，35，36，40-46，48-50，62，63，67，68，73，74，93，96-98，100，107，137
寺志　**I**，43；**II**，19；**III-1**，97；**IV-1**，26-28，37，97
似鹏金刚手　**III-2**，88
松巴堪布　**II**，9；**IV-1**，55
松顿耶巴　**II**，23，30
松额　**II**，10-16，25，26
松赞干布　**II**，7，17，20；**III-2**，70；**IV-1**，14，39，43，48，50，67，104，232
苏摩那它　**II**，2，29
苏摩女　**III-1**，93
苏穆尔　**III-1**，94
苏如　**I**，43
窣堵波　**I**，3-5，9-13，17，22，34，38，46，47，67
俗谛菩提心修习优波提舍书　**II**，34
俗户　**IV-1**，63
素馨花　**IV-1**，186
速入毒　**IV-1**，201
粟珊斯　**I**，40
塑师　**II**，63；**III-1**，97，114；**IV-1**，13，22，23
随念　**III-1**，102
随求佛母　**III-2**，74
随求女　**IV-1**，158，159
祟巴　**IV-1**，167
唆南藏卜　**IV-1**，54
娑竭罗龙王　**III-2**，77
娑利哺特罗马生命吠陀本集　**II**，36，49
所缘　**I**，20；**III-1**，67；**III-2**，18

所知障 **III-1**, 3, 34; **IV-2**, 303, 352
所作集 **IV-1**, 8, 136, 137, 143; **IV-2**, 317
索德(王) **III-1**, 77
索南班觉 **IV-1**, 12
索南贝 **IV-1**, 65
索南德 **III-1**, 77
索南坚赞 **IV-1**, 23, 65
索南杰瓦 **II**, 47
索南桑波 **IV-1**, 54
索南札巴 **II**, 18
索诺木藏布 **IV-1**, 54
塔波(寺) **I**, 30, 40, 52, 56, 57, 65, 66, 71; **II**, 5, 17, 18, 51, 63, 67, 69, 70; **III-1**, 4, 6, 7, 12, 13, 16, 17, 19, 26, 34, 36, 44-46, 49, 50-54, 57, 60-65, 75, 77, 79, 82-84, 97, 110; **III-2**, 2, 68, 71, 74; **IV-1**, 37, 75, 84
塔波旺杰 **II**, 22
塔尔巴 **IV-1**, 10, 50; **IV-2**, 308
塔尔巴林 **IV-1**, 50
塔各部分别 **I**, 8
塔瓶 **I**, 5, 21, 23, 24, 29, 45, 46, 48, 49; **IV-1**, 11-13, 18, 23, 63, 116, 232-235
塔如 **I**, 43
塔刹 **I**, 5
塔身 **I**, 4
塔志 **IV-1**, 227
塔座 **I**, 4, 5, 28, 48, 67; **IV-1**, 115, 116
胎藏界 **IV-1**, 212
太阳 **I**, 24; **III-1**, 100; **IV-1**, 120; **IV-2**, 320
弹指 **III-1**, 21; **IV-1**, 177, 182
贪(空行母) **III-2**, 32
贪 **III-2**, 32, 33; **IV-1**, 81, 226; **IV-2**, 364
贪阎摩敌 **III-2**, 44; **IV-1**, 237
贪欲群主 **IV-1**, 137
谭岗 **IV-1**, 41
檀丁 **IV-1**, 9
檀荼女 **III-1**, 93
檀越 **I**, 15
唐敦杰瓦 **IV-1**, 5
唐卡 **I**, 4, 21, 22, 39, 69; **III-1**, 94-96, 110, 111; **III-2**, 3, 75-79, 82, 86; **IV-1**, 15, 42, 44; **IV-2**, 349
塘贝 **IV-2**, 307
塘波切瓦 **IV-1**, 61
塘麦 **II**, 68; **III-1**, 5
鼗鼓 **I**, 62, 66; **III-1**, 95; **III-2**, 11, 12, 22-25, 43, 57; **IV-1**, 241
提婆 **IV-2**, 319, 390
提婆达多 **III-2**, 81
提婆罗阇 **II**, 10, 12, 13, 15
提仁提日印 **IV-1**, 215
天宫 **III-1**, 53, 65, 84, 115; **III-2**, 14, 64; **IV-1**, 8, 106
天后 **I**, 60, 61; **IV-1**,
天降(塔) **I**, 9, 10, 30, 38, 45, 46, 47, 48, 49, 53, 71, 72; **III-2**, 82
天女 **I**, 43, 59; **III-1**, 36, 40, 45, 46, 57, 59, 70, 71, 82-85, 94, 97, 105, 112, 113; **III-2**, 3, 6, 19, 23-25, 31, 44, 45, 49, 52, 55, 87; **IV-1**, 89, 112, 118, 123, 128, 139, 147, 149, 152, 154, 158, 159, 167, 169, 180, 183, 211, 217-219, 229, 243
天女殿 **III-1**, 85
天人 **I**, 14, 53, 54; **III-2**, 73, 81, 82; **IV-1**, 127, 136
天胜讃广注 **II**, 36
天王 **III-1**, 63; **III-2**, 58, 78
天文殊 **III-1**, 71
天业譬喻 **I**, 27; **III-1**, 54; **III-2**, 80
天衣 **I**, 56; **III-1**, 64, 65
天杖 **I**, 62, 68; **III-1**, 31, 95, 115; **III-2**, 11, 12, 23-25, 42, 49, 62; **IV-1**, 130, 169, 183, 206, 223, 224, 228-230, 242, 243; **IV-2**, 348
天杖印 **III-1**, 27
天竺样式 **IV-1**, 94
天主 **I**, 10; **III-2**, 2
天主慧 **II**, 21, 49
天子 **I**, 50; **III-1**, 3; **IV-1**, 143
天子魔 **III-2**, 13
天子菩萨 **II**, 17
天作 **II**, 41, 47
田岛隆纯 **IV-1**, 246

甜面饼 **IV-1**，187
铁钩 **III-1**，88，90；**III-2**，25；**IV-1**，122，126，134，148，150，159，182，188，189，191，193，199，228
铁管金刚手 **IV-1**，161
铁链 **III-1**，89，90；**IV-1**，130，159，191，193，218
梃杖 **III-1**，95；**IV-1**，122，130，137，200，202，218
梃杖怙主 **IV-1**，69，137
通人冠 **I**，66，68，69
同分 **III-2**，14；**IV-1**，80
铜 **IV-1**，101
铜钱 **IV-1**，166；**IV-2**，348
童女 **III-1**，92；**IV-1**，166，187，211，230；**IV-2**，348
童子怛特罗 **III-2**，49，50
童子吉祥 **II**，51
童子文殊 **III-1**，70
头发 **III-2**，50，54；**IV-1**，199
头冠 **I**，53，62；**III-2**，3，6，13
头光 **I**，53，54；**III-1**，16，64，76；**III-2**，26；**IV-1**，85，94
凸出 **IV-1**，102，116，144
图森 **IV-1**，34
荼毗 **I**，11；**III-2**，82
涂香女 **III-1**，28；**III-2**，23；**IV-1**，130，176，194，222
屠家女 **IV-1**，241
土耳其斯坦 **II**，28
土故 **IV-1**，33
土官 **IV-1**，62
土曜 **IV-1**，133，180，202，210，230
托林（寺） **I**，30，38；**II**，5，8，19，25，52，55，60，61-63，69；**III-1**，7，12，13，16，46，49，50，61，77，79，110；**III-2**，2，64，65，71，73，74，90；**IV-1**，15，76
托马斯 **III-2**，8；**IV-1**，21，36，60，64
托木 **I**，23，24，46；**IV-1**，70，114，168
陀朗赞 **III-2**，70
陀罗尼 **I**，14，18-21，32，35，36，38，39，46-49，55，65，71，72；**III-1**，60；**IV-1**，101，119，120，185，186；**IV-2**，307
陀罗尼集经 **III-1**，60
陀罗尼天女 **IV-1**，226
陀罗尼印 **IV-1**，82
陀罗尼印女 **IV-1**，226
陀竹杯 **III-2**，80
妥懂帖睦尔 **IV-1**，45，54，57
妥妥日隆赞 **III-1**，4
瓦德尔 **I**，18，32；**III-1**，114；**III-2**，86；**IV-1**，30
瓦商拘罗玛 **III-2**，51
瓦西里耶夫 **IV-1**，29
外道 **II**，16；**III-1**，53；**III-2**，81，78
外供 **III-1**，36
外障 **III-1**，74；**III-2**，24，29；**IV-1**，200
完钦查布 **IV-1**，12
完泽笃 **IV-1**，43，57，62
万户 **IV-1**，60-64，66
万户长 **IV-1**，60，62，64
王妃 **III-1**，53；**III-2**，79，83；**IV-2**，363
王舍城 **I**，9，10；**III-2**，80，81
王统世系明鉴 **II**，8-10，12，14-16，60，61；**III-1**，51；**III-2**，70；**IV-1**，21，27，46
网明 **IV-1**，182，188，195
旺秋贝 **IV-1**，65
旺尊 **IV-1**，65
危宿 **IV-1**，203
威光天女欢喜金刚 **IV-1**，219
威光蕴 **IV-1**，176，185
微尘明王 **IV-1**，139
韦勒 **III-1**，60
围墙 **III-1**，13，76，97，98；**IV-1**，74，96-98，100，101
唯发心转法轮 **IV-1**，168，170，172；**IV-2**，347
唯识 **I**，20
卫 **II**，22
卫藏 **I**，3；**II**，20，21，23，24，67；**III-1**，52；**III-2**，2，31；**IV-1**，1，40，60，61，64，65，112
卫藏圣迹略志·正信种子 **IV-1**，29

卫藏图识　**IV-1**，62
未来佛　**I**，40；**III-1**，66；**IV-1**，101，141
未来往世书后分　**IV-1**，120
尾宿　**IV-1**，203
味金刚母　**III-1**，105；**III-2**，23
畏惧女　**III-2**，24，25；**IV-1**，166，173，230；**IV-2**，348
胃宿　**IV-1**，204
温泉　**II**，55；**IV-1**，40
文集　**III-1**，47，58；**III-2**，36；**IV-1**，9，31，51，55，83
文殊　**I**，30，52，57，58，64-66，68；**III-1**，67，69，70，71，83；**III-2**，37，38，39，67，68，73；**IV-1**，73，98，101，103，131-133，135，136，148，155，161，166，168，170，175，188；**IV-2**，301，347
文殊称　**IV-1**，80，178
文殊金刚　**IV-1**，109
文殊曼荼罗　**IV-1**，172
文殊师利　**IV-1**，23
文殊师利根本怛特罗　**IV-1**，101，136
文殊师利根本仪轨经　**I**，64；**III-1**，70，112
文殊师利幻网　**IV-1**，111
文殊师利名等诵广释　**II**，43
文殊阎摩敌　**IV-1**，239
文殊友　**IV-1**，80，177，178
问无我经　**II**，32
翁奇　**II**，20，54
翁塘　**IV-1**，39；**IV-2**，313
翁则贝乔　**IV-1**，106
倭色尔·索热森　**III-1**，61
沃德　**II**，10-14，17，18，21，49，50
沃尔什　**IV-1**，101
沃格尔　**III-1**，16
沃吉坚赞　**II**，11
沃迥　**III-2**，39
沃色森格　**IV-1**，65
沃松　**II**，10-14；**III-2**，70
乌巴西　**I**，52，66
乌策　**IV-1**，107
乌尔都　**I**，15
乌谷　**I**，30，51，52，55，66，68
乌摩　**I**，60，61；**III-1**，111；**III-2**，12，40，51，56；**IV-1**，179，198，222；**IV-2**，365
乌摩天后　**IV-1**，167，183，191，192
乌摩独髻女　**IV-1**，143
乌仁　**I**，18
乌如　**IV-1**，62
乌斯藏　**IV-1**，62，65
乌特迦　**III-2**，75
乌仗那　**III-2**，37，38；**IV-1**，80
邬金巴　**III-2**，16
无边　**IV-1**，202
无边龙王　**IV-1**，130，180
无边门陀罗尼　**IV-1**，186
无边颜女　**IV-1**，193
无部雄　**III-2**，43
无抵天　**III-2**，18
无分　**I**，12；**III-1**，28；**III-2**，10，21，27；**IV-1**，243
无分别　**III-1**，35，36，49，66，68，99，103；**III-2**，27，33，43，82
无垢顶髻　**I**，14，30，46
无垢顶髻曼荼罗　**IV-1**，159
无垢光　**III-1**，37，74，104，109；**III-2**，10
无垢女　**IV-1**，205
无垢问答宝鬘　**II**，34
无垢虚空大曼荼罗　**IV-1**，178
无见　**IV-1**，120
无尽慧宝箧　**IV-1**，187
无尽意　**IV-1**，132，161，181，188，195
无量　**III-1**，32；**III-2**，81；**IV-1**，119；**IV-2**，304，379
无量宫　**III-2**，63
无量光　**III-1**，32；**III-2**，68；**IV-1**，182，189，195
无量光佛　**I**，40，65；**III-1**，45，46，54，56，60，64，65，80，82，84，85，98，99，104，106，110，116；**III-2**，9，26，33，66-68，73；**IV-1**，81，115，145，150，155，168，176，178，185，215，243
无量光舞自在　**IV-1**，217

无量寿　**IV-1**，40，104
无量寿不死鼓音曼荼罗　**IV-2**，327
无量寿不死鼓音曼荼罗仪轨·寿智如愿成就　**IV-2**，327
无量寿佛　**I**，36，51，52，54，65-67，72；**III-1**，58，59，113，115，116；**III-2**，68，82，90，91；**IV-1**，94，95，126，145，165，175，209；**IV-2**，327
无量寿经　**III-1**，59，60，65；**IV-2**，313
无量寿智成就法　**IV-2**，328
无漏善　**I**，17
无明　**I**，16，18，57；**III-1**，67，106，107；**III-2**，32，33，42，43；**IV-1**，88，131
无能胜具鬘　**IV-1**，125，128
无能胜（天）女　**IV-1**，124，128，133，134，154
无能胜明王　**IV-1**，157
无能胜月　**II**，26
无譬城　**II**，50
无上度母　**IV-1**，112
无上瑜伽部怛特罗　**I**，62；**IV-1**，115；**IV-2**，414
无畏　**I**，25；**II**，6；**III-1**，55，56；**IV-1**，115，196
无畏印　**I**，58，60，65；**III-1**，20，33，62，67，82，84；**III-2**，87，90；**IV-1**，148，150，168，181，209
无畏作护　**IV-1**，51，79
无我母　**IV-1**，68，105
无虚忿怒母　**IV-1**，193
无疑佛　**IV-1**，209
无忧最胜吉祥　**III-1**，114；**III-2**，90
无诤念　**III-1**，60
无支分金刚　**III-1**，106
无支分金刚文殊　**IV-1**，156
无住金刚　**III-2**，26
无著　**IV-1**，115
无著意　**IV-1**，149
五跋陀罗　**I**，10；**III-2**，76，79
五部　**III-1**，28，49，56，70，99，103，112；**III-2**，10，31；**IV-1**，7，81，209，215，219，239；**IV-2**，321，364
五部空行母　**IV-2**，421
五部陀罗尼　**IV-1**，162；**IV-2**，307
五部遗教　**II**，14，61；**IV-1**，36
五次第　**II**，39；**III-2**，14
五佛　**I**，30，40，65；**III-1**，26，28，36，48，49，54-57，59，66，70，82，97，99，100，101，103-105，107，112；**III-2**，3，13，26-28，32，56，64，66，67，70；**IV-1**，7，70，75，81，84，92，96，102，103，115，176，177，189，242
五佛冠　**III-1**，56
五佛自性身　**IV-1**，78
五根　**I**，23；**IV-2**，307
五股金刚杵　**I**，67；**III-1**，19，22，26，27，31，35，55，71，89，111；**III-2**，11；**IV-1**，77，122，131
五光　**III-1**，100-102
五护　**IV-2**，307
五髻　**IV-1**，200
五髻乾达婆　**IV-1**，199
五力　**I**，23
五如来讚　**II**，37
五相　**III-1**，55，56，102，104
五欲功德过患演说　**II**，34
五蕴　**III-1**，104，107；**III-2**，28，32，33
五蕴论　**II**，49
五蕴魔　**III-2**，13
五支提建立仪轨　**I**，21，29，30
五智　**III-1**，28，35，103；**III-2**，12，13，32，33，42；**IV-1**，78
五字文殊　**I**，40，56-58；**III-1**，83；**III-2**，74
舞女　**III-1**，28；**IV-1**，176，215，229，231
舞者金刚手　**IV-1**，121
舞自在　**III-1**，33；**IV-1**，230
舞自在观音　**IV-1**，142
舞自在女　**III-2**，20
西藏大藏经总目录　**IV-1**，87，108，110，111，119，122，127，131，141，148，155，162，207
西藏地理　**IV-1**，29
西藏三年　**IV-1**，45，63，64，66
西藏万户章　**IV-1**，29
西藏王臣记　**III-1**，7，9；**IV-1**，55，56

西达　**IV-1**，41
西基利亚　**III-2**，2
西牛货洲　**IV-2**，302
希瓦沃　**II**，10-14，24，48，50，51；**III-1**，76
昔无嘿噜嘎　**IV-1**，242
息　**III-2**，48；**IV-2**，307，317
息火天　**IV-1**，211
锡金　**IV-1**，3，5，28，96，
蜥蜴　**IV-2**，364
徙多河　**I**，49
嬉夫女　**III-1**，70
嬉金刚　**III-2**，37，38，59；**IV-1**，187，189
嬉女　**III-1**，28；**IV-1**，169，215，218，229，231
喜达玛　**II**，10，12
喜金刚　**II**，66；**III-2**，4，28；**IV-1**，110，112，241
喜金刚次第拘留拘啰　**IV-1**，154
喜金刚怛特罗　**IV-1**，154，155
喜金刚所出拘留拘啰成就法　**IV-1**，155
喜马拉雅　**I**，32；**II**，1，2，5，18，28，57；**III-1**，1，10；**III-2**，16，17，71，84
喜女　**III-1**，93；**IV-2**，348
喜塔玛　**II**，10
喜苑神　**IV-1**，206
喜云丛　**IV-1**，202
喜自在　**IV-1**，191
戏论　**I**，26；**III-1**，99，106
细密画　**III-2**，3，63-65；**IV-1**，103，234
细脱喇章　**IV-1**，59
暇满　**IV-1**，207；**IV-2**，382，402
下亚东寺　**IV-1**，4
夏才　**IV-1**，11，12
夏嘎罗哩　**III-2**，46
夏喀　**IV-1**，59
夏鲁　**IV-1**，8，9，16，18，22，25，33，36，44，50，51，55，56，59-63；**IV-2**，308
夏鲁古尚·曲杰南卡赞金　**IV-1**，103
夏鲁派　**IV-1**，26，50，100
夏鲁寺　**IV-1**，9，16，18，23，33，50，51，56，100；**IV-2**，5，122，163，267，306，414
夏鲁祖拉康之无量宫西东南面曼荼罗目录　**IV-1**，51
夏美岗嘎　**IV-1**，205
夏斯特里　**I**，35；**III-2**，8
夏苏　**III-1**，6
仙人　**I**，62-64；**III-2**，67；**IV-1**，204
祆教　**I**，40
贤顶盖　**IV-1**，230
贤护　**IV-1**，188，195
贤劫　**III-1**，60；**III-2**，66，68；**IV-1**，72，93，103，109，113，209，222
贤雪山　**IV-1**，39
贤意女　**IV-1**，206
贤坐　**I**，58；**III-1**，79；**III-2**，68，76-78，85
显贵　**IV-1**，59
显吉祥度母　**IV-1**，146
显密　**I**，2，35；**II**，1，4，20，27；**III-1**，1，61，99
显明除信　**III-1**，71
现观庄严论　**II**，21，33，48；**IV-1**，81
现观庄严明　**II**，33，49；**III-1**，38，62；**IV-1**，80
现觉次第优波提舍　**II**，39
现前地　**IV-1**，183
现三世明王　**IV-1**，192，197
现诵上　**III-2**，15
现诵上怛特罗　**II**，29；**III-2**，28，34
相轮　**I**，23，24，29，45，46，48，49
香　**II**，23，24；**III-1**，7，48，61
香布孜古　**IV-1**，32，45
香布孜古山　**IV-1**，35
香地　**III-1**，86
香混合宝鬘　**II**，36
香混合偈　**II**，36
香金刚母　**III-1**，105
香女　**IV-1**，137
香让　**II**，70
香象　**IV-1**，188，195
香孜　**III-1**，7
香孜宗　**III-2**，85
香醉山　**III-2**，22

降服 **I**，9，60，61；**II**，6，64
降魔 **I**，60，68；**III-1**，67；**III-2**，47，51，57；**IV-1**，70
降魔变 **IV-1**，70，95
降魔殿 **IV-1**，69
降魔者 **I**，60
想 **III-2**，32，33
想蕴 **III-1**，104
象河 **III-2**，79
象金刚天女 **IV-1**，153
象皮 **I**，62；**III-2**，11；**IV-1**，89
象泉河 **I**，49
象雄 **II**，10，12，13，22，51，65；**III-1**，4
枭面母 **III-2**，20
枭首母 **III-1**，88，92
消毒度母 **IV-1**，160
消毒女陀罗尼 **IV-1**，186
消毒天女 **IV-1**，132
消苦度母 **IV-1**，146
消苦 **IV-1**，196
小白殿 **III-1**，14，80
小乘 **I**，15，22，23，25，26；**III-2**，80；**IV-2**，379
小叠涩 **IV-1**，115
小怒金刚手 **III-2**，88
小无垢虚空曼荼罗 **IV-1**，177
小译师雷必协饶 **II**，23，26，27，67；**IV-1**，73
笑 **IV-1**，217
笑女 **IV-1**，229，231
笑天女 **IV-1**，157
协地 **IV-1**，97
协尔 **II**，20
协噶江孜 **IV-1**，38，42
协乃宁 **IV-1**，97
协饶贝 **IV-1**，11
协饶贝桑波 **IV-1**，10
协饶嘉措 **IV-1**，11
协饶雷巴 **II**，32
协饶旺秋 **II**，56
协萨 **II**，68
协乌寺 **IV-1**，45
邪命外道 **III-2**，78
邪魔 **III-2**，39，41；**IV-1**，106
邪魔军 **III-2**，40
胁侍 **I**，54，55；**III-1**，64，83；**III-2**，48，68，70，96；**IV-1**，118，121，122，124，126，128，129，132，135，136，138，139，143，146，148，151，153-157，160，162-164，174，185，194，212，225，227，231，234，239
写作 **II**，60，68，70
谢地 **I**，30，31，54，55，57
心宿 **IV-1**，203
心髓 **I**，12，13，35，46；**II**，6；**III-1**，36；**III-2**，9，10，26-28，37，59，68，87；**IV-1**，68，82，115；**IV-2**，395
心性安息根本续经教及加行 **IV-1**，160
心性安息观音 **IV-1**，160
心一境性 **III-1**，102；**III-2**，18
心自性清净 **III-1**，99
心自在 **IV-1**，186
辛饶 **I**，44；**II**，65
新密 **I**，40；**III-2**，32
新鲜人头 **I**，68；**III-2**，12，54；**IV-1**，133
新月 **I**，24，27，29，46；**IV-1**，126，200
信度（河） **I**，49；**III-2**，17
信言讃 **II**，39
信作铠 **II**，23，26，27，30，31，33，36-47，54，58；**III-2**，26
星宿 **IV-1**，187，203，210
行 **III-2**，32，33
行部怛特罗 **II**，24
行法金刚 **IV-1**，161
行王 **IV-1**，181
行蕴 **III-1**，104
性力派 **III-2**，10，31
匈·多吉坚赞 **IV-2**，388
凶猛阎摩门布跋陀罗 **IV-1**，90
兄弟 **II**，14，56，64；**III-2**，31，83；**IV-1**，19，39，54，56，69，86
兄妹 **IV-1**，86，87，90，104，143；**IV-2**，307
雄 **III-2**，16，18，25
熊面 **IV-1**，104

休息　**IV-1**，188，189
修法　**I**，41，62；**II**，2，18；**III-1**，17，44，65，108；**III-2**，5，37，38，39；**IV-1**，79，89，120，123，137，148；**IV-2**，317
修法者　**II**，3；**III-1**，19，28，34，36，44，48，56，58，68，69，101，105；**III-2**，16，19；**IV-1**，7，8，19，76，81，82，189，227，243
修钦　**IV-1**，2；**IV-2**，304
修药师仪轨布坛法　**III-1**，14
须弥山　**III-1**，72；**III-2**，22，40；**IV-1**，107；**IV-2**，325
须菩提　**IV-1**，196
须菩提吉祥寂　**II**，21，48，49
须菩提吉祥贤　**II**，43，47
虚空　**III-1**，68，102；**IV-1**，242
虚空光　**III-1**，77
虚空金刚　**IV-1**，219
虚空库　**IV-1**，101，156，165，166，168，170，172，175，182，189，195；**IV-2**，347
虚空明相　**III-1**，102
虚空平等怛特罗　**III-2**，15
虚空善女　**IV-1**，193
虚空颜女　**IV-1**，193
虚空眼女　**IV-1**，132，152
虚空藏　**III-1**，60；**IV-1**，126，161，166-168，170，171，173，175，182，189，209；**IV-2**，347
虚空自在女　**IV-1**，139
虚宿　**IV-1**，203
虚妄分别　**I**，18，28；**IV-1**，7
旭烈兀　**IV-1**，66
续部总立广述　**III-2**，80，86
宣说塔之相性——布顿译师译　**I**，8
宣说一切如来圣不动明王之无量力勇毅调伏之仪轨　**IV-1**，131；**IV-2**，316
喧嚣　**IV-2**，304
薛波　**IV-1**，156
薛禅皇帝　**IV-1**，62
学处　**I**，23
雪朗　**IV-1**，4，43，92，96；**IV-2**，305
雪林　**II**，68
雪山　**III-2**，22；**IV-1**，32
雪山女神　**III-2**，49
雪韶　**I**，45，46，48，49，56
熏奴贝　**II**，8，15，16，19，22，23；**IV-1**，43，55，73
熏奴奔巴　**II**，24；**IV-1**，74
熏奴嘉措　**II**，23
熏奴沃　**IV-1**，43；**IV-2**，302
熏奴协饶　**II**，27，30
熏旺　**IV-1**，65
询集达拉王　**I**，10
迅疾　**III-2**，57
迅疾怙主　**III-2**，46
迅卡巴　**II**，55
压障　**IV-1**，204
鸦面母　**III-2**，19
鸦首母　**III-1**，88，90，92
鸭　**IV-1**，201
雅鲁藏布江　**IV-1**，5，32，33，61；**IV-2**，330
雅桑　**IV-1**，61，64
雅秀玛波　**III-2**，57
亚东　**IV-1**，4，5
亚东格西　**IV-1**，4
亚特兰蒂斯式　**III-1**，57
烟　**III-1**，102；**III-2**，25，102；**IV-1**，2，91，95，133，210，211
阎青珍　**I**，31
阎曼德迦　**III-2**，39-41
阎摩　**III-2**，19，36，39，46-48，55；**IV-1**，199，231，239
阎摩敌　**III-2**，46，58；**IV-1**，122，123，130，139，157，162，183，228，236，239
阎摩敌明王　**IV-1**，151
阎摩敌成就法　**II**，41，46；**III-2**，47
阎摩敌大金刚怖畏　**III-2**，36
阎摩敌文殊金刚　**IV-1**，239
阎摩坚固母　**III-2**，20
阎摩女　**III-2**，24，25
阎摩女使　**III-2**，19
阎摩牙母　**III-2**，19
阎摩杖　**IV-1**，224

颜女 **IV-1**，162
眼垂 **IV-1**，201
眼面佛 **IV-1**，160
厌离 **I**，13；**III-1**，74，108，109；**III-2**，21
焰慧地 **IV-1**，183
焰鬘白衣母 **IV-1**，125
羊雄鲁琼 **II**，24
羊卓 **IV-1**，61，63
阳谷寺 **IV-1**，41
阳固 **II**，68
阳火龙年 **II**，21
阳焰相 **III-1**，102
杨 **II**，61；**III-1**，5
样式 **IV-1**，95
夭如 **IV-1**，62
腰布 **III-2**，76
腰带 **III-1**，111；**III-2**，13；**IV-1**，33
腰鼓 **IV-1**，180，230；**IV-2**，350
药叉 **III-2**，15，22，47，51，58，65，80；**IV-1**，88，136，143，166，167，181，200，218；**IV-2**，348
药叉大将青衣金钢手大轮诸天讚 **IV-1**，38
药师佛 **III-1**，64，83，113-115；**III-2**，73，90，91；**IV-1**，42，118
药师琉璃光 **III-1**，114
药师琉璃光七佛本愿功德经 **III-1**，114
药师七佛供养仪轨如意王经 **III-1**，114
药师如来 **III-1**，80
曜 **I**，29；**IV-1**，124，133，180
曜母 **IV-1**，132，133，135
耶舍 **III-2**，79
耶佐 **IV-1**，41
野干 **IV-1**，91
野干金刚天女 **IV-1**，153
野驴 **III-1**，115
业 **I**，12，13，16，18，21，22； **III-2**，9，21
业金刚 **II**，24；**IV-1**，76，81，226
业力 **III-2**，34，40；**IV-1**，88，208
业无量寿 **IV-2**，327
业印女 **III-2**，10
业自在 **IV-1**，186
叶玛寺 **IV-1**，43，92，93
叶如 **IV-1**，62；**IV-2**，300
一百零八支提制作法 **I**，21，29
一切怛特罗王吉祥密集广释明灯之词义辨析再注 **III-1**，35，50，73
一切恶趣清净 **IV-1**，198，208
一切恶趣清净大曼荼罗成就法 **II**，43
一切恶趣清净死尸护摩仪轨 **II**，43
一切恶趣清净威光王 **IV-1**，190
一切佛平等和合怛特罗难语释 **II**，38
一切佛平等和合曼荼罗 **IV-1**，110
一切佛平等和合难语释 **II**，38
一切金刚出现 **II**，42
一切轮女 **IV-1**，226
一切秘密怛特罗 **II**，23，31
一切如来 **II-2**，28
一切如来金刚三昧耶大教王经 **I**，60
一切如来身语意大秘密之秘密集会 **II**，31
一切如来身语意黑阎摩敌怛特罗 **III-2**，37
一切如来现证大仪轨王 **III-1**，25
一切如来真性集 **II**，31；**III-1**，25
一切如来真性集大乘双现怛特罗释真性光作 **III-1**，21
一切无著力 **IV-1**，115
一切义成 **IV-1**，166；**IV-2**，348
一切义成就佛 **III-1**，29，47
一切义成就圣施度母成就法 **IV-1**，147
一切义成就施度母 **IV-1**，147
一切智友 **IV-1**，148
一味 **IV-2**，304
伊斯兰 **II**，5，28；**III-1**，79
依殊胜舞者续之多闻子之现证·如意珠 **IV-2**，316
仪轨 **I**，8，14-16，18，21，25，27，29，30，35-37，39，41，44，61，63，69，72；**II**，3，6，23；**III-1**，13，17，24，26，28，29，36，40，68，69，74，85，86，96，108，111；**III-2**，6，7，13-15，18-22，24-34，36-38，42-44，47-57，59，60，85，86，89；**IV-1**，6，8，18，21，76，78-80，82-84，86-88，101，105，152-154，158，160，166，173，193，197，206-210，222，

227、234、238、242
仪轨释 **IV-1**、207
义字释 **IV-1**、207
译师 **I**、30、38、70；**II**、1-7、14、18-24、26-29、47、48、50-56、59-62、64、67、70、71；**III-1**、1、5、6、7-9、15、17、26、44、50、61、76、79、97、98；**III-2**、9、30、39、90；**IV-1**、36、39、42、43、48-50、73、79、92、156、157；**IV-2**、308
意 **III-2**、16、33、34；**IV-1**、81、226
意持金刚 **IV-1**、157
意金刚 **IV-1**、112
意空行 **III-2**、30
意空行母 **III-2**、33
意生 **IV-1**、231
意识 **II**、1；**III-1**、68、86、102；**IV-1**、70
意(之)所依 **I**、13；**II**、66
意希桑波 **II**、20
意希旺秋 **II**、30
意希沃 **II**、16、17、21、48、50、51、59、61、62、65；**III-1**、1、50
翼宿 **IV-1**、203
因明 **II**、18、21
因陀罗菩提 **III-1**、34、36、106、107、109；**III-2**、14；**IV-1**、154
因缘 **I**、12、14、15、18、19、28、32、38、45、51；**III-1**、103；**III-2**、13、19、27；**IV-1**、7、196
阴谷寺 **IV-1**、41
阴阳魔障 **III-2**、56
音声王 **III-1**、64；**III-2**、73
印度风格 **III-2**、65；**IV-1**、15、20、21、85、102
印度教 **I**、16、18、64；**III-1**、7、16、17、74、106；**III-2**、11、13、40、58、65、87；**IV-1**、105、106、173、211；**IV-2**、304
印契 **IV-1**、76
印拳天女 **IV-1**、171
应身 **I**、21
雍玛吉桑姆 **IV-1**、56
雍仲 **I**、43、72；**IV-1**、96、223
雍仲尼夏寺 **IV-1**、35、49
永丹尸罗 **II**、47
永丹旺秋 **II**、56
永丹札 **III-2**、39
永尊 **IV-1**、65
勇者悦意 **II**、37
优波离 **IV-1**、196
优波难陀 **III-2**、81
优波祇难 **III-2**、78
优多罗 **III-2**、76
优楼频螺迦叶 **III-2**、80
优婆塞 **II**、57；**III-2**、79；**IV-2**、330
优陀那颂 **I**、57
优陀夷 **IV-1**、196
由吉祥大日如来一切恶趣清净曼荼罗仪轨·显明怛特罗义 **III-1**、19、25、37
由普明命终随持法 **III-1**、18
游戏王文殊 **IV-1**、155
游戏坐 **I**、54、59、63；**III-1**、83
有净 **II**、50
有漏善 **I**、17
有贤 **IV-1**、110
有修树 **III-2**、22
右脉 **I**、28；**III-2**、41
右绕 **I**、15；**II**、69；**III-1**、13、46、111；**III-2**、61；**IV-1**、117
右绕佛塔功德经 **I**、15
于具瑞夏鲁派教法有大恩之诸贤七传·稀有事迹之津梁 **IV-2**、378
于阗 **IV-1**、95、113
于阗风格 **IV-1**、20、21、94
鱼主怙 **I**、68；**III-1**、96
瑜伽 **I**、26；**II**、3、27；**III-1**、65、104、108；**III-2**、5、10、21、32、33、41
瑜伽部怛特罗 **II**、23、26；**IV-1**、74、162
瑜伽怛特罗四座成就法 **II**、38
瑜伽母曲吉准玛 **II**、56
瑜伽女 **III-1**、89、90、92、93；**III-2**、22、49；**IV-1**、205
瑜伽女遍行 **III-2**、15
瑜伽士 **I**、70；**II**、5；**III-1**、12、66、94、96、104、108；**III-2**、9、10、16、19-22、24、28、

31、33、38、43、46、58、72、75、79、87；
IV-1、4、5、14、36、39、40、232
瑜伽行地中菩萨地解说　**II**、48
瑜伽行派　**II**、2
瑜伽行者　**I**、28
瑜伽自在鲁益巴传规之世尊总摄轮成就法·大乐显明　**III-2**、11、22、24
愚痴对治调伏众生　**IV-1**、174
与愿度母　**I**、59
与愿印　**I**、52-54、56、59、60、63、65；**III-1**、20、29、32、33、64、72、82、99；**III-2**、34、62、87；**IV-1**、148、150、181、182、193、202、209、210、217、218、222
宇长松　**IV-1**、48
宇顿钦波曲旺　**IV-1**、48
宇妥培　**IV-1**、39、41、48
宇妥·永丹贡波　**II**、10
语　**III-2**、16、33、34；**IV-1**、81、226
语持金刚　**IV-1**、157
语空行　**III-2**、30
语空行母　**III-2**、33
语狮子　**III-1**、70、163
语狮子文殊　**IV-1**、113
语狮子文殊成就法　**IV-2**、341
语所依　**I**、13
语王文殊　**III-1**、69；**IV-1**、156
语自在文殊　**III-1**、83；**IV-1**、156
玉如　**I**、43
玉瓦东　**IV-1**、32
玉札　**II**、55
玉札董兴　**II**、55
玉札穷　**II**、55
玉札兴巴　**II**、55
郁伽度母供养仪轨　**IV-1**、45
郁头蓝弗　**III-2**、75
欲帝明王　**III-2**、89；**IV-1**、122、123
欲火炽燃女　**IV-1**、175
欲界天女　**IV-1**、104
欲界自在女　**IV-1**、143
欲界自在女军咒女王成就法食子仪轨　**III-2**、50、51
欲界自在女军咒女王成就法·会供食子仪轨并祈请　**III-2**、51
欲女　**III-1**、93
欲天身形　**IV-1**、169
欲自在天　**IV-1**、191
欲足如意　**III-1**、71
元朝　**IV-1**、44、60、62-64、66
元史　**IV-1**、54、57、65
元音　**III-2**、12、41
原人　**III-2**、15、16
圆光　**III-1**、16
圆寂　**II**、17、18、26、50、54、71；**III-1**、5；**IV-1**、4、53、54
圆满次第　**III-1**、34；**IV-2**、339、378、387
圆满度母　**IV-1**、147、154
圆满和合　**III-2**、10
缘觉　**IV-1**、196；**IV-2**、338
缘起　**I**、5、9、14、15、19、39、45；**III-1**、106
缘起法　**I**、18
缘起法颂　**I**、14、19、38、39、45、46、47、48、49、53、54、55、57、59、62、63、71；**III-2**、34
远行地　**IV-1**、183
愿度女　**IV-1**、184
愿文　**I**、16；**III-1**、50；**IV-1**、9、94
愿自在　**IV-1**、186
约如　**IV-1**、62
月称　**II**、49；**III-1**、50、107；**IV-1**、77
月灯三昧经　**II**、48
月光　**II**、26、30；**III-1**、87；**III-2**、24、25；**IV-1**、101、126、161、182、189、195
月光阿波陀那　**II**、32
月光金刚持　**IV-1**、126
月轮　**III-1**、19；**IV-1**、89、180、182-184、193
月轮座　**I**、60；**III-2**、88
月王　**IV-1**、230
月曜　**IV-1**、133、180、202、210
钺刀　**I**、62、66；**III-1**、111、93；**III-2**、12、25、42、44、45、48、57；**IV-1**、89、133、187、191、192、239、241
钺斧　**I**、62、66；**III-1**、95；**III-2**、12、56；

IV-1, 126, 187, 191, 192, 202, 204, 205, 210, 211, 224
悦意差使 **IV-1**, 198
云丹 **II**, 10, 11, 13, 14
蕴 **III-1**, 35, 104, 107
匝弥陀 **IV-1**, 201
杂孜噶 **III-2**, 44
杂孜噶天女 **III-2**, 45; **IV-1**, 237
再夺色女 **IV-1**, 226
咱迦巴 **IV-1**, 197, 210
咱瓦日巴 **IV-1**, 238
赞巴 **IV-1**, 22
赞德 **II**, 10
赞杰 **II**, 3
赞喀沃切 **II**, 22
赞勒 **IV-1**, 12
赞普 **II**, 1, 7; **III-1**, 4; **III-2**, 70; **IV-1**, 21, 24, 34, 35, 59, 74, 97, 103, 232
赞秋德 **II**, 10, 12
赞神之王 **III-2**, 57
赞颂 **I**, 10, 16; **III-1**, 50; **III-2**, 26, 52, 86; **IV-1**, 232
赞同印 **IV-1**, 158
赞扎利 **III-1**, 88, 91; **III-2**, 49; **IV-1**, 204, 205
讚金刚手大轮讚·一切义成 **IV-1**, 110, 238
讚无能讚 **II**, 36
藏 **II**, 22
藏巴嘉热 **IV-1**, 39
藏红花宝女 **IV-1**, 125
藏靴 **IV-1**, 33
藻饰词论·智者耳饰 **IV-2**, 301
造像量度经 **IV-1**, 96, 102
泽普 **IV-1**, 37, 38
增 **I**, 20; **III-2**, 48; **IV-2**, 317
增一讚 **II**, 36
增长 **I**, 14, 23; **III-2**, 47, 58; **IV-1**, 144, 166
增慧陀罗尼 **IV-1**, 186
增火天 **IV-1**, 211
增禄佛母 **IV-1**, 136, 137
增禄天女成就法广述 **IV-2**, 318
增上生 **I**, 17; **IV-2**, 102, 251, 377
扎 **IV-1**, 61
扎布让 **II**, 56, 70; **III-1**, 5; **III-2**, 1-4, 7, 14, 15, 18-21, 23, 27, 29-31, 42, 45, 48, 50, 56, 57, 62, 66-69, 71, 73-75, 82, 83, 85, 86, 89, 90; **IV-1**, 15, 23, 76, 105, 122, 123, 147, 184, 237, 239
扎廓山 **IV-1**, 35
扎让 **II**, 56, 70; **III-1**, 6
扎让瓦 **II**, 55
扎什伦布寺 **IV-1**, 24, 31, 51
扎西 **IV-1**, 11
扎西德 **II**, 10, 12
扎西德衮 **II**, 12
扎西岗(寺) **I**, 42, 58, 60, 63; **III-1**, 10
扎西岗 **III-1**, 10
扎西衮 **II**, 10, 13, 14
扎西衮波 **II**, 11
扎西吉德尼玛衮 **III-2**, 69, 70
扎西桑波 **IV-1**, 11, 12
扎西孜 **II**, 10
扎西孜巴贝 **II**, 11, 13
扎西孜摩 **II**, 57
扎雅 **II**, 19, 30
札巴德 **II**, 10, 12
札巴坚赞 **IV-1**, 9, 56, 57, 60, 62, 65; **IV-2**, 318, 319
札巴仁钦 **IV-1**, 110
札奔德 **I**, 40, 42
札达寺 **I**, 41
札德 **II**, 10
札登巴 **II**, 23
札董培 **IV-1**, 150
札玛寺 **IV-1**, 49
札让 **II**, 70; **III-1**, 6
札旺波 **IV-1**, 65
札赞德 **II**, 20
札支勒 **III-2**, 69
旃陀罗女 **IV-1**, 241
旃陀罗声明经注 **IV-1**, 41
瞻巴拉 **III-1**, 111; **III-2**, 55; **IV-1**, 42, 137, 148, 200

瞻波迦花　**I**，58
战神　**III-2**，57
张宿　**IV-1**，203
章　**I**，12
彰卡　**III-1**，86
掌中论　**II**，33
杖阎摩敌　**III-2**，44
帐面三跋陀罗遮止灵器·贡嘎金刚座之直讲庄严　**IV-1**，87
障　**I**，16；**III-1**，3，34，67；**III-2**，13，42，43，56，62；**IV-1**，106，115，207
障碍　**II**，57；**III-1**，72，74；**III-2**，20，24，29，33，39，43，47，56；**IV-1**，88，102，207
障清净解脱　**III-1**，3
招引众生度母　**IV-1**，146
照无边　**IV-1**，126
遮文荼　**III-2**，50；**IV-1**，211
折贵寺　**IV-1**，43，67，72，85
哲　**IV-1**，36，96
哲蚌寺　**I**，68
哲东塘噶丹拉康　**IV-1**，47
哲古措　**IV-1**，5
哲拉康　**IV-1**，47
哲莫哈　**III-1**，87，91；**IV-1**，204，205
哲莫寺　**IV-1**，40
哲钦波·协饶巴　**IV-1**，40，43
哲氏　**IV-1**，36
珍赞德　**III-2**，70
轸宿　**IV-1**，203，204
真谛　**I**，20，22；**III-1**，109；**III-2**，10，16，32，59，87；**IV-1**，7，8，80-82，115；**IV-2**，301，409
真谛菩提心修习次第书　**II**，34
真性成就论　**II**，45
真性光作　**II**，41；**III-1**，26，29，55，56；**IV-1**，78
真性集　**II**，23，24，25，42；**III-1**，25，26，28，45；**III-2**，64；**IV-1**，78，79，80，84，102，178，185，190，212，222，226；**IV-2**，366，367
真性集怛特罗　**IV-1**，78
真性心髓集　**II**，45
真性优波提舍　**II**，38
真言　**I**，20，29，36，37，40，48，51，52，55-60，62，63，66，68，69；**II**，21，26；**III-1**，19-24，37，68，69，92-94，103，109；**III-2**，41，54，55；**IV-1**，76，82；**IV-2**，338
真言乘　**III-2**，4，31
真言宗　**IV-1**，79
镇顿塔哲　**IV-1**，40，49
正法大圆满三身解说　**III-1**，3，101
正法源流·入善说教法大海之舟　**IV-1**，61，62
正慧　**IV-1**，204
正念　**IV-2**，306；**III-1**，108；**IV-1**，200
正勤　**I**，23；**IV-1**，144
正善士夫传记宝库　**IV-1**，28
正贤水生佛　**IV-1**，209
正行　**I**，14；**III-2**，14
诤正理　**II**，50
支提　**I**，3，5，8，9，11，13-19，21-23，25-27，29，30，32，35，39，48，67，71；**III-2**，22
支提成就仪轨　**I**，21，23，24
支提成就仪轨略集　**I**，21
支提分别·律所出经　**I**，23
支提建立仪轨　**I**，21
执财施　**IV-1**，196
执持　**III-1**，102；**III-2**，22；**IV-1**，90，183
执金刚女　**IV-1**，223
侄孙　**II**，16，17，50
止仓　**IV-1**，59
止仓寺　**IV-1**，43，45
止仓扎穆　**IV-1**，34
止贡　**IV-1**，61，64，65
止贡巴　**IV-1**，66
止贡噶举　**I**，41，43；**IV-1**，14
止贡赞普　**IV-1**，35，45
止贡赞普山　**IV-1**，35
止穷惹　**II**，71；**III-1**，6
止仁董赞　**IV-1**，46
至尊巴日巴·坚赞贝桑波传及道歌集　**IV-1**，4
至尊拘留拘啰　**IV-1**，155
制怛里亚所行甘露　**III-2**，18
制感　**III-1**，101

制御三界世自在　**IV-1**，153
制御一切有情文殊　**IV-1**，156
智　**III-1**，105；**IV-1**，240
智成就　**II**，25；**III-1**，34-36，100，106，107，109
智度女　**IV-1**，184
智慧称佛　**IV-1**，160
智慧度女　**IV-1**，184
智慧怙主　**I**，63，66；**III-2**，46；**IV-1**，44，69
智慧金刚集怛特罗中所出七庄严解　**II**，38
智慧空行母　**III-2**，46，55，59；**IV-1**，112，242
智慧曼荼罗　**IV-1**，193
智慧萨埵　**III-1**，70
智慧萨埵文殊　**IV-1**，155，177，187，190
智慧文殊　**III-2**，38
智慧无量寿　**IV-1**，145；**IV-2**，327
智慧悉地成就法　**II**，41
智慧资粮　**I**，17；**IV-1**，166
智吉祥　**II**，70
智吉祥贤　**II**，50
智吉祥友　**II**，29
智拳天女　**IV-1**，171
智拳印　**III-1**，31，50，55；**IV-1**，75，77，78，84，102，177，189，213；**IV-2**，366
智幢　**IV-1**，188，195
智自在　**IV-1**，186
智足　**II**，23，26；**IV-1**，74，109，238
智作　**III-2**，38
智作护　**III-2**，59
智作铠　**II**，34
中等　**IV-1**，81，102
中叠涩　**IV-1**，115
中观见　**II**，2
中观学派　**II**，2
中脉　**I**，28；**III-2**，41
中尼迦耶　**III-2**，21
中嬉　**III-2**，18
中亚　**I**，14；**II**，28；**III-1**，61，113；**III-2**，38，51；**IV-1**，20-22，85，91，94，95，113，142
中阴　**IV-1**，207，208
中阴闻度　**III-1**，88-90，100，102
种敦　**III-1**，13，79
种敦巴　**II**，2；**IV-2**，316，388
种敦大殿　**III-1**，80
种子　**IV-2**，395
种子字　**I**，21，28，57；**III-1**，68；**IV-1**，89，90，157，238，242；**IV-2**，347，395
仲　**IV-1**，58；**IV-2**，350
众生怙主八思巴·洛卓坚赞贝桑波　**IV-1**，120
众生怙主恰那　**IV-1**，51
众戏女　**III-2**，46
众增　**IV-1**，21
重孜　**IV-1**，35，38，45-47
重孜山　**IV-1**，35
重孜拉尊　**IV-1**，46
肘　**I**，70；**IV-1**，115，144，165，232，234
咒力　**III-2**，51
咒师　**I**，41，42；**III-1**，115；**IV-1**，31，173；**IV-2**，305
咒术　**I**，26；**II**，1，2，6，52；**III-1**，7；**III-2**，38；**IV-2**，384
咒语　**I**，26，72，73；**II**，6；**IV-1**，86，88，91
朱古　**III-1**，9，10；**IV-1**，100
诛　**III-2**，48；**IV-1**，211；**IV-2**，317
诛火天　**IV-1**，211
珠穆拉日　**IV-1**，33，36
诸经部　**II**，64
诸乐女　**IV-1**，198，210
诸轮　**IV-1**，217
诸欲天成就法　**III-1**，47，58，68，72
诸种空行　**III-2**，30
诸种空行母　**III-2**，32
诸种身形佛　**IV-1**，213，217
猪　**IV-1**，118，120，170，199，201，223，241
竹巴　**II**，71；**III-1**，6；**IV-2**，364
竹巴噶举　**I**，41；**III-1**，10，85，94，96；**III-2**，32；**IV-1**，5，28，39
主尊　**I**，41，50，55，66；**III-1**，16，17，34，36，44，49，57，60，66，71，75，76，82-84，94，95，100，105，111-113，115；**III-2**，4，6，8，11，13，19，24-26，32，43，44，58，63；**IV-1**，24，51，75，82，84，89，94，96，102，

103，118，123，124，128-130，132，133，137，148-150，152，154，155，157-159，162，164-167，169，170，175，177，178，189-193，209，210，212，213，220，226，231，237-239，24，241-243；**IV-2**，327，366
驻寺　**II**，4；**III-2**，83；**IV-1**，97
爪哇岛　**I**，34
转法轮　**I**，11；**II**，22，69；**III-1**，43，55；**III-2**，42，74，78-80
转法轮印　**I**，50，54，58，67-69，84；**III-1**，20，32，49，57，66，76，79，84，99，112，115，116；**III-2**，63，72，73，79，81；**IV-1**，76，84，93，96，118，131，151，158，168，184，185，193
转轮　**IV-1**，185，220
转轮明王　**IV-1**，157
转轮王　**IV-1**，57
传记　**I**，38，41；**II**，5，10，16，18-20，22，27，51-68，70，71；**III-1**，5-7，81；**IV-1**，3，4，27，29
装藏　**I**，13，14，32，35，39，47；**III-2**，68；**IV-1**，71，101
准提度母　**IV-1**，154
准提陀罗尼　**IV-1**，186
卓杰旺秋　**IV-1**，12
卓垅　**IV-1**，33
卓玛日　**IV-1**，51
卓尼（版）　**I**，8
濯足女　**III-2**，24
濯足水　**III-2**，24
拙火　**IV-2**，384
灼热光　**IV-2**，320
孜　**IV-1**，35
孜巴　**III-1**，5
孜德　**II**，12，14，18，21，22，50，51，69；**III-1**，51；**IV-1**，37，49
孜垅寺　**IV-1**，41
孜乃宁　**IV-1**，46
孜乃萨　**IV-1**，46
孜囊吉山　**IV-1**，35
资具自在　**IV-1**，186
资粮论　**II**，34
觜宿　**IV-1**，203
姊妹　**III-2**，51；**IV-1**，59，60，205
紫金　**IV-1**，32，35，38，45
自利　**I**，13
自利利他　**I**，15；**III-1**，3；**IV-2**，390
自身加持次第差别　**II**，39
自天而降　**III-1**，63；**IV-1**，136
自性空　**IV-2**，304
自性清净解脱　**III-1**，3
自性身　**IV-1**，78；**IV-2**，339，340
自性障　**IV-1**，200
自在　**I**，19
自在天　**III-2**，47，65；**IV-1**，167，179，182，192，230
宗本　**IV-1**，26
宗喀巴　**I**，30，41，68，69；**II**，2；**III-1**，15，19-21，23-25，35，37，38，44，50，80，107；**III-2**，12，14，15，19，20，22，30，39，44，58，59，60，66，68，69，90；**IV-1**，27，77，85
宗喀巴文集　**III-1**，24，25；**III-2**，58
宗山　**IV-1**，42
宗雪　**IV-1**，12
宗义晶鉴　**II**，3
总摄　**I**，13，14，19，32，35；**III-2**，9
总摄轮　**III-2**，4，8，9，15，29
总摄阎摩女　**IV-1**，159，160
足印　**III-1**，115
祖拉康　**II**，20，53，60；**III-1**，12，13，15，16，19，26，50，64，71，75，77，79，80，97，110；**IV-1**，10，16，17，22，24，25，42，52，58，70，71，75，85，96，101，113
祖孙三王　**IV-1**，104
最上本初　**IV-1**，73；**IV-2**，348，350
最上本初怛特罗　**II**，23，24；**III-1**，50，82，88；**IV-1**，78，80
最上本初广释　**II**，42，62；**IV-1**，77
最上本初摄部曼荼罗庄严　**IV-1**，105，166，167，169-171，174，175，227，230，231；**IV-2**，347，348
最胜　**III-1**，37，104，107；**III-2**，79；

IV-2，339
最胜嘿噜嘎 **III-1**，94
最胜金刚持 **III-1**，37
尊巴 **IV-1**，22
尊巴降沃 **II**，14
尊胜 **I**，65；**IV-1**，176，231
尊胜度母 **IV-1**，146
尊胜佛顶修瑜伽法轨仪 **I**，28
尊胜佛母 **I**，64；**III-1**，72，82；**III-2**，74；**IV-1**，143，205
尊胜金翅鸟 **IV-1**，162
尊胜明王 **IV-1**，157
尊胜女 **IV-1**，162，205
尊胜塔 **I**，10，30；**III-2**，82
尊追坚赞 **II**，30
尊追森格 **IV-1**，42
左吉拉 **I**，31
左脉 **I**，28；**III-2**，41
佐钦 **III-1**，9
作吽 **IV-1**，108，112，220
作吽印 **IV-1**，182
作蜜 **IV-1**，166，180；**IV-2**，348
作扰女 **III-2**，24，25
作日玛 **III-1**，87，91；**IV-1**，205
作胜 **IV-1**，166，175，180
坐轮 **III-1**，71

梵 文

ābhāsa **IV-2**, 313
abhaya **III-1**, 56; **III-2**, 90
Abhayākaragupta **IV-1**, 51, 79
abhayamudrā **I**, 58, 60, 65; **III-1**, 20, 33, 62, 67, 82, 84, 96, 99; **IV-1**, 181
abhedya **III-2**, 27
Abhidhānottara **III-2**, 15
Abhidhānottaratantra **II**, 29; **III-2**, 28, 34
abhidharma **II**, 3
Abhijñā **I**, 24, 27
abhiniṣkramaṇa **I**, 51
Abhiniṣkramaṇasūtra **II**, 32
Abhirati **IV-1**, 42, 162; **IV-2**, 338
Abhisamayālaṅkāra **II**, 21, 33, 48; **IV-1**, 81
Abhisamayālaṅkārāloka **II**, 33, 49; **III-1**, 38, 62; **IV-1**, 85
Abhisambodhikramopadeśa **II**, 39
abhiṣeka **III-1**, 28, 34, 58, 75, 96
Abhiṣekaprakaraṇa **II**, 41
abhyudaya **I**, 17; **IV-2**, 102, 251
Acala **III-2**, 89
Acala Vidyārāja **I**, 60
ācārya **I**, 69; **II**, 26; **III-1**, 111
acchaṭā **III-1**, 21
ādarśa **I**, 27, 63; **III-2**, 33
ādarśajñāna **III-1**, 37, 103
ādhāra **III-1**, 35
adhiṣṭhāna **I**, 21; **III-1**, 58
ādhyātmika pūjā **III-1**, 36
Ādi Buddha **III-1**, 66
Ādibuddha **III-1**, 104; **IV-1**, 188, 189
ādiguru **I**, 41, 55; **III-1**, 65
Ādikarmikapradīpa **I**, 35, 36
Ādityahṛdayastrotra **IV-1**, 120
Advayavajra **I**, 18, 19, 21, 35; **III-1**, 55-57
Advayavajrasaṁgraha **I**, 18, 19, 35
Agni **I**, 28; **III-2**, 65
agnicayana **III-2**, 16
Airāvata **III-2**, 99
Ajātaśatru **I**, 10
Ājīvaka **III-2**, 78
Ājīvaka Upagaṇa **III-2**, 78
Ākarasiddhi **II**, 28
Ākāśagarbha **III-1**, 43, 60; **III-2**, 89
akṣamālā **I**, 29, 56, 65
Akṣobhya **I**, 40, 43, 52, 54, 63, 67; **II**, 26; **III-1**, 41, 43, 47, 55, 66, 76; **III-2**, 4, 9, 27, 66, 67, 73; **IV-1**, 42, 81, 82, 242; **IV-2**, 338
Akṣobhyasādhananāma **IV-1**, 162
Akṣobhyavajrasādhana **II**, 40
akulavīra **II**, 43
Alakāvatī **IV-2**, 325
ālambana **I**, 20; **III-1**, 67
ālaya **III-2**, 21
ālīḍha **I**, 62, 66
Ālo **IV-1**, 120
āloka **IV-1**, 120
Ālokakarī **III-1**, 29
Ālokālaṅkāra **IV-1**, 198, 199, 207, 208
Amaragomin **II**, 21
Amitābha **I**, 40, 51; **III-1**, 41, 43, 46, 54, 56-59, 80, 82, 110; **III-2**, 9, 66, 73; **IV-1**, 81
Amitābha-Amitāyus **III-1**, 59; **III-2**, 68
Amitāyus **III-1**, 59, 115; **III-2**, 82; **IV-1**, 104
āmnāya **III-1**, 17

Amoghadarśin **IV-1**, 93
Amoghapāśakalparāja **IV-2**, 320
Amoghasiddhi **I**, 40; **III-1**, 41, 43, 56, 57, 67, 82; **III-2**, 26, 64, 66; **IV-1**, 81
Amoghavajra **I**, 40; **III-2**, 38, 59; **IV-1**, 79
āmra **III-2**, 22
Amṛtā **III-1**, 93
Amṛtakuṇḍalīsādhana **II**, 39
Anagha **IV-1**, 101
Ānandagarbha **II**, 23, 25; **III-1**, 25, 26, 29, 44, 82, 88; **IV-1**, 78, 79, 207
Anaṅgavajra **III-1**, 106
Anāthapiṇḍada **III-2**, 79
Anavatapta **I**, 50; **III-1**, 3
aṇḍa **I**, 5
aṅga **III-1**, 101
antaka **III-2**, 41, 44
Antardhāna **IV-1**, 120
Anupamapura **II**, 50
anusmṛti **III-1**, 102
Anuttaratantra **IV-1**, 115
Anuttarayogatantra **I**, 62
añjali **I**, 56, 65, 69
añjalimudrā **I**, 53, 69
Aparājitā **IV-1**, 154
Aparimitāyurjñānasādhana **IV-1**, 145; **IV-2**, 328
Aparimitāyurjñānavidhi **IV-1**, 145; **IV-2**, 327
Apāyajaha **IV-1**, 101
apramāṇa **IV-2**, 304, 379
apsaras **III-1**, 59
Araṇemi **III-1**, 60
āraṇyaka **II**, 4
Arapacana **III-2**, 74
Arapacana Mañjuśrī **I**, 56-58
Arapacanasādhana **II**, 44
Arbuṭa **III-2**, 17
ardhaparyaṅka **I**, 70; **III-2**, 67, 83
arghya **III-2**, 24
arhat **IV-1**, 24, 42, 158
arjuna **III-2**, 22
Arkamasi **IV-1**, 120
Arthavyañjanavṛtti **IV-1**, 207
Āryācalamahākrodharājasyasarvatathāgatasyabalāparimitav īravinayasvākhyātanāmakalpa **IV-1**, 131; **IV-2**, 316
Āryacūḍāmaṇināmadhāraṇī **IV-2**, 328
Āryaḍākinīvajrapañjaramahātantrarājakalpa **IV-1**, 87
Āryadeva **IV-2**, 319, 390
Āryajñānasattvamañjuśrītattvanāmasādhana **IV-1**, 155
Āryajñānasattvamañjuśrīupāyikā **IV-1**, 155
Āryamaitreyaparipṛcchānāmamahāyānasūtra **IV-1**, 141
Āryamañjughoṣastotra **II**, 44
Āryamañjusrīmūlakalpa **I**, 64
Āryanāmasaṃgītiṭīkānāmamantrārthāvalokinī **IV-2**, 357
Āryāparimitāyurjñāsādhana **IV-2**, 327
Āryāṣṭamahābhayatārāsādhana **III-2**, 86
Āryavajrapāṇinīlāmbaradharatrilokavinaya **II**, 31
asaṃkhyeya **IV-2**, 14, 173
asamparigraha **IV-1**, 115
Asaṅga **IV-2**, 211
Asitāṅga **IV-1**, 211
Aśoka **I**, 5; **III-2**, 36
Aśokāvadānamāla **I**, 15
aṣṭabhairava **IV-1**, 211
Aṣṭabhayamocanasiddhiguptasampuṭa **IV-1**, 148
Aṣṭabhayatrāṇatārāsādhana **IV-1**, 148
Aṣṭāṅgahṛdayasaṃhitā **II**, 35; **III-2**, 49
aṣṭāṅgamārga **I**, 24
Aṣṭāpadīkṛtadhūpayoga **II**, 36
Aṣṭasāhasrikāprajñāpāramitā **II**, 17, 21, 31, 49; **III-1**, 62
Asthiravajra **III-2**, 26
Asura **III-2**, 15
aśvattha **III-2**, 22
Aṭakāvaṭī **IV-2**, 325
Aṭavī **IV-1**, 200
Atīśa **I**, 30; **II**, 2; **III-2**, 38, **IV-1**, 39, 42, 49;

IV-1, 79, 103, 148, 161, 238; **IV-2**, 307, 364, 392
ātmārtha **IV-2**, 390
Avadānakalpalatā **II**, 29, 47; **IV-1**, 104
Avadhūtipā **IV-1**, 80, 188; **IV-2**, 356
Avalokiteśvara **I**, 30, 40, 55, 56, 65; **II**, 65, 71; **III-1**, 43, 59, 60, 83; **III-2**, 63, 74, 89; **IV-1**, 113
Avalokiteśvara Padmapāṇi **III-1**, 60, 64; **III-2**, 34
Āvaraṇaviṣkambhin **III-2**, 89
āvaraṇaviśuddhivimukti **III-1**, 3
āveṇikasmṛtyupasthāna **I**, 24
aveśa **III-2**, 24
Avidyā **I**, 18; **III-2**, 32, 33
bāhya pūjā **III-1**, 36
Balipūjāvidhi **II**, 45
Bārālācha **II**, 58
Benares **I**, 9, 10, 34; **III-2**, 78
Bhadanta Vimuktisena **II**, 48
Bhadrakalpa **III-1**, 60; **III-2**, 66, 68; **IV-1**, 72, 103, 109, 222
bhadrāsana **I**, 58; **III-2**, 77
Bhāga **II**, 58
Bhagavacchrīcakrasaṃvaramaṇḍalavidhi **II**, 37
Bhagavadabhisamaya **II**, 37
Bhagavatīprajñāpāramitāpiṇḍārthaṭīkā **II**, 33
Bhairava **I**, 62, 66; **III-2**, 38; **IV-1**, 365
Bhaiṣajyaguru **III-1**, 64; **III-2**, 89
bhājanaloka **III-1**, 3, 99
Bhakṣasī **III-1**, 93
Bhallika **III-2**, 78
Bhavabhadra **IV-1**, 110
bhāvaviśuddhivimukti **III-1**, 3
Bhaviṣyottarapurāṇa **IV-1**, 120
Bhavyarāja **II**, 21
Bheruṇḍā **IV-1**, 166, 173, 230; **IV-2**, 348
Bhinase **II**, 30
Bhīṣaṇa **IV-1**, 211
Bhiśānta **IV-1**, 211
Bhṛṅgirīṭi **IV-1**, 191
bhūmisparśa **I**, 67; **III-1**, 3, 55, 67, 82, 85, 99; **IV-1**, 182
bhūmisparśamudrā **I**, 50, 52, 53, 67; **III-1**, 3, 50, 76, 82, 85, 114; **III-2**, 67, 68, 77, 79; **IV-1**, 182
Bhūmisūtra **II**, 46; **III-1**, 55
bhūta **IV-2**, 304
Bhūtaḍāmara **III-2**, 89; **IV-2**, 304, 305
Bhūtaḍāmaramahātantrarāja **IV-2**, 304
bīja **I**, 22, 28, 57; **IV-2**, 395
bījapūra **IV-1**, 181
Bimbisāra **I**, 10; **III-2**, 81
bindu **I**, 28
bodhi **I**, 16; **III-1**, 34
Bodhicaryāvatāra **I**, 16, 19; **II**, 33; **III-1**, 62
bodhicitta **I**, 28; **III-2**, 10
bodhimaṇḍa **I**, 53; **III-2**, 77
Bodhipathapradīpa **II**, 62
bodhisattva **IV-2**, 304
Bodhisattvacaryāsaṃgrahapradīparatnamālā **II**, 34
Bodhisattvamārgakramasaṃgraha **IV-1**, 74; **IV-2**, 305
bodhyagrī **IV-1**, 75, 76, 78
bodhyagrīmudrā **III-1**, 31, 50
bodhyaṅga **I**, 24
bodhyaṅgī **IV-1**, 75, 76, 78
Brahmā **I**, 62; **III-1**, 32; **III-2**, 34, 65, 78, 79, 81, 82
brahmadaṇḍa **I**, 5
Brahmadatta **I**, 10
Brāhmaṇī **III-1**, 92; **III-2**, 65
Brahmaputra **IV-1**, 5
brahmasūtra **I**, 5
Bṛhadjātaka **III-2**, 50
Bṛhatstotraratnākara **IV-1**, 120
Buddha Avalokiteśvara **III-1**, 82
Buddhabhadra **II**, 34, 47
buddhabhāṣita **II**, 66
buddhābhiṣeka **III-1**, 29
Buddhābhiṣekanāmastotra **II**, 37

Buddhacarita **II**, 8; **III-1**, 63
Buddhaḍākinī **III-2**, 32, 33
Buddhaguhya **IV-1**, 207
Buddhagupta **IV-1**, 79
Buddhaheruka **III-1**, 95
Buddhajñāna **II**, 25, 26
buddhakalaśa **III-1**, 96
Buddhākaravarman **II**, 36
Buddhakrodheśvarī **III-1**, 95
Buddhaśrīśānti **II**, 36, 37, 42, 47
Caitanyacaritāmṛta **III-2**, 18
caitya **I**, 3
Caityāṃśavibhāga **I**, 8
caityavibhāga **I**, 8
cakra **I**, 28, 56; **III-2**, 9
Cakraśambara **III-2**, 8, 9
Cakrasaṃvara **III-2**, 4, 9, 15, 29
Cakrasaṃvaravistaraprabandha **II**, 38
cakravartin **IV-1**, 57
Campa **III-2**, 17
campaka **I**, 58
Cāmuṇḍā **III-2**, 50; **IV-1**, 211
Camundi **III-1**, 93
Caṇḍa **IV-1**, 211
Caṇḍālī **III-1**, 88; **III-2**, 50; **IV-1**, 204
Caṇḍamahāroṣaṇa **III-2**, 34, 88
Caṇḍaroṣaṇa **III-2**, 88
Caṇḍavajrapāṇi **III-1**, 3, 47, 68
Caṇḍikā **III-2**, 24
Candrakīrti **II**, 49; **III-1**, 3, 50, 107; **IV-1**, 77
Candraprabha **II**, 26, 30; **IV-1**, 101
Candraprabhāvadāna **II**, 32
candrāsana **I**, 60
Candravyākaraṇasūtravṛtti **IV-1**, 41
cāpa **I**, 65
Carcikā **III-2**, 44, 45
Caryātantra **II**, 24
Caturpīṭhayogatantrasādhanopāyikā **II**, 38
Caturviparyayaparihārakathā **II**, 34
catvāryārakṣyāṇi **I**, 25
Caurī **IV-1**, 204
Chinnamuṇḍāvajrayoginīsādhana **IV-1**, 45
cīnakarma **IV-2**, 332
cintāmaṇi **I**, 58, 63, 66; **III-1**, 26, 27, 29, 31, 32; **IV-1**, 164, 184
cintāmaṇidhvaja **III-1**, 32
citta **I**, 23; **III-2**, 16, 17, 34
Cittaḍākinī **III-2**, 33
Cittotpattimātradharmacakrapravartaka **III-1**, 43
Cundā **IV-1**, 154
curima **III-1**, 90
cūta **III-2**, 22
ḍāka **III-2**, 30
Ḍākārṇava **III-2**, 15
Ḍākinī **I**, 9, 43; **III-2**, 9, 19, 31, 48; **IV-1**, 87; **IV-2**, 421
ḍāmara **IV-2**, 304
Ḍāmaratantra **IV-2**, 304
ḍāmaru **I**, 62, 66; **III-2**, 23
dāna **I**, 13
dānapati **I**, 15, 21; **III-1**, 96
Dānaśīla **II**, 51
daṇḍa **I**, 23
Daṇḍā **III-1**, 93
Daṇḍakabhagavaccakrasaṃvarastotra **II**, 46
Daṇḍayamāntaka **III-2**, 44
Daṇḍin **IV-1**, 9
daśabala **I**, 24
Daśabhūmikasūtra **IV-1**, 182
Deśanāstava **II**, 36
deva **I**, 53; **III-1**, 59
devabhadanta **II**, 17
Devadatta **III-2**, 82
devaguru **II**, 15
Devākara **I**, 41, 47
devaputra **IV-1**, 143
Devaputra Bodhisattva **II**, 17
devaputramāra **III-2**, 13
devarāja **II**, 10, 12, 13, 15
Devātiśayastotraṭīkā **II**, 36
devāvatāra **III-1**, 63
Devendrabuddhi **II**, 21, 49

devī **I**, 60
Devīprabhādharādhiṣṭhāna **II**, 41
Dhanapāla **I**, 9; **III-2**, 82
dhāraṇā **III-1**, 102
dhāraṇī **I**, 14, 19, 48, 65; **IV-1**, 101; **IV-2**, 307
dhāraṇīmudrā **IV-1**, 82
dharma **I**, 23
dharmacakra **I**, 54; **II**, 69; **III-1**, 20, 55, 66
dharmacakramudrā **I**, 50, 58, 67-69; **III-1**, 76, 99, 112, 115, 116; **III-2**, 63, 72, 76
dharmacakrapravartana **II**, 69
dharmadāna **I**, 14
Dharmadharmatāvibhaṅga **II**, 61, 62
dharmadhātu **III-1**, 104; **III-2**, 33; **IV-2**, 304
Dharmadhātuparanāmā **III-1**, 104
Dharmadhātvīśvarī **III-1**, 70
Dharmākara **IV-2**, 313
dharmakāya **III-1**, 99, 100; **IV-2**, 303, 339, 340
dharmakāyacaitya **I**, 13
Dharmakīrti **II**, 21, 50
Dharmamati **IV-1**, 73
dharmamudrā **IV-1**, 82; **IV-2**, 366
Dharmapāla **II**, 21, 25-27, 30; **III-1**, 19, 72, 74; **III-2**, 39
Dharmapālarakṣita **IV-1**, 51
dharmarāja **III-2**, 36
Dharmasaṅgraha **IV-1**, 183
Dharmasattvī **III-1**, 41
Dharmaśrībhadra **II**, 32-39, 41, 43, 47
dharmatājñāna **III-1**, 37
Dharmatrāta **IV-2**, 403
dharmavyākhyāna **IV-1**, 181
dhātu **III-1**, 37
Dhṛtarāṣṭra **III-2**, 58
dhūma **III-1**, 102
Dhūpā **III-1**, 28, 71; **III-2**, 23
Dhūpayogaratnamāla **II**, 36
dhyāna **I**, 63; **III-1**, 18, 56, 68, 69, 102, 108; **III-2**, 5, 18
dhyānamudrā **I**, 50-54, 65, 67, 72; **III-1**, 54, 58, 75, 82, 96, 99; **III-2**, 68
Dhyānaṣaḍdharmavyavasthāna **II**, 34
Dhyānaṣaḍdharmavyavasthānavṛtti **II**, 34
dhyānāsana **I**, 56-58
dhyānibuddha **I**, 40; **III-1**, 3, 49
digvijaya **I**, 60
dikpāla **III-2**, 23
Diṅnāga **IV-1**, 84
Dīpā **III-1**, 71; **III-2**, 23
Dīpaṅkara **II**, 30, 31, 33, 49; **III-1**, 62; **IV-1**, 72
Dīpaṅkarabhadra **II**, 26
Dīpaṅkararakṣita **II**, 51; **III-2**, 59
Dīpaṅkaraśrījñāna **II**, 33; **IV-2**, 392
Divyāvadāna **I**, 27; **III-1**, 3, 54; **III-2**, 80
Dohākoṣa **III-2**, 10; **IV-2**, 383
droṇa **I**, 23; **IV-1**, 236
Dṛṣṭāntamālya **II**, 35
Durbodhāloka **II**, 33
Durgatipariśodhana **II**, 26; **III-1**, 4, 44-46, 49, 96; **III-2**, 58, 64; **IV-1**, 77, 79, 84, 207
Durgatipariśodhanamaṇḍala **III-1**, 25
Durgatipariśodhanatantra **IV-1**, 78, 79
Durgottāriṇītārā **IV-1**, 146
dvārapāla **III-1**, 45, 72, 74; **III-2**, 62; **IV-1**, 69
Dveṣa **III-2**, 32, 33
Dveṣavajra **I**, 63
Ekacarī **III-1**, 93
ekāgratā **III-1**, 102
Ekajaṭā **IV-1**, 88, 140, 154
ekarasa **IV-2**, 102
ekavīra **III-2**, 43
Ekottarikastotra **II**, 36
Gaganagañja **III-1**, 43; **IV-1**, 101
Gahvara **IV-2**, 85
Gaṇapati **III-2**, 65
Gandhā **III-1**, 28, 71; **III-2**, 23
gandhakuṭī **IV-1**, 71
Gandhamādana **III-2**, 22

gandharva **III-1**, 3, 53; **III-2**, 15, 58, 79
Gandhavajrī **III-1**, 105
gandhola **IV-1**, 71
gaṇḍī **IV-1**, 88, 89, 91
Gaṅgā **I**, 50
Gaṅgādhara **II**, 34, 35, 47
gañjira **IV-1**, 101
Garbhadhātu **IV-1**, 211
Garuḍa **I**, 53; **III-1**, 57, 67, 110, 113; **III-2**, 66, 68, 79, 81, 89; **IV-1**, 200
Garuḍa Vajrapāṇi **III-2**, 89
Gaurī **III-2**, 45; **IV-1**, 204, 211, 237, 241
Gaurītārā **IV-1**, 154
Ghamsmarī **IV-1**, 241
ghaṇṭā **I**, 54, 62, 69
Ghaṇṭa pā **III-2**, 15
Ghaṇṭāpāda **IV-1**, 112
Ghaṇṭīsūtra **II**, 32
Ghasmarī **III-1**, 88; **IV-1**, 204
Gītā **III-1**, 28
Godāvari **III-2**, 17
Gorakṣa **I**, 68; **III-1**, 96
Gotamī **III-2**, 79
Gṛdhra[mukhī] **III-1**, 88
Gṛdhrakūṭa **III-2**, 80; **IV-1**, 141
Gṛhadevatā **III-2**, 17
Guhyasamāja **I**, 12, 62, 63, 67; **II**, 23, 25, 26, 38, 66; **III-1**, 15, 35, 50, 66, 82, 100-102, 104, 107; **III-2**, 4, 10, 26, 32, 44, 85, 89; **IV-1**, 49, 74, 77
Guhyasamājābhisamayasādhana **II**, 40
Guhyasamājalokeśvarasādhana **II**, 41
Guhyasamājamaṇḍaladevakāyastotra **II**, 39; **III-2**, 26
Guhyasamājamaṇḍalavidhi **II**, 39, 40
Guhyasamājamaṇḍalavidhiṭīkā **II**, 40
Guhyasamājapañjikā **II**, 41
Guhyasamāja Tantra **I**, 67
Guhyasamājavivaraṇa **II**, 40
Guhyavajratantrarājavṛtti **III-2**, 9
Guṇākaraśrībhadra **I**, 48
Guṇamati **IV-2**, 392
Guṇapāla **II**, 21, 30
Guṇasattva **III-1**, 70
Guṇaśīla **I**, 47
Gupta **III-1**, 63
guru **I**, 70; **III-1**, 28, 58
Gurupañcāśikā **II**, 45
Haribhadra **II**, 33, 49; **IV-1**, 81
harikela **III-2**, 22
harmikā **I**, 23
harmya **I**, 23
Hastavālaprakaraṇa **II**, 33
Haṭhayoga **III-2**, 21, 41; **IV-1**, 105
Hayagrīva **III-2**, 61, 62, 70, 73; **IV-1**, 129; **IV-2**, 331
hayaśiras **III-2**, 62
Hema **III-2**, 22
Heranakeśu **IV-1**, 199
Heruka **III-1**, 94; **III-2**, 4, 9, 11, 19, 27, 29, 34, 41; **IV-1**, 109, 241, 242
Herukābhyudaya **III-2**, 15
Herukasādhana **II**, 37
Herukaviśuddhi **II**, 37
Hevajra **II**, 66; **III-2**, 4, 28; **IV-1**, 110
Hevajratantra **IV-1**, 154
Hevajratantrakrame svādhiṣṭhānakurukullesādhana **IV-1**, 155
Himālaya **III-2**, 17
Hiraṇyakeśin **IV-1**, 199
Homavidhi **II**, 39, 43
hṛdaya **I**, 13, 46; **IV-2**, 395
Hūṃkāra **IV-1**, 155
hūṃkāramudrā **IV-1**, 182
iḍā **I**, 28; **III-2**, 41
Indra **III-2**, 78, 80-82; **IV-1**, 31, 179, 187
Indrabhūti **III-1**, 34, 36, 107, 109; **III-2**, 15; **IV-1**, 154
Indrāṇī **III-1**, 92; **IV-1**, 211
Indrasvāmin **I**, 10
īrsyā **III-2**, 32, 33
īrṣyāvajrayamāntaka **III-2**, 44

Īśāna **III-2**, 65
Īśvara **III-2**, 65
Jalabalividhi **II**, 45
Jalamati **II**, 64
Jalandhara **III-2**, 17
Jambhala **III-1**, 110; **III-2**, 55; **IV-1**, 137
Jambudvīpa **I**, 50
Janārdana **II**, 35, 36, 45, 47
japa **I**, 29
Jātakapārijāta **III-2**, 50
Jāti **IV-1**, 186
Jayanta Bhaṭṭa **I**, 15
Jayarakṣita **III-1**, 24
Jayatārā **IV-1**, 154
Jeta **I**, 10
Jetavana **I**, 10; **III-2**, 79
Jinadeva **II**, 26
Jinākara **II**, 26
Jinamitra **II**, 27, 30, 51
Jitāri **IV-1**, 145
Jñāna **II**, 30; **III-1**, 105
Jñānaḍākinī **III-2**, 55
jñānajñeyodayakṣaya **III-1**, 102
Jñānākara **III-2**, 38
Jñānākaragupta **III-2**, 59
jñānam advayam **IV-2**, 402
Jñānapāda **II**, 23, 26; **IV-1**, 74
jñānasaṃbhāra **I**, 17
Jñānasiddhi **II**, 25; **III-1**, 34, 35, 36, 100, 106, 109
Jñānasiddhisādhanopāyikā **II**, 41
Jñānaśrī **II**, 70
Jñānaśrībhadra **II**, 50
Jñānaśrīmitra **II**, 29
Jñānavajrasamuccayatantrodbhavasaptālaṅkār-avimocana **II**, 38
jñeyāvaraṇa **III-1**, 3, 34
jvālāśikhā **I**, 59
Kailāsa **III-2**, 22
Kāka[mukhī] **III-1**, 88
Kālabhairava **III-2**, 12; **IV-1**, 211
Kālacakra **I**, 41, 62; **II**, 2, 26, 29; **III-1**, 66; **III-2**, 28
Kālacakratantra **II**, 51; **III-2**, 10; **IV-2**, 386
kalaśa **I**, 27, 51, 54, 58, 67, 70, 72; **III-1**, 58; **III-2**, 90
Kālī **III-2**, 41, 51; **IV-1**, 173
Kālika **III-2**, 77
Kaliṅga **III-2**, 17
Kālo **IV-1**, 120
kalpa **I**, 58
Kalpaṭīkā **IV-1**, 207
kalyāṇamitra **I**, 15; **IV-2**, 301
Kāma **IV-1**, 168
Kāmadhenu **III-1**, 25; **IV-1**, 207
Kamalaguhya **II**, 40, 44, 47
Kamalagupta **II**, 32-35, 37, 39, 47
Kamalarakṣita **II**, 26, 30, 47
Kamalaśīla **II**, 25; **IV-1**, 103
kamaṇḍalu **III-1**, 32; **IV-1**, 181
Kāmarūpa **III-2**, 17
Kambala **III-2**, 15
Kanakavarman **I**, 43, 47; **III-1**, 84
Kanakavarṇaprajñāpāramitā **II**, 26; **III-1**, 84
Kaṅka[mukhī] **III-1**, 88
Kāṇphāṭ **I**, 68; **III-1**, 96
kapāla **I**, 62, 63, 65, 66, 68, 70; **III-1**, 95, 115; **III-2**, 23
Kapālin **IV-1**, 211
Kapilavastu **I**, 10, 34
karañja **III-2**, 22
karma **IV-1**, 81
karmābhiṣeka **III-1**, 29
Karmaḍākinī **III-2**, 32, 33
Karmadhātvīśvarī **III-1**, 70
Karmagaruḍa **IV-1**, 161
Karmāgni **III-2**, 66
Karmaheruka **III-1**, 95
karmakalaśa **III-1**, 96
Karmakarastotra **II**, 46
Karmakrodheśvarī **III-1**, 95
karmamudrā **IV-1**, 82

Karmasattvī **III-1**, 41
Karmavajra **II**, 24
Karmavajrapāṇi **IV-1**, 161
Karmāvaraṇapraśrabdhitantra **II**, 26
Karṇatārā **IV-1**, 154
Kārttikeya **III-1**, 32
Kārttikeya Mañjuśrī **I**, 63
karttrī **I**, 62
karuṇā **I**, 14, 28; **II**, 20; **III-1**, 66
Karuṇāpaṇḍita **II**, 25, 30
Karuṇāpuṇḍarīka **III-1**, 59
Karuṇodaya **II**, 43
Kāśyapa **III-2**, 81
Kathāsaritsāgara **III-2**, 50
Kaumārī **III-1**, 92; **IV-1**, 211
kavaca **III-2**, 24
kāya **I**, 23; **III-2**, 16, 17, 34; **IV-1**, 81
Kāyaḍākinī **III-2**, 33
Kāyatrayastotravivaraṇa **II**, 36
Ketu **I**, 29
khaḍga **I**, 68
Khaḍgayamāntaka **III-2**, 45
Khadiravaṇitārā **IV-1**, 145
khadyota **III-1**, 102
Khasamatantra **III-2**, 15
Khasarpaṇa **III-2**, 89; **IV-1**, 51; **IV-2**, 332
khaṭvāṅga **I**, 62; **III-1**, 31, 95, 115; **III-2**, 23
49, 62; **IV-1**, 167, 183, 224, 228, 230, 242,
243; **IV-2**, 348
khaṭvāṅgamudrā **III-1**, 27
kiṃnara **III-2**, 68, 79, 81; **IV-1**, 207
kiṃnarī **III-1**, 53
Kīrti **III-1**, 71
kīrtimukha **III-1**, 57, 110
kleśamāra **III-2**, 13
kleśāvaraṇa **III-1**, 3, 34
kokila **IV-1**, 80
Kośala **III-2**, 17
Kosalālaṅkāra **II**, 23, 41; **IV-1**, 47, 73
koṭi **I**, 18
kramaśuddhi **III-1**, 108
Kriyāsaṃgaha **IV-2**, 317
Kriyāsamuccaya **IV-1**, 136, 137, 143
Kriyātantra **IV-1**, 115, 121, 130
krodha **I**, 59-61; **III-1**, 15, 73; **III-2**, 37;
IV-1, 81, 211
Krodharājatrailokyavijayasādhana **IV-1**, 210
krodhāveśa **III-1**, 74
Krodheśvarī **III-1**, 95
Kṛṣṇa **III-2**, 18
Kṛṣṇācārya **III-2**, 15, 20; **IV-1**, 111
Kṛṣṇayamāritantra **IV-1**, 239
kṛtyānuṣṭhāna **III-2**, 33
kṛtyānuṣṭhānajñāna **III-1**, 37
Kṣamā **III-2**, 50
Kṣemendra **II**, 29
kṣetrapāla **III-2**, 28, 59
Kṣitigarbha **III-1**, 60; **IV-1**, 101
kṣobha **III-2**, 27, 100
Kudṛṣṭinirghātana **I**, 18, 35
kula **III-2**, 43
Kuladatta **IV-2**, 317
Kulūṭa **III-2**, 17
Kumāra **I**, 64
Kumārabhūta **I**, 64
Kumāraśrī **II**, 51
Kumāratantra **III-2**, 49, 50
kumbha **I**, 72; **III-1**, 58
Kumbhāṇḍa **III-2**, 58
kumuda **IV-1**, 159, 188, 210
kūrma **IV-1**, 203
Kurukullā **IV-1**, 112, 154
Kuśalamūla **III-1**, 4
Kuśinagara **I**, 10, 34
Kuṣmāṇḍa **III-2**, 58
kūṭāgāra **III-2**, 79
Laghusaṃvaratantra **II**, 29
Lakṣmī[karā] **III-2**, 331
lalitākṣepa **I**, 54; **III-1**, 66, 83; **IV-1**, 160
lalitāsana **I**, 54, 59, 63; **III-1**, 83
Lalitavajra **III-2**, 37, 38, 59
Lalitavistara **III-2**, 76, 77

Lalita Vistara **III-2**, 76, 77
Lāmā **IV-1**, 204
Lampaka **III-2**, 17
lañja **I**, 71, 72; **III-2**, 72
Laṅkāvatāra sūtra **III-1**, 106
Lāsyā **III-1**, 28, 70
latāparkaṭī **III-2**, 22
laukika **III-2**, 59
laukikamahādeva **III-2**, 64
laya **III-1**, 34
Licchavi **I**, 10
Locanā **III-1**, 20, 35, 39, 82, 105, 106
Lokanātha **I**, 54, 55; **III-1**, 115
lokapāla **III-2**, 58
Lokeśvara **I**, 55, 65, 66; **III-1**, 43, 64; **III-2**, 105
Lokeśvararāja **IV-2**, 313
Lumbinī **I**, 9
Madhyalīlā **III-2**, 18
Madhyamabhāgatrayavidhi **II**, 45
Mādhyamika **II**, 2
Madhyāntavibhaṅga **III-1**, 38
Magadha **I**, 10; **III-2**, 15
Mahābhārata **III-2**, 50
Mahābodhi **I**, 54; **IV-1**, 101
Mahācaṇḍa **III-1**, 88
Mahādaṇḍa **IV-1**, 69
Mahādeva **III-1**, 33; **III-2**, 48, 65
Mahādevī **III-1**, 92
Mahākāla **I**, 63, 66; **III-2**, 57; **IV-1**, 87, 143
Mahākalparāja **I**, 57
mahākaruṇā **I**, 60
Mahākaruṇāgarbhamaṇḍala **IV-1**, 79, 151
Mahākāśyapa **III-1**, 84
Mahālakṣmī **IV-1**, 211
Mahamari **III-1**, 93
Mahāmati **IV-1**, 101
Mahāmāya **IV-1**, 112
Mahāmāyātantra **IV-1**, 242
mahāmudrā **II**, 27; **IV-1**, 82
Mahāmudrāyogāvatārapiṇḍārtha **II**, 45
Mahāmuni **IV-1**, 157
Mahāparinirvāṇasūtra **I**, 9; **II**, 32
mahāpuruṣa **I**, 58
mahārāja **III-2**, 58
Mahāśrīheruka **III-1**, 94
Mahāsthāmaprāpta **III-1**, 59, 60; **III-2**, 68
Mahāsthāmaprāpta Lokeśvara **III-1**, 64
mahāsukha **IV-1**, 115
Mahāsukhaḍākinī **III-2**, 33
māhātmya **IV-1**, 43
Mahāvairocana **III-1**, 82; **IV-1**, 189
Mahāvairocanābhisambodhi **IV-1**, 77
Mahāvairocanābhisambodhisambaddhatantra-pūjāvidhi **II**, 44
Mahāvajrabhairava **III-2**, 35
Mahāvajradhara **III-1**, 66; **III-2**, 26; **IV-2**, 305
Mahāvajradharapathakramopadeśaamṛtaguhya **II**, 39
Mahāvastu **I**, 15
Mahāvidyā **IV-1**, 132
Mahāvyutpatti **I**, 24; **IV-1**, 186, 196
Mahāyakṣ asenāpatinīlāmbaradharavajrapāṇima-hācakr amaṇḍaladevagaṇastotra **IV-1**, 238
Mahāyāna **IV-2**, 338, 340
Mahendra **III-2**, 22
Maheśvara **I**, 60; **III-2**, 40, 56; **IV-2**, 365
Maheśvarī **IV-1**, 211
Maitreya **I**, 21, 40, 52, 58; **II**, 21; **III-1**, 38, 67, 83; **III-2**, 67, 68, 73, 74, 85; **IV-1**, 72, 101, 135
Maitrīpā **III-2**, 15; **IV-1**, 44, 110, 161
Majjhimanikāya **III-2**, 21
makara **III-1**, 110, 113; **III-2**, 66; **IV-1**, 168
makaradhvaja **I**, 25
Mālā **III-1**, 28, 70
Mālava **III-2**, 17
Malaya **III-2**, 22
Malla **I**, 9, 10
Māmakī **III-1**, 20, 35, 39, 82, 105, 106; **III-2**, 104; **IV-1**, 131, 132, 138, 150

māna **III-2**, 32, 33
manas **IV-1**, 81, 168
manasija **IV-1**, 168
maṇḍala **I**, 21, 39; **III-1**, 75, 81, 83; **IV-1**, 7
Maṇḍalavidhi **II**, 40
Mandāra **III-2**, 22
Maṇibhadra **III-1**, 54
Maṇidhara **I**, 55, 65
Mañjukumāra **III-1**, 70
Mañjunātha **I**, 30
Mañjuśrī **I**, 52, 65, 66, 68; **III-1**, 43, 67, 69, 83; **III-2**, 37, 67, 68, 73; **IV-1**, 23, 101, 135; **IV-2**, 347
Mañjuśrī Arapacana **I**, 40; **III-1**, 83
Mañjuśrīkumārabhūta **III-1**, 43
Mañjuśrīmūlakalpa **I**, 64; **III-1**, 70, 112
Mañjuśrīmūlatantra **IV-1**, 101
Mañjuśrināmasaṃgītiṭīkā **II**, 43
Mañjuśrī Vāgīśvara **III-1**, 83
Manoharā **III-1**, 93; **IV-1**, 211
manokliṣṭavijñāna **III-2**, 21
manovijñāna **III-2**, 21
mantra **I**, 20, 21, 48; **IV-1**, 82
Mantranayāloka **II**, 45
Mantrayāna **III-2**, 4
Manuharama **IV-1**, 211
Māra **I**, 25; **III-1**, 73, 74; **III-2**, 77
māraṇa **IV-2**, 317
maraṇamāra **III-2**, 13
Mārīcī **III-1**, 102; **IV-1**, 120
Markamasi **IV-1**, 120
Maru **III-2**, 17
Mati **IV-1**, 22
Mātṛkā **III-2**, 24; **IV-1**, 211
Mātsarayamāntaka **III-2**, 44
mātsarya **IV-1**, 81
Matsyendranātha **I**, 68; **III-1**, 96
Maudgalyāyana **III-1**, 67, 83; **IV-1**, 118
māyā **I**, 28; **III-1**, 73; **III-2**, 43; **IV-1**, 7
Māyājāla **II**, 42; **III-1**, 106
Māyājālakramakurukullā **IV-1**, 154
Māyājālakramāryāvalokiteśvarasādhana **IV-2**, 315
Māyājālamahātantrarāja **II**, 31
Māyājālatantra **II**, 23
Moha **III-2**, 32; **IV-1**, 81
Mohayamāntaka **III-2**, 44
Mṛtyuvañcanopadeśa **II**, 38
Mucilinda **III-2**, 78
Mudgarayamāntaka **III-2**, 44
mudrā **III-1**, 17, 29, 49, 64; **III-2**, 1; **IV-1**, 82
Mukhāgama **II**, 40, 54
Muktitilakavyākhyāna **II**, 40
mukuṇḍa **IV-2**, 350
mukuṭa **I**, 51, 56, 58
nāga **III-1**, 3, 53, 67; **III-2**, 15, 56, 58, 66, 68, 79
Nāgabalividhi **II**, 45
nāgadeva **II**, 12
nāgakeśara **I**, 58; **IV-1**, 131
Nāgara **III-2**, 17
nāgarāja **II**, 10, 12, 13, 15
Nāgārjuna **I**, 17, 25; **II**, 26; **III-1**, 60; **III-2**, 15, 87; **IV-1**, 89, 163; **IV-2**, 390
Nāgeśvararājasādhana **II**, 45
nāginī **III-2**, 77
naiḥśreyas **I**, 17
Nairañjanā **III-2**, 75, 77; **IV-1**, 68
Nairātmyā **IV-1**, 68
Nairātmyaparipṛcchā **II**, 32
Naivedyā **III-2**, 23
nakṣatra **III-2**, 50; **IV-1**, 187
Nālandā **I**, 1; **III-1**, 16
Nāmasaṃgītivṛtti **II**, 43
Nāmasaṅgīti **IV-1**, 80, 185
Nanda **III-2**, 81
Nandabalā **III-2**, 76
Nāraka **III-1**, 85-87, 94, 96; **III-2**, 34
Nārāyaṇa **III-2**, 18
Nāropā **I**, 42, 43, 70; **II**, 2, 26-28; **III-2**, 9, 38
Narteśvara **III-1**, 33
navagraha **I**, 29

Nīlāmbaradharavajrapāṇisādhana **II**, 46
niḥśreya **IV-2**, 102, 251
Nayatrayapradīpa **II**, 45
nimitta **III-1**, 102
nirabhragagaṇopama **III-1**, 102
nirmāṇakāya **III-2**, 67; **IV-2**, 303, 340
nirvāṇa **I**, 19; **IV-1**, 54
Niṣpannatārā **IV-1**, 154
nivartate **IV-1**, 88
Nṛtyā **III-1**, 28, 71
nūpura **IV-1**, 229
Nyāyamañjarī **I**, 15
Odantrapuri **I**, 1
Oḍiviśa **III-2**, 17
oṃ maṇipadme hūṃ **I**, 3
Padakramamasi **IV-1**, 120
Padakramasi **IV-1**, 120
Padārthacandrikāprabhāsanāmāṣṭāṅgahṛdayavivṛti **II**, 35
Padma **III-1**, 29, 31-33, 35; **IV-1**, 44
padmābhiṣeka **III-1**, 29
padmācchaṭā **III-1**, 32
padmacihna **III-1**, 56
Padmaḍākinī **III-2**, 32, 33
Padmadhātvīśvarī **III-1**, 70
Padmagaruḍa **IV-1**, 161
padmaghaṇṭā **III-1**, 31, 32
Padmaheruka **III-1**, 95
padmakalaśa **III-1**, 96
Padmākaravarman **II**, 30, 31, 34, 36, 40-42, 44-47
padmakavaca **III-1**, 33
padmakhaḍga **III-1**, 32
Padmakrodheśvarī **III-1**, 95
Padmapāṇi **III-1**, 59; **III-2**, 68
Padmapāṇi Lokeśvara **I**, 56
padmarāga **IV-2**, 348
Padmasambhava **I**, 31, 67; **II**, 64; **III-1**, 3, 13; **IV-1**, 29, 31, 103; **IV-2**, 307
padmāsana **I**, 48, 58, 60, 65, 71; **III-1**, 64, 76; **IV-1**, 93, 184
Padmavajra **III-2**, 59
Padmavajrapāṇi **IV-1**, 161
Padmāvalokiteśvarasya padmajālakrameṇa bhagavanmaṇḍalapūjāvidhi **IV-2**, 315
Padmayamāntaka **III-2**, 45
pādya **III-2**, 24
Pakṣu **I**, 50
Pāla **III-1**, 16, 57
pālaka **IV-1**, 103
pāṃśupiśāca **III-2**, 76
pañcabala **I**, 23
Pañcabhadravargīya **I**, 10; **III-2**, 76, 79
Pañcakāmaguṇopālambhanirdeśa **II**, 34
Pañcākāra **III-1**, 55, 56, 104
Pañcakrama **II**, 39
pañcakula **III-1**, 3, 49, 99
pañcarakṣā **IV-2**, 307, 331
pañcaraśmi **III-1**, 100
Pañcaśikha **IV-1**, 200
Pañcaskandhaprakaraṇa **I**, 49
pañcaśūlavajra **I**, 67
pañcatathāgata **I**, 40, 65; **III-1**, 54, 66
Pañcatathāgatastava **II**, 37
Pañcaviṃśatisāhasrikāprajñāpāramitā **III-1**, 62
pañcendriya **I**, 23
Pañcika **IV-1**, 200
Pāṇḍarā **III-1**, 35
Pāṇḍaravāsinī **III-1**, 20, 39, 82, 105, 106
paṇḍita **IV-1**, 51
pañjara **IV-1**, 87
pañjikā **II**, 42
Parahitabhadra **II**, 21, 61, 62
Paramāditantra **II**, 23, 24; **III-1**, 3, 50, 82, 88; **IV-1**, 78, 80
Paramādiṭīkā **II**, 42, 62; **III-1**, 42, 23; **IV-1**, 77
Paramādivṛtti **II**, 42; **III-1**, 42
Paramārthabodhicittabhāvanākramavarṇasaṃgraha **II**, 34
Paramavyoma **III-2**, 18
pāramitā **I**, 13; **III-1**, 12

Pāramitāyānabhāvanākramopadeśa **II**, 34
Parānandasūtra **I**, 51
parārtha **IV-2**, 390
paraśu **I**, 62
parātmahita **I**, 14; **III-1**, 3
pariṇāmanā **I**, 16
parinirvāṇa **III-2**, 82
parivāra **I**, 39, 55, 65; **III-1**, 17, 60, 83
Parṇaśābarī **IV-1**, 127
pārthiva **III-2**, 22
Pārvatī **III-2**, 49
pāśa **I**, 62, 63
paṭa **I**, 39; **III-1**, 18
paṭaha **IV-2**, 350
patākā **I**, 45, 54
paṭala **I**, 12
paṭṭa **I**, 63
pātra **III-2**, 78
piṇḍapātra **I**, 53, 67; **III-1**, 58, 64; **III-2**, 78
Piṇḍīkramasādhana **II**, 46
Piṇḍīkṛtasādhana **II**, 38
piṅgalā **I**, 28; **III-2**, 41
prabhāmaṇḍala **I**, 50, 68; **III-1**, 16
Prabhūtacandra **III-2**, 15
Prabhūtaratna **IV-1**, 119
pradakṣiṇā **I**, 15; **III-1**, 13, 46, 111
Pradīpatārā **IV-1**, 154
Pradīpodyotana **II**, 38
prahāṇa **I**, 23; **IV-1**, 144
prajñā **I**, 28, 57, 58, 60, 63, 68; **II**, 20, 64; **III-1**, 66, 83; **IV-1**, 115; **IV-2**, 402, 418
Prajñākaragupta **II**, 50
Prajñākaravarman **II**, 34
Prajñānātha **I**, 63
Prajñāntaka **III-2**, 89
Prajñāpāla **II**, 21, 30
Prajñāpāramitā **I**, 14, 38, 56; **II**, 1, 21, 25, 67; **III-1**, 3, 30, 32, 61, 70, 84, 112; **III-2**, 80; **IV-1**, 85, 103, 118
Prajñāpāramitānavaślokapiṇḍārtha **II**, 33
Prajñāpāramitānayaśatapañcaśatikā **IV-2**, 404
Prajñāsattva **III-1**, 70
Prajñāśrīgupta **II**, 39
Prajñāvalī **II**, 25, 26
Prajñopāyaviniścayasiddhi **III-1**, 106, 107
prakṛtiprabhāsvaram cittam **III-1**, 100
Pramāṇavārttika **II**, 21, 51, 62, 63
Pramāṇavārttikālaṅkāra **II**, 22, 62, 63
Pramāṇavārttikālaṅkāraṭīkā **II**, 51
Pramāṇavārttikaṭīkā **II**, 50
Pramāṇavārttikavṛtti **II**, 21, 49
Pramohā **III-1**, 90; **IV-1**, 204
prāṇapratiṣṭhā **III-2**, 68
prāṇāyāma **III-1**, 102
praṇidhāna **I**, 16; **IV-1**, 9
prapañca **III-1**, 99
Prasannatārā **IV-1**, 154
praśasti **III-1**, 3, 50
Prasenajit **I**, 10
Prātimokṣ abhāṣyāsampramuṣ itasmaraṇamātralekha **II**, 35
Pratisarā **III-2**, 74
pratiṣṭhā **I**, 37
Pratiṣṭhāvidhi **II**, 43
pratītyasamutpāda **IV-1**, 196
pratyāhāra **III-1**, 101
pratyālīḍha **I**, 59, 60, 65
pratyātmavedanīya **III-1**, 106
pratyavekṣaṇā **III-2**, 33
pratyavekṣaṇājñāna **III-1**, 37
pratyekabuddha **IV-1**, 196; **IV-2**, 338
pravacana **IV-2**, 391
Pretapuri **III-2**, 17
priyaṅgu **IV-1**, 186
Priyasādhana **II**, 40
pūjā **III-1**, 36
pūjāpraṇālī **I**, 72
Pukkasī **III-1**, 88; **IV-1**, 204
Pullīra Malaya **III-2**, 17
puṇya **I**, 16
Puṇyamala **IV-1**, 57
puṇyasaṃbhāra **I**, 16

puṇya smal **III-1**, 77
Puraścaryārṇava **IV-1**, 211
Pūrṇabhadra **IV-1**, 39
pūrṇakumbha **I**, 65
Puruṣa **III-2**, 16
Pūrvavidheva **IV-2**, 302
Puṣpā **III-1**, 71; **III-2**, 23, 24
puṣpāñjali **III-1**, 32
puṣṭaka **I**, 56
puṣṭika **IV-2**, 317
putra **IV-1**, 86
rāga **III-2**, 32, 33; **IV-1**, 81
Rāgayamāntaka **III-2**, 44
Rāhu **I**, 29
rāja **II**, 60
Rājagṛha **I**, 9, 10; **III-2**, 80, 81
rājalilāsana **I**, 54
rakṣā **III-2**, 24, 88
rakṣācakra **III-2**, 28
rākṣasa **III-2**, 15
Rākṣasī **III-1**, 92, 93; **III-2**, 51
Raktayamārisādhana **IV-1**, 237
Rāma **III-2**, 75
Rāmīśvara **III-2**, 17
Rasavajrī **III-1**, 105; **III-2**, 23
Rati **III-1**, 93
ratna **I**, 21; **III-1**, 29
Ratnabhadra **I**, 50
ratnābhiṣeka **III-1**, 29
Ratnaḍākinī **III-2**, 32, 33
Ratnadhātvīśvarī **III-1**, 70
Ratnadvīpa **II**, 25
Ratnagaruḍa **IV-1**, 161
Ratnaheruka **III-1**, 95
ratnakalaśa **III-1**, 96
Ratnakrodheśvarī **III-1**, 95
Ratnakūṭa **I**, 14
Ratnasambhava **I**, 40, 52; **III-1**, 41, 43, 46, 56, 82; **III-2**, 26, 66, 70; **IV-1**, 81
Ratnasattvī **III-1**, 41
Ratnavajra **II**, 25, 26, 30, 47
Ratnavajrapāṇi **IV-1**, 161
Ratnāvalī **I**, 17
Raudrī **III-1**, 92
Rāvaṇa **III-2**, 49
Rāvaṇa-Kumāratantra **III-2**, 49
ṛddhipāda **I**, 23
Rematī **III-2**, 45, 49, 57
Revatī **III-2**, 49, 50
Rudra **III-2**, 15; **IV-1**, 82, 90
Rudrabhrātā **IV-1**, 86
Rudraka **III-2**, 75
Rūpā **III-2**, 32, 33
rūpaskandha **III-1**, 103
Rūpavajrī **III-1**, 105
Ruru **IV-1**, 211
Śabdavajrī **III-1**, 105
Ṣadakṣara **IV-1**, 163
Ṣaḍakṣara Avalokiteśvara **III-2**, 63
ṣaḍakṣaramantra **I**, 48, 55, 56, 65
Ṣaḍakṣarī **I**, 65
Ṣaḍakṣarī Lokeśvara **I**, 55, 65
Ṣaḍakṣarīmahāvidyā **I**, 55, 56, 65
Ṣaḍakṣarīmaṇḍala **I**, 41
sadāloka **III-1**, 102
Ṣaḍaṅgayogaṭīkā **II**, 38
Sadāprarudita **III-1**, 106
Saddharmapuṇḍarīka **III-1**, 62; **IV-1**, 119, 141
sādhaka **III-1**, 19, 34, 58, 67, 69, 105
sādhana **I**, 9, 54; **III-1**, 69; **III-2**, 8, 14, 19, 20, 38, 88; **IV-1**, 8; **IV-2**, 304, 307, 314
Sādhanamālā **I**, 9, 51, 53-56, 62, 63; **III-1**, 55, 68, 69, 72, 74, 83, 84, 112; **III-2**, 86, 114; **IV-1**, 75, 89, 119-122, 124, 128, 136, 138, 139, 140, 146, 147, 210
sādhu **III-1**, 96
Sādhupāla **II**, 21, 30
Sadyo 'nubhava **I**, 57
Sāgara **III-2**, 77
Sahacittopāditadharmacakrapravarttin **III-1**, 43
sahaja **III-2**, 9; **IV-2**, 385
sahajakāya **III-1**, 99, 104

Sahajalalita **I**, 8
Sahajavilāsa **I**, 8, 17
sahajīya **III-2**, 10
Sahasrabhujāvalokiteśvarasādhana **II**, 44
sahasrāra **I**, 28
Sajjana **II**, 21
śākta **III-2**, 10, 31
śakti **I**, 60, 62, 63; **III-1**, 26, 36, 37, 46, 70, 82, 105; **III-2**, 10, 17; **IV-1**, 82, 175, 187, 188
Śākyabuddhi **II**, 21, 50
Śākyamati **II**, 47, 48, 49
Śākyamitra **IV-1**, 79
Śākyamuni **I**, 30; **III-2**, 67; **IV-1**, 72, 233, 235
Śākyamuni Vajrāsana **I**, 49
Śākyaprabha **I**, 48, 50
Śākyasiṃha **I**, 51
Śākyaśrī **IV-1**, 43, 45, 47, 48, 50, 74, 93; **IV-2**, 305, 330, 378
śala **III-2**, 82
Śālihotrīyāśvāyurvedasaṃhitā **II**, 36, 49
samādhi **III-1**, 58, 67, 68, 102
samādhimudrā **III-1**, 19, 20, 32, 112; **III-2**, 63, 78; **IV-1**, 151, 190, 217
Samādhirāja **I**, 48
Samāja **III-2**, 9
Samājottara **III-1**, 101
Samantabhadra **III-1**, 95; **III-2**, 89; **IV-1**, 101
Samantabhadrasādhana **II**, 40
Samantabhadrasādhanavṛtti **II**, 40
Samantamukhapraveśaraśmivimaloṣṇīṣaprabhāsasarvatathāgatahṛdayasamayavilokitanāmad dhāraṇī **I**, 65; **IV-2**, 335
samāpatti **III-2**, 10
samatā **III-2**, 33
samatājñāna **III-1**, 37
samaya **I**, 19; **III-2**, 33; **IV-1**, 82
Samayaḍākinī **III-2**, 33
samayamuṣṭi **III-1**, 28
Samayatārā **III-1**, 105
Śaṃbara **III-2**, 8, 9
Saṃbhārakalita **III-2**, 8
Saṃbhāramaṇḍalavidhi **III-2**, 8
Saṃbhāraparikathā **II**, 34
sambhogakāya **III-2**, 67; **IV-1**, 141
Saṃhāra **IV-1**, 211
saṃharaṇa **III-1**, 68
saṃjñā **III-2**, 32, 33
saṃkalpa **I**, 16, 18
sampannakrama **IV-2**, 339
sampradāya **II**, 2; **III-1**, 17; **III-2**, 59
Sampuṭa **III-2**, 15
Sampuṭatantra **IV-1**, 108, 112
saṃsāra **III-1**, 65, 74; **IV-1**, 88
saṃskāra **III-1**, 104; **III-2**, 32, 33
Śaṃvara **I**, 41, 61, 62; **II**, 71; **III-2**, 3, 6, 8-11, 26
Śaṃvaratantra **I**, 15, 16, 18, 20, 62; **III-2**,17, 19
Śaṃvarodaya **III-2**, 15
Saṃvṛttibodhicittabhāvanopadeśavarṇasaṃgraha **II**, 34
Sāṅkāśya **I**, 10
Saṅkṣiptamaṇḍalasūtravṛtti **II**, 42; **III-1**, 62
śānta **III-1**, 15
śāntamati **IV-1**, 101
Śāntibhadra **II**, 48, 50
Śāntideva **I**, 16, 19
Śāntigarbha **I**, 25, 27; **III-1**, 24
śāntika **IV-2**, 317
Śāntipa **II**, 23
Śāntirakṣita **II**, 25, 48
Saptaguṇaparivarṇanakathā **II**, 34, 35
Saptaguṇavivaraṇakathā **II**, 35
saptākṣara **I**, 62
saptākṣaramantrā **I**, 62
Saptatathāgatastotra **II**, 37
śara **I**, 65
Sarasvatī **III-2**, 45
Śāriputra **III-1**, 67, 83; **IV-1**, 45, 101, 118; **IV-2**, 403

Śāriputrapāda **IV-1**, 44, 45
Śāriputrasvāmin **IV-1**, 45
śarīra **I**, 13, 39
Sārnāth **I**, 50; **III-2**, 78
Sarvabuddhasamayogapañjikā **II**, 38
Sarvabuddhasamayogatantrapañjikā **II**, 38
Sarvadurgatipariśodhanamaṇḍalasādhanopāyikā **II**, 43
Sarvadurgatipariśodhanapretahomavidhi **II**, 43
Sarvadurgatipariśodhanatejorājāya arhate samyaksambuddhasyakalpanāma **III-1**, 24
Sarvajñamitra **IV-1**, 148
sarvakatāḍanavidhi **I**, 35
Sarvarahasyatantra **II**, 23
Sarvarahasyatantrarāja **II**, 31
Sarvārthasādhanyāryaprasannatārāsādhana **IV-1**, 147
Sarvatathāgatābhisamayamahākalparāja **III-1**, 25
Sarvatathāgatakāyavākcittakṛṣṇayamārināmatantra **III-2**, 37
Sarvatathāgatakāyavākcittarahasyaguhyasamāja **II**, 31
Sarvatathāgatatattvasaṃgraha **II**, 31; **III-1**, 25
Sarvatathāgatavajrasamayamahākalparāja **I**, 61
Sarvavajrodaya **II**, 42
Sarvanīvaraṇaviṣkambhin **IV-1**, 101
Sarvavid Vairocana **III-1**, 17, 19, 34, 37, 49, 75; **III-2**, 64; **IV-1**, 75, 80
Śatasāhasrikāprajñāpāramitā **III-1**, 62, 85
sattvaloka **III-1**, 3, 99
Satyadvayāvatāra **III-1**, 62
satyavacana **IV-2**, 313
Saumyā **III-1**, 93
Saurāṣṭra **III-2**, 17
Śavaśuddhisaṃskārasūtrapiṇḍitavidhi **II**, 43
Sekoddeśaṭīkā **III-1**, 74, 96, 99, 101, 102; **III-2**, 9
siddha **I**, 43, 68, 70; **II**, 27; **III-1**, 66
Siddharājñī **IV-2**, 328
Siddhi **III-1**, 93
Śikhī Mahābrahmā **III-2**, 78
Śīlāditya **I**, 10
Śīlendrabodhi **II**, 27, 30, 50, 51
śilpa **I**, 5
Siṃha[mukhī] **III-1**, 88
siṃhanāda **I**, 51
siṃhāsana **I**, 51, 69; **III-1**, 54
Sindhu **I**, 50; **III-2**, 17
śirīṣa **III-2**, 22
Sītā **I**, 50
Sitātapatrāsācchakavidhi **II**, 62
Sitā Tārā **I**, 59, 66
sitāpatrā **IV-1**, 124
Śiva **I**, 60; **III-2**, 11, 43, 59; **IV-1**, 105; **IV-2**, 104
Śivā **III-1**, 15, 93; **IV-1**, 105
Skandha **I**, 64; **III-1**, 107; **III-2**, 28, 50
skandhamāra **III-2**, 13
Śmāśānī **III-1**, 88; **IV-1**, 204
Smṛtijñānakīrti **III-1**, 25; **IV-1**, 41, 51
smṛtyupasthāna **I**, 23; **IV-1**, 116
Somanātha **II**, 2, 29
sopāna **I**, 25
spanda **III-1**, 100
Sparśavajrī **III-1**, 105; **III-2**, 104
spharaṇa **III-1**, 68
Śraddhākaravarman **II**, 23, 26, 27, 30, 31, 33, 36-47, 54, 58; **III-2**, 26
Śraddhāpralāpastava **II**, 39
śrāvaka **III-2**, 80; **IV-1**, 131, 195
Śrāvastī **I**, 9, 10, 67; **III-2**, 80, 81
śreṣṭhi putra Sudhana **III-1**, 54
Śṛgāla[mukhī] **III-1**, 88
Śrībhadra **III-2**, 38
Śrībhagavadabhisamaya **II**, 37
Śrīcakrasaṃvara **II**, 37; **III-2**, 8, 9
Śrīcakraśaṃvara **III-2**, 8
Śrīcakrasaṃvarasādhana **II**, 37
Śrīcandraguhyatilakamahātantrarāja **II**, 31
Śrīdevī **III-2**, 51
Śrīguhyasamājamaṇḍaladevakāyastotra **III-2**, 26
Śrīmadbhagavat Cakraśambara **III-2**, 8

Śrīmadbhagavat Śambara Tantra **III-2**, 8
Śrīmatī **IV-1**, 69
Śrīmatīdevī **III-1**, 85
Śrīparamādimahāyānakalparāja **II**, 31
śrīparamādṭīkā **II**, 62
Śrīparvata **III-2**, 22
Śrīraktayamāritantrarāja **III-2**, 37
Śrīsenāvadāna **II**, 32
Śrīvajrabhairavakalpatantrarāja **III-2**, 37
Śrīvajrabhairavamaṇḍalavidhiprakāśanāma **III-2**, 48
Śrīvajramahābhairavatantra **III-2**, 37
Śrīvasudhāra **IV-1**, 136
Śrīvasumukhī **IV-1**, 136
śrīvatsa
stamba **I**, 25
Sthiracakrabhāvanā **II**, 44
Sthiramati **III-1**, 38
stūpa **I**, 3; **III-2**, 67, 115
Subhāṣita **II**, 17, 31, 47, 49
Subhūtiśrībhadra **II**, 43, 47
Subhūtiśrīśānti **II**, 21, 48, 49
śuddhi **I**, 28; **III-1**, 35, 36, 67
Śuddhimatī **II**, 50
Śuddhodana **I**, 10
Sudhana **III-1**, 3, 53, 54, 107; **IV-1**, 101
Sugatapañcatrimśatstotra **II**, 36
Sujātā **III-2**, 76
Sukhāvatī **III-1**, 65; **III-2**, 68; **IV-1**, 17, 42, 126; **IV-2**, 313
Sukhāvatīvyūha **III-1**, 59, 60, 65; **IV-2**, 313
Sulocana **IV-1**, 101
Sumagadhāvadāna **II**, 32
Sumatikīrti **II**, 33
Sumeru **III-2**, 22
Sunayanaśrīmitra **II**, 51
Śuncidala **I**, 10
Sundarālaṅkāra **III-2**, 58, 66; **IV-1**, 197, 201, 204, 207
śūnya **I**, 25; **III-1**, 103
śūnyatā **III-1**, 37, 68; **IV-1**, 115
Śūnyatāsaptativivṛtti **II**, 62
Supathadeśanāparikathā **II**, 35
Śūramanojñā **II**, 37
sūrya-candra **I**, 27
Sūryagupta **III-2**, 86; **IV-1**, 148
sūryāsana **I**, 60
Śuṣkarevatī **III-2**, 49, 50
Suśrutasaṃhitā **III-1**, 109; **III-2**, 50
suṣumnā **I**, 28; **III-2**, 41
Sutanvi **III-1**, 93
Sūtasaṃhitā **III-1**, 109; **III-2**, 9
Sūtrālaṅkāra **IV-2**, 402
Sūtrālaṅkārādiślokadvayavyākhyāna **II**, 61
Sūtrālaṅkārāpiṇḍārtha **II**, 47
Sūtramelāpaka **II**, 38
Suvarṇadvīpa **III-2**, 17
Suvarṇaprabhāsa **I**, 14
Suvarṇasiṃhavikrīḍita **IV-2**, 313
Suvarṇavarṇāvadāna **II**, 35
Suviśiṣṭasādhanopāyikā **II**, 40
Śva[mukhī] **III-1**, 88
svabhāvikakāya **IV-2**, 339, 340
Svādhiṣṭhānakramaprabheda **II**, 39
Svastikā **I**, 43, 72
Svastika **III-2**, 77
Svayambhūpurāṇa
Śvetā **I**, 66
Śyāmā Tārā **III-1**, 80; **III-2**, 45
Śyāmātārā **I**, 59
Ṭakkirāja **III-2**, 89
Tālo **IV-1**, 120
tantra **I**, 26; **III-1**, 17
Tārā **I**, 41; **II**, 71; **III-1**, 15, 20, 35, 39, 99, 113; **III-2**, 45, 50, 70, 74, 85; **IV-1**, 97, 113; **IV-2**, 328
Tāranātha **III-2**, 38; **IV-1**, 14
Tārā Śyāmā **I**, 66; **III-1**, 72
Tārā Śyāmavarṇā **I**, 59
tārayati **III-2**, 87
tarjanī **I**, 70
tarjanīmudrā **I**, 59, 60, 62, 65

Tathāgata **III-2**, 9; **IV-1**, 226
Tathāgatagarbha **I**, 20, 28
Tathāgataguhyaka **I**, 67
Tathāgatarakṣita **I**, 47; **II**, 41
tattva **I**, 28
Tattvālokakarī **III-1**, 26, 55; **IV-1**, 78
Tattvasaṃgraha **II**, 23, 24, 25, 42, 48; **III-1**, 25, 26, 28, 43, 45, 82; **III-2**, 64; **IV-1**, 78, 79, 80, 84, 101, 178, 185, 190, 212
Tattvasaṃgrahatantra **IV-1**, 78
Tattvasārasaṃgraha **II**, 45
Tattvasiddhiprakaraṇa **II**, 45
Tattvāvatāra **II**, 45
Tattvopadeśa **II**, 37
Tejomasi **IV-1**, 120
ṭīkā **II**, 24
Tikacaṣi **I**, 10
Tilopā **I**, 42, 70; **II**, 27; **III-2**, 38
timila **VI-2**, 350
tirintiri mudrā **IV-1**, 215
tīrtha **I**, 34
tīrthika **III-2**, 81
Tiśakuna **III-2**, 17
toraṇa **III-1**, 76
Trailokyavijayamahākalparāja **VI-2**, 407
Trailokyavijayamaṇḍalopāyikā **II**, 42
Trapuṣa **III-2**, 78
Trilokavijaya **III-2**, 66, 89
Trinetra **III-2**, 15
Tripiṭaka **II**, 67
Triśaraṇagamanasaptati **II**, 35
triśūla **I**, 62, 67
Tuṣita **I**, 11
Ucchuṣma **III-2**, 55, 56; **IV-1**, 121
udāna **I**, 57
Udānavarga **IV-2**, 403
Udayamasi **IV-1**, 120
Uḍḍiyāna **III-2**, 37
Udraka **III-2**, 75
udvega **I**, 13
Ugratārāpūjāvidhi **IV-1**, 45
Ulūka[mukhī] **III-1**, 88
Umā **I**, 60; **III-2**, 12, 40, 51, 56; **IV-1**, 167, 179, 183, 191, 192, 222; **IV-2**, 365
Umā Ekajaṭā **IV-1**, 143
Unmattabhairava **IV-1**, 211
Upakarṇa **IV-1**, 200
Upananda **III-2**, 81
upāsaka **II**, 57; **III-2**, 79; **IV-2**, 330
upāya **I**, 60; **II**, 20; **III-1**, 66; **IV-1**, 115; **IV-2**, 402
Upāyatantra **II**, 26
upekṣā **IV-2**, 379
Urubilvā Kāśyapa **III-2**, 80
uṣṇīṣa **I**, 49, 52, 53; **IV-1**, 158
Uṣṇīṣavijayā **I**, 64, 66
utpala **III-1**, 20, 70; **IV-1**, 183, 188
utpattikrama **III-2**, 19
Uttarā **III-2**, 76
Uttarakuru **IV-2**, 102
Uttarasthāna **III-2**, 50
Uttaratantra **III-2**, 74
Uṭṭiyāna **III-2**, 17
vāc **III-2**, 16; **IV-1**, 81
Vadāli **IV-1**, 120
Vādanyāya **II**, 50
Vādirāṭ **III-1**, 69
Vādisiṃha **III-1**, 70
Vāgḍākinī **III-2**, 33
vāhana **I**, 51, 52, 53, 64; **III-1**, 55
vaibhavavilāsa **III-2**, 18
Vaikuṇṭha **III-2**, 18
Vairocana **I**, 39, 49; **III-1**, 17, 39, 41-43, 55, 57, 80; **III-2**, 4, 9, 63, 66, 70, 91; **IV-1**, 18, 81, 184
Vairocanābhisambodhi **IV-1**, 79, 84
Vairocanābhisambodhitantra **IV-1**, 78
Vairocanagarbha **IV-1**, 101
Vairocanarakṣitā **II**, 50
Vaiśākha **I**, 51
Vaiśālī **I**, 9, 10; **III-2**, 80, 82
vaiśāradya **I**, 25; **IV-1**, 115

Vaiṣṇavī **III-1**, 92; **IV-1**, 211
Vaiśravaṇa **III-1**, 115; **III-2**, 55, 58, 73; **IV-1**, 141
Vaitāli **III-1**, 88; **IV-1**, 204
vajra **I**, 52, 54, 59, 61, 62, 66, 67, 69; **III-1**, 115; **IV-2**, 141
Vajrabhairava **III-1**, 71; **III-2**, 5, 35, 37, 40-43, 47, 59, 66, 85; **IV-1**, 86, 239
Vajrabhairavatantrapañjikā **II**, 41
Vajrabhāṣa **III-1**, 22, 27, 39, 41
vajrābhiṣeka **III-1**, 29
Vajrabodhi **IV-1**, 79
Vajracaṇḍa **III-1**, 3, 47, 111
vajrācārya **II**, 60
Vajrācāryakriyāsamuccaya **IV-1**, 136
Vajraḍāka **I**, 63; **III-2**, 15
Vajraḍākavivṛtti **III-2**, 28
Vajraḍākinī **III-2**, 32, 33
Vajradhara **I**, 41, 58, 59, 66, 69; **III-1**, 65, 66, 104; **III-2**, 28; **IV-1**, 7, 68
Vajradharavajrapāṇikarmasādhana **II**, 46
Vajradharmā **III-1**, 27, 31, 32, 41
Vajradharma **I**, 64; **III-1**, 21, 27, 32, 39, 41, 48
Vajradharma Lokeśvara **I**, 64
Vajradhātu **III-1**, 66, 82; **III-1**, 66
Vajradhātumahāmaṇḍalasarvadevavyavasthāna **II**, 41; **III-1**, 36
Vajradhātumahāmaṇḍalopāyikā **III-1**, 3, 41, 49; **IV-1**, 77
Vajradhātumaṇḍala **III-1**, 25, 28, 29, 45; **IV-1**, 47, 71, 78; **IV-2**, 366
Vajradhātvīśvarī **III-1**, 70, 105
Vajradhūpā **III-1**, 23, 36, 39, 41, 47
Vajradīpā **III-1**, 39, 41
Vajragandhā **III-1**, 23, 36, 39-41
Vajragāndharī **IV-1**, 154
Vajraghaṇṭa **III-1**, 24, 39
Vajragītā **III-1**, 23, 36, 39, 41, 47
Vajrahāsa **III-1**, 21, 27, 39, 41, 47
Vajraheruka **III-1**, 95
Vajrahetu **III-1**, 22, 27, 39, 41, 48
Vajrahūṁkāra **III-2**, 29
Vajrajāpaṭīkā **II**, 38
vajrakalaśa **III-1**, 96
Vajrakarma **III-1**, 27, 28, 36, 39; **III-1**, 22
Vajrakarmā **III-1**, 31
vajrakāya **III-2**, 16, 19
Vajraketu **III-1**, 21, 27, 39, 41
Vajrakrodheśvarī **III-1**, 95
Vajralāsyā **III-1**, 22, 36, 39, 40, 41, 44, 47
Vajrālokā **III-1**, 23, 36, 48
Vajramahākālapañjaranātha **IV-1**, 87
Vajramālā **III-1**, 22, 36, 39, 41, 47
Vajramaṇḍalālaṅkārapañjikā **III-2**, 28
Vajramuṣṭi **III-1**, 22, 43
Vajrāṅkuśa **III-1**, 23, 28, 39, 40, 41
Vajranṛtyā **III-1**, 23, 36, 39, 41, 48
vajrapadma **III-1**, 31, 32
Vajrapāṇi **I**, 30, 59, 60, 62, 65, 66; **III-1**, 43, 73; **III-2**, 34, 40, 56, 66, 70, 72, 74, 81, 88, 89; **IV-1**, 96, 101, 175; **IV-2**, 314
Vajrapāṇi Acala **III-2**, 88
Vajrapāṇi Caṇḍamahāroṣaṇa **III-2**, 88
Vajrapāṇicuṇḍa **III-2**, 88
Vajrapāṇi Guhyapati **III-2**, 56
Vajrapāṇirājacuṇḍasādhana **III-2**, 89
vajraparyaṅka **I**, 49, 51, 52-54, 56-59, 64-69, 72; **III-1**, 19, 54, 57, 75, 76; **III-2**, 63, 67; **IV-1**, 89
Vajrapāśa **III-1**, 23, 28, 36, 39, 41
Vajraprajñābhadra **I**, 69
Vajrapuṣpā **I**, 36; **III-1**, 23, 36, 39, 41, 44, 48
Vajrarāga **III-1**, 21, 27, 39, 41, 47
Vajrarāja **III-1**, 21, 27, 39, 41, 48
Vajrarakṣa **III-1**, 22, 27, 39, 41
Vajraratna **III-1**, 21, 26, 27, 31, 38, 39, 41, 47
Vajrasādhu **III-1**, 21, 27, 39, 41
Vajrāsana **I**, 9, 40, 50, 53, 54, 63; **II**, 26;

III-1, 67; III-2, 67, 73
Vajrāsana Śākyamuni III-2, 67
vajrasandhi III-1, 22, 27, 28, 39, 41, 44, 48
Vajrasattva I, 64; III-1, 20, 27, 38, 39, 41, 47, 82, 83, 101, 104, 111; III-2, 24, 29, 66; IV-1, 71, 104
Vajrasattvī III-1, 26, 31, 41
Vajraśekhara IV-1, 79
Vajraśekharatantra IV-1, 74, 78
Vajraśikhara II, 24
Vajraśikharatantra II, 24; IV-1, 74
Vajrasphoṭa III-1, 23, 28, 36, 39, 41, 48
Vajrasūrya III-1, 27, 48
Vajratejaḥ III-1, 21, 39, 41
Vajratīkṣṇa III-1, 22, 27, 39, 41, 48
vajrāvalī III-1, 13
Vajravārāhī I, 62; III-2, 34; IV-1, 98
Vajravarman III-2, 58; IV-1, 207
Vajrāveśa III-1, 28, 41
Vajravetālī III-2, 44; IV-1, 154
Vajravidāraṇamaṇḍalavidhi IV-1, 122
Vajravidāraṇānāmasādhana IV-1, 122
Vajravidāraṇānāmasnānavidhivṛtti IV-1, 122
Vajravidāraṇīdhāraṇīṭīkā II, 44
Vajravidāraṇīdhāraṇīvyākhyānabṛhaṭṭīkā II, 44
Vajravidāraṇīma
Vajravidāraṇīmaṇḍalavidhi II, 46
Vajrayakṣa III-1, 22, 27, 39, 41, 43
Vajrayāna I, 40, 60; II, 25; III-1, 26, 34, 35, 66, 102, 104-107, 109,110, 161; III-2, 4, 27; IV-2, 402
Vajrayānasthūlāpatti II, 41
Vajrayoginīsādhana II, 46
Vajrayoginīstotra II, 37
Vajrī III-1, 93; III-1, 93
Vajrodaya II, 23, 26; IV-1, 73
Vajrodayatantra II, 23
vāk III-2, 34
Vakṣu I, 50
Vanaparvan III-2, 50
vandanā I, 15
Varadā III-1, 56
varadamudrā I, 52-54, 56, 59, 63, 65; III-1, 20, 29, 32, 33, 64, 82, 99; III-2, 34; IV-1, 218, 222
Varadā Tārā I, 59
Varāhamukhī IV-1, 120
Varahi III-1, 93
Vārāhī III-2, 45; IV-1, 211
Vara Kuliśadhara III-1, 37
Varāli IV-1, 120
Vāraṇa III-2, 79
Varṇārhavarṇe bhagavato buddhasyastotre 'śakyastava II, 36
Vartāli IV-1, 120
Vāruṇī III-1, 93
Vaśamkuruma III-2, 51
Vasanta II, 26
Vasumatiśrī IV-1, 136
Vasuśrī IV-1, 136
vaśya IV-2, 317
vaṭa III-2, 22
Vayavi III-1, 93
vedanā I, 23; III-2, 32, 33
Veṇuvana Kalandakanivāpa III-2, 80
vibhu III-1, 3, 49
vidhi I, 21; III-2, 38
vidyā I, 46 ; III-2, 23
vidyādhara III-1, 59
vighna III-1, 74
Vighnāntaka III-2, 89
vighnavināśa III-1, 74
vighnavināśathaṃ III-1, 72
vihāra II, 62
Vijayā I, 64; III-1, 72, 82; III-2, 74
Vijayaśrīdhara II, 41, 47
Vijayoṣṇīṣa I, 14
vijñāna III-2, 32, 33
vikalpa I, 18
Vikramaśīlā I, 1; II, 2, 26, 51, 58, 71
Vimalaprabhā III-1, 37, 74, 104, 109; III-2, 10

Vimalapraśnottararatnamālā **II**, 34
Vimaloṣṇīṣa **I**, 13, 30, 46
vimāna **III-1**, 84, 115; **III-2**, 14, 63
vimokṣamukha **III-1**, 37; **IV-1**, 113
vinaya **II**, 18, 21; **IV-1**, 50
vināyaka **III-2**, 56
vinayapiṭaka **II**, 21
Vinayasaṃgraha **II**, 50, 62; **III-1**, 62
vīra **III-2**, 16, 18
Virakāya **III-2**, 16
Virūḍhaka **III-2**, 58
Virūpā **I**, 42; **IV-1**, 68, 105, 110, 122, 123, 237; **IV-2**, 307
Virūpākṣa **III-2**, 58
Vīryabhadra **II**, 40, 44, 46, 47
Viśeṣastavaṭīkā **II**, 36
Viṣṇu **III-1**, 32; **III-2**, 65; **IV-1**, 82,169
vistīrṇaruci **IV-2**, 366
viśvavajra **I**, 63, 65, 68; **III-1**, 20, 27, 41, 56, 57; **III-2**, 12
vitarkamudrā **I**, 52, 53, 56-58, 68
vṛttānta **III-2**, 40
Vṛttipradīpa **II**, 44
Vyāghra[mukhī] **III-1**, 88
vyākhyāna **III-1**, 112
vyālaka **III-1**, 57
yajamāna **I**, 15
yakṣa **III-2**, 15, 58, 65, 80; **IV-1**, 88
Yakṣa Pūrṇabhadra **IV-1**, 32, 39
Yama **III-2**, 36, 39, 48; **IV-1**, 239
yamaka **III-2**, 81
yamakaprātihārya **III-2**, 80
Yamāntaka **III-2**, 39
Yamāntaka Mahāvajrabhairava **III-2**, 36
Yamāri **III-2**, 37
Yamārikṛṣṇakarmasarvacakrasiddhikaranāmatantrarāja **III-2**, 37
Yamārisādhana **II**, 41, 46
Yaśas **III-2**, 79
yaṣṭi **I**, 23
yoga **III-2**, 10
Yogācāra **II**, 2
Yogacaryābhūmau bodhisattvabhūmivyākhyā **I**, 48
Yogānuttaratantrārthāvatārasaṃgraha **II**, 45
yogapaṭṭa **I**, 70
Yogatantra **II**, 23, 26; **IV-1**, 162
Yogāvatāra **II**, 35
Yogāvatāropadeśa **II**, 35
yoginī **III-1**, 89
Yoginīsañcāra **III-2**, 15
yuvarāja **II**, 16

藏　　文

a ce snang gsal **IV-1**, 30, 41, 44
a dzi smal **II**, 10; **III-1**, 51
a 'dzid rmal **II**, 12
a 'dzid smal **III-1**, 9
a gur **IV-1**, 204
'a lci **I**, 17, 29, 30, 38, 40, 43, 57; **II**, 4, 56, 63, 69; **III-1**, 79
a mes chen po **IV-1**, 63
a nan rmal **II**, 12
a nan ta smal **II**, 10
a rog lde **II**, 10
a so ga lde **II**, 12
a sog lde **II**, 10
a zhang **IV-1**, 44
acara **II**, 13
ag len **IV-1**, 65
an ston grags rin **II**, 23, 24, 30
ar mo 'dul chung **IV-1**, 47
ba dan **III-1**, 89; **IV-1**, 107
ba dan sna tshog 'dzin ma **IV-1**, 228
ba lang bdag **IV-1**, 196
ba lang rna ba'i dbang phyug **IV-1**, 230
ba ri **IV-1**, 157
ba 'ug **IV-1**, 38
ba 'ug lha khang **IV-1**, 48
bad bar **IV-1**, 115
bad chung **IV-1**, 115
bal shā kya rdo rje **II**, 24
ban chen po gzhon nu dbang phyug **II**, 56
ban chen skyabs pa **IV-1**, 12
ban dhe **IV-1**, 90
'ban gron **IV-1**, 41
'ban sna bo **IV-1**, 42
'bar ba chen mo **IV-1**, 124, 134
'bar ba'i phreng ba gos dkar mo **IV-1**, 125
'bar ba'i rdo rje phreng zhes grags **IV-1**, 125
bar do **IV-1**, 207
bar do thos grol **III-1**, 88-90, 100, 102
'bar lde **II**, 12
bar ma **IV-1**, 81
'bar ras pa **IV-1**, 4
baradvasdza **IV-1**, 204
bcog ro **II**, 69
bcom ldan 'das don thams cad sgrub pa **III-1**, 29, 47
bcom ldan 'das dpal 'khor lo sdom pa'i dkyil 'khor gyi cho ga **III-2**, 20
bcom ldan 'das dpal 'khor lo sdom pa'i mngon par rtogs pa **III-2**, 12
bcom ldan 'das dpal 'khor lo sdom pa'i spyi bshad theg mchog bdud rtsi'i dga' ston ye shes chen po'i sman mchog **III-2**, 28, 41
bcom ldan 'das dpal rdo rje 'jigs byed chen po'i 'phrul 'khor gyi cho ga rtog pa gsum pa'i rgya cher bshad pa khams gsum rnam par rgyal ba'i nyi 'od **III-2**, 38, 41
bcom ldan 'das drag po chen po **III-1**, 88
bcom ldan 'das 'gro 'dul ba **III-1**, 31
bcom ldan 'das gshin rje gshed dmar po lha bcu gsum gyi 'joms pa'i mtshon cha dang rgyud 'debs smon lam shis brjod bcas **IV-1**, 239
bcom ldan 'das 'khor lo sdom pa'i bsrung 'khor **III-2**, 29
bcom ldan 'das thub pa **IV-1**, 158
bcu dpon **IV-1**, 64
bcu gcig zhal **IV-1**, 74

bdag med ma **IV-1**, 68, 105
bdag nyid chen po bzang po dpal **IV-1**, 55, 57
bdag po chen kun dga' 'phags pa **IV-1**, 56
bdag po chen po nang chen kun dga' 'phags pa **IV-1**, 42
bde **III-2**, 9
bde ba can **IV-1**, 126
bde ba chen **IV-1**, 208
bde ba chen po rdo rje sems dpa' **IV-1**, 173, 231
bde ba sgrub pa'i sgrol ma **IV-1**, 146
bde bar gshegs pa'i sku gzugs kyi tshad kyi rab tu byed pa yid bzhin nor bu **I**, 3
bde bu **IV-1**, 37
bde chen **III-2**, 34; **IV-1**, 11, 23
bde chen mkha' 'gro **III-2**, 30
bde chen mkha' 'gro ma **III-2**, 33
bde chen rang gcig **IV-1**, 242
bde ldan **IV-2**, 313
bde legs ga pa dbon po nam mkha' **IV-1**, 29
bde legs 'jam dpal rgya mtsho **IV-1**, 29
bde mchog **I**, 41, 61, 62; **II**, 71; **III-2**, 3, 7, 9, 65; **IV-1**, 99, 105, 109
bde mchog rdo rje mkha' 'gro ma **IV-1**, 112
bde mchog rdo rje sems dpa' zhi dkar po **IV-1**, 108
bde mchog reg tshig rnams **IV-1**, 111
bde mchog sdom 'byung **IV-1**, 111
bde mchog sdom 'byung gi sgrub thabs dngos grub rin po che'i gter **IV-1**, 111
bde sogs ma **IV-1**, 198, 210, 211
bdud **III-2**, 39, 51
bdud kyi cho 'phrul **IV-1**, 70
bdud ma rungs pa mon bu bha ta **IV-1**, 90
bdud rgyal **IV-1**, 104, 107
bdud rtsi **III-1**, 93
bdud rtsi'i hūṃ mdzad **IV-1**, 111
bdud rtsi 'khyil pa **IV-1**, 192, 197
bdud rtsi'i heruka **IV-1**, 111
bdud rtsi'i 'khyil **IV-1**, 122
bdud rtsi'i 'khyil ba **IV-1**, 130, 157
bdud rtsi'i rten kha **IV-2**, 301
bdud rtsi'i thab sbyor **IV-1**, 138
bdug pa ma **III-1**, 23; **IV-1**, 176, 194, 222
bdug pa mo **IV-2**, 364
bdug spos ma **III-2**, 23; **IV-1**, 130
bdus **IV-1**, 5
be con **III-1**, 93; **IV-1**, 69
be con chen po **IV-1**, 69
'bebs ma **IV-1**, 46
beng stag zhon **IV-1**, 137, 143
ber **IV-1**, 61
bgegs **IV-1**, 84, 204; **IV-2**, 304, 363
bgegs mthar byed **III-2**, 89; **IV-1**, 123, 181, 183
bgrang 'phreng **I**, 56
bha lde **II**, 12
bha le **II**, 10
bha re **II**, 10
bha ta **IV-1**, 86
bha tra **IV-1**, 86
bhriṅgiriti **IV-1**, 187
'bir va pa **IV-1**, 123
bka' brgyud pa **I**, 1, 12, 41, 42, 69, 70; **II**, 2, 27, 28; **III-1**, 10, 65, 86; **III-2**, 62; **IV-1**, 4, 26, 39, 106; **IV-2**, 385
bka' 'dus snying po yid bzhin nor bu las phyi skor rdzogs pa chen po zhi khro'i las byang gi kha skong ru zung bzhi'i bshags pa rnam 'byor gyi spyi khrungs na ra ka dong sprugs **III-1**, 87
bka' gdams pa **I**, 1, 12, 30, 39, 41-43; **II**, 2, 18; **III-1**, 9, 49; **III-2**, 15, 30, 50
bka' 'gyur **I**, 67; **II**, 9, 18, 19, 25, 29, 61, 62, 67; **III-1**, 24, 25; **III-2**, 14, 40, 86; **IV-1**, 8, 71, 87, 107
bka' nam **I**, 59, 60, 67; **II**, 55, 71
bka' srung ma chen po sgrub pa'i phrin las **III-2**, 49
bka' thang sde lnga **II**, 61; **IV-1**, 36
bkod pa **IV-1**, 18
bkra shis **IV-1**, 11
bkra shis brtsegs pa dpal **II**, 11
bkra shis bzang po **IV-1**, 11, 12
bkra shis lde **II**, 10, 12

bkra shis lde mgon **II**, 12
bkra shis lhun po **IV-1**, 24, 51
bkra shis mgon **II**, 10, 13, 14
bkra shis mgon po **II**, 11
bkra shis rtse mo **II**, 57
bkra shis rtsegs **II**, 10
bkra shis rtsegs pa dpal **II**, 13
bkra shis sgang **I**, 42, 58, 60, 63; **III-1**, 10
bkra shis sgo mang mchod rten **IV-1**, 6, 116
bkra' shis skyid lde nyi ma mgon **III-2**, 69, 70
bkra shis snang ba'i sgrol ma **IV-1**, 146
bla brang **IV-1**, 98
bla brang nang **IV-1**, 59
bla ma kun dga' legs pa'i 'byung gnas blo gros rgyal mtshan dpal bzang po **IV-1**, 53
bla ma mchod pa'i khrid yig gsang ba'i gnad rnam par phye ba snyan rgyud man ngag gi gter mdzod **III-1**, 43, 49
bla ma mgon **IV-1**, 12
bla ma 'phags pa **IV-2**, 317
bla ma rdo rje 'chang **III-2**, 69
bla ma ye shes dpal **III-2**, 60
bla ma zhi ba 'od **III-1**, 76
bla ma'i rgyud **III-2**, 59
blo blangs **IV-1**, 105
blo bzang bskal bzang rgya mtsho **III-2**, 29
blo bzang chos kyi rgyal mtshan **III-2**, 50, 51; **IV-1**, 147
blo bzang dpal ldan ye shes **III-1**, 47, 58; **IV-1**, 77
blo bzang tshul khrims byams pa rgya mtsho **III-2**, 57
blo gros bzang po **I**, 3, 8, 9
blo gros mi zad pa **IV-1**, 132, 161, 181, 188, 195
blo gros rab gsal **IV-1**, 11
blo gros rgya mtsho **IV-1**, 182, 188
blo ldan shes rab **II**, 21
blon po chen po **IV-1**, 34
blos slos dge ma **IV-1**, 11, 13
bod yul khri skor gyi le'u **IV-1**, 29
bon, bon po **I**, 1, 42; **II**, 64, 65; **III-2**, 57
bon bzhi khyung nag **IV-1**, 35, 49
bra nye **IV-1**, 204
brag dmar **IV-1**, 49
brag rdzi legs **III-2**, 69
brag stag **I**, 41
brag stengs pa **II**, 23
bran mo rdo rje kha **IV-1**, 224
bran rdo rje bgegs kyi gtso bo **IV-1**, 224
bran rdo rje dus **IV-1**, 224
bran rdo rje klu **IV-1**, 225
bran rdo rje lcags kyu **IV-1**, 224
'bras khud **IV-1**, 43, 67, 72, 85
'bras mo dgon pa **IV-1**, 40
'bras spungs **I**, 68
bre **IV-1**, 36, 47, 236
'bre chen po shes rab 'bar **IV-1**, 40, 43
brgya byin **III-1**, 92; **III-2**, 46, 47; **IV-1**, 130, 198, 230
brgya phyed **IV-1**, 41
brgyud **IV-2**, 414
'bri gung **IV-1**, 61, 64
'bri gung bka' brgyud **I**, 41, 43; **IV-1**, 14
'bri gung pa **IV-1**, 66
'bri mtshams **IV-1**, 43, 45, 59
'bri 'tshams rdza smug **IV-1**, 34
brjed byed **IV-1**, 201, 204
brnyas **IV-2**, 161
'brog **III-1**, 7; **IV-1**, 39, 64
'brog gnas **IV-1**, 200; **IV-2**, 306
'brog pa **IV-1**, 32
'brom ston **III-1**, 13, 79
'brom ston lha khang chen po **III-1**, 80
'brom ston pa **II**, 2; **IV-2**, 316, 388
'brong rtse **IV-1**, 35, 45
'brong rtse lha btsun **IV-1**, 46
brtag gnyis **IV-1**, 112
brtson 'grus kyi phar phyin ma **IV-1**, 184
brtson 'grus rgyal mtshan **II**, 30
brtson 'grus seng ge **IV-1**, 42
brtson pa **IV-1**, 22

bru zha **II**, 3, 28
'brug pa bka' brgyud **I**, 41; **III-1**, 10, 85, 94, 96; **III-2**, 32; **IV-1**, 5, 28, 39
bsa' lung **IV-1**, 12
bsam 'grub lha khang **IV-1**, 5
bsam gtan bzang po **IV-1**, 11
bsam gtan gyi phar phyin ma **IV-1**, 184
bsam lding **IV-1**, 49, 98
bsam 'phel rin po che'i gling **IV-1**, 42
bsam rtse **IV-1**, 33
bsam sgrub rtse **IV-1**, 27, 51
bsam yas **III-1**, 13; **III-2**, 38; **IV-1**, 97
bsdus **IV-1**, 81
bsdus pa **IV-1**, 212
bse ru lta bu **IV-1**, 196
bshad bka' **IV-2**, 414
bshad rgyud rdo rje rtse mo'i dkyil 'khor gyi bkod pa **IV-1**, 103, 212, 213, 220, 222, 226; **IV-2**, 366
bshag tshal **IV-1**, 12
bshags 'bum **III-1**, 86, 103
bskal bzang **IV-1**, 72, 103, 222
bskal bzang rgya mtsho **III-2**, 51
bsod nams dge ba'i blo gros **IV-1**, 206
bsod nams dpal **IV-1**, 65
bsod nams dpal 'byor **IV-1**, 12
bsod nams grags pa **II**, 18
bsod nams gzigs ma **IV-1**, 158
bsod nams ldan ma **IV-1**, 158, 160
bsod nams rgya mtsho **IV-2**, 300
bsod nams rgyal ba **II**, 47
bsod nams rgyal mtshan **IV-1**, 23, 65
bsod nams rnam gzigs ma **IV-1**, 158, 159
bsod nams sde **III-1**, 77
bstan 'gyur **I**, 8, 9, 13, 14, 17, 21, 23-26, 29, 30, 35, 37, 46; **II**, 9, 18, 19, 22, 25, 29, 47-51, 54, 55, 61, 62, 67; **III-1**, 21, 22, 26, 29, 36, 49, 50, 55, 88; **III-2**, 9, 14, 28, 38, 48, 55, 58, 86, 88, 89; **IV-1**, 8, 41, 45, 51, 71, 74, 77, 109, 122, 136, 145, 147, 148, 155, 162, 197, 198, 206, 207, 210, 237, 238; **IV-2**, 304, 305, 314-321, 326-329, 331-333, 335, 341, 357
bstan 'gyur lha khang **IV-1**, 51
bstan pa'i sbyin bdag byung tshul gyi ming gi rnam grangs **IV-1**, 55, 60, 61, 63
bstan srung **IV-1**, 88; **IV-2**, 316
bstan srung chen po btsan rgod yam shud dmar po gtso 'khor gyi bskang cho ga dgnos grub bdud rtsi 'khyil ba'i rin chen bum bzang **III-2**, 57
bstan srung dam can rgya mtsho'i ming gi grangs **III-2**, 15, 48, 55
bstan srung ma **III-2**, 47, 48, 51, 55, 57; **IV-1**, 88
bstan tshal **IV-1**, 12
bsti yag **II**, 55, 56, 68; **III-1**, 5, 6, 8
btsan gyi rgyal po **III-2**, 57
btsan kha bo che **II**, 22
btsan lde **II**, 9, 10
btsan ne **IV-1**, 12
btsan phyug lde **II**, 10, 12
btsan skyes **II**, 3
btsas **IV-1**, 35
btsas phu **IV-1**, 37
btsas rnams kyi ri **IV-1**, 35
btsas rnams kyi ri che **IV-1**, 35
btsun mo **IV-2**, 363
btsun pa byang 'od **II**, 14
bu ri **II**, 68
bu ston **I**, 3; **II**, 9; **III-2**, 90; **IV-1**, 8
bu ston rin chen grub **IV-2**, 401
bu ston rin po che **IV-1**, 50; **IV-2**, 378
bu ston thams cad mkhyen pa'i bka' 'bum **IV-1**, 16, 57, 75, 78, 108-112, 160, 237-239, 242, 243; **IV-2**, 306, 327
bud med **IV-1**, 205
'bum **IV-1**, 116
bum pa **I**, 51; **III-1**, 58, 96; **IV-1**, 233
bum sna **IV-1**, 200
bya **IV-2**, 364, 397
bya 'dab **IV-1**, 116
bya gag **IV-1**, 201

bya ni **IV-1**, 201
bya rog dong can **III-2**, 46, 48
bya yul **IV-1**, 61, 64
byams pa **I**, 58; **III-1**, 67, 79; **IV-1**, 42, 50, 72, 101, 103, 131, 132, 140, 160, 188, 195
byams pa lha khang **III-1**, 79
byams pas zhus pa'i mdo **IV-1**, 141
byang **IV-1**, 60
byang 'brog **IV-1**, 63
byang chub chen po **IV-1**, 50
byang chub mchog **III-1**, 55; **IV-1**, 75, 76, 78, 80, 84, 102, 189, 213; **IV-2**, 366
byang chub 'od **II**, 11, 12, 17, 47, 49, 59; **III-1**, 50, 76; **III-2**, 31; **IV-1**, 86
byang chub rdo rje **IV-1**, 65
byang chub rgyal mtshan **IV-1**, 66
byang chub rin chen **IV-1**, 65, 110
byang chub sems dpa' **II**, 17
byang chub sems dpa' rdo rje **IV-1**, 189
byang chub shes rab **II**, 30, 51
byang ri se brag **IV-1**, 38
byang sems brgyad **IV-1**, 72
byang sems bzang mo dpal **IV-1**, 56
byang sems padma'i yan lag **IV-1**, 132
byang sems rdo rje **IV-1**, 171, 178
byang sems ting nge 'dzin rdo rje **IV-1**, 171
bye gar **II**, 70; **III-1**, 4, 6
bye mda' **IV-I**, 38
bye mda' dgon pa **IV-1**, 43
byi bzhin **IV-1**, 203
byol song 'jam dpal **III-1**, 71
'byung bzhi'i lha **IV-1**, 206
'byung po **IV-1**, 200
'byung po dbang ldan **IV-1**, 200
'byung po dge ba **IV-1**, 206
'byung po 'dul byed **III-2**, 89; **IV-1**, 121
'byung po'i bdag po **IV-1**, 201
'byung po'i rgyal po dbang ldan **IV-1**, 199
bzang ldan **IV-1**, 11
bzang po dpal **IV-1**, 54, 57
bzang skyong **IV-1**, 188, 195
bzhad ldan ma **IV-1**, 226
bzhad ma **III-1**, 42; **IV-1**, 229, 231
bzhad pa **IV-1**, 217
bzher wer **II**, 68
bzhi thog bla brang **IV-1**, 59
bzhin byad **IV-1**, 201
bzo sbyangs **IV-1**, 19
bzod pa'i phar phyin ma **IV-1**, 184
caṇḍālī **III-1**, 91
cauri ma **III-1**, 87
cha lang **IV-2**, 350
cha mthun **IV-1**, 80
chab blugs **III-1**, 67
chab ril **III-1**, 67
'chad mang **IV-1**, 40
chags mgo **III-1**, 6, 16
chags pa 'joms pa'i sgrol ma **IV-1**, 146
chags shing **IV-1**, 225
changs pa **I**, 30
'char kha **IV-1**, 196
che mchog heruka **III-1**, 94
chen po **IV-1**, 167; **IV-2**, 348
'chi 'joms ma **IV-1**, 159
'chi med rnga sgra **IV-1**, 145
'chol ba **IV-2**, 307
chol kha **IV- 1**, 61
chol kha gsum **IV-1**, 62
chom rkun gyi 'jigs pa skyob pa'i sgrol ma **IV-1**, 147
chos blo gros **IV-2**, 160, 301
chos blos **II**, 30; **IV-1**, 73
chos 'byung **I**, 9; **II**, 24
chos 'byung bstan pa'i padma rgyas pa'i nyin byed **II**, 7, 16; **IV-1**, 49
chos chen po'i rin po che **IV-1**, 167
chos dkon mchog **IV-1**, 173, 174
chos gos **III-1**, 64; **III-2**, 73
chos grags rgya mtsho **III-2**, 91
chos 'khor **II**, 22, 69; **III-1**, 13
chos kyi blo gros **III-2**, 89; **IV-1**, 70, 73, 85
chos kyi dbyings **III-2**, 9

chos kyi dbyings ye shes kyi ngo bo rgya rdo rje 'dzin pa **IV-1**, 241
chos kyi dung gi ting nge 'dzin gyi 'jam dpal **IV-1**, 156
chos kyi grags pa bstan pa'i dbang phyug **IV-1**, 86
chos kyi rdo rje ma **IV-1**, 175
chos kyi rgyal mtshan **IV-1**, 57
chos kyi rgyal po nor bu bzang po'i rnam thar phyogs bsgrigs byas ba thos chud yid kyi dga' bston **III-1**, 53
chos kyi rin chen **IV-1**, 46
chos kyi sems ma **IV-1**, 177, 190
chos kyi sprin gyi sa **IV-1**, 184
chos la dbang ba **IV-1**, 186
chos lding **IV-1**, 49
chos lugs **III-1**, 44
chos ma **IV-1**, 219
chos nyid bar do'i gsol 'debs thos grol chen mo **III-1**, 90
chos nyid bar do'i khrid yig mthong ba rang grol gyi ngo sprod **III-1**, 100
chos nyid mkha'i klong mdzod las mkha' 'gro 'dus pa'i skor las dur gcod dngos grub bang mdzod **III-2**, 32
chos rgyal **III-1**, 53; **III-2**, 36; **IV-1**, 232; **IV-2**, 385
chos rgyal dpal 'khor btsan **IV-1**, 42
chos rgyal rab brtan kun bzang 'phags pa **IV-1**, 10, 52, 56; **IV-2**, 48, 350
chos rgyal sku 'bum chen po'i dkar chag **IV-1**, 8, 30, 232
chos rje **IV-1**, 58
chos rje ba **IV-1**, 54
chos rje bla ma bsod nams rgyal mtshan dpal bzang po **IV-1**, 58
chos rje don grub rin chen **III-2**, 60
chos rje kun dga' rgyal mtshan dpal bzang po **IV-1**, 68, 71
chos rje nam mkha'i mtshan can **IV-1**, 103
chos rje thams cad mkhyen pa bu ston lo tsa ba'i rnam par thar pa snyim pa'i me tog **IV-1**, 16, 56
chos sbyin **I**, 14
chos sgrag rgya mtsho **III-2**, 73
chos sku **IV-1**, 115
chos sku 'od zer **IV-1**, 43, 48
chos skyong **III-1**, 45, 72, 74, 115; **III-2**, 62, 74
chos skyong bkra shis **IV-1**, 12
chos skyong dgongs 'dus snying po **III-2**, 57
chu 'bi **IV-1**, 4, 5
chu bya **IV-1**, 29
chu glang **IV-1**, 29
chu gri **IV-1**, 230
chu gri 'dzin pa **IV-1**, 167
chu 'jigs pa skyob pa'i sgrol ma **IV-1**, 147
chu lha **III-2**, 47; **IV-1**, 72, 130, 202, 219
chu lha sdud byed **IV-1**, 206
chu lha'i gzugs 'dzin pa **IV-1**, 169
chu mig **IV-1**, 41, 61, 63
chu rag btsogs po'i ri **IV-1**, 35
chu shel ma **IV-1**, 137
chu skyes dam pa **IV-1**, 209
chu smad **IV-1**, 203
chu srin gyi rgyal mtshan **I**, 25
chu srin ma **IV-1**, 225
chu stod **IV-1**, 203
chu su **II**, 56; **III-1**, 6
chu tshan **IV-1**, 40
co ne **I**, 8
cog **II**, 27
cog ro **IV-1**, 48
cog ro klu'i rgyal mtshan **II**, 27
cog ro kun bzang shes rab bstan ma **II**, 56
curima **III-1**, 91
'da' yab kyi 'khor yug **IV-1**, 102
dal 'byor **IV-2**, 382, 402
dam chos rdzogs pa chen po'i sku gsum ngo sprod **III-1**, 3, 101
dam pa'i chos kyi byung tshul legs par bshad pa bstan pa'i rgya mtshor 'jug pa'i gru chen

IV-1, 61, 62
dam shing **IV-1**, 90
dam sri **III-2**, 55
dam sri gson 'dre sogs lung bstan cing 'dul ba'i thabs shin tu zab pa **III-2**, 55
dam sri ma nag mo **III-2**, 46
dam tshig **III-2**, 34; **IV-1**, 76
dam tshig dbang phyug **IV-1**, 149, 150
dam tshig gi mkha' 'gro **III-2**, 30
dam tshig mkha' 'gro ma **III-2**, 33
dang po'i sangs rgyas **IV-1**, 177, 189
dar dbyangs ta ka lce la 'jug pa **IV-1**, 201
dar dpyangs **I**, 68; **IV-2**, 397
dar ma **II**, 13, 14
'das ma 'ong 'byung ba **IV-1**, 85
dbang **I**, 3, 4
dbang ba **IV-1**, 185
dbang bcu **IV-1**, 115
dbang bka' **IV-2**, 414
dbang brtson **IV-1**, 65
dbang chen **III-2**, 22
dbang gi me lha **IV-1**, 211
dbang ldan **III-2**, 47, 65; **IV-1**, 179
dbang ldan khor byas **III-2**, 65
dbang mchog ster ba'i sgrol ma **IV-1**, 146
dbang mo **IV-1**, 187
dbang phyug **IV-1**, 167, 183, 230
dbang phyug chen po **IV-1**, 198, 222, 229; **IV-2**, 348
dbang phyug chen po'i gzugs 'dzin pa **IV-1**, 169
dbang phyug dpal **IV-1**, 65
dbang phyug khor byas **III-2**, 65
dbang po zhi **III-2**, 89
dbang skur ba'i rin po che **IV-1**, 167
dben dgon **IV-1**, 97
dbo **IV-1**, 203
dbon **II**, 50
dbu ma dum bu **IV-2**, 347
dbu mdzad dpal mchog **IV-1**, 106
dbu med **IV-1**, 28, 30
dbu rtse **IV-1**, 24, 96, 104, 107
dbu ru **IV-1**, 62
dbugs dbyung **IV-1**, 188, 189
dbus **IV-1**, 48, 60
dbus gtsang **II**, 21; **IV-1**, 62
dbus gtsang gi gnas rten rags rim gyi mtshan byang mdor bsdus dad pa'i sa bon **IV-1**, 29
dbyangs can ma **III-2**, 45; **IV-1**, 156, 225, 237
dbyig pa sngo **IV-1**, 122
dbyug 'dzin pa **IV-1**, 167
dbyug pa **III-1**, 32
dbyug pa gshin rje gshed **III-2**, 44
dbyug po sngon po **IV-1**, 139
dbyug sngon can **III-2**, 106; **IV-1**, 123, 138, 192, 197
dbyug sngon po **IV-1**, 143
dbyug to **III-1**, 95
de bzhin gshegs lcags kyu ma **IV-1**, 226
de bzhin gshegs pa dgra bcom pa yang dag par rdzogs pa'i sangs rgyas ngan song thams cad yongs su sbyong ba gzi brjid kyi rgyal po'i brtag pa **IV-1**, 206
de bzhin gshegs pa'i gsang ba ras ris kyi dkyil 'khor **IV-1**, 173
de bzhin gshegs pa'i rigs khro bo gshin rje gshed dmar po'i rgyud **IV-1**, 237
de bzhin gshegs pa'i rigs kyi khro bo 'jigs byed kyi rgyud **IV-1**, 238
de bzhin gshegs rigs **IV-1**, 213, 221
de bzhin nyid dum bu **IV-2**, 347
de bzhin spyan **IV-1**, 126
de nyid bsdus **IV-1**, 222, 226; **IV-2**, 366, 367
de nyid bsdus pa **IV-1**, 212
de nyid bsdus pa'i rgyud **II**, 23
deb ther sngon po **II**, 7; **IV-1**, 73, 52-55, 64-66
dga' ba **III-1**, 93
dga' ba la chags ma **IV-1**, 226
dga' ba mo **IV-2**, 348
dga' ba'i dbang phyug **IV-1**, 191
dga' bo **IV-1**, 130, 196
dga' bo sprin phung **IV-1**, 202

dga' byed **IV-1**, 130
dga' byed dbang phyug **IV-1**, 180, 230
dga' ldan **I**, 68
dga' ldan lha khang **IV-1**, 47
dga' sdong **IV-1**, 49
dge ba **IV-1**, 11
dge ba'i blo gros **II**, 21, 30, 49, 50
dge ba'i sgrol ma **IV-1**, 146
dge bsnyen **IV-1**, 11
dge 'dun dkon mchog **IV-1**, 173, 174
dge 'dun grub pa **IV-1**, 27, 24
dge 'dun rnam rgyal **III-1**, 18
dge las zhi ba'i sgrol ma **IV-1**, 146
dge legs dpal **IV-1**, 241
dge legs dpal bzang **III-2**, 57
dge lugs pa **I**, 1, 41, 63, 66; **III-1**, 9, 17, 65; **III-2**, 36, 57; **IV-1**, 24
dge ma **IV-1**, 11
dge shes **II**, 30
dge shes rgyal she **IV-1**, 23
dgon pa **II**, 4; **III-1**, 12; **IV-1**, 40
dgra lha **III-2**, 57
dgra nag **III-2**, 47, 58; **IV-1**, 111
dgra nag gi rgyud **IV-1**, 239
dgra sta **I**, 62
ding ri glang 'khor dgon **IV-2**, 341
dka' zlog ma **IV-1**, 225
dkar bdud **IV-1**, 107
dkar byung lha khang **III-1**, 98
dkar chag **II**, 19; **IV-1**, 28, 227
dkar chen 'bar phreng ma **IV-1**, 134
dkar dpag **II**, 71; **III-1**, 6
dkar mo **IV-1**, 126
dkar mo nyi zla **IV-1**, 104
dkar mo zla mdangs sgrol ma **IV-1**, 146
dkon mchog brtsegs **II**, 30
dkon mchog bzang po **IV-1**, 11
dkon mchog lhun grub **III-1**, 18
dkyil **IV-1**, 33
dkyil khang **III-1**, 75, 76
dkyil 'khor bkod ba rtsom 'phro **IV-2**, 305
dkyil 'khor gsal byed nyi ma'i 'od zer zhes bya ba'i skabs dang po las rtsa rgyud de nyid bsdus pa'i dkyil 'khor gyi bkod pa **IV-1**, 75, 78, 222
dmag **III-2**, 51
dmag dang zor gyi las la dgyes **III-2**, 51
dmag dpon **IV-1**, 69
dmag zor **III-2**, 51
dmag zor ma **III-2**, 49, 50, 58
dmag zor rematī **III-2**, 51
dmag zor rgyal ma **III-2**, 46
dmar ston chos kyi rgyal mtshan **II**, 23
dme yug **III-2**, 56
dmyal ba'i 'jam dpal **III-1**, 71
dmyal srung **IV-1**, 204
dngos grub 'byung ba'i sgrol ma **IV-1**, 147
dngos grub kyi gtso mo **IV-1**, 226
do chen **IV-1**, 43
do chung **IV-1**, 43
'dod chags **III-2**, 32; **IV-1**, 81; **IV-2**, 364
'dod chags gshin rje gshed **III-2**, 44; **IV-1**, 237
'dod chags 'jigs skyob sgrol ma **III-2**, 87
'dod khams dbang phyug ma **IV-1**, 143
'dod khams dbang phyug ma dmag zor rgyal mo'i sgrub thabs gtor cho ga **III-2**, 50, 51, 54
'dod khams dbang phyug ma dmag zor rgyal mo'i sgrub thabs gtor cho ga tshogs mchod pa dang gsol bcas **III-2**, 51
'dod khams lha mo **IV-1**, 104
'dod lha sna tshogs kyi sgrub thabs **III-1**, 47, 58, 68, 72
'dod pa **III-1**, 93
'dod pa can **IV-1**, 201
'dod pa'i lha'i gzugs 'dzin pa **IV-1**, 169
'dod pa'i me 'bar ma **IV-1**, 175
'dod pa'i rgyal po **IV-1**, 122, 123
'dod rgyal **III-2**, 89
dom gdong **IV-1**, 104
don grub **III-2**, 26; **IV-1**, 178, 215, 217
don grub bzang po **IV-1**, 11
don grub skyabs **IV-1**, 13

don ri **IV-1**, 11
don thams cad grub bar byed pa **IV-2**, 348
don thams cad grub pa rab tu sbyin pa'i sgrol ma **IV-1**, 147
don thams cad grub par byed pa **IV-1**, 166
don yod **IV-1**, 194
don yod grub pa **IV-1**, 150, 168, 178
don yod padma gtsug tor **IV-1**, 129
don yod pa'ı zhags pa **III-1**, 33
don yod rgyal mtshan **IV-1**, 57
don yod zhags pa'i snying po **IV-1**, 151
don yul dpal **IV-1**, 65
dong rtse **IV-1**, 166
dong tse **IV-2**, 348
dpa' bar 'gro ba **IV-1**, 195
dpa' bo 'dul ba **IV-1**, 196
dpa' bo gcig pa **III-2**, 38, 43
dpa' bo'i gcig pa'i sgrub thabs **III-2**, 38
dpag bsam khri shing **IV-1**, 104
dpag bsam ljon bzang **II**, 12; **III-1**, 4; **III-2**, 70
dpal 'bum **IV-1**, 65
dpal bying mgon **II**, 13
dpal 'byor **IV-1**, 10
dpal 'byor rin chen **IV-1**, 12, 106
dpal bzang po **IV-1**, 59
dpal chen **IV-1**, 12
dpal chen mo **IV-1**, 132
dpal dpe med lhun gyis grub pa **II**, 63
dpal 'dzin **III-2**, 38; **IV-1**, 109
dpal gdan bzhi pa'i dkyil 'khor rgyas pa'i sgrub thabs mi brjed par dran byed pa **IV-1**, 242
dpal gdan bzhi rgyud **IV-1**, 110
dpal gsang ba 'dus pa 'jam pa'i rdo rje **IV-1**, 238
dpal gshin rje dgra nag gi sgrub pa'i thabs rin po chen 'bar ba **III-2**, 58
dpal gshin rje gshed nag po'i rgyud rtog pa gsum pa **III-2**, 37
dpal gyi mgon **II**, 10-13
dpal 'khor bde chen gling **IV-1**, 100
dpal 'khor btsan **II**, 10-13, 69; **III-2**, 70
dpal 'khor can **II**, 14
dpal 'khor chos sde **IV-1**, 33
dpal 'khor chos sde gling **IV-1**, 100
dpal 'khor lo bde mchog mngon dkyil **III-2**, 32
dpal 'khor lo sdom pa **IV-1**, 242
dpal 'khor lo sdom pa'i rim pa dang po'i lam la slob pa'i tshul go bde bar rjod pa 'dod pa 'jo ba'i snying po **III-2**, 27
dpal 'khor lo sdom pa'i sgrub thabs **III-2**, 20
dpal 'khor lo sdom pa'i sgrub thabs kyi 'grel ba 'khrul ba spong bar byed ba **IV-1**, 242
dpal kun rig gi cho ga gzhan phan mtha' yas dang de la nye bar mkho ba'i cho ga'i yan lag du ma bcas pa phyogs gcig tu bgyis pa kun rig gi cho ga gzhan phan lhun grub **III-1**, 18
dpal kun rig gi dkyil 'khor yongs rdzogs kyi sgrub thabs sgrib pa rnam sel **III-1**, 18
dpal kyai rdo rje sgrub thabs 'khrul spong **IV-1**, 241
dpal kye rdo rje lhan cig skyes pa'i sgrub thabs byin rlabs man ngag dang bcas **IV-1**, 241
dpal kye rdo rje'i bshad rgyud rdo rje gur gyi las rgyas pa'i lha gsum las phyag na rdo rje 'byung po 'dul byed kyi sgrub thabs rjes gnang man ngag dang bcas **IV-2**, 304
dpal kye'i rdo rje'i rgyud kyi rim pa las / bdag byin gyis brlab pa ku ru ku lle'i sgrub thabs **IV-1**, 155
dpal la **IV-1**, 23
dpal ldan a phyi ma **III-2**, 51
dpal ldan dmag zor gyi rgyal mo rematī **III-2**, 51
dpal ldan dmag zor ma **III-2**, 51
dpal ldan gshin rje dgra nag gi mnon par rtogs pa gsod byed pa'i 'jigs rung **IV-1**, 239
dpal ldan 'khar dga' **IV-1**, 13
dpal ldan lha mo **III-1**, 85; **III-2**, 51, 91; **IV-1**, 69, 106, 137
dpal ldan lha mo 'dod khams kyi dbang phyug ma **IV-1**, 89
dpal ldan lha mo rdo rje rab brtan ma **IV-1**, 69
dpal ldan lhan cig skyes pa mi 'gyur ba bde ba

chen **IV-1**, 241
dpal ldan rang 'byung rgyal mo'i skor las ma mo srog sgrub gi gzungs **III-2**, 49
dpal ldan rdo rje 'gros **IV-1**, 205
dpal ldan zhva lu pa'i bstan pa la bka' drin chen ba'i skye bu dam pa rnams kyi rnam thar lo rgyus ngo mtshar dad pa'i 'jug ngogs **IV-2**, 378
dpal lde **II**, 10-13
dpal lha bstun pa bodhi rāja **II**, 49
dpal lha btsan po **II**, 15, 50
dpal lha btsun zhi ba 'od **II**, 50
dpal mar me mdzad ye shes **IV-2**, 392
dpal mchog **II**, 23; **IV-1**, 73, 168, 174, 175; **IV-2**, 347, 350
dpal mchog dang po **IV-1**, 165, 173, 174, 227, 231
dpal mchog rigs bsdus kyi dkyil 'khor gyi bkod pa **IV-1**, 105, 166-171, 174, 175, 227, 230, 231; **IV-2**, 347, 348
dpal mgon phyag bzhi **III-2**, 46
dpal mo **IV-1**, 198, 225
dpal 'phel **IV-1**, 13
dpal phyag na rdo rje u tsa rya'i sgrub thabs rjes gnang las tshogs dang bcas pa'i skor rnams **IV-2**, 305
dpal rdo rje 'jigs byed chen po'i bskyed rim gyi rnam bzhag gsal ba'i btsug rgyan **III-2**, 39-42
dpal rdo rje nag po chen po gur gyi mgon po **IV-1**, 89
dpal rdo rje nag po chen po'i las byed pu tra ming sring gsum gyi gtor cho ga rjes gnang dang bcas pa glog gi spu gri **IV-1**, 87
dpal rdo rje snying po'i rgyan gyi rgyud chen po'i dka' 'grel **III-2**, 28
dpal rnam par snang mdzad kyi sgo nas ngan song thams cad yongs su sbyong ba'i dkyil 'khor gyi cho ga rgyud don gsal ba **III-1**, 19, 24
dpal sa skya pa'i bstan srung mgon po che chung mkhan lcam dral dur khrod bdag po dang bcas pa rnams la gtor ma 'bul ba'i cho ga 'phrin las myur mgyogs kyi pho nya **IV-1**, 86
dpal sa skya pa'i yab chos yang phur thun mong gi bka' srung dkar bdud lcam dral gyi sgrub thabs rjes gnang dang bcas pa **IV-1**, 87, 107
dpal spos **IV-1**, 160
dpal yid bzhin lhun gyis grub pa **II**, 61
dpon brgyud **IV-2**, 306
dpon chen **IV-1**, 64
dpon chen po **IV-2**, 306
dpon mo che **IV-2**, 306
dpon mo che dpal 'byor **IV-1**, 106
dpon mo chen mo **IV-2**, 306
dpon mo 'dzom 'bum dpal **IV-1**, 60
dpon po nam mkha' bzang po **IV-1**, 29
dpon yig **IV-1**, 59
dpung bzang **IV-1**, 131
dpyal **IV-1**, 36
dpyal chos bzang **IV-1**, 50
dpyal ston chen po 'phags rgyal ba **IV-1**, 59
dpyangs **I**, 63
dpyid **II**, 26
dpyid kyi lha **IV-1**, 180, 231
dra ba can gyi 'od **IV-1**, 182, 188, 195
drag mo **IV-1**, 166, 187, 230; **IV-2**, 348
drag mo dbu skra **IV-1**, 242
drag po **III-2**, 15; **IV-1**, 222
drag po gsum 'dul gyi rgyud **IV-1**, 238
dran ston mtha' bral **IV-1**, 40, 49
drang drang **II**, 69
drang ma'i ri **IV-1**, 35
drang srong **IV-1**, 204
dras **IV-1**, 96
'dre **IV-1**, 36, 208
'dre gun dgon pa **IV-1**, 86
dregs **IV-1**, 91
dri chab ma **III-1**, 23; **III-2**, 23; **IV-1**, 130, 176, 194, 222
dri gtsang khang **III-1**, 54; **IV-1**, 71
dri la chung **II**, 71
dri med ma **IV-1**, 205
dri med pa'i sa **IV-1**, 183
dri za **IV-1**, 200

dri za zur phud lnga ba **IV-1**, 199
dri za'i rgyal po zur phud lnga pa **IV-1**, 181
dril bu **I**, 54, 62; **IV-1**, 191
dril bu pa **IV-1**, 112
dril chen **IV-1**, 230
dril chung re **II**, 71; **III-1**, 6
drung **IV-1**, 58; **IV-2**, 350
'du khang **IV-1**, 24, 101
dud grangs **IV-1**, 63
dud sna **IV-1**, 5; **IV-2**, 308
dug chen 'joms **IV-1**, 196
dug sel ma **IV-1**, 160
dug sel ma'i gzungs **IV-1**, 186
dung dkar **IV-1**, 4
dung ring **III-2**, 83
dung skyong **IV-1**, 69, 180, 202
dur khrod **III-2**, 21; **IV-1**, 143
dur khrod kyi lha **IV-1**, 206
'dus **III-2**, 9
'dus byung **IV-1**, 33, 35, 47
dus gsum sangs rgyas **IV-1**, 72
dus 'khor **IV-1**, 110, 111
dus kyi dbyug pa ma **IV-1**, 192, 197
dus kyi dga' ba mo **IV-1**, 192
dus kyi dril bu ma **IV-1**, 197
dus kyi gnod sbyin mo **IV-1**, 192, 197
dus kyi 'khor lo **III-2**, 47; **IV-1**, 108, 240
dus kyi lcags kyu ma **IV-1**, 197
dus kyi lcags sgrog ma **IV-1**, 197
dus kyi mtshan mo **IV-1**, 197
dus kyi srin mo **IV-1**, 192, 197
dus kyi zhags pa ma **IV-1**, 197
dus mthang ma **III-2**, 15
dus mtshan **III-2**, 55
dus mtshan ma **III-2**, 46
dus zhags ma **III-2**, 46
dvags po dbang rgyal **II**, 22
dza ba ri pa **IV-1**, 238
'dzam bha la **IV-1**, 42, 148, 200
dzam bha la nag po **III-2**, 47
dzam bha la ser po **III-2**, 47
'dzam gling chen po'i rgyas bshad snod bcud kun gsal me long **IV-1**, 29
dzamita **IV-1**, 201
dzi dar smal **II**, 10
dzi na mi tra **II**, 27
'dzi thar smal **II**, 10
'dzin pa mo **IV-1**, 149
ga 'dzin pa **IV-1**, 167
ga mo lung **IV-1**, 39
ga phud **IV-1**, 38
gab phya dkar **IV-1**, 33
gam pa rdzong **IV-1**, 34
gang ba bzang po **IV-1**, 32, 137, 181, 200; **IV-2**, 306
gang ba bzang po chen po **IV-1**, 136
gang bzang **IV-1**, 11, 38, 39
gang bzang bu mo gzi legs ma **III-2**, 51
gang po **IV-1**, 196
gang ro **IV-1**, 33
gangs **IV-1**, 45
gangs bzang **IV-1**, 39
gangs bzang po **IV-1**, 31, 39
gangs can **III-2**, 22
gangs can yul gyi sa la spyod pa'i mtho ris kyi rgyal blon gtso bor brjod pa'i deb ther **III-1**, 7
gangs can yul gyi sa la spyod pa'i mtho ris kyi rgyal blon gtso bor brjod pa'i deb ther rdzogs ldan gzhon nu'i dga' ston dpyid kyi rgyal mo'i glu dbyangs **IV-1**, 55
gangs dkar **IV-1**, 59
gangs ri **IV-1**, 32
gangs ro **IV-1**, 45
'gar **IV-2**, 305
gar gyi dbang phyug **IV-1**, 230
gar gyi dbang phyug ma **III-2**, 20
gar log **II**, 16
gar ma **III-1**, 42; **IV-1**, 176, 215, 229, 231
gar mkhan mchog gi rgyud la brten pa'i rgyal po rnam thos sras kyi mngon rtogs dgos 'dod 'byung ba **IV-2**, 306
ga'u **III-1**, 3; **IV-1**, 92

gau ri sgrol ma **IV-1**, 154
gauri ma **III-1**, 87
gcod **I**, 68
gdol pa ma **IV-1**, 241
gdon **IV-2**, 304, 305
gdon mi za ba **IV-1**, 209
gdong **III-2**, 46; **IV-1**, 115
gdong can ma **IV-1**, 162
gdong drug gi rgyud **IV-1**, 239
gdugs dkar mo can **IV-1**, 124
gdung ba bsel ba **IV-1**, 196
gdung chen 'dzin ma **IV-1**, 227, 228
ge sar **III-2**, 57; **IV-1**, 49
ghasmari **III-1**, 91
ghusmari **IV-1**, 205
glang chen **III-1**, 93
glang chen kha 'bab **I**, 50
glang dar ma **II**, 1, 6, 10, 11; **IV-1**, 14
glang lpags **I**, 62
glang pa gser lding **IV-1**, 44
glang pa lung **IV-1**, 44
glang pa phang thang **IV-1**, 44
glang po'i 'jigs pa skyob pa'i sgrol ma **IV-1**, 147
glegs shing **IV-1**, 5, 103
gling ras kyi dgon pa **IV-1**, 41
gling rdza rnga **IV-2**, 350
gling tshangs **IV-1**, 59
glo 'bur **IV-1**, 102, 116
glu chen po **III-1**, 42; **IV-1**, 169
glu ma **IV-1**, 176, 215, 229, 231
gnas brtan lha khang **IV-1**, 113
gnas dgon **IV-1**, 97
gnas gsar **IV-1**, 49
gnas kyi dbang phyug **IV-1**, 131
gnas kyi lha **IV-1**, 206
gnas mchog **IV-1**, 204
gnas rnying **IV-1**, 11-13, 15, 19, 29, 31, 33-35, 39, 44, 46, 49, 60, 61, 67, 98; **IV-2**, 306, 335
gnas skor **I**, 40
gnod **III-2**, 56; **IV-2**, 304, 305
gnod mdzes **IV-1**, 122, 123, 138
gnod pho mo **III-2**, 56
gnod sbyin **IV-1**, 47, 136, 143, 166, 167, 181, 200, 218; **IV-2**, 348
gnod sbyin chen po **IV-1**, 136
gnod sbyin gang bzang **IV-1**, 32
gnod sbyin khor bcas **III-2**, 65
gnod sbyin ku be ra **IV-1**, 199
gnur pa **IV-1**, 195, 197
gnya' lag can **IV-1**, 201
gnyal pa nyi ma shes rab **II**, 24, 70
gnyan **III-2**, 51, 52
gnyan dar ma grags **II**, 22
gnyan ston tshul 'bar **II**, 24
gnyer pa **IV-1**, 56
gnye'u thung gnas gnon me **IV-1**, 201
gnyos lo tsā ba **III-2**, 39
go cha **III-2**, 24
go khar **II**, 54, 63, 64, 68; **III-1**, 2, 4
'gog yag sras mo dri ldan ma **III-2**, 51
gon gyo **IV-1**, 59
gos dkar mo **IV-1**, 131, 150, 152; **III-1**, 20
'gos khri bzang **IV-1**, 34
'gos lo tsā ba **II**, 8
'gos yul **IV-1**, 33, 43
gra bo lung **IV-1**, 40
gra pa gzhon nu shes rab **II**, 23
gra thang **IV-1**, 41
grags btsan lde **II**, 12
grags 'bum lde **I**, 40, 42
grags chen ma **IV-1**, 175, 194
grags dbang po **IV-1**, 65
grags lde **II**, 10
grags pa lde **II**, 10, 12
grags pa rgyal mtshan **IV-1**, 8, 9, 57, 65; **IV-2**, 318, 319
grags pa rin chen **IV-1**, 110
grang dmyal **IV-1**, 204
grangs med **IV-1**, 173
gra'u lung **IV-1**, 40
gre **IV-1**, 203

'grel chen **II**, 21
gri gu **III-2**, 57
gri gu tsho **IV-1**, 5
gri gug **I**, 62, 66; **IV-1**, 239
gri gum btsan po **IV-1**, 45
gri ring 'dzin pa **IV-1**, 167
grib gnon **IV-1**, 204
'gro ba drug sgrol **III-2**, 89
'gro ba 'dul ba **III-1**, 71
'gro ba 'dul ba'i dkyil 'khor **IV-1**, 78
'gro ba 'gugs pa sgrol ma **IV-1**, 146
'gro bzang **IV-1**, 161
gro bzhin **IV-1**, 203
'gro mgon 'phags pa blo gros rgyal mtshan dpal bzang bo **IV-1**, 120
'gro mgon phyag na **IV-1**, 51
gro mo **IV-1**, 4, 5
gro mo dge bshes **IV-1**, 4
gro mo smad **IV-1**, 4
gro mo stod **IV-1**, 4
grong khyer dpe med **II**, 50
grong khyer kyi lha **IV-1**, 206
grub chen dbang phyug **IV-1**, 150
grub 'dzin dbang phyug **IV-1**, 150
grub mtha' shel kyi me long **II**, 3
grub pa **IV-1**, 166; **IV-2**, 348
grub pa mo **IV-2**, 348
grub pa'i dbang phyug **IV-1**, 149
grub pa'i rgyal mo **IV-2**, 328
grub pa'i rnal 'byor dbang phyug **IV-1**, 150
grub srung mo **IV-1**, 149
grub thob **III-1**, 66, 96
grub thob lha khang **III-2**, 35
grug dpag **II**, 71; **III-1**, 6
grum ze **IV-1**, 33
gsal shing **III-1**, 89
gsang ba **III-2**, 49; **IV-1**, 138
gsang ba 'dus pa **IV-1**, 239
gsang ba 'dus pa mi bskyod pa **IV-1**, 238
gsang ba 'dus pa mi bskyod rdo rje **IV-1**, 109
gsang ba rgyan bkod kyi dkyil 'khor gyi rnam bzhag **IV-1**, 193
gsang 'dus **IV-1**, 110
gsang 'dus 'jam pa'i rdo rje **IV-1**, 109, 238
gsang 'dus 'jam rdor dkyil 'khor gyi cho ga 'jam pa'i dbyangs kyi byin rlabs kyi rnam 'phrul **IV-1**, 109, 238
gsang 'dus 'jam rdor gyi sgrub thabs 'jam dbyangs yid 'phrog **IV-1**, 109, 238
gsang 'dus spyan ras gzigs **IV-1**, 110
gsang 'dzin mo **IV-1**, 149
gsang rgyan **IV-1**, 193
gsang sgrub ma **IV-1**, 158
gsang sngags rjes 'dzin ma **IV-1**, 123
gser bzangs dri med **III-2**, 73, 90
gser gzhung ri mo **IV-1**, 31
gser khang **II**, 63; **III-1**, 13, 64; **III-2**, 64; **IV-1**, 51
gser lding **IV-1**, 43
gser mdog can gyi sgrol ma **IV-1**, 146
gser 'od lta bu'i spyan mnga' ma **IV-1**, 126
gser 'od lta bu'i spyan snga ma **IV-1**, 125
gser phreng **IV-1**, 41
gshed dmar **III-2**, 47, 56; **IV-1**, 108, 110
gshed dmar lha bcu gsum ma'i dkyil cho ga de nyid gsal **IV-1**, 239
gshed nag **IV-1**, 108
gshegs pa'i shul yang 'dren **IV-1**, 90
gshen rab **I**, 44; **II**, 65
gshin rje **III-2**, 46-48; **IV-1**, 199, 231
gshin rje brtan ma **III-2**, 20
gshin rje dkar po **III-2**, 46
gshin rje gshed **III-2**, 58; **IV-1**, 46, 122, 123, 130, 139, 157, 162, 183, 228, 236, 237, 239
gshin rje gshed dgra nag **IV-1**, 239
gshin rje gshed dmar po **IV-1**, 109
gshin rje gshed dmar po'i lha lnga'i mngon par rtogs pa gshin rje kun 'joms **IV-1**, 237
gshin rje gshed dmar po'i rgyud **IV-1**, 239
gshin rje gshed 'jam dpal rdo rje **IV-1**, 239
gshin rje gshed rdo rje 'jigs byed chen po **III-2**, 36

gshin rje 'joms ma **IV-1**, 159
gshin rje ma **III-2**, 24
gshin rje ma rungs pa mon bu pu tra **IV-1**, 90
gshin rje mche ba ma **III-2**, 19
gshin rje pho brgyad mo brgyad **III-2**, 38
gshin rje pho nya mo **III-2**, 19
gshin rje sdom byed ma **IV-1**, 159, 160
gshin rje ser po **III-2**, 46
gshin rje sngon po **III-2**, 46
gshin rje'i bebs **III-2**, 55
gshin rje'i pho nya mo **III-2**, 55
gsod byed kyi mon pa gsum **IV-1**, 138
gsod ma **III-2**, 46; **IV-2**, 348
gsod pa **IV-1**, 167
gsung **IV-1**, 81
gsung 'bum **IV-1**, 31
gsung gi mkha' 'gro **III-2**, 30
gsung gi mkha' 'gro ma **III-2**, 33
gsung rdo rje 'dzin pa **IV-1**, 157
gsung rten **I**, 13
gtam rgyud **III-2**, 40
gter gyi bum pa **IV-2**, 348
gter ma **III-1**, 90, 100
gter sgrom can **IV-1**, 150
gti mug **III-2**, 32; **IV-1**, 81; **IV-2**, 364
gti mug gi gnyen por 'gro 'dul **IV-1**, 174
gti mug gshin rje gshed **III-2**, 44; **IV-1**, 237
gti mug 'jigs skyob sgrol ma **III-2**, 87
gtogs **III-1**, 92
gtogs 'dod **III-1**, 92
gtong ba ting nge 'dzin ye shes kyi snying po **III-1**, 30, 48
gtsang **IV-1**, 4, 5, 52; **IV-2**, 300
gtsang khang **IV-1**, 51, 71
gtsang khang chen mo byang **IV-1**, 72
gtsang pa rgya ras pa **IV-1**, 39
gtsang po **IV-1**, 5; **IV-2**, 330
gtso bo **I**, 41, 55, 66; **III-1**, 17, 49, 82; **III-2**, 11
gtso 'khor gsum **III-2**, 68
gtsug 'chang **IV-1**, 131
gtsug dgu'i dkyil 'khor gyi bkod pa **IV-2**, 358
gtsug lag khang **III-1**, 12, 64, 97; **IV-1**, 10, 16, 22, 24, 25
gtsug na'i bu mo nor 'dzin ma **III-2**, 51
gtsug nas **IV-1**, 131
gtsug tor **III-2**, 91; **IV-1**, 176, 190
gtsug tor 'bar ba **IV-1**, 138, 153
gtsug tor chen mo **IV-1**, 185
gtsug tor cher 'byung **IV-1**, 152
gtsug tor dri med **I**, 30
gtsug tor dri med kyi dkyil 'khor **IV-1**, 159
gtsug tor dri med kyi gzungs cho ga **IV-2**, 335
gtsug tor gdugs dkar **IV-1**, 176, 185
gtsug tor gdugs dkar mo **IV-1**, 124
gtsug tor gyen 'byung **IV-1**, 152
gtsug tor 'khor los sgyur ba **IV-1**, 176
gtsug tor rnam rgyal **IV-1**, 185
gtsug tor rnam rgyal ma **I**, 64
gtsug tor rnam rgyal ma'i gzungs **IV-1**, 186
gtsug tor sgra dbyangs **IV-1**, 152
gtum chen mo **IV-1**, 134
gtum mo **IV-1**, 166, 242; **IV-2**, 348
gtum mo chen mo **IV-1**, 124, 128
gtum mo'i me **IV-2**, 384
gtum pa'i dbang phyug **IV-1**, 230
gtum po **IV-1**, 167, 230; **IV-2**, 348
gu ge **II**, 4; **III-1**, 1; **IV-1**, 62
'gu ru **IV-2**, 308
gu ru lha khang **IV-1**, 39
'gu ru lung **IV-2**, 308
gu ru rin po che **I**, 41, 42, 67
gun dza **IV-2**, 350
gung pa dge shes **II**, 23
gung srong gang btsang **III-2**, 70
gung thang **II**, 8
gur gyi mgon zhi khro bcu'i bsrung 'khor rdo rje'i brag rdzong bar chag kun sel **IV-1**, 87
'gur lding **IV-1**, 47
gur mgon **IV-1**, 25, 42, 86, 87, 104, 139, 143, 162, 242; **IV-2**, 307
gur mo **IV-1**, 33, 50, 60

gur shing brtson 'grus rgyal mtshan **II**, 23, 27
gur zhal pu tra gsum gyis bzlog mdos gong dkar rdor gdan gyi zhe sol nag 'gros su bkod pa **IV-1**, 87
g.ya' bzang **IV-1**, 61, 64
gya gyu **IV-1**, 204
g.yag sde **IV-1**, 12
gyan skur ri hri **II**, 68, 69
gyang **IV-1**, 68
g.yang skur **II**, 68
g.yas 'khor **II**, 69
g.yas ru **IV-1**, 62
g.ye dmar **IV-1**, 43, 92, 93
gyen 'byung **IV-1**, 185
gyen 'byung chen po **IV-1**, 185
g.yo ru **IV-1**, 62
g.yog du ma can **IV-1**, 199
g.yon dor **IV-1**, 204
g.yon ru **IV-1**, 62
g.yu sgra **II**, 55
g.yu sgra chung **II**, 55
g.yu sgra shan pa **II**, 55
g.yu sgra stong shan **II**, 55
g.yu thog yon tan mgon po **II**, 10
g.yul las rnam par rgyal ba **IV-1**, 131
g.yung drung **I**, 43, 72; **IV-1**, 223
g.yung drung dgon pa **I**, 43
g.yung drung nyi shar **IV-1**, 35, 49
g.yung mo **IV-1**, 241
gza' **IV-1**, 124
gza' lhag **IV-1**, 180, 202, 210
gza' yum chen mo **IV-1**, 132
gzag zan **IV-1**, 204
gzhal yas khang **III-2**, 63
gzhal yas khang chen po **IV-1**, 58
gzhan gyis mi thub **IV-1**, 122, 154
gzhan gyis mi thub ma **IV-1**, 124, 128, 133, 134
gzhan gyis mi thub phreng ba can **IV-1**, 125, 128
gzhi bdag **IV-1**, 41
gzhis ka rtse **IV-1**, 16; **IV-2**, 330
gzhis stod **IV-1**, 40
gzhon dbang **IV-1**, 65
gzhon nu **III-1**, 92; **IV-1**, 222
gzhon nu bum pa **II**, 24; **IV-1**, 74
gzhon nu dpal **II**, 9, 15, 19, 23; **IV-1**, 43, 73
gzhon nu gdong drug **IV-1**, 218
gzhon nu karti ka **IV-1**, 179
gzhon nu ma **IV-1**, 166, 187, 230; **IV-2**, 348
gzhon nu nor bzang **IV-1**, 42
gzhon nu 'od **IV-1**, 43; **IV-2**, 302
gzhon nu rgya mtsho **II**, 23
gzhon nu shes rab **II**, 27, 30
gzhon nu smin drug **IV-1**, 130
gzi brjid phung po **IV-1**, 176
gzi byed phung po **IV-1**, 185
gzi ldan ma **IV-1**, 159
gzi' mal la **III-1**, 51, 52
gzig gdong **IV-1**, 104
gzims khang **IV-1**, 97
gzugs zhi gzi brjid chen mo **IV-1**, 125
gzungs **IV-1**, 185, 186
gzungs grva lnga **IV-1**, 162
gzungs kyi phyag rgya ma **IV-1**, 226
gzungs lnga **IV-2**, 307
gzungs ma lha mo **IV-1**, 226
ha 'o **IV-1**, 38
ha shang **IV-1**, 91
heruka mchog **IV-1**, 242
ho bu **III-1**, 7
ho bu lang bka' **II**, 60
ho bu lang ka **II**, 60; **III-1**, 7
hor **III-2**, 51; **IV-2**, 339
hor mo gnyan gyi spun dgu'i gtso **III-2**, 51
hor phigs **IV-1**, 46
hu shri **IV-1**, 62
hulumukhī **III-1**, 92
hūṃ mdzad **IV-1**, 191, 212, 220; **III-2**, 29
hūṃ sgra sgrog pa'i sgrol ma **IV-1**, 146
'ja' lung **IV-1**, 38
'ja' sa **IV-1**, 58

'jam dbyangs **IV-1**, 73, 101, 103, 132, 133, 170; **IV-2**, 301
'jam dbyangs dang po'i sangs rgyas **IV-1**, 156
'jam dbyangs dkar po **IV-1**, 184
'jam dbyangs mkhyen brtse **IV-1**, 241
'jam dbyangs ngag gi dbang phyug **IV-1**, 156
'jam dbyangs ngag gi rgyal po **IV-1**, 156
'jam dbyangs rgyal po rol pa **IV-1**, 155
'jam dbyangs smra ba'i seng ge **IV-1**, 113
'jam dbyangs smra ba'i seng ge'i sgrub thabs **IV-2**, 341
'jam dbyangs yan lag med pa'i rdo rje **IV-1**, 156
'jam dpal **IV-1**, 131, 132, 166, 168, 170, 172, 175; **IV-2**, 347
'jam dpal bde legs rgya mtsho **IV-1**, 90
'jam dpal bshes gnyen **IV-1**, 80, 177, 178
'jam dpal chos dbyings gsung gi dbang phyug **IV-1**, 156
'jam dpal dbyangs **III-2**, 38; **IV-1**, 161
'jam dpal grags pa **IV-1**, 80, 178
'jam dpal gshin rje gshed **IV-1**, 239
'jam dpal rnon po **III-1**, 70
'jam dpal rtsa rgyud **IV-1**, 135
'jam dpal sgyu 'phrul dra ba **IV-1**, 111
'jam dpal ye shes **III-2**, 38
'jam dpal ye shes sems dpa' **IV-1**, 155, 177, 187, 190
'jam gling mgon po **IV-1**, 41
'jam mgon **IV-1**, 148, 188
'jam pa po **IV-1**, 201
'jam pa'i mgon **I**, 30
'jam po 'khyil ba **IV-2**, 306
'ji dar rmal **II**, 12
'jig rten dbang phyug **III-1**, 82; **IV-1**, 126, 133, 166, 168-171, 173, 174; **IV-2**, 347
'jig rten gsum 'ching **IV-1**, 192
'jig rten gsum 'dul **IV-1**, 192
'jig rten gsum 'jig **IV-1**, 192
'jig rten gsum las rnam par rgyal ba **IV-1**, 138
'jig rten gsum las rnam par rgyal ba rtog pa'i rgyal po chen po **IV-2**, 407
'jig rten gsum po dbang du byed pa'i 'jig rten dbang phyug **IV-1**, 153
'jig rten las 'das pa **IV-2**, 358
'jig rten mgon po **IV-1**, 69
'jig rten pa **IV-1**, 82; **IV-2**, 348, 357
'jig rten pa'i lha chen brgyad **III-2**, 48
'jigs bhai ra va **IV-1**, 210
'jigs bhi sa nta **IV-1**, 211
'jigs bi te **IV-1**, 211
'jigs byed **I**, 66
'jigs byed kun 'gro **IV-1**, 205
'jigs byed ma **IV-1**, 166, 205, 230; **IV-2**, 348
'jigs byed po **IV-1**, 191
'jigs byed pra mi ta **IV-1**, 210
'jigs gaṇapati **IV-1**, 211
'jigs ka la bhai ra va **IV-1**, 211
'jigs ku be ra **IV-1**, 211
'jigs kun skyob **III-2**, 86
'jigs med **IV-1**, 115
'jigs med nam mkha' **IV-1**, 43, 55, 61, 106
'jigs pa med pa **IV-1**, 196
'jigs ye shes bhai ra va **IV-1**, 211
jo ba **III-1**, 5
jo bo **IV-1**, 39, 101
jo bo lugs kyi sgrol ma nyer gcig gi sgrub thabs rjes gnang dang bcas **IV-1**, 147
jo bo nā ro pa'i khyad chos bsre 'pho'i khrid rdo rje'i theg par bgrod pa'i shing rta chen po **I**, 69
jo bo rje'i lugs kyi sgrol ma nyer gcig gi sgrub thabs las tshogs dngos grub rnam gnyis kyi bang mdzod **IV-1**, 147
jo nang **IV-1**, 11, 15
'jog po **IV-1**, 180, 202
'jug pa'i dug **IV-1**, 201
ka la cag ti **II**, 58
ka lan rmal **II**, 12
ka lan smel **II**, 10
kang sar **II**, 60
kankamukhī **III-1**, 92
kar gyal **III-2**, 90

karma **IV-2**, 307
karma bka' brgyud **IV-1**, 14
karma bstan skyong **IV-1**, 50
karma pa **III-1**, 86; **IV-1**, 66
karma pakshi **IV-1**, 40, 45
kartika **IV-1**, 230
ke ri ka **II**, 58
ke'u ri ma **IV-1**, 211
ke'u shi **IV-1**, 199
ke'uri **IV-1**, 205
keurima **III-1**, 91
kha char **II**, 60
'kha 'char **II**, 60
'kha' char **II**, 60
kha che **II**, 55
kha che paṇ chen **IV-1**, 92
kha mo ze **IV-1**, 40
kha rag khyung btsun **IV-1**, 205
kha rtse **II**, 68
kha taṃ ga **I**, 67
kha thog nam rdig btsan **III-2**, 69
kha tse **II**, 54
kha tvaṃ ga **I**, 67
kha tvaṃ ga rtse gsum **I**, 62
khab gsar **IV-1**, 12
khal **IV-1**, 101
kham phor **IV-1**, 180
khams **II**, 22; **III-1**, 9
khams gsum dbang phyug **IV-1**, 123
khams gsum rnam par rgyal **III-2**, 66; **IV-1**, 139, 182
khams gsum rnam par rgyal ba **IV-1**, 130
khams gsum rnam par rgyal ba'i phyag rgya **IV-1**, 167
khams gsum rnam rgyal **IV-1**, 157, 167
khams pa rgva ston **II**, 24
khang dmar **IV-1**, 43, 46
'khar dga' **IV-1**, 13
khar sa paṇi **IV-2**, 332
khaṭvāṅga 'dzin ma **IV-1**, 228
kho re **II**, 11
'khor **I**, 55, 65; **III-1**, 17
'khor chags dgon **III-2**, 2
'khor lam **IV-1**, 102
'khor lde **II**, 14
'khor lo **I**, 56
'khor lo 'chang **IV-1**, 150
'khor lo chen po **III-2**, 47
'khor lo 'dzin ma **IV-1**, 228
'khor lo rtsibs brgyad **III-1**, 49
'khor lo sdom pa **III-2**, 9
'khor lo thams cad ma **IV-1**, 226
'khor los bsgyur ba **IV-1**, 157
'khor los bsgyur pa **IV-1**, 220
'khor los sgyur ba **IV-1**, 185
'khor re **II**, 10, 12, 14, 15, 60
'khor stod **IV-1**, 33
khra ba na **III-2**, 69
khri bkra shis brtsegs dpal **II**, 13
khri bkra shis dbang phyug nam mkha' btsan **II**, 12
khri bkra shis grags pa lde **III-1**, 4
khri bkra shis lha lde btsan **II**, 49
khri bkra shis mnga' bdag rtse lde btsan **II**, 50
khri bkra shis rtsegs pa dpal **II**, 12
'khri chen a chi tu no mon han chen po **IV-1**, 69
khri 'degs **IV-1**, 115
khri dpal **II**, 14
khri dpon **IV-1**, 60, 64
khri grags pa lde **III-1**, 4
khri kyi ling **II**, 13
khri la mgon **II**, 14
khri lde **III-1**, 4
khri lde btsug brtan **III-2**, 70
khri lde mgon **II**, 13
khri ral pa can **IV-1**, 43, 46
khri sgra dmun btsan **III-2**, 69
khri skor **IV-1**, 60, 63
khri skyid lde nyi ma mgon **II**, 13
khri srong lde btsan **II**, 3, 26, 27, 51; **IV-1**, 36, 37, 50, 67, 73, 97, 104, 232;

IV-2, 403
khri srong lde'u btsan **IV-1**, 46
khri thang jñāna **II**, 19
khro **III-1**, 15
khro ba **IV-1**, 81
khro ba 'jig rten gsum rgyal **IV-1**, 190
khro ba'i rgyal po **IV-1**, 209
khro bo **I**, 59, 60; **IV-1**, 151, 167; **IV-2**, 348
khro bo bdud rtsi'i 'khyil ba **IV-1**, 157
khro bo bsrung ba **IV-1**, 220
khro bo bzhad pa **IV-1**, 220
khro bo chags pa **IV-1**, 220
khro bo dbyug sngon can **IV-1**, 157
khro bo dpal rdo rje gzhon nu **IV-1**, 108
khro bo gar ma **IV-1**, 216
khro bo glu ma **IV-1**, 216
khro bo gnod mdzes **IV-1**, 151
khro bo gnod sbyin **IV-1**, 220
khro bo gshin rje gshed **IV-1**, 151, 157
khro bo gzegs ma **IV-1**, 139
khro bo gzhan mi thub pa **IV-1**, 151, 157
khro bo gzi brjid **IV-1**, 220
khro bo 'jig rten gsum 'ching **IV-1**, 197
khro bo 'jig rten gsum 'dul **IV-1**, 197
khro bo 'jig rten gsum 'jig **IV-1**, 197
khro bo 'jig rten gsum rnam par rgyal ba **IV-1**, 210
khro bo 'jig rten gsum snang **IV-1**, 192, 197
khro bo ka na **IV-1**, 228
khro bo khro gnyer can **IV-1**, 216, 220
khro bo khu tshur **IV-1**, 220
khro bo legs pa **IV-1**, 220
khro bo ma rungs 'tshe ba **IV-1**, 204
khro bo mi g.yo ba **IV-1**, 157
khro bo phreng ba ma **IV-1**, 216
khro bo phyag na rdo rje 'khor lo chen po **IV-1**, 238
khro bo rdo rje **IV-1**, 216
khro bo rdo rje chos **IV-1**, 216, 220
khro bo rdo rje dbab **IV-1**, 216
khro bo rdo rje dbab pa **IV-1**, 220
khro bo rdo rje 'dzin pa **IV-1**, 167
khro bo rdo rje gtsug tor **IV-1**, 140, 151
khro bo rdo rje las **IV-1**, 220
khro bo rdo rje rgyu **IV-1**, 216
khro bo rdo rje rnon po **IV-1**, 216
khro bo rdo rje sde **IV-1**, 220
khro bo rdo rje sems dpa' **IV-1**, 215, 220
khro bo rdo rje smra ba **IV-1**, 216
khro bo rgyal mtshan **IV-1**, 220
khro bo rgyal po **IV-1**, 220
khro bo rgyal po sdig pa **IV-1**, 139
khro bo rgyu **IV-1**, 220
khro bo rin chen **IV-1**, 220
khro bo rnam par rgyal ba **IV-1**, 157
khro bo rnon po **IV-1**, 220
khro bo rta mgrin **IV-1**, 140, 151, 157
khro bo sgeg mo **IV-1**, 216
khro bo sme ba brtsegs pa'i sgrub thabs dang khrus cho ga rnams nag po 'gro shes su bkod pa mig gtsang dag byed **III-2**, 55
khro bo smra ba **IV-1**, 220
khro bo stobs po che **IV-1**, 139, 157
khro bo ṭak ki **IV-1**, 228
khro bo'i sme ba brtsegs pa'i sgrub thabs **III-2**, 56
khro drag po **III-2**, 39
khro gnyer **IV-1**, 128, 217
khro gnyer can **IV-1**, 132, 152, 160, 215, 216
khro gnyer g.yo ba'i sgrol ma **IV-1**, 146
khro mo **III-2**, 19; **IV-1**, 174
khro mo brtsegs **IV-2**, 308
khro mo chen mo **III-1**, 87; **IV-1**, 204, 241
khro mo ma bcos ma **IV-1**, 193
khro mo rdo rje sems ma **IV-1**, 220
khro mo rme brtsegs **IV-1**, 121
khro mo rta'i gdong can ma **IV-1**, 157
khro mo sems ma **IV-1**, 215
khro mo seng ge gdong can ma **IV-1**, 157
khro mo spyang ki'i gdong can ma **IV-1**, 157
khro mo stag gi gdong can ma **IV-1**, 157
khro rgyal dbang phyug **IV-1**, 12

khro rgyal smre rtsegs **III-2**, 46, 55
khru **IV-1**, 115
'khrugs mo **III-1**, 92
khrums smad **IV-1**, 203
khrums stod **IV-1**, 203
khrungs sa **IV-1**, 39
khrus **III-2**, 56
khu **IV-1**, 197, 198, 207
khu le **IV-1**, 39
khu tshur **IV-1**, 218
khu tshur can **IV-1**, 201
khva gdong ma **III-2**, 19
khva tse, khva rtse **III-1**, 2, 4, 5, 61, 68
khvang po **II**, 22
khyab 'jug **III-1**, 92; **IV-1**, 130, 191, 198, 222, 230
khyab 'jug gi gzug 'dzin pa **IV-1**, 169
khyab 'jug gi 'khor lo **IV-1**, 105
khyab 'jug khor byas **IV-2**, 65
khyab 'jug ma **IV-1**, 166, 187, 211, 230; **IV-2**, 348
'khyams **IV-1**, 102
khyim bya **III-1**, 33
khyim lha **IV-1**, 206
khyung **IV-1**, 35, 36, 61
khyung khams pa chen po **IV-1**, 40
khyung lung **II**, 55
khyung po chos brston **II**, 22
khyung rin chen grags **IV-1**, 44
khyung weng **II**, 55, 59, 64; **III-1**, 6
khyur 'gro **IV-1**, 200
ki li ki la'i gzugs can 'dzin ma **IV-1**, 175
ki li mā li **IV-1**, 136
ki li mā li chen po **IV-1**, 136
ki li mi li **IV-1**, 181
klong rdol bla ma **II**, 10, 61; **III-2**, 15, 48, 55; **IV-1**, 55, 60, 61, 63
klong rdol bla ma'i gsung 'bum **III-2**, 15, 48, 55; **IV-1**, 55
klu **I**, 44; **III-1**, 73; **IV-1**, 180, 202
klu 'brog mo **II**, 64
klu 'bum bsdus pa'i snying po **III-2**, 55
klu dga' **IV-1**, 39
klu mtha' yas **IV-1**, 180
klu'i rgyal ba **IV-1**, 149
klu'i rgyal mtshan **II**, 51; **IV-1**, 48
ko'u di nya **IV-1**, 196
kritamukhī **III-1**, 92
ku be ra **IV-1**, 200; **IV-2**, 306
kul 'ching ru **II**, 23
kun bzang **III-2**, 89; **IV-2**, 385
kun dga' ba **IV-1**, 10
kun dga' bkra shis rgyal mtshan **IV-1**, 58
kun dga' blo dpal bzang po **IV-1**, 53
kun dga' blo gros **IV-1**, 45
kun dga' blo gros rgyal mtshan dpal bzang po **IV-1**, 53, 58
kun dga' blo'i 'byung gnas rgyal mtshan dpal bzang po **IV-1**, 53
kun dga' bo **IV-1**, 196
kun dga' bsod nams bzang po **IV-1**, 54
kun dga' bsod nams grags pa rgyal mtshan dpal bzang po **III-1**, 18
kun dga' bzang po **III-1**, 18; **IV-1**, 65
kun dga' gzhon nu **IV-1**, 65
kun dga' legs 'byung gnas blo gros rgyal mtshan dpal bzang po **IV-1**, 54
kun dga' nyi ma'i rgyal mtshan po **IV-1**, 57
kun dga' ra ba'i lha **IV-1**, 206
kun dga' rgyal mtshan **IV-2**, 307
kun dga' rgyal mtshan dpal bzang po **IV-1**, 58, 54, 74
kun dga' rin chen **IV-1**, 65, 87
kun dga' snying po **II**, 25; **IV-1**, 197; **IV-2**, 319
kun 'dzin ma **IV-1**, 226
kun grub dbang phyug **IV-1**, 150
kun gzigs tshe dpag med **IV-1**, 145; **IV-2**, 327
kun nas 'od zer **IV-1**, 206
kun rig **III-1**, 17, 18, 26, 46; **III-2**, 64, 66; **IV-1**, 75, 80, 84, 195, 208-210; **IV-2**, 365
kun rig gi dkyil 'khor gyi bkod pa **IV-1**, 190, 195, 208-210; **IV-2**, 358, 363, 364

kun rig gi sgo nas tshe 'das rjes su 'dzin tshul **III-1**, 18
kun rig lha khang **IV-1**, 75
kun rig rnam par snang mdzad **III-1**, 17, 49
kun rig rtsa ba'i dbang gis 'tshams sbyor blo gsal kun dga' **III-1**, 18
kun snang **IV-1**, 206
kun sring shes mtsho **II**, 56
kun tu bzang mo **IV-1**, 226
kun tu bzang po **IV-1**, 40, 131, 132, 135, 160, 161, 181, 187, 195, 208
kun tu me tog **IV-1**, 152
kun tu 'od kyi sa **IV-1**, 184
kun tu rgyal ba **IV-1**, 130
kun tu snang ba **IV-1**, 199
kun tu snang ba'i blo gros **IV-1**, 206
kyai rdo rje **IV-1**, 241
kye rdo rje **IV-1**, 110, 112
kye rdo rje'i rgyud las 'byung ba'i rang byin kyis rlabs pa'i rig byed ma **IV-1**, 155
kye rdo rje'i rim pa'i kurukullā **IV-1**, 154
kye'i rdo rje rgyud las 'byung ba'i 'jig rten gsum po dbang du byed pa'i lha mo rig byed ma **IV-1**, 154
kyi nor ye shes dbang phyug **II**, 27
kyid lde **II**, 12
kyu wang **II**, 54
la du **IV-1**, 187
la phug **IV-1**, 187
la ri **II**, 69
la smad **IV-1**, 63
la stod **IV-1**, 63
lag **IV-1**, 44, 203
lag bzang **IV-1**, 105
lag na rdo rje rig ma **IV-1**, 134
lag na rdo rje rig ser phreng **IV-1**, 125
lag pa'i 'du byed **IV-1**, 19
lam 'bras **IV-1**, 105
lam 'bras lha khang **IV-1**, 105
lam rim **IV-1**, 105
lan kan **IV-1**, 116
lan khan **IV-1**, 116
lang ka **II**, 60
las **IV-1**, 76
las byed kyi mon pa nag po **IV-1**, 138
las drug dgon pa **IV-1**, 41
las kyi byams pa **IV-1**, 163
las kyi gsang ba **IV-1**, 163
las kyi hūṃ mdzad **IV-1**, 212
las kyi me lha **III-2**, 66
las kyi mgon po **IV-1**, 69
las kyi mi g.yo ba **IV-1**, 130
las kyi mkha' 'gro ma **III-2**, 32
las kyi rdo rje **IV-1**, 163
las kyi rdo rje ma **III-1**, 29; **IV-1**, 219
las kyi rgyal po **IV-1**, 218
las kyi rig **IV-1**, 213
las kyi rigs **IV-1**, 212, 218
las kyi sems dpa' **IV-1**, 218
las kyi sems ma **IV-1**, 177, 190
las kyi sgrib pa rgyun gcod kyi rgyud **II**, 26
las kyi sgrib pa thams cad rnam par sbyong ba'i gzungs **IV-1**, 186
las kyi spyan mchog **IV-1**, 163
las kyi tshe dpag med **IV-2**, 327
las la dbang ba **IV-1**, 186
las ma **IV-1**, 219
las mkhan **IV-1**, 106
las stod **II**, 23; **IV-1**, 44
las stod dkon mchog mkhar **IV-1**, 44
lcags kyu **III-1**, 21, 143; **IV-1**, 191
lcags kyu 'dzin pa **IV-1**, 167
lcags pa **IV-1**, 33
lcags ri **III-1**, 98, 13; **IV-1**, 67
lcags sgrog **IV-1**, 191
lcags spyang **IV-1**, 91
lcags thang **IV-1**, 11
lcam dral **IV-1**, 90, 107; **IV-2**, 307
lcang ra **IV-1**, 36, 38, 44, 45, 56
lce **IV-1**, 36, 51
lce a mes chen po sangs rgyas ye shes **IV-1**, 51
lce btsun shes rab 'byung gnas **IV-1**, 51

lce dug **IV-1**, 201
lce lha bzang grags **IV-1**, 50
lce spyang **IV-1**, 91
lce zhar **II**, 23
lde **III-1**, 4; **III-2**, 70
lde btsug mgon **II**, 10, 14
lde gtsug mgon **II**, 12, 13
lde sku mkhas pa **IV-1**, 22
ldog gong kha pa **II**, 24
ldog pa kle ston **II**, 23
leb **IV-1**, 63
le brgan rtsi dang rin chen ma **IV-1**, 125
le tshe **IV-1**, 149
leg gtsug mgon **II**, 13
legs ldan **IV-1**, 69
legs ldan ma **IV-1**, 226
legs ldan mched gsum **IV-1**, 138
legs pa **IV-1**, 12
legs pa dpal **IV-1**, 65
legs pa bzang po **II**, 56
legs pa'i blo gros kyi sa **IV-1**, 183
legs pa'i shes rab **II**, 23, 26, 27, 30, 56, 67
legs skyong ma **IV-1**, 159
legs so sbyin **IV-1**, 158
lha **IV-1**, 91
lha bhriṅgiriti **IV-1**, 191
lha bla ma **II**, 15
lha bla ma byang chub 'od **II**, 10, 14, 63, 64
lha bla ma ye shes 'od **II**, 10, 13-15, 25, 63, 64; **III-1**, 76
lha brang **III-1**, 8
lha brgya byin **IV-1**, 191
lha btsun **II**, 17; **IV-1**, 3, 28
lha btsun byang chub 'od **II**, 13, 48
lha btsun byang chub 'od kyi mon bu pu tra ming sring gi sgrub thabs kha bkol ma'i gzhung lde ba **III-2**, 31
lha btsun pa **IV-1**, 90
lha bzo mkhas pa **IV-1**, 22
lha chen **III-1**, 92; **IV-1**, 82, 130, 190
lha chen brgyad **III-2**, 48
lha chen po **IV-1**, 230
lha chos **II**, 65
lha cig cag she **II**, 13
lha dbang blo **II**, 21
lha dbang phyug chen po **IV-1**, 191
lha dga' **IV-1**, 39
lha do **IV-1**, 46
lha do sbas lung **IV-1**, 38
lha 'dod pa'i dbang phyug **IV-1**, 191
lha gzhon nu gdong drug **IV-1**, 191
lha khang **I**, 13; **II**, 4, 65; **III-1**, 85
lha khang chen mo **III-1**, 98
lha khang dkar byung **III-1**, 80
lha khang dkar po **III-1**, 6; **III-2**, 61
lha khang gong ma **III-1**, 115
lha khang 'og **IV-1**, 42
lha lde **II**, 10-14, 16, 49, 59, 60, 64
lha lde btsan **II**, 59
lha lung **I**, 40; **II**, 5, 54; **III-1**, 2, 4, 17, 49, 57, 81, 110, 113; **IV-1**, 184
lha ma yin **III-1**, 71; **IV-1**, 105, 199, 208
lha ma yin dbang po **IV-1**, 181
lha ma yin gyi dbang po bde mchog **IV-1**, 105
lha ma yin gyi srin po **IV-1**, 105
lha ma yin 'jam dpal **III-1**, 71
lha ma yin thags bzang ris **IV-1**, 199
lha mo **III-2**, 55; **IV-1**, 139, 140, 229
lha mo bzhad pa ma **IV-1**, 157
lha mo dbyangs can ma **IV-1**, 137
lha mo dug sel ma **IV-1**, 132
lha mo glang po'i rdo rje **IV-1**, 153
lha mo grags ldan ma **IV-1**, 152
lha mo gzi brjid dga' ba'i rdo rje **IV-1**, 219
lha mo las kyi khu tshur ma **IV-1**, 171
lha mo lce spyang rdo rje ma **IV-1**, 153
lha mo 'od zer can **IV-1**, 123, 132, 146
lha mo pad ma can **IV-1**, 162
lha mo phag mo rdo rje **IV-1**, 153
lha mo phyag rgya'i khu tshur ma **IV-1**, 171
lha mo rab brtan rdo rje **IV-1**, 153
lha mo rdo rje dpal **IV-1**, 219

lha mo rig byed ma **IV-1**, 155
lha mo rin chen gdugs ma **IV-1**, 167
lha mo rin chen khu tshur ma **IV-1**, 171
lha mo rin chen rgyal mtshan ma **IV-1**, 167
lha mo rin chen srog shing ma **IV-1**, 168
lha mo rnga can ma **IV-1**, 167
lha mo sgrol ma nyi shu rtsa gcig la bstod pa, rnam dag gtsug gi nor bu **IV-2**, 328
lha mo ye shes khu tshur ma **IV-1**, 171
lha mo'i lha khang **III-1**, 85
lha mtshams **IV-1**, 203
lha rje chos byang **IV-1**, 93, 96
lha rje rgya nag **IV-1**, 47
lha rtse **IV-1**, 10-12, 15, 23; **IV-2**, 307, 330, 367
lha sa **IV-2**, 314
lha sde **IV-1**, 63
lha tho **I**, 44
lha tshang pa **IV-1**, 191
lha tshogs **III-1**, 17
lha tshogs bdag **IV-1**, 191
lha yi bu byang chub sems dpa' **II**, 17
lha zhe dgu ma'i sgrub thabs **III-2**, 38
lhag chung **IV-1**, 38, 49
lhag pa **IV-1**, 133
lha'i dbang po **IV-1**, 152
lha'i 'jam dpal **III-1**, 71
lha'i rgyal mtshan **IV-1**, 13, 23
lha'i skad du **II**, 65
lhan cig skyes pa rdo rje **IV-1**, 241
lhan cig skyes pa'i rol pa **I**, 8
lhas btsas **II**, 50
lho **II**, 71; **IV-1**, 60
lho brag **II**, 51; **IV-1**, 61
lho stod **IV-1**, 39
lhun grub **IV-1**, 13
lhung bzed **I**, 53, 67; **III-1**, 58
li **IV-1**, 21
li lugs **IV-1**, 21, 95
lnga rtsen **IV-2**, 306
lo chung legs pa'i shes rab **IV-1**, 73
lo rgyus **III-1**, 50
lo ston rdo rje dbang phyug **IV-1**, 50, 51
lo tsā ba **I**, 1, 3; **III-1**, 5, 44, 50, 61; **III-2**, 39, 90
lo tsā ba'i lha khang **II**, 67; **III-1**, 98
log 'dren **IV-1**, 201, 204
lta ngan 'jigs skyob sgrol ma **III-2**, 87
ltar zon **IV-1**, 33
ltas ngan **IV-1**, 34
lto 'phye **IV-1**, 200
lto 'phye rab brtan **IV-1**, 200
lto 'phye'i rgyal po sa bdag **IV-1**, 199
ltung bshags **III-2**, 73; **IV-2**, 312
lū i pa **III-2**, 12, 14, 15, 19, 20, 22, 23; **IV-1**, 105, 109, 242; **IV-2**, 381
lugs srol **III-2**, 31
lung dmar **IV-1**, 40
lung nag **IV-1**, 44
lung thang khung **IV-1**, 97
lus ngan **III-2**, 47; **IV-1**, 231
ma chen **IV-2**, 210
ma 'gag pa **IV-1**, 196
ma gcig dpal mo **IV-1**, 56
ma gcig lha mo **IV-1**, 46
ma gcig ma **IV-2**, 351
ma hā gsang 'gal **II**, 58
ma mo **III-2**, 24, 51; **IV-1**, 166, 172, 202, 204, 230
ma mo 'jigs ma **IV-1**, 225
ma ne btsan **III-2**, 70
ma nu ha ra ma **IV-1**, 211
ma pham g.yu mtsho **II**, 8, 9, 55; **III-1**, 1
ma rgad byed pa **IV-1**, 201
ma rig **III-2**, 32
ma rig mun sel **III-1**, 70
ma ru rtse **IV-1**, 86
ma yang **III-1**, 110
ma yang pa **II**, 55
ma zangs dar po **IV-1**, 56
mag dge lding **IV-1**, 38, 47, 98; **IV-2**, 335
man lung **IV-1**, 40, 49

man ngag **IV-1**, 197
mang **IV-1**, 33
mang lung **IV-1**, 43
mang nang **II**, 23; **III-2**, 2, 81; **IV-1**, 15, 70
mang 'or **II**, 51
mang 'or byang chub shes rab **II**, 22
mang srong mang btsang **III-2**, 69, 70
mar khyu **IV-1**, 106
mar me ma **III-2**, 23; **IV-1**, 130, 162, 176, 222
mar me mdzad **IV-1**, 42, 72, 101, 135
mar me'i sgrol ma **IV-1**, 154
mar pa **I**, 30, 70; **II**, 2, 27, 28
mar pa chos kyi blo gros **IV-1**, 73
mar pa rdo rje ye shes **IV-1**, 48
mar thung dad pa shes rab **II**, 22
mar yul **II**, 8, 10, 51, 54, 61; **IV-1**, 62
mar yul ba dkon mchog brtsegs **II**, 23
mchod pa'i lha mo **III-1**, 36, 57, 59, 82; **III-2**, 23; **IV-1**, 123, 139, 145, 162, 169, 179, 194, 209
mchod rten **I**, 3; **III-1**, 6; **III-2**, 66, 82; **IV-1**, 42, 102; **IV-2**, 396
mchod rten brgya rtsa brgyad bya ba **I**, 21, 29
mchod rten bsgrub pa'i cho ga mdor bsdus pa **I**, 21
mchod rten dang tsha tsha gdab pa **I**, 21
mchod rten gdab pa'i cho ga **I**, 21
mchod rten gyi cha rnam par dbye ba **I**, 8
mchod rten gyi dbye ba 'dul ba byung ba'i mdo **I**, 23
mchod rten gyi mtshan nyid ston pa bu ston lo tsa'i 'gyur **I**, 8
mchod rten lnga gdab pa'i cho ga **I**, 21, 29, 30
mchod rten sgrub pa'i cho ga **I**, 21, 23, 24
mchod yon **III-2**, 24
mchod yon ma **III-2**, 24
mchog **III-2**, 9; **IV-1**, 167; **IV-2**, 348
mchog sbyin sgrol ma **IV-1**, 147
mchog sbyin sgrol ma'i sgrub thabs **IV-2**, 328
mchu **IV-1**, 203
mda' 'bum **IV-1**, 51
mda' 'dzin ma **IV-1**, 228
mdangs can ma **IV-1**, 205
mdangs ldan ma **IV-1**, 159, 162
mdangs slar 'phrog ma **IV-1**, 226
mdo chen **IV-1**, 34
mdo 'grel **II**, 8, 22, 33, 47-51, 61, 62; **IV-1**, 41, 74; **IV-2**, 305
mdo khams **IV-1**, 62
mdo mang **II**, 46, 64
mdo rgyud zab mo'i chos kyi lung rjes gnang dbang khrid thob yig gzhan pan rin chen dbang rgyal lhag bsam pun da ri ka'i 'phreng bas spud pa **IV-1**, 31
mdo smad **IV-1**, 62
mdo stod **IV-1**, 62
mdun brdar **IV-1**, 204
mdun gyi shul byang 'dren pa **IV-1**, 90
mdung ring **IV-1**, 107
mdzad **III-2**, 29
mdzad kyi sgrub thabs **IV-1**, 108
mdzad pa bcu gnyis **III-1**, 54; **III-2**, 74
mdzod 'dzin ma **IV-1**, 228
mdzod spu **IV-1**, 228
me bzhi **IV-1**, 203, 204
me lce'i 'khor lo can **IV-1**, 200
me lha **III-2**, 46, 47, 65; **IV-1**, 72, 211, 219, 231
me lha gsal byed **IV-1**, 206
me long **I**, 27, 63
me ltar 'bar ba **IV-1**, 191, 227
me ltar 'bar ba phra mo **IV-1**, 174
me lug **IV-1**, 9
me pho 'brug **II**, 21
me tog cher rgyas **III-1**, 20, 39, 48
me tog ma **III-2**, 23, 24; **IV-1**, 130, 176, 194, 222
me'i 'jigs pa skyob pa'i sgrol ma **IV-1**, 147
mes 'ag tshom **III-2**, 70
mes dbon gsum **IV-1**, 104
mgo **IV-1**, 203
mgo mkhar **III-1**, 2

mgon khang **IV-1**, 25, 42, 46, 68, 86, 104
mgon po **III-2**, 48, 57, 74; **IV-1**, 72, 69, 96, 137; **IV-2**, 160
mgon po beng **IV-1**, 69, 137; **IV-2**, 306
mgon po gzag ldan **III-2**, 46
mgon po phyag drug **I**, 66; **III-1**, 73; **IV-1**, 96, 148
mgos **IV-1**, 36
mgos khri bzang po **IV-1**, 97
mgos khyung rgod rtsal **IV-1**, 97
mgos phag ri **IV-1**, 34
mgos yul **IV-1**, 33
mgos yul stod gsum **IV-1**, 34
mgu ca legs **III-2**, 69
mi bskyod pa **I**, 52; **IV-1**, 149, 150, 162, 168, 176-178, 209, 214, 220, 238
mi bskyod pa'i rigs **IV-1**, 109
mi g.yo **IV-1**, 122, 130
mi g.yo ba **III-2**, 88, 89; **IV-1**, 47, 85, 123, 129, 139, 153, 192, 197
mi g.yo ba'i rtul phod pa'i rgyud **IV-1**, 131
mi g.yo ba'i sa **IV-1**, 183
mi g.yo tshe dpag med **IV-1**, 145; **IV-2**, 327
mi 'jigs pa **IV-1**, 115
mi 'khrugs pa'i rgyud **II**, 26
mi la ras pa **I**, 70; **II**, 2, 8; **IV-2**, 384
mi mo **III-1**, 93
mi pham ma **IV-1**, 205
mi rgod kyi 'jigs pa skyob pa'i sgrol ma **IV-1**, 147
mi sde **IV-1**, 63
mi thub zla ba **II**, 26
mi'am ci'i rgyal po ljon pa **IV-1**, 181
mig dmar **IV-1**, 133, 180, 202, 210, 223, 231
mig mi bzang **III-2**, 47, 58
mig 'phyang **IV-1**, 201
mi'i 'jam dpal **III-1**, 71
ming chen **IV-1**, 196
ming po **IV-1**, 87; **IV-2**, 348
ming po gsum **IV-1**, 166, 172
ming sring **IV-1**, 87, 90
mjug ring **IV-1**, 133, 180
mkha' gdong ma **IV-1**, 193
mkha' 'gro **III-2**, 30; **IV-1**, 91; **IV-2**, 308
mkha' 'gro ma **I**, 43; **IV-1**, 108, 110
mkha' 'gro ma rdo rje gur **IV-1**, 110
mkha' 'gro ma rme brtsegs **IV-1**, 121
mkha' 'gro rgya mtsho **IV-1**, 109
mkha' lding **IV-1**, 115
mkha' lding gser mig **IV-1**, 199
mkha' lding ser mig can **IV-1**, 199
mkha' ro **IV-1**, 39
mkhan po **IV-1**, 26
mkhar khe **IV-1**, 13, 23
mkhas grub dge legs dpal bzang **I**, 68
mkhas grub dge legs dpal bzang gi gsung 'bum **IV-1**, 241
mkhas grub dge legs dpal bzang po **III-2**, 80
mkhas grub rje **III-2**, 38, 44, 60, 86
mnga' bdag dpal 'khor btsan **II**, 13
mnga' bdag kho re **II**, 13
mnga' bdag khri ral pa can **IV-1**, 97, 104
mnga' ris **II**, 8, 10, 18, 19, 21, 28, 62; **III-1**, 148; **III-2**, 2; **IV-1**, 61
mnga' ris bskor gsum **II**, 8; **IV-1**, 62
mnga' ris grva tshang **II**, 21
mnga' ris gung thang gu ge **II**, 62
mngag gzhug ded dpon **IV-1**, 198
mngag gzhug pa yid du 'ong ba **IV-1**, 198
mngag gzhug rdo rje bde ba **IV-1**, 199
mngag gzhug yid du 'ong ba **IV-1**, 198
mngag pa **IV-1**, 198
mngon brjod kyi bstan bcos mkhas pa'i rna rgyan **IV-2**, 301
mngon dga' ba **IV-1**, 42
mngon du gyur pa'i sa **IV-1**, 183
mngon mkhyen rgyal po **III-2**, 73, 90
mngon mtho **IV-2**, 251
mngon par dga' ba **IV-1**, 162
mngon par rtogs pa'i rgyan **II**, 21
mngon phyogs **IV-1**, 152
mngon spyod kyi me lha **IV-1**, 211

mo lung **IV-1**, 41
mo na **II**, 71
mon **III-2**, 51
mon bu **IV-1**, 86
mon bu pu tra **IV-1**, 86, 106
mon bu pu tra ming sring **IV-1**, 104
mon gor **IV-1**, 66
mon gre **IV-1**, 203
mon gru **IV-1**, 203
mon mo gser gyi spu gri ma **IV-1**, 90
mon pa **II**, 57; **III-2**, 83
mon skyer chu **IV-1**, 34
mos pa la dbang ba **IV-1**, 186
mos spyod kyis sa **IV-1**, 183
mo'u dgal gyi bu **IV-1**, 196
mtha' yas **IV-1**, 202
mtha' yas kyi bu **IV-1**, 130
mtha' yas zhal ma **IV-1**, 193
mtho lding **II**, 61
mtho mthing **II**, 61
mthong ba don ldan **IV-1**, 42
mthong ba don yod **IV-1**, 93, 195
mthu can **IV-1**, 218
mthu chen po **IV-1**, 126, 182
mthu chen thob **IV-1**, 152, 188
mtshams khang **III-1**, 5
mtshan brjod **IV-1**, 178
mtshan brjod kyi dkyil 'khor gyi bkod pa **IV-1**, 155, 177, 179, 181, 185, 187-189; **IV-2**, 355
mtshan legs **III-2**, 90
mtshan ma **IV-1**, 82
mtshan ma brgyad **IV-2**, 347, 349
mtshan ma bzhi **IV-2**, 348, 349, 364
mtshan yang dag par brjod pa **IV-1**, 155, 177
mtsho po **IV-1**, 23
mtshur phu **III-1**, 86
mu rdza **IV-2**, 350
mu rgyan ta ka myur bas 'jug pa **IV-1**, 201
mya ngan 'joms **IV-1**, 188
mya ngan dang mun pa thams cad nges par 'joms pa'i blo gros **IV-1**, 156, 182, 195
mya ngan med mchog dpal **III-2**, 90
mya ngan sel ba'i sgrol ma **IV-1**, 146
myang chung **IV-1**, 16, 26-28, 31, 32, 34-51, 56-59, 62, 67, 73, 74, 86, 92, 97, 98, 100-103, 106, 108, 110; **IV-2**, 302, 305, 306, 387
myang stod **II**, 23; **III-1**, 73
myang yul stod smad bar gsum gyi ngo mtshar gtam gyi legs bshad mkhas pa'i 'jug ngogs **IV-1**, 27
myar ma **I**, 29, 30, 38, 47, 48; **II**, 60, 61
myur bas 'jug pa'i dug **IV-1**, 201
myur mdzad **III-2**, 57
myur mdzad mgon po phyin kha **III-2**, 46
myur mdzad ye shes kyi mgon po phyag drug pa'i gtor cho ga bskang gso cha lag dang bcas **III-2**, 57
na bza' dkar mo **IV-1**, 150
na ga lde **II**, 10
na ra **II**, 71
nā ra ka dong sprugs **III-1**, 35, 44, 86
na rag **III-1**, 85
na rag dong sprugs **IV-1**, 204
na rag dong sprugs 'gyod tshangs gshags pa'i rgyal po **III-1**, 86
nabs so **IV-1**, 203
nag mo **IV-1**, 166, 205, 230; **IV-2**, 348
nag mo chen mo **IV-1**, 166, 191, 230; **IV-2**, 348
nag mo gnod sbyin **IV-1**, 89
nag pa **IV-1**, 203, 204
nag po chen po **IV-1**, 69, 166, 180, 230; **IV-2**, 348
nag po gnod sbyin **IV-1**, 89
nag po spyod pa **IV-1**, 111, 242
nag tsho **II**, 48; **IV-2**, 393
nāga kar gyal **II**, 64
nam gru **IV-1**, 201, 203, 205
nam mkha' brtan **IV-1**, 65
nam mkha' bzang po **IV-1**, 23
nam mkha' dbang phyug ma **IV-1**, 139

nam mkha' dge ma **IV-1**, 193
nam mkha' dpal **IV-1**, 12
nam mkha' dri med chung dkyil 'khor **IV-1**, 177
nam mkha' dri med dkyil 'khor chen po **IV-1**, 178
nam mkha' 'jigs med rdo rje **III-1**, 9
nam mkha' lding **IV-1**, 199, 207
nam mkha' lding gi rgyal po rdo rje **III-2**, 88
nam mkha' lding gyi dbang po **IV-1**, 181
nam mkha' legs **IV-1**, 54
nam mkha' mdzod **IV-1**, 156, 165, 166, 170, 172, 182, 189, 195; **IV-2**, 347
nam mkha' 'od zer **IV-1**, 11
nam mkha' rdo rje **IV-1**, 219
nam mkha' snying po **III-2**, 89; **IV-1**, 126, 161, 166, 167, 171, 175, 209; **IV-2**, 347
nam mkha'i mdzod **IV-1**, 168
nam mkha'i snying po **IV-1**, 168, 170, 171, 173, 182, 189
nam mkha'i spyan ma **IV-1**, 132, 152
nam snying **III-2**, 89
nang **IV-1**, 138
nang blon **IV-1**, 50, 59
nang chen **IV-2**, 330
nang chen 'phags pa dpal **IV-1**, 56
nang chen 'phags pa rin chen **IV-1**, 56
nang chen rab 'byor **IV-1**, 56
nang sgrib can **IV-1**, 200
nang so **IV-2**, 330
narag **III-1**, 86, 87
nāraka dong sprugs **III-1**, 86
nga rgyal **III-2**, 32; **IV-2**, 364
nga rgyal 'jigs skyob sgrol ma **III-2**, 87
ngag dbang 'jam dpal bde legs rgya mtsho **IV-1**, 87
ngan song kun 'dren **IV-1**, 188, 195
ngan song las sgrol ba'i sgrol ma **IV-1**, 146
ngan song sbyong ba **IV-1**, 76, 192
ngan song sbyong ba'i rgyud rje'i gsung gi mchan dang bcas pa **III-1**, 24
ngan song thams cad sbyong ba **IV-1**, 208
ngan song thams cad yongs su sbyong ba gzi brjid kyi rgyal po'i brtag pa **IV-1**, 190
nges par legs pa **IV-2**, 251
ngor **IV-1**, 100
nor bu bzang po **IV-1**, 181, 200; **IV-2**, 306
nor bu 'dzin **IV-1**, 163
nor bu gling pa **II**, 25, 26
nor bu khyung rtse **IV-1**, 35, 38, 48
nor bu'i bsrung ba **III-1**, 30
nor bu'i chags pa **III-1**, 30, 47
nor bu'i dpal **III-1**, 30
nor bu'i gnod sbyin **III-1**, 30
nor bu'i gsung ba **III-1**, 30
nor bu'i 'khor lo **III-1**, 30
nor bu'i khu tshur **III-1**, 30
nor bu'i mtshon cha ma **III-1**, 29
nor bu'i nyi ma **III-1**, 30
nor bu'i 'od can **IV-1**, 216
nor bzang **III-1**, 53, 54, 107; **IV-1**, 155, 163
nor khyung stag ro **IV-1**, 48
nor ldan gyi gzungs **IV-1**, 186
nor lha'i rgyal po **IV-1**, 200
nor rgyas **IV-1**, 130, 180, 202
nor rgyun ma **IV-1**, 136
nor sbyin **IV-1**, 231
nor sbyin 'dzin **IV-1**, 196
nor skyong **I**, 9
nor srung **III-1**, 93
nu ma chos lung **IV-1**, 41
nya dbon kun dga' dpal **IV-2**, 387
nyan lugs khro mo rme brtsegs ma'i sgrub thabs dbang bskur khrus cho ga dang bcas pa **III-2**, 56
nyang **IV-1**, 31, 36; **IV-2**, 335
nyang bar **IV-1**, 32, 33
nyang chu **IV-1**, 31, 33, 38
nyang ro **IV-1**, 36
nyang smad **IV-1**, 32, 33, 48
nyang stod **IV-1**, 32, 36, 40, 43, 97
nyang stod skor la phebs pa'i lam yig tshig bcad **IV-1**, 31

nyang 'tsho lha khang **IV-1**, 49
nye bar 'khor **IV-1**, 196
nye dbang **III-2**, 47
nye dga' bo **IV-1**, 202
nye gnas **IV-1**, 51
nye wang **II**, 68
nyera chu **IV-1**, 31
nyi ma **III-1**, 21; **IV-1**, 133, 180, 202, 210, 217, 230; **IV-2**, 320
nyi ma sbas **IV-1**, 148
nyi ma sku **IV-1**, 169
nyi ma'i dbang phyug khri lde **III-1**, 4
nying ro **IV-1**, 33, 39, 40
nyug rgyal khang **IV-1**, 10
nyung ti **II**, 57
o rgyan **III-2**, 37
'od byed pa'i sa **IV-1**, 183
'od dpag med **III-1**, 32, 45, 54, 59; **IV-1**, 145, 150, 155, 168, 176, 178, 182, 189, 195, 215, 243
'od dpag med gar gyi dbang phyug **IV-1**, 217
'od gsal **III-1**, 100; **III-2**, 26, 34, 41
'od kyi phreng ba **IV-1**, 152
'od kyi rgyal mtshan **II**, 11
'od ldan ma **IV-1**, 205
'od lde **II**, 10-14, 17, 21, 49, 50
'od ma'i tshal **III-2**, 80
'od 'phrog pa'i sa **IV-1**, 183
'od srungs **II**, 10-14; **III-2**, 70; **IV-1**, 136
'od srungs chen po **III-1**, 84
'od zer can **IV-1**, 160, 205
'od zer can ma **IV-1**, 42, 118
'od zer can ma'i gzungs **IV-1**, 186
'od zer can ma'i sgrub thabs **IV-1**, 120
'od zer gtsug tor **IV-1**, 157
'od zer seng ge **IV-1**, 65
'og dpag ma **IV-1**, 140
'om thang **IV-1**, 39; **IV-2**, 314
pa sangs **IV-1**, 133, 180, 202, 210
pa snam **IV-1**, 37, 38
pa snam pa **IV-1**, 49
pa snam zhol po **IV-1**, 49
pa tshab lo tsā ba tshul khrims rgyal po **IV-1**, 49
pa tshab pa snam **IV-1**, 49
pad chen **IV-1**, 202
pad dkar lde **III-1**, 4
pad dra bcu gcig zhal **IV-1**, 148
pad ma 'byung gnas **I**, 67; **IV-1**, 149
pad ma can **IV-1**, 50, 205
pad ma chen po **IV-1**, 169
pad ma chen po chags pa'i mtshon cha'i mtshan ma **IV-1**, 170
pad ma chen po gtum po'i dbang phyug **IV-1**, 169
pad ma chen po gtum po'i dbang phyug gi mtshan ma **IV-1**, 170
pad ma chen po nag po'i mtshan ma **IV-1**, 170
pad ma chen po rgya mtsho **IV-1**, 169
pad ma chen po rgya mtsho ming hrī **IV-1**, 170
pad ma chen po rlung gi lha ming dhī **IV-1**, 170
pad ma chen po sa 'dzin **IV-1**, 169
pad ma chen po sa 'dzin lha mo ming śrī **IV-1**, 170
pad ma dkar po **I**, 51, 69; **II**, 7, 9, 24, 47, 61, 62; **III-2**, 62; **IV-1**, 49
pad ma dra ba **IV-1**, 148
pad ma gos ma **IV-1**, 243
pad ma gshin rje gshed **III-2**, 45
pad ma khro gnyer can **IV-1**, 243
pad ma mi g.yo ba **IV-1**, 130
pad ma mkha' 'gro **III-2**, 30
pad ma mkha' 'gro ma **III-2**, 32
pad ma mthar byed **IV-1**, 183
pad ma nor bskal **IV-1**, 56
pad ma rin chen **IV-1**, 217
pad ma sems dpa' **IV-1**, 217
pad ma sgrol ma **IV-1**, 243
pad ma spyan ma **IV-1**, 243
pad ma thang yig **IV-1**, 64
pad ma tshe dpag med **IV-2**, 327
pad ma'i bsrung ba **IV-1**, 218
pad ma'i gar gyi dbang phyug **IV-1**, 218

pad ma'i las **IV-1**, 218
pad ma'i mngon mtshan rdo rje mtshan **IV-1**, 125
pad ma'i rgyu **IV-1**, 218
pad ma'i rigs **IV-1**, 217
pad ma'i sems dpa' **IV-1**, 219
pad ma'i sgrol ma **IV-1**, 218
pad ma'i smra ba **IV-1**, 218
pad ma'i spyan **IV-1**, 126
pad ma'i yan lag **IV-1**, 131
pad ma'i zhal ma **IV-1**, 193
padma **IV-1**, 180
padma 'bar ma **IV-1**, 243
padma 'byung gnas **IV-1**, 150
padma chen po **IV-1**, 180
padma chos 'dzin **IV-1**, 163
padma kun tu dbab **IV-1**, 163
padma mthar byed **IV-1**, 123
padma rgyal mo **IV-1**, 164
padma rigs **IV-1**, 213
padma sman gyi sde **IV-1**, 163
padma thang yig **IV-1**, 34
padma'i bdug pa ma **III-1**, 33
padma'i 'bebs pa **III-1**, 33
padma'i bzhad pa **III-1**, 32
padma'i chags **III-1**, 31
padma'i dbang phyug **IV-1**, 150
padma'i don yod pa'i dbang phyug **III-1**, 32
padma'i dpal **III-1**, 32
padma'i dri ma **III-1**, 33
padma'i gar gyi dbang phyug **III-1**, 33
padma'i gar ma **III-1**, 33
padma'i glu ma **III-1**, 33
padma'i gnod sbyin **III-1**, 33
padma'i gsung **III-1**, 32
padma'i khro gnyer **III-1**, 32
padma'i khu tshur **III-1**, 33
padma'i lcags sgrog **III-1**, 33
padma'i legs **III-1**, 32
padma'i mar me ma **III-1**, 33
padma'i mchi ba'i blo gros **IV-1**, 163
padma'i me tog ma **III-1**, 33
padma'i mngon mtshan ma **IV-1**, 134
padma'i nyi ma **III-1**, 32
padma'i phreng ba ma **III-1**, 33
padma'i phyag **IV-1**, 150
padma'i rgyal po **III-1**, 31
padma'i rgyu **III-1**, 32
padma'i sgeg mo **III-1**, 33
padma'i sgrol ma **III-1**, 32
padma'i sgrub phug **IV-1**, 39
padma'i srung ba **III-1**, 33
padma'i ting nge 'dzin **III-1**, 32
pan chen blo bzang chos kyi rgyal mtshan dpal bzang po **IV-1**, 31
paṇ chen zhva mo **I**, 66
pañ ji ka **IV-1**, 200
pan tso ra **IV-1**, 74
Paṇḍita thugs rje chen po **IV-1**, 74
par btab rmal **II**, 12
pas khu **IV-1**, 44
pha dam pa **IV-2**, 341
pha wang **III-1**, 93; **IV-1**, 201
phag **IV-2**, 364
phag gru **IV-1**, 61
phag mo **III-2**, 45, 93; **IV-2**, 348; **IV-1**, 187, 237
phag mo drug pa **IV-1**, 66
phag mo gru **IV-1**, 64, 66
phag mo gru pa **IV-1**, 66
phag mo mngon par byang chub pa **IV-1**, 111
phag ri **IV-1**, 5, 33, 36
phag zhal can **IV-1**, 150
'phags dpal **IV-1**, 29
'phags ma **IV-1**, 137
'phags ma sgrol ma **IV-1**, 134
'phags ma sgrol ma 'jigs pa brgyad las skyob pa'i mdo **III-2**, 86
'phags ma sgrol ma khro gnyer can **IV-1**, 125
'phags ma sgrol ma stobs chen mo **IV-1**, 125
'phags pa **IV-1**, 52, 59; **IV-2**, 307, 385
'phags pa dpal bzang po **IV-1**, 45, 58;

IV-2, 303
'phags pa gnas kyi dbang phyug **IV-1**, 132
'phags pa 'jam dpal **IV-1**, 163
'phags pa kun nas sgor 'jug pa'i 'od zer gtsug tor dri ma med par snang ba de bzhin gshegs pa thams cad kyi snying po dang dam tshig la rnam par lta ba zhes bya ba'i gzungs **IV-2**, 334
'phags pa kun nas sgor 'jug pa'i 'od zer gtsug tor dri ma med par snang ba'i gzungs bklag cing mchod rten brgya rtsa brgyad dam mchod rten lnga gdab pa'i cho ga mdo sde las btus pa **I**, 9, 23, 29
'phags pa mkha' 'gro ma rdo rje gur zhes bya ba'i rgyud kyi rgyal po chen po'i brtag pa **IV-1**, 87
'phags pa mtshan yang dag par brjod pa'i rgya cher 'grel pa mtshan gsang sngags kyi don du rnam par lta ba **IV-2**, 357
'phags pa sgrol ma **IV-1**, 134
'phags pa shes rab **II**, 22, 24; **IV-1**, 74
'phags pa shes rab kyi pha rol tu phyin pa'i tshul brgya lnga bcu pa **IV-2**, 404
'phags pa spyan ras gzigs don yod zhags pa **IV-1**, 151
'phags skyes po **III-2**, 47, 58
phar lding **IV-1**, 44
phar phyin **IV-1**, 184
'phel ba **IV-1**, 166; **IV-2**, 348
pho brang **III-1**, 8
pho lung **IV-1**, 41
pho nya **IV-1**, 90, 139, 198
pho nya ba **IV-1**, 198
pho nya kun tu snang ba **IV-1**, 198
pho nya mo **IV-1**, 123, 139
pho nya mo nag mo **III-2**, 46
pho nya mo rul ma **IV-1**, 224
pho nya rdo rje ded dpon **IV-1**, 199
pho nya rdo rje 'jigs pa **IV-1**, 224
pho nya rdo rje me **IV-1**, 224
pho nya rdo rje rlung **IV-1**, 224
pho nya rdo rje tho ba **IV-1**, 224
pho nya rnam par snang ba **IV-1**, 198
pho ri **II**, 68
phra dog 'jigs skyob sgrol ma **III-2**, 87
phra dog rdo rje gshin rje gshed **III-2**, 44
phra men ma **III-1**, 88
phrag dog **III-2**, 32
phrag dog gshin rje gshed **IV-1**, 237
phreng ba ma **IV-1**, 215
phrin las **IV-1**, 81
'phrin las lhun grub **III-1**, 70
'phrog ma **IV-1**, 175
'phrog ma bu dang bcas **IV-1**, 181
phung po gsum pa'i mdo **IV-1**, 126
phur bu **I**, 47; **IV-1**, 133, 180, 202, 210; **IV-2**, 398
phur khar **II**, 68; **III-1**, 5
phur pa **III-2**, 49; **IV-1**, 90; **IV-2**, 398
phur pa rtsa dum gyi rgyud **IV-1**, 108
phyag dor khyung 'dra **III-2**, 88
phyag len ltar gsang sngags spyi spungs 'gro lugs zin ris kha skong **I**, 72
phyag na rdo rje **I**, 30, 59; **III-2**, 46, 88; **IV-1**, 73, 121, 122, 129, 131-133, 140, 142, 143, 148, 151, 153, 161, 163, 168, 170, 191, 208, 209; **IV-2**, 301, 305
phyag na rdo rje atsala **III-2**, 88
phyag na rdo rje 'byung po 'dul byed **IV-1**, 143
phyag na rdo rje 'chi bdag **IV-1**, 190
phyag na rdo rje 'chi bdag 'joms pa **IV-1**, 209
phyag na rdo rje gar mkhan **IV-1**, 121
phyag na rdo rje 'gro bzang **III-2**, 88; **IV-1**, 161
phyag na rdo rje gtum chen **III-22**, 88
phyag na rdo rje mdo gzungs **IV-1**, 162
phyag na rdo rje tum chung **III-22**, 88
phyag na rin chen **IV-1**, 182
phyag rdor **I**, 59, 60; **IV-1**, 42
phyag rdor gtum po **IV-1**, 111
phyag rdor gyi sras po **IV-1**, 131
phyag rdor 'khor chen **IV-1**, 110
phyag rdor 'khor chen gyi bstod pa bstod pas don thams cad 'grub pa **IV-1**, 110, 238

phyag rdor lcags sbugs **IV-1**, 161
phyag rgya **IV-1**, 124
phyag rgya brten ma **IV-1**, 158, 160
phyag sangs **III-2**, 46
phyag stong spyan stong **III-2**, 63
phyi dar **II**, 7; **IV-1**, 93
phyi ma **IV-2**, 358
phyi ma'i phyi ma **IV-2**, 358
phyi sgrib can **IV-1**, 200
phying **IV-1**, 33
phyir bzlog ma chen mo **IV-1**, 128
phyogs bcu sangs rgyas **IV-1**, 84
phyogs mthun **III-2**, 15
phyogs skyong **III-2**, 48, 65; **IV-1**, 72, 91, 126, 143, 158, 159, 162, 169, 171, 179, 191, 202; **IV-2**, 363
phyug po sgang dkar po **IV-1**, 65
pi ci kuṇ ḍa li **IV-1**, 181
pi wang **IV-2**, 350; **IV-1**, 181
pramohā **III-1**, 87, 89; **IV-1**, 205
pu hrangs **II**, 68
pu rang **II**, 4, 8, 18, 54, 60; **III-1**, 77
pu rangs **II**, 10
pu shu **I**, 23
pu tra **IV-1**, 86
pu tra ming sring **IV-1**, 86, 87, 143
puṇya smal **III-1**, 77
pur mkhar **III-1**, 5
puskasī **III-1**, 91
ra **IV-1**, 33
ra lul smal **II**, 10
ra lung chu **IV-1**, 31
rab brtan **IV-2**, 385
rab brtan blo gros **IV-1**, 206
rab brtan kun bzang **IV-2**, 309
rab brtan kun bzang 'phags pa **IV-1**, 27, 42, 44, 45; **IV-2**, 303, 385
rab 'byor **IV-1**, 196
rab dga' **IV-1**, 181
rab dga' ba'i sa **IV-1**, 183
rab gsal **III-2**, 68
rab rgyas gling **III-1**, 10, 47, 48; **III-2**, 74
rab sim **IV-1**, 199
rab tu bzang mo **IV-1**, 137
rab tu dang ba'i sgrol ma **IV-1**, 154
rab tu dga' ma **IV-1**, 137
rab tu dpa' ba'i sgrol ma **IV-1**, 146
rab tu gnas **I**, 37
rab tu zhi bar byed pa'i lha mo **IV-1**, 143
rabs bdun **IV-1**, 93, 96
rad nis **II**, 55, 61, 64, 65, 67; **III-1**, 6
ral gcig ma **IV-1**, 128, 129, 139, 146, 154
ral gri **I**, 68; **III-1**, 56
ral gri 'dzin pa **IV-1**, 167
ral gri gshin rje gshed **III-2**, 45
ral pa can **II**, 3; **IV-1**, 34, 37, 232
rang bzhin gyi sgrib pa can **IV-1**, 200
rang rig rtse **II**, 70; **III-1**, 7; **IV-1**, 111
ras chung pa **IV-1**, 111
rdo lcags **IV-1**, 40
rdo ring **I**, 25
rdo rje **I**, 62, 63; **III-1**, 93
rdo rje 'bar ba mo **IV-1**, 224
rdo rje bde byed **IV-1**, 161
rdo rje bdud 'jom **IV-1**, 49
rdo rje bdud rtsi **IV-1**, 108
rdo rje bdud rtsi ma **IV-1**, 223
rdo rje bdud rtsi'i rgyud **IV-1**, 108
rdo rje bdug spos ma **IV-1**, 162
rdo rje be con **IV-1**, 122, 138
rdo rje 'bebs **IV-1**, 232
rdo rje 'bebs ma **III-1**, 42
rdo rje 'bebs pa **III-1**, 24
rdo rje brang **IV-1**, 131
rdo rje bsdams **IV-1**, 176
rdo rje bsdams pa **IV-1**, 229
rdo rje bsrung ba **III-1**, 22; **IV-1**, 178, 194, 215-217
rdo rje 'byung **II**, 23, 26
rdo rje bzhad ma **IV-1**, 139
rdo rje bzhad pa **III-1**, 21; **IV-1**, 169, 176-178, 215-217

rdo rje can **IV-1**, 243
rdo rje chags pa **III-1**, 21; **IV-1**, 176, 177, 185, 214, 215, 220
rdo rje 'chang **I**, 66, 69; **III-1**, 65; **IV-1**, 7, 24, 105, 153, 161, 177; **IV-2**, 386
rdo rje 'chang chen po **III-1**, 66
rdo rje che **IV-1**, 122
rdo rje chen mo **III-2**, 91
rdo rje chos **III-1**, 21; **IV-1**, 103, 165, 176, 178, 189, 208, 209, 214, 215
rdo rje chos ma **III-1**, 29
rdo rje chos pa **VI-1**, 176
rdo rje chu dbang ma **IV-1**, 139
rdo rje cod pan **IV-1**, 131
rdo rje dam pa sbyin pa **IV-1**, 152
rdo rje dbang **IV-1**, 223
rdo rje dbang phyug **IV-1**, 59, 149
rdo rje dbang phyug ma **IV-1**, 139
rdo rje dbang skur ma **IV-1**, 226
rdo rje dbyings **IV-1**, 226
rdo rje dbyings dkyil 'khor **IV-1**, 176
rdo rje dbyings kyi dbang phyug ma **IV-1**, 150, 149, 226
rdo rje dbyings las rgyal **IV-1**, 162
rdo rje dbyug mchog ma **IV-1**, 223
rdo rje dbyug pa **IV-1**, 223
rdo rje dga' ba mo **IV-1**, 224
rdo rje dgun **IV-1**, 168, 231
rdo rje dgun ma **III-1**, 42; **IV-1**, 166; **IV-1**, 219
rdo rje dkar mo **IV-1**, 219
rdo rje dngos grub 'byung ma **IV-1**, 139
rdo rje 'dod ba'i dbang phyug ma **IV-1**, 219
rdo rje don yod dga' ma **IV-1**, 219
rdo rje dpal **IV-1**, 177
rdo rje dpyid **IV-1**, 231
rdo rje drag mo **IV-1**, 140
rdo rje dran ma **III-1**, 42; **IV-1**, 231
rdo rje dran pa **IV-1**, 168, 231
rdo rje dri **IV-1**, 169
rdo rje dril bu **III-1**, 23, 50; **IV-1**, 222
rdo rje dril bu ma **IV-1**, 162
rdo rje dus **III-2**, 29
rdo rje dus ma **IV-1**, 224
rdo rje gāndharī **IV-1**, 154
rdo rje gar ma **III-1**, 23; **IV-1**, 163, 169
rdo rje gdan **I**, 53; **IV-1**, 38, 48, 98, 233, 235; **IV-2**, 335
rdo rje gdan bzhi **IV-1**, 108, 242
rdo rje gdan bzhi'i dkyil 'khor rgyas pa'i sgrub thabs mi brjed par dran byed **IV-1**, 108
rdo rje gdong dkar mo **IV-1**, 139
rdo rje gdug pa 'dul **IV-1**, 162
rdo rje glang sna **IV-1**, 223
rdo rje glu ma **III-1**, 23; **IV-1**, 163
rdo rje gnod byed mo **IV-1**, 140
rdo rje gnod sbyin **III-2**, 29; **III-1**, 22; **IV-1**, 162, 169-172, 176, 178, 194, 215-217; **IV-2**, 347
rdo rje grags **III-2**, 39
rdo rje grags pa **III-2**, 59
rdo rje 'gros **IV-1**, 126
rdo rje gtsug 'chang **IV-1**, 229
rdo rje gtsug tor **III-2**, 29; **IV-1**, 228
rdo rje gtum mo **III-1**, 71, 111
rdo rje gtum po **IV-1**, 122
rdo rje gtum po khyung lnga'i grub thabs gdug pa can 'joms par byed pa rdo rje pha laṃ **III-1**, 111
rdo rje gur **IV-1**, 112
rdo rje gur brtag gnyis **IV-1**, 110
rdo rje gyen du lta ba'i gdong **IV-1**, 139
rdo rje gzhon nu ma **IV-1**, 134, 139, 222
rdo rje gzhon nu'i rig 'dzin ma **IV-1**, 125
rdo rje gzi brjid **III-1**, 21; **IV-1**, 176, 178, 215, 217
rdo rje gzugs **IV-1**, 169
rdo rje gzugs ma **IV-1**, 179
rdo rje hūṃ mdzad **IV-1**, 108, 122, 123, 139, 167, 170, 171, 212, 210, 215, 221; **IV-2**, 347, 365
rdo rje hūṃ mdzad kyi sgrub thabs **IV-1**, 108

rdo rje 'jigs byed **III-2**, 29, 36, 39, 44, 85; **IV-1**, 109, 183, 238
rdo rje 'jigs byed chen po **III-2**, 35
rdo rje 'ju ba ma **IV-1**, 223
rdo rje 'khor lo **IV-1**, 174
rdo rje khrag 'thung **IV-1**, 183
rdo rje khrag 'thung ma **IV-1**, 140
rdo rje khro mo **IV-1**, 140
rdo rje khu tshur **III-1**, 22, 44; **IV-1**, 166, 169-172, 174, 176, 178, 194, 215-217, 229; **IV-2**, 347
rdo rje khu tshur ma **IV-1**, 223
rdo rje khyab 'jug ma **IV-1**, 139
rdo rje 'khyil ba **IV-1**, 223
rdo rje ki la ki la **IV-1**, 139
rdo rje ki la ki la ya **IV-1**, 168
rdo rje ki li ki la **IV-1**, 229
rdo rje ki li ki la ya ma **IV-1**, 231
rdo rje ki li ki li **IV-1**, 231
rdo rje kīlikīlī **III-1**, 42
rdo rje kun ma **IV-1**, 226
rdo rje kun tu 'dzin **IV-1**, 161
rdo rje las **III-1**, 22; **IV-1**, 103, 171, 176, 178, 194, 214, 215, 217-219, 222
rdo rje las kyi phar phyin ma **IV-1**, 184
rdo rje las ma **IV-1**, 175, 188, 214
rdo rje las rab **IV-1**, 209, 216
rdo rje lcags kyu **III-1**, 23; **IV-1**, 139, 228, 231
rdo rje lcags kyu ma **III-1**, 42; **IV-1**, 162
rdo rje lcags sgrog **III-1**, 23; **IV-1**, 232
rdo rje lcags sgrog ma **III-1**, 42; **IV-1**, 132
rdo rje legs **IV-1**, 214, 220
rdo rje legs pa **III-1**, 21; **IV-1**, 176, 177, 216
rdo rje lha mo ca co sgrog pa **IV-1**, 219
rdo rje ljags **IV-1**, 171
rdo rje ljags ma **IV-1**, 171
rdo rje lu gu rgyud **IV-1**, 134
rdo rje lu gu rgyud gzhan **IV-1**, 125
rdo rje ma chen mo **IV-1**, 140
rdo rje mar me ma **III-1**, 23; **IV-1**, 163
rdo rje mchu can ma **IV-1**, 134
rdo rje mdangs ma **IV-1**, 223
rdo rje me dang nyi ma 'bar ltar **IV-1**, 139
rdo rje me ltar 'bar ba **IV-1**, 183, 227
rdo rje me tog **IV-1**, 131,
rdo rje me tog ma **III-1**, 23; **IV-1**, 161
rdo rje mgon po **IV-1**, 229
rdo rje mgyogs ma **IV-1**, 224
rdo rje mi byed ma **III-1**, 42
rdo rje mi bzad 'joms **IV-1**, 162
rdo rje mi g.yo ba **IV-1**, 130
rdo rje mkha' 'gro **III-2**, 30
rdo rje mkha' 'gro ma **III-2**, 32; **IV-1**, 242
rdo rje mkha' rnam 'joms pa mo **IV-1**, 125, 128
rdo rje mthu chen **IV-1**, 162
rdo rje mtshan mo **IV-1**, 139
rdo rje mtshon cha **IV-1**, 223, 231
rdo rje mtshon cha 'dzin **IV-1**, 227
rdo rje mtshon cha 'dzin ma **IV-1**, 228
rdo rje mtshon cha ma **III-1**, 42; **IV-1**, 226
rdo rje myos pa **IV-1**, 223
rdo rje nag po chen po **IV-1**, 90
rdo rje nag po chen po gur gyi mgon po **IV-1**, 87
rdo rje nyi ma **III-2**, 29; **IV-1**, 177, 187, 216
rdo rje nyi 'od **IV-1**, 126
rdo rje 'od **IV-1**, 223
rdo rje pad ma **IV-1**, 214, 217
rdo rje padma ma **IV-1**, 188
rdo rje padmo **IV-1**, 226
rdo rje phag mo **IV-1**, 98
rdo rje 'phags pa **IV-1**, 238
rdo rje pho nya mo **IV-1**, 224
rdo rje phreng ba **IV-1**, 111, 112, 223
rdo rje 'phreng ba **IV-1**, 176
rdo rje 'phreng ba ma **III-1**, 22
rdo rje phur bu **IV-1**, 122
rdo rje phur pa rtsa ba'i rgyud kyi dum bu **IV-1**, 108
rdo rje phyag 'tshal ba **IV-1**, 229
rdo rje 'phyor ma **IV-1**, 224

rdo rje ra ba **IV-1**, 222
rdo rje rab tu 'dul **IV-1**, 161
rdo rje rangs byed ma **IV-1**, 140
rdo rje rdo rje ma **IV-1**, 171
rdo rje rgya gram **I**, 65, 68
rdo rje rgyal mtshan **III-1**, 21; **IV-1**, 176, 178, 215-217
rdo rje rgyal po **III-1**, 21; **IV-1**, 151, 176, 177, 185, 214, 215, 220, 229
rdo rje rgyu **III-1**, 22; **IV-1**, 176, 178, 215, 217
rdo rje rig pa'i rgyal mo **IV-1**, 228
rdo rje rigs **IV-1**, 213, 215, 222, 230
rdo rje rin chen **III-1**, 21; **IV-1**, 103, 176, 178, 214, 217
rdo rje rin chen bzang po **IV-1**, 217
rdo rje rin chen ma **III-1**, 29; **IV-1**, 214
rdo rje rin po che **IV-1**, 176, 177
rdo rje rkang gdub **IV-1**, 229
rdo rje rked chings ma **IV-1**, 223
rdo rje rlung 'dzin chen ma **IV-1**, 140
rdo rje rmongs byed ma **IV-1**, 140
rdo rje rnam par 'joms pa **IV-1**, 122
rdo rje rnam rgyal **IV-1**, 223
rdo rje rnon po **III-1**, 22; **IV-1**, 176, 178, 215, 217, 229
rdo rje ro **IV-1**, 169
rdo rje ro langs ma **IV-1**, 44, 140, 154, 239
rdo rje rtag pa **III-2**, 29
rdo rje rtsal **IV-1**, 97
rdo rje rtse gcig **III-2**, 42
rdo rje rtse lnga **I**, 67
rdo rje rtse mo **IV-1**, 212, 213, 220, 222, 225
rdo rje rtse mo'i rgyud **IV-1**, 212, 220; **IV-2**, 366
rdo rje sa 'og **III-2**, 29; **IV-1**, 121
rdo rje sa 'og gi rgyud kyi rgyal bo **IV-2**, 305
rdo rje sbrang rtsi **IV-1**, 166, 168
rdo rje sde **IV-1**, 212, 229
rdo rje sdug **IV-1**, 131
rdo rje sems dpa' **I**, 64; **III-1**, 20; **III-2**, 29; **IV-1**, 71, 103, 151, 166, 168, 170, 171, 173, 176, 177, 187, 185, 191, 192, 195, 208, 209, 214, 219, 220, 229; **IV-2**, 347
rdo rje sems dpa' thugs kyi sgrub pa las gsungs pa'i zhi khro na ra ka dong sprugs gi sgrub thabs **III-1**, 87
rdo rje sems ma **III-1**, 29; **IV-1**, 214
rdo rje ser mo **IV-1**, 139, 222
rdo rje ser smug **IV-1**, 223
rdo rje sgeg mo **III-1**, 22; **IV-1**, 176
rdo rje sgo ba ma **IV-1**, 223
rdo rje sgra **IV-1**, 169, 189
rdo rje sgrog **IV-1**, 229
rdo rje sgrol ma **IV-1**, 156, 157, 219
rdo rje sgrol ma dkar mo che **IV-1**, 157
rdo rje sku mchog **IV-1**, 171
rdo rje smin ma **IV-1**, 131
rdo rje smra ba **III-1**, 22; **IV-1**, 171, 176, 178, 215, 217
rdo rje snang byed ma **IV-1**, 140
rdo rje snang mdzad **III-1**, 49
rdo rje snyems ma **IV-1**, 171
rdo rje snyems pa **IV-1**, 168, 229, 231
rdo rje snying po **IV-1**, 161, 175, 182, 190, 195
rdo rje snying po ma **III-1**, 42
rdo rje snying po rgyan gyi rgyud kyi dkyil 'khor gyi rnam gzhag **IV-1**, 176, 190
rdo rje sprin **IV-1**, 166, 168, 231
rdo rje spyan ma **IV-1**, 219; **III-1**, 42
rdo rje sring mo **IV-1**, 162
rdo rje stobs po che **III-2**, 29
rdo rje ston **IV-1**, 168, 231
rdo rje ston ka **IV-1**, 166
rdo rje ston ma **III-1**, 42
rdo rje tho ba **IV-1**, 122
rdo rje thugs ma **IV-1**, 226
rdo rje ting nge 'dzin ma **IV-1**, 171
rdo rje tsar tsi ka **IV-1**, 140
rdo rje tshe dpag med **IV-2**, 327
rdo rje tshol byed ma **IV-1**, 140

rdo rje tshug par dka' ba **IV-1**, 140
rdo rje yid las byung ba **IV-1**, 168
rdo rje za ba ma **IV-1**, 223
rdo rje zhags pa **III-1**, 23; **IV-1**, 228, 231
rdo rje zhags pa ma **III-1**, 42; **IV-1**, 162
rdo rje zhe sdang **III-2**, 26
rdo rje zhi ba ma **IV-1**, 223
rdo rje zhi ba mo **IV-1**, 140
rdo rje zla ba **IV-1**, 131
rdo rje'i phyag rgya can **IV-1**, 150
rdo sems **III-2**, 29
rdzi lung **IV-1**, 41
rdzogs chen **III-1**, 9
rdzogs pa'i sgrol ma **IV-1**, 154
rdzong **IV-1**, 42
rdzong dpon **IV-1**, 26
rdzong shos **IV-1**, 12
rdzu 'phrul **IV-1**, 115
rdzu 'phrul cher ston **IV-1**, 196
rdzu 'phrul la dbang ba **IV-1**, 186
rdzu 'phrul rkang pa **IV-1**, 165
re hri **II**, 69;. **III-1**, 5
re ma ti **IV-1**, 153
re'u dri ma **IV-1**, 211
re'u rmal **II**, 12
rgan byad ma **IV-1**, 187
rgod pa 'joms pa'i sgrol ma **IV-1**, 146
rgod po lung **IV-1**, 42
rgod tshang pa **III-1**, 96
rgya **IV-2**, 306, 325; **IV-1**, 10, 36, 39, 40
rgya brtson 'grus seng ge **IV-1**, 40
rgya dpag pa'i lha khang **III-1**, 115
rgya dpon **IV-1**, 64
rgya gar lugs **IV-1**, 94
rgya gnas **IV-1**, 40, 43, 92
rgya gram **III-2**, 95
rgya 'jam dpal gsang ba **IV-1**, 36, 39, 43, 44, 97
rgya lugs **IV-1**, 21
rgya ma **IV-1**, 61, 64
rgya mkhar **IV-1**, 38, 47, 48
rgya mkhar lung **IV-1**, 47
rgya mkhar rtse'i ri **IV-1**, 35
rgya phigs **IV-1**, 46, 47
rgya sang shi **IV-1**, 39
rgya ye tshul **II**, 23, 30
rgyab yol **IV-1**, 93
rgyal **IV-1**, 203
rgyal ba **IV-1**, 205, 231
rgyal ba bzang po **IV-1**, 65
rgyal ba shes rab **II**, 50
rgyal ba tsong kha pa chen po'i bka' 'bum **III-1**, 24, 25; **III-2**, 58
rgyal ba'i byung gnas **II**, 26
rgyal ba'i gtsug tor **IV-1**, 176
rgyal ba'i lha **II**, 26
rgyal ba'i rdo rje ma **IV-1**, 134
rgyal ba'i sgrol ma **IV-1**, 146, 154
rgyal bar byed pa **IV-1**, 166, 175, 180; **IV-2**, 348
rgyal chen **IV-1**, 133, 143, 153, 191
rgyal khyung mchog **IV-1**, 162
rgyal mchog rin chen **III-1**, 20, 39, 47
rgyal mkhar rtse **IV-1**, 31
rgyal mtshan **IV-1**, 13, 217
rgyal mtshan dpal **IV-1**, 4
rgyal mtshan grags **IV-1**, 10, 94
rgyal mtshan pa **IV-1**, 11, 54
rgyal mtshan rtse mo **IV-1**, 139
rgyal mtshan rtse mo'i dpung rgyan **IV-1**, 140
rgyal mtshan rtse mo'i dpung rgyan ma **IV-1**, 226
rgyal po **IV-1**, 202; **IV-2**, 308; **III-1**, 2
rgyal po'i khab **III-2**, 81
rgyal rabs gsal ba'i me long **II**, 8; **III-1**, 51; **III-2**, 70; **IV-1**, 21, 27, 46
rgyal rtse **IV-1**, 4, 31, 42, 100; **IV-2**, 339, 385
rgyal sras lam rim bsdus **IV-1**, 74
rgyal tshab **II**, 16, 17
rgyal tshab dar ma rin chen **I**, 68
rgyan gong **IV-1**, 50
rgyang **IV-1**, 33

rgyang dkar gong ma **IV-1**, 42
rgyang mkhar **IV-1**, 23; **IV-2**, 307
rgyang pa chos blos **II**, 23
rgyang ro **II**, 23; **IV-1**, 32-34, 36, 38, 43, 73
rgyang ro chu **IV-1**, 33, 38
rgyang ro gud chung **IV-1**, 43
rgyas ldan ma **IV-1**, 158-160
rgyas pa **IV-1**, 81, 204
rgyas pa'i me lha **IV-1**, 211
rgyu lan **II**, 69
rgyu skar **IV-1**, 202
rgyud 'grel **I**, 8, 9, 13, 14, 17, 21, 23-26, 29, 30, 35, 46; **II**, 36, 47, 48-55, 62; **III-1**, 21, 22, 26, 29, 36, 49, 50, 55, 88; **III-2**, 9, 28, 48, 58, 66, 86, 88, 89; **IV-1**, 8, 45, 109, 122, 137, 145, 147, 148, 155, 162, 197, 198, 207, 210, 237, 238; **IV-2**, 314-321, 326-329, 331-333, 335, 341, 357
rgyud mid **IV-1**, 204
rgyud phyi ma **IV-1**, 79
rgyud phyi ma'i phyi ma **IV-1**, 79
rgyud sde nas gsungs pa'i lha tshogs du ma'i sgrub thabs kyi rim pa phyogs gcig tu bkod pa phan bde'i 'dod dgu ster ba yongs 'du'i 'khri shing **III-2**, 29
rgyud sde spyi'i rnam par bzhag brgyas par bshad pa **III-2**, 80, 86
rgyud thams cad kyi rgyal po dpal gsang ba 'dus pa'i rgya cher bshad pa sgron ma gsal ba'i tshig don ji bzhin 'byed pa'i mchan gyi yang 'grel **III-1**, 35, 73
rgyun shes **IV-1**, 204
ri **II**, 69; **III-1**, 5
ri bo che **IV-1**, 41
ri bo rgyal ba **IV-1**, 196
ri dvags rgyal po **IV-1**, 201
ri khrod **IV-1**, 27
ri khrod dga' ldan **IV-1**, 42
ri khrod lo ma can gyi sgrub thabs **IV-2**, 314
ri khrod lo ma can ma **IV-1**, 132
ri khrod lo ma gyon ma **IV-1**, 127, 186
ri khrod ma **IV-1**, 241
ri mo **IV-1**, 18
ri nang **IV-1**, 32, 30, 41
ri nang phug chu **IV-1**, 41
ri rdzong **I**, 38
rig 'dzin gyi rgyal po don grub **IV-1**, 181
rig ma gos dkar mo **IV-1**, 243
rig pa chen mo **IV-1**, 132
rig pa mchog **IV-1**, 228
rig rtse **II**, 70; **III-1**, 7
rig sngags 'chang **IV-1**, 205
rigs **IV-2**, 363
rigs bsdus **IV-1**, 110
rigs bzang gi mkha' 'gro ma snang 'od 'bum gyi rnam thar **IV-1**, 30
rigs gsum mgon po **IV-1**, 73
rigs ldan **IV-1**, 130, 180, 202
rigs lnga **III-1**, 56, 99; **IV-1**, 96; **IV-2**, 327
rigs mdzes ma **IV-1**, 219
rigs rkyang **IV-1**, 110
rigs thams cad kyi dkyil 'khor du 'jug pa'i rgyur rdo rje 'khor lo **IV-1**, 174
ri'i jo ba **III-1**, 5
ri'i lha **IV-1**, 206
rin 'byung **IV-1**, 150
rin 'byung phyag rgya bzhi **IV-1**, 178
rin chen bdug pa ma **III-1**, 31
rin chen blo gros dpal bzang po **IV-1**, 29
rin chen 'byung ldan **III-2**, 26; **IV-1**, 168, 176-178, 209, 214
rin chen 'byung ldan dbug dbyung **IV-1**, 176
rin chen bzang mo **IV-1**, 163, 164
rin chen bzang po **I**, 30, 38, 42, 50; **II**, 1; **III-2**, 1; **IV-1**, 79
rin chen bzang po lo tsā ba'i lha khang **II**, 59
rin chen bzhad pa **III-1**, 30, 47
rin chen chags pa **IV-1**, 216
rin chen char 'bebs **III-1**, 30
rin chen dbang phyug **II**, 56; **IV-1**, 149, 150
rin chen dpal 'byor **IV-1**, 13

rin chen dpal grub **IV-1**, 12
rin chen dpal ldan ma **IV-1**, 219
rin chen gar ma **III-1**, 30
rin chen glu ma **III-1**, 30, 47
rin chen 'grags **IV-1**, 10
rin chen grub **IV-2**, 378
rin chen gter mdzod **III-1**, 86, 87, 90, 94, 100; **III-2**, 31, 49, 55, 57; **IV-1**, 87, 107
rin chen gtso mo **IV-1**, 226
rin chen gyi sems dpa' **IV-1**, 216
rin chen gzhon nu **II**, 30
rin chen hūṃ mdzad **IV-1**, 212
rin chen las **IV-1**, 218
rin chen lcags sgrog **III-1**, 31, 48
rin chen legs pa **III-1**, 30; **IV-1**, 216
rin chen lta ba **III-1**, 30, 47
rin chen ma **IV-1**, 134, 219
rin chen mchod pa **III-1**, 30
rin chen mchog **III-1**, 24
rin chen mi g.yo ba **IV-1**, 130
rin chen mkha' 'gro **III-2**, 30
rin chen mkha' 'gro ma **III-2**, 32
rin chen pad ma **IV-1**, 217, 243
rin chen pad ma'i phar phyin ma **IV-1**, 184
rin chen pad ma'i ting nge 'dzin **III-1**, 30
rin chen phreng ba **III-1**, 30
rin chen phreng ba ma **III-1**, 30, 47
rin chen rdo rje **II**, 25, 47; **IV-1**, 208
rin chen rdo rje ma **IV-1**, 175, 188
rin chen rgyal mtshan **III-1**, 30
rin chen rgyal po **IV-1**, 216
rin chen rigs **IV-1**, 213, 216, 221
rin chen rnam rgyal dpal bzang po **IV-2**, 378
rin chen rnon po **III-1**, 30, 48
rin chen sems dpa' **IV-1**, 216, 219
rin chen sems ma **IV-1**, 177
rin chen sgang **IV-1**, 41, 49
rin chen sgeg mo **III-1**, 30, 47
rin chen sgrol ma **IV-1**, 226
rin chen sgron ma'i gzungs **IV-1**, 186
rin chen skyabs **IV-1**, 13
rin chen snying po **IV-1**, 40
rin chen tshe dpag med **IV-2**, 327
rin chen zla ba **III-2**, 90
rin po che chen po nor stsol ba **IV-1**, 167
rin po che chen po ro myang ba **IV-1**, 167
rin po che'i byug pa ma **III-1**, 31
rin po che'i lcags kyu **III-1**, 31
rin po che'i mar me ma **III-1**, 31, 48
rin po che'i me tog **III-1**, 31, 48
rin po che'i rang bzhin gyi lhun po **III-2**, 22
rin po che'i zhags pa **III-1**, 31
rin po chen 'bebs pa **III-1**, 31
ring bsrel **I**, 13
ring tu song ba'i sa **IV-1**, 183
rje bo **IV-1**, 60
rje btsun 'bar ras pa rgyal mtshan dpal bzang po'i rnam thar mgur 'bum dang bcas **IV-1**, 4
rje btsun ma kurukullā **IV-1**, 155
rje gri gum btsan po'i ri **IV-1**, 35
rkang gling **III-2**, 83
rkyang **III-1**, 115; **IV-1**, 74; **IV-2**, 160
rkyang dgon pa, rkyang phu **IV-1**, 43, 73
rkyang 'dur **IV-1**, 48
rkyang 'dur lha khang **IV-1**, 47
rkyang phu **IV-1**, 38, 67; **IV-2**, 160
rlung gi gzugs 'dzin pa **IV-1**, 169
rlung lha **III-1**, 93; **III-2**, 47; **IV-1**, 219, 231
rlung lha g.yo byed **IV-1**, 206
rma **II**, 1, 2
rma bya chen mo **IV-1**, 131, 132
rme brtsegs **IV-2**, 307, 308
rme brtsegs ma **III-2**, 56
rme rtsegs **IV-2**, 307
rmog **IV-1**, 39
rmongs byed ma **III-2**, 24
rmugs 'dzin **IV-1**, 187; **IV-2**, 305, 306
rna ba'i sgrol ma **IV-1**, 154
rna cha **I**, 68
rnal 'byor bla med rgyud **I**, 62
rnal 'byor gyi dbang phyug lū i pa'i lugs kyi bcom ldan 'das 'khor lo sdom pa'i sgrub pa'i thabs

bde chen gsal ba **III-2**, 11, 22, 24
rnal 'byor ma **III-2**, 49; **IV-1**, 205
rnal 'byor ma chos kyi sgron ma **II**, 56
rnal 'byor nam mkha' **IV-1**, 242
rnam dag dum bu **IV-2**, 347
rnam dag gtsug nor **IV-1**, 146
rnam pa snam mdzad mngon par byang chub **III-1**, 49
rnam par bsgyings rdo rje ma **IV-1**, 125, 126
rnam par gsal ba **IV-1**, 208
rnam par 'joms pa **IV-1**, 123, 156
rnam par rgyal ba **IV-1**, 176, 231
rnam par rgyal ba'i sgrol ma **IV-1**, 146
rnam par rgyal ma **IV-1**, 143, 205
rnam par snag mdzad mngon byang chub rgyud **IV-1**, 151
rnam par snang byed **IV-1**, 181, 199
rnam par snang mdzad **I**, 40, 49; **III-1**, 17; **IV-1**, 47, 118, 149, 151, 175, 177, 187-189, 208, 212, 213, 233, 235, 239, 220; **IV-2**, 189, 366
rnam par snang mdzad chen po **IV-1**, 189
rnam par snang mdzad mngon byang **IV-1**, 135
rnam par snang mdzad mngon byang chub rgyud **IV-1**, 160
rnam par snang mdzad mngon par byang chub pa'i cho ga phan bde kun 'byung las bdag bskyed **IV-1**, 77
rnam par sprul pa **III-1**, 71
rnam par 'thor ba **IV-1**, 185
rnam rgyal ma **I**, 64, 66; **III-1**, 72, 82; **IV-1**, 162, 205
rnam rgyal mchod rten **I**, 30
rnam rgyal rtse mo **I**, 40, 42
rnam snang **IV-1**, 150; **IV-2**, 189
rnam sras **III-2**, 47, 58; **IV-1**, 181
rnam thar **II**, 19, 22, 52
rnam thos sras **III-2**, 55; **IV-1**, 42, 106, 121, 148, 153, 159, 162
rnam thos sras zhi ba bde byed **IV-1**, 142
rnga mo **IV-1**, 33
rnga zlum **IV-2**, 350
rngog **II**, 21; **IV-1**, 44
rngog blo ldan shes rab **II**, 22
rngog ge ser **II**, 2, 4
rngog lo tsā ba **IV-1**, 112
rngog mdo sde **IV-1**, 49
rnon po **IV-1**, 204
rnying ma pa **I**, 1, 41, 42; **III-1**, 9, 10, 70, 85, 86; **III-2**, 31, 32, 55, 57; **IV-1**, 26, 97
ro dpag **II**, 69; **III-1**, 6
ro langs **III-1**, 88, 89; **IV-1**, 162
ro langs brgyad sgrub thabs **III-2**, 38
ro langs ma **IV-1**, 242
ro pag **II**, 69
ro rdo rje ma **III-2**, 23
rol mo **IV-2**, 350
rol pa tshar dgu ma **III-2**, 46
rong **IV-1**, 38
rong chung **II**, 71
rong pa shes rab seng ge **III-2**, 59
rta bdag **IV-1**, 142; **IV-2**, 337
rta gdong **III-1**, 92
rta mchog **IV-1**, 183
rta mchog rgyal po **IV-1**, 153
rta mchog ye shes rdo rje **IV-1**, 129, 153
rta mgrin **III-1**, 33, 73; **III-2**, 46, 61, 105; **IV-1**, 46, 122, 128, 130, 138, 139, 143, 152, 153, 155, 157, 187, 192, 197
rta mgrin gsang grub **III-2**, 47
rta mgrin lha khang **IV-1**, 84
rta rna mo **IV-1**, 164
rta thul **IV-1**, 196
rte re, rta ra **IV-1**, 37
rtog pa thams cad bsdus pa'i rtsa ba'i rgyud **IV-1**, 173, 174, 227
rtsa 'khor **IV-1**, 35
rtsa rgyud **III-2**, 15; **IV-1**, 79
rtsangs **IV-2**, 364
rtse **IV-1**, 42
rtse chen **IV-1**, 32, 35, 38, 45
rtse lde **II**, 10, 12, 14, 21, 50, 69; **III-1**, 51;

IV-1, 37
rtse mo **II**, 24
rtse phran rgya 'dzin **IV-1**, 150
rtsi pa **III-1**, 5
rtsis **IV-1**, 59
rtsis gnas gsar **IV-1**, 46
rtsis gnas rnying **IV-1**, 46
rtsva skya pa **IV-1**, 197, 210
ru **IV-1**, 62, 64
ru 'dren **IV-1**, 90, 106
ru thog **II**, 57
rus pa'i lu gu rgyud **IV-1**, 230
rus rgyan **I**, 70
rus sbal **IV-1**, 203
rva **IV-1**, 43
rva 'bum seng ge **III-2**, 59
rva chos rab **III-2**, 59
rva lo tsā ba **III-2**, 38, 59; **IV-1**, 109
rva lung **IV-1**, 38-40; **IV-2**, 385
rva nid **II**, 55
rva ye shes seng ge **III-2**, 59
sa bdag **I**, 44, 72; **II**, 64; **III-1**, 7, 73, 115; **III-2**, 52
sa bdag lag chen **IV-1**, 206
sa bon **I**, 22; **IV-2**, 395
sa chen **IV-2**, 333, 336, 358
sa chen kun dga' snying po **IV-1**, 52; **IV-2**, 304
sa chen po 'dzin pa **IV-1**, 169
sa dbag **III-2**, 91
sa ga **IV-1**, 203
sa lu **IV-1**, 74, 92; **IV-2**, 305
sa ma **IV-1**, 32
sa ma mda' **IV-1**, 4, 16, 20, 22-24, 32, 43; **IV-2**, 160, 305
sa ma sa **IV-1**, 33
sa paṇ **IV-2**, 358
sa phud **IV-1**, 44
sa ri **IV-1**, 203
sa skya **IV-1**, 15
sa skya bka' 'bum **IV-1**, 120
sa skya lha khang **IV-1**, 47
sa skya pa **III-1**, 2, 9, 10, 17, 18, 44, 49; **III-2**, 36; **IV-1**, 3, 92, 100
sa skya paṇ chen **I**, 3; **IV-1**, 54, 106
sa skya paṇḍita **IV-1**, 17, 123; **IV-2**, 307, 333, 336
sa skya'i gdung rabs **IV-1**, 55
sa snying **III-2**, 89
sad na les **IV-1**, 50
sa'i lha **IV-1**, 219
sa'i lha mo **IV-1**, 187
sa'i snying po **IV-1**, 132, 140, 156, 182
san gsal snang **IV-1**, 39
saṅgha smal **II**, 10, 12
sangs drung mu **I**, 73
sangs rgyas bzang po **IV-1**, 10
sangs rgyas chos 'dzin rgyal po **IV-1**, 212, 218, 225
sangs rgyas dkon mchog **IV-1**, 173, 174
sangs rgyas dpal **IV-1**, 126
sangs rgyas gsang ba **IV-1**, 50
sangs rgyas gzugs can **IV-1**, 215, 221
sangs rgyas mkha' 'gro **III-2**, 30
sangs rgyas mkha' 'gro ma **III-2**, 32
sangs rgyas mkha' 'gro yab yum **IV-1**, 243
sangs rgyas nyi ma **IV-1**, 216, 221, 225
sangs rgyas pad ma **III-1**, 31; **IV-1**, 221, 225
sangs rgyas phun tshogs **IV-1**, 61
sangs rgyas rin chen **IV-1**, 13
sangs rgyas sna tshogs gzugs can **IV-1**, 213, 217
sangs rgyas stong pa **I**, 43
sangs rgyas thams cad kyi chos kyi mdzod dang ldan pa'i gzungs **IV-1**, 187
sangs rgyas thams cad mnyam par sbyor ba'i dkyil 'khor **IV-1**, 110
sangs rgyas thod pa **IV-1**, 111, 112, 242
sangs rgyas thod pa zhes bya ba rnal 'byor ma'i rgyud kyi rgyal po **IV-1**, 111
sangs rgyas tshe dpag med **IV-2**, 327
sangs rgyas ye shes **II**, 3
sangs rin **IV-1**, 13
sba gsal snang **IV-1**, 39

sbal gdong **IV-1**, 35
sbas lung **IV-1**, 46
sbos mo **III-1**, 88
sbra **IV-1**, 61
sbrang rtsir byed pa **IV-1**, 166, 180; **IV-2**, 348
sbre gdong thang dga' ldan lha khang **IV-1**, 47
sbre lha khang **IV-1**, 47
sbrul **IV-2**, 363, 364
sbrul gyi 'jigs pa skyob pa'i sgrol ma **IV-1**, 147
sbrul nag phyag **IV-1**, 150
sbyin bdag **III-1**, 51; **IV-1**, 106
sbyin bdag po **I**, 15
sbyin pa'i phar phyin ma **IV-1**, 184
sbyong ba'i rgyal po **III-1**, 19, 39, 46, 48
sde dge **IV-2**, 304
sde rtsis **IV-1**, 63
sde srid sangs rgyas rgya mtsho **I**, 3
sding phu **IV-1**, 40
sding phu pa **IV-1**, 40
sdom **III-2**, 9
sdug bsngal bsreg byed sgrol ma **IV-1**, 146
se brag g.ya' lung **IV-1**, 38, 49
se chen **IV-1**, 62
se ra **I**, 68; **II**, 21
se ra sgrub sde **IV-1**, 49
se snol lam lde **III-2**, 70
se snol po le **III-2**, 70
sems bskyed ma thag tu chos kyi 'khor lo bskor ba **IV-1**, 166, 168, 170, 172; **IV-2**, 347
sems bskyed ma thag tu chos kyi 'khor lo rab tu bskor ba **IV-1**, 170
sems can thams cad dbang du byed pa'i 'jam dbyangs **IV-1**, 156
sems la dbang ba **IV-1**, 186
sems ma **IV-1**, 216-218
sems ma rdo rje ma **IV-1**, 175, 177, 188, 190
sems nyid ngal bso'i rtsa ba rgyud kyi lung dang sbyor ba **IV-1**, 160
seng ge dpal **IV-1**, 65
seng ge gdong **IV-1**, 104
seng ge phug sman chu **IV-1**, 39
seng ge rgyal mtshan **II**, 24
seng ge rnam rgyal **III-1**, 64; **III-2**, 3; **IV-1**, 15
seng ge sgang **I**, 43; **II**, 5
seng ge sgra **IV-1**, 148, 196
seng ge sgra rgyal po **IV-1**, 150
seng ge'i 'jigs pa skyob pa'i sgrol ma **IV-1**, 147
seng ldeng nags kyi sgrol ma **IV-1**, 145, 146, 154
ser skya **IV-1**, 204, 223
ser sna **IV-1**, 81
ser sna gshin rje gshed **III-2**, 44; **IV-1**, 237
ser sna 'jigs skyob sgrol ma **III-2**, 87
ser sna'i gnyen por rdo rje rin chen **IV-1**, 175
se'u mon ta ka snying du 'jug pa'i 'dre **IV-1**, 201
sgam po pa **IV-2**, 384
sgar thog **II**, 68, 70; **III-1**, 5, 7; **III-2**, 7, 35
sgeg mo **III-1**, 42; **IV-1**, 169, 215, 218, 229, 231
sgeg pa'i rdo rje **IV-1**, 187, 189
sgo ba **IV-1**, 194
sgo ba bzhi **IV-1**, 191
sgo bzhi **IV-1**, 33, 40
sgo khang **III-1**, 15
sgo kur can **IV-1**, 201
sgo ma bzhi **IV-2**, 348
sgo mang **I**, 30, 47
sgo mtha' yas pa'i gzungs **IV-1**, 186
sgo skyong **IV-1**, 91, 104
sgo srungs gdul dka' **IV-1**, 152
sgo'i dbang po **IV-1**, 181
sgom chen **I**, 70; **III-1**, 96
sgom thag **I**, 70
sgra dbyangs rgyal po **III-1**, 74; **III-2**, 73
sgra dung 'phel **IV-1**, 150
sgra gcan **IV-1**, 133, 180, 199, 202, 210
sgra gcan 'dzin **IV-1**, 196
sgra rnam par sgrogs pa **IV-1**, 152
sgri rings ldongs btsan **IV-1**, 46
sgrib pa rnam sel **III-2**, 89

sgrib pa thams cad rnam par sel ba **IV-1**, 135
sgrib sel **IV-1**, 161
sgrib thams cad rnam par sel ba **IV-1**, 182
sgro lung **IV-1**, 33
sgrol dkar **I**, 59; **IV-1**, 136, 160
sgrol ljang **I**, 59
sgrol ma **III-1**, 20; **IV-1**, 45, 139, 145, 146, 148, 151, 152, 160
sgrol ma bla med **IV-1**, 112
sgrol ma dkar mo **I**, 59
sgrol ma 'jigs brgyad skyob **IV-1**, 75
sgrol ma las sna tshogs 'byung ba'i rgyud **III-2**, 86
sgrol ma ljang gu **I**, 59
sgrol ma ljang khu **III-2**, 45
sgrol ma nor sbyin ma'i sgrub thabs **IV-2**, 326
sgrol ma ri **IV-1**, 51
sgrol ma tsun da **IV-1**, 154
sgrub khang **IV-1**, 97
sgrub pa'i thabs rgya mtsho'i cho ga rjes gnang dang bcas pa 'dod dgu'i dpal gter **I**, 51; **III-2**, 62
sgrub thabs **III-1**, 68, 69; **III-2**, 8, 14
sgrub thabs kun btus **IV-1**, 8, 241; **IV-2**, 304, 305, 307
sgrub thabs kun las btus **IV-1**, 8
sgrub thabs rgya mtsho **IV-1**, 8, 136-138, 155
sgyu ma rdo rje **IV-1**, 222
sgyu mang **II**, 69
sgyu 'phrul chen mo'i mngon rtogs rgyas pa'i sgyu 'phrul chen mo 'byung ba **IV-1**, 242
sgyu 'phrul chen po rdo rje snying rje'i stobs **IV-1**, 242
sgyu 'phrul dra **II**, 23
sgyu 'phrul dra ba **IV-1**, 110, 154, 188
sgyu 'phrul dra ba'i rim pa **IV-1**, 129
sha ka ra li **III-2**, 46
shā kya blo **II**, 21
shā kya blo gros **II**, 33, 47, 49
shā kya bshes gnyen **II**, 50
shā kya bzang po **IV-1**, 64, 131, 132
shā kya 'od **II**, 48
shā kya rigs dbang **III-1**, 20, 39
shā kya seng ge **IV-1**, 191
shā kya thub pa **I**, 30; **IV-1**, 72, 149, 150
shā kya thub pa lha khang **IV-1**, 69
shā kya ye shes **IV-1**, 58
sha med gangs dkar **IV-1**, 205
sha ri'i bu **IV-1**, 196
sha za **IV-1**, 91
sha za'i 'jigs pa skyob pa'i sgrol ma **IV-1**, 147
shag tshal **IV-1**, 11
sham bu rtse dgu **IV-1**, 32, 45
sham bu rtse'i dgu'i ri **IV-1**, 35
shang **II**, 70; **III-1**, 7, 86
shang lang **IV-1**, 90
shang rang **II**, 70; **III-1**, 7; **IV-1**, 90
shang shang **III-1**, 56
shang tse **III-1**, 7
shang tse rdzong **III-2**, 85
shangs **IV-1**, 48, 61
shangs mtshal **IV-1**, 44
shar kha **IV-1**, 59
shel dkar rgyal rtse **IV-1**, 38, 42
sher phyin **IV-1**, 234
sher phyin gtso bor gyur 'jam dpal **IV-1**, 175
shes rab **IV-1**, 240
shes rab dbang phyug **II**, 56
shes rab dpal **IV-1**, 11
shes rab dpal bzang po **IV-1**, 10
shes rab kyi phar phyin ma **IV-1**, 184
shes rab legs pa **II**, 32
shes rab ma **IV-1**, 239
shes rab mgyogs can **IV-1**, 196
shes rab mthar byed **III-2**, 89; **IV-1**, 123, 183
shes rab 'phel ma'i gzungs **IV-1**, 186
shes rab rgya mtsho **IV-1**, 11
she'u **IV-1**, 45
shin tu go cha ma **IV-1**, 158
shin tu go cha mo **IV-1**, 159, 160
shing lha **IV-1**, 206
shol po **IV-1**, 156

shon 'khar pa **II**, 55
shong rdo rje rgyal mtshan **IV-2**, 387
simhamukhī **III-1**, 91
ska **II**, 26
ska ba dpal brtsegs **II**, 26
skabs gnyis pa spyod pa'i rgyud kyi dkyil 'khor gyi bkod pa **IV-1**, 131
skabs gsum pa bya rgyud kyi dkyil 'khor gyi rnam gzhag **IV-1**, 121, 124, 129, 132, 133, 149, 158, 164
skag **IV-1**, 203
skar la **IV-1**, 34
ske rags **IV-1**, 33
skem byed **IV-1**, 201, 204
skor lam **IV-1**, 113
skrag byed ma **III-2**, 24
sku **IV-1**, 81
sku 'bum **IV-1**, 6, 116
sku gdung **I**, 13
sku gsung thugs **I**, 12
sku gsung thugs gsang rgyan bkod pa **IV-1**, 192
sku gsung thugs rten thig rtsa mchan 'grel can me tog 'phreng ba mdzes zhes bya ba **I**, 4
sku mched **IV-1**, 19
sku rdo rje 'dzin pa **IV-1**, 157
sku rten **I**, 13
sku yi mkha' 'gro **III-2**, 30
sku yi mkha' 'gro ma **III-2**, 33
sku zhang **IV-1**, 44, 51, 55, 59
sku zhang grags pa rgyal mtshan **IV-1**, 51
sku zhang kun dga' don grub **IV-1**, 56
skul byed ma'i gzungs **IV-1**, 186
skya **IV-1**, 68
skyabs **IV-2**, 376
skyabs sbyin **IV-1**, 158, 217
skyang **IV-2**, 160
skye dgu'i bdag pa **IV-1**, 204
skye rgu'i bdag mo **IV-1**, 219
skyegs **IV-1**, 97
skyegs gnas rnying **IV-1**, 97
skyes bu dam pa rnams kyi rnam par thar pa rin po che'i gter mdzod **IV-1**, 28
skyes bu seng ge'i zhal **IV-1**, 150
skyes rabs **II**, 47
skyi nor jñāna **II**, 19, 23
skyid khud **IV-1**, 40
skyid lde **II**, 10, 11
skyid lde nyi ma mgon **II**, 10-12, 14, 20
skyid rong **IV-1**, 5, 106
skyid rong, skyi rong **II**, 8
skyid sgo **IV-1**, 97
skyil mkhar **IV-1**, 47
skyin lding **IV-1**, 47
skyin mkhar lung **IV-1**, 47
skyo lo tsā ba **IV-1**, 109
skyod byed ma **III-2**, 24
skyod 'od 'byung **III-2**, 39
skyu wang **II**, 54
sle'u **IV-1**, 33
slo na dge ma ba **IV-1**, 13
slob dpon dril bu zhabs kyi lugs kyi 'khor lo'i rdzogs rim pa lnga'i gnad don gsal bar byed pa'i nyi ma'i 'od zer **III-2**, 110
smal **III-1**, 4
sman bla **III-1**, 64, 80, 113; **III-2**, 90, 91; **IV-1**, 118
sman 'dza la ma ti **II**, 64
smasali **III-1**, 91
smasani **IV-1**, 205
sme ba brtsegs pa'i sgrub thabs nyams grib kun sel rgyal chen po **III-2**, 55
sme ba rtseg **III-2**, 55
sme brtsegs **III-2**, 55
sme brtsegs nyams grib kun sel gyi dbang cho ga zla shel bdud rtsi'i chu rgyun **III-2**, 56
smin drug **IV-1**, 202
smin grol no mon han **IV-1**, 29
smin pa byed pa'i sgrol ma **IV-1**, 146
smon 'gro **IV-1**, 48
smon gro'i mar pa rdor yes **II**, 24
smon lam **IV-1**, 9
smon lam blo gros **III-2**, 89

smon lam gyi phar phyin ma **IV-1**, 184
smon lam la dbang ba **IV-1**, 186
smra ba'i seng ge **III-1**, 70; **IV-1**, 163
smra ba'i sgra can **IV-1**, 196
smre rtsegs **III-2**, 55
sna thod **IV-1**, 39
sna tshogs 'khor lo **IV-1**, 217
sna tshogs mkha' 'gro **III-2**, 30
sna tshogs mkha' 'gro ma **III-2**, 32
sna tshogs pad ma **IV-2**, 365
sna tshogs padma **IV-1**, 184
sna tshogs rdo rje **I**, 63, 65, 68; **IV-1**, 166, 168, 214
sna tshogs sgo **IV-1**, 206
snam bu **IV-1**, 33
snang ba **IV-2**, 313
snang ba brtsegs pa **IV-1**, 196
snang ba dad sel **III-1**, 71
snang ba mtha' yas **III-1**, 43; **IV-1**, 126
snang mdzad rdo rje gtsug tor grags **IV-1**, 125
snar ma **IV-1**, 202
snar thang **I**, 8; **II**, 49; **IV-1**, 41; **IV-2**, 305
sne 'u **II**, 68; **III-1**, 5
snga dar **II**, 7; **IV-1**, 37
sngags dang rig pa dang snying po thams cad brtan par byed pa'i 'khor los sgyur ba bzhi'i dkyil 'khor **IV-1**, 209
sngags gsar ma **I**, 40
sngags nag phur pu thogs pa **IV-1**, 90
sngags rnying **IV-1**, 98
sngags srung mo **IV-1**, 149
sngar chos **II**, 65
sngo bsangs chen mo **IV-1**, 140
sngon med heruka **IV-1**, 242
sngon mo mgrin bzang ma **III-2**, 51
sngon po **III-1**, 21
snron **IV-1**, 203
snubs **IV-1**, 203
snye mo bzang ri **IV-1**, 10, 12
snying po **I**, 13; **IV-2**, 395
so sor 'brang ma **IV-1**, 158, 159
sog po **IV-2**, 339
sonamukhī **III-1**, 91
sor mo **IV-1**, 115
spang dkar **IV-1**, 32, 41
spang lung gi ri **IV-1**, 35
spen pa **IV-1**, 133, 180, 202, 210, 231
spe'u dmar **II**, 23; **IV-1**, 73
spobs brtsegs **IV-1**, 188
spobs pa brtsegs pa **IV-1**, 182, 195
spos dang ldan **III-2**, 22
spos glang **IV-1**, 188
spos khang **IV-1**, 38, 49
spos kyi glang po **IV-1**, 195
spos ma **IV-1**, 137
spran btsan lde **III-2**, 70
sprin btsan lde **III-2**, 70
sprul sku **III-1**, 9, 10; **IV-1**, 100
spu hrangs pa an ston grags rin **II**, 23
spu hrangs, pu hrangs **II**, 8, 23, 61
spu rangs, pu rangs **II**, 8
spyan gdug pa'i zhal **IV-1**, 160
spyan legs **IV-1**, 160
spyan lung **IV-1**, 41
spyan ma **III-1**, 20; **IV-1**, 149, 150
spyan ras gzigs **I**, 30, 55, 56; **III-2**, 46; **IV-1**, 39, 46, 72, 101, 126, 131, 132, 143, 148, 152, 160, 163, 182, 187, 209, 233, 238; **IV-2**, 301
spyan ras gzigs bcu gcig zhal **IV-1**, 103
spyan ras gzigs dbang phyug **IV-1**, 149
spyan ras gzigs dbang phyug 'gro 'dul byed **IV-1**, 163
spyan ras gzigs dbang phyug mkha' spyod **IV-1**, 164
spyan ras gzigs dbang phyug pad ma gar gyi dbang phyug **IV-1**, 151
spyan ras gzigs gar gyi dbyang phyug **IV-1**, 142
spyan ras gzigs ha la ha la **IV-1**, 153
spyan ras gzigs 'jig rten mgon po **IV-1**, 156
spyan ras gzigs mgrin sngon can **IV-1**, 156
spyan ras gzigs padma dra ba **IV-1**, 243

spyan ras gzigs sems nyid ngal bso **IV-1**, 160
spyan ras gzigs zhal bcu gcig **I**, 56
spyang dka' ba'i sa **IV-1**, 183
spyi blugs **III-1**, 67
spyi rin lan bran ma **III-2**, 51
spyi'u tshugs thur bltas bris **IV-1**, 201
spyod mdzad chos kyi rdo rje **IV-1**, 161
spyod pa bsdus pa'i sgron ma **IV-1**, 109
spyod pa'i dbang po **IV-1**, 181
sre mong **IV-1**, 35
sreg ma **III-2**, 46
srid ye gzhon **II**, 24
śrilamukhī **III-1**, 91
srin **III-1**, 93; **IV-1**, 91
srin mo **III-1**, 92, 93; **IV-1**, 166, 230; **IV-2**, 348
srin po **III-2**, 47, 102; **IV-1**, 200, 204
srin po lang ka mgrin bcu **IV-1**, 199, 200
sring mo **IV-1**, 86, 87, 205; **IV-2**, 348
sring mo bzhi **IV-1**, 172
srog **I**, 22
srog bdag yam shud dmar po'i thugs sprul bstan srung 'khu dgra lha'i sgrub thabs gtor chog gi rim pa cha lag thang ma **III-2**, 57
srog shing **I**, 23, 46; **IV-1**, 114
srong btsan sgam po **II**, 7, 17; **III-2**, 70; **IV-1**, 14, 43, 67, 104, 232
srong de **II**, 14
srong nge **II**, 10-16, 25, 26
srul po **IV-1**, 201
srung ba **III-2**, 29, 88
srung ba'i 'khor lo **III-2**, 29
stag chas brgyan, stag chas thogs **IV-1**, 90
stag gdong **III-1**, 92; **IV-1**, 104
stag gdong can **IV-1**, 130
stag lpags 'chang **IV-1**, 150
stag lung **IV-1**, 61, 64
stag lung rdzong **IV-1**, 32
stag na **IV-1**, 23
stag rtse **IV-1**, 35, 37, 40, 48; **IV-2**, 406
stag tshal **IV-1**, 39, 48
stag tshal yol lcags **IV-1**, 48
stag tshang ras pa **III-2**, 16
stan pa'i 'khor lo **III-1**, 71
stang med **II**, 68; **III-1**, 5
steng gzhal yas khang chen mo **IV-1**, 105
steng lo tsā ba tshul khrims 'byung gnas **IV-1**, 50
stobs bcu **IV-1**, 115
stobs bzang **IV-1**, 180, 191
stobs chen **III-1**, 93; **IV-1**, 122
stobs chen mo **IV-1**, 124
stobs kyi lha **IV-1**, 231
stobs kyi phar phyin ma **IV-1**, 184
stobs ldan **IV-1**, 181
stobs po che **III-2**, 106, 108; **IV-1**, 123, 138
stobs rgyu **IV-1**, 180, 202
stod **II**, 18
stod lung **IV-1**, 40
stong dpon **IV-1**, 64
stong pa nyid **III-1**, 68
stong pa nyid dum bu **IV-2**, 347
stong skor **IV-1**, 63
sukasi **IV-1**, 205
sum brtsegs **IV-1**, 199
sum pa mkhan po **II**, 9; **IV-1**, 55
sum ston ye 'bar **II**, 23, 30
ta pho **I**, 30, 40, 52, 56, 57, 65, 66, 71; **II**, 5, 17, 63, 67, 69, 70; **III-1**, 4, 12; **III-2**, 2, 68, 71, 74; **IV-1**, 37
tai bsvi tu **IV-1**, 29
tai si tu **IV-1**, 29
tai si tu byang chub rgyal mtsan **IV-1**, 65
tai si tu kun dga' 'phags pa **IV-1**, 29
tang med **II**, 68
tha skar **IV-1**, 203
thab dpon **IV-2**, 210
thab ka ba **IV-2**, 210
thabs **IV-1**, 236
thabs kyi phar phyin ma **IV-1**, 184
thags bzang ris **IV-1**, 105, 130, 181
thal bar rab tu 'jig pa'i lha mo rdo rje **IV-1**, 175

thams cad bsrung ma **IV-1**, 226
thang dpe **IV-2**, 307
thang ka **I**, 4, 21, 39; **III-1**, 96, 110; **III-2**, 3; **IV-1**, 42; **IV-2**, 349
thang po che ba **IV-1**, 61
thang ston rgyal ba **IV-1**, 5
thar pa **IV-2**, 308
thar pa ba **IV-1**, 10
thar pa gling **IV-1**, 50
thar pa lo tsā ba **IV-2**, 308
the tshom 'jigs skyob sgrol ma **III-2**, 87
them skas **I**, 25; **IV-1**, 115
ther ma **IV-1**, 33
tho ba gshin rje gshed **III-2**, 44
tho lding **II**, 61
tho ling **I**, 30, 38; **II**, 5, 8, 18, 19, 25, 55, 60-63, 69; **III-1**, 7, 12, 13, 16, 46, 61, 110; **III-2**, 2, 64, 65, 71, 73, 74, 90; **IV-1**, 15
tho tho ri long bstan **III-1**, 4
thod pa **I**, 62
thod pa bzang po **IV-1**, 230
thod pa rad pa, bgrad pa **I**, 68
thod pa rlon pa **I**, 68
thod pa skam **I**, 68
thogs med yid **IV-1**, 149
thong gshol **III-1**, 95
thor lang btsan **III-2**, 70
thub chen **IV-1**, 157, 233
thub pa **IV-1**, 133
thub pa rdo rje **IV-1**, 222
thugs **IV-1**, 81
thugs kyi mkha' 'gro **III-2**, 30
thugs kyi mkha' 'gro ma **III-2**, 33
thugs kyi rdo rje **IV-1**, 112
thugs rdo rje 'dzin pa **IV-1**, 157
thugs rje chen po **IV-1**, 51
thugs rje chen po pad ma dra ba'i sgrub thabs thugs rje'i 'od zer 'byung ba **IV-1**, 112, 243
thugs rje chen po padma dra ba **IV-1**, 112
thugs rten **I**, 13; **II**, 66
thus dkon **IV-1**, 62
ti shri **IV-1**, 53
ti yag **II**, 68
timila **IV-2**, 350
to dung gar **III-1**, 6, 7
tsa mu ṇḍi **IV-1**, 211
tsa pa rang, rtsa ba rang **II**, 56, 70; **III-1**, 5; **III-2**, 1; **IV-1**, 15, 23, 122, 123, 147, 184, 237, 239
tsa rang **II**, 70; **III-1**, 6
tsa rang ba **II**, 55
tsa rtsi ka **III-2**, 45
tsan ne **IV-1**, 12
tsang po **IV-1**, 32
tsangs med **II**, 68
tsaṇḍali **IV-1**, 205
tsartsikā **IV-1**, 237
Tsaurī **IV-1**, 241
tse'u ma **IV-1**, 205
tsha dmyal **IV-1**, 204
tsha tsha **I**, 32, 33, 35; **III-1**, 79, 116
tsha tsha gdab pa'i cho ga **I**, 35
tsha zer **IV-2**, 320
tshad ma rgyan **II**, 22
tshad ma rnam 'grel **II**, 21
tshal pa **IV-1**, 60, 61, 64, 66
tshan pa, tsan pa **IV-1**, 22
tshang thi mur **IV-1**, 63
tshangs ma **III-2**, 65; **IV-1**, 166, 187, 198, 210, 223, 230; **IV-2**, 348
tshangs pa **IV-1**, 46, 92, 130, 198, 204, 218, 222, 230
tshangs pa chung ma dang cas **III-2**, 65
tshangs pa'i gzugs 'dzin pa **IV-1**, 169
tshangs pa'i mtshan ma **IV-1**, 170
tshangs thig **I**, 5
tshar **IV-2**, 305
tshe chu ma **IV-1**, 39
tshe 'di 'das pa thar lam thob pa'i phyir **I**, 15
tshe 'dzin ma **IV-1**, 158
tshe dpag med **I**, 51; **III-1**, 59; **III-2**, 90, 91; **IV-1**, 94, 126, 140, 145, 165, 175, 209

tshe dpag med 'chi med rnga sgra'i dkyil cho ga tshe dpal ye shes bsam 'grub **IV-2**, 327
tshe dpag med lha dgu **IV-2**, 327
tshe 'dzin ma **IV-1**, 158
tshe la dbang ba **IV-1**, 185
tshe snol lam lde **III-2**, 69, 70
tshe snol pha lde **III-2**, 68, 70
tshig bzhi gzhon nu **III-1**, 71
tshogs bdag **IV-1**, 137
tshogs bdag chags pa **IV-1**, 137
tshogs bdag dmar chen **IV-1**, 137
tshogs bdag khor byas **III-2**, 65
tshogs bdag nag po **IV-1**, 137
tshogs bdag ser po **IV-1**, 137
tshogs kyi bdag **IV-1**, 47, 231
tshong dpon gyi bu nor bzang **III-1**, 54
tshong 'dus **IV-1**, 32
tshul khrim kyi phar phyin ma **IV-1**, 184
tshul khrims nyi ma **I**, 38
tshul khrims rgyal ba **II**, 48
tshul khrims rgyal mtshan **IV-2**, 393
tshul khrims rin chen **IV-2**, 304
tshul khrims yon tan **II**, 32, 47
tsong kha pa **I**, 30; **II**, 2; **III-1**, 15; **III-2**, 14; **IV-1**, 27
u rgyan pa **III-2**, 16
'ug gdong ma **III-2**, 20
va gdong **IV-1**, 35
vā rā hī **IV-1**, 211
vaiḍūrya dkar po **I**, 3; **IV-1**, 52, 60
vaiḍūrya dkar po g.ya' sel **I**, 3, 9-11, 48
vajra shes rab bzang po **IV-1**, 79
vetali **IV-1**, 205
vetālī **III-1**, 91
virvapa **IV-1**, 68
vyakrimukhī **III-1**, 91
weng gir **II**, 54; **III-1**, 5
yab ring **IV-1**, 104
yab yum **I**, 60, 63; **III-1**, 15, 94; **III-2**, 10, 24, 28, 34, 43; **IV-1**, 89, 90, 99; **IV-2**, 307
yam shud dmar po **III-2**, 56
yam shud klu chung **II**, 24
yang dag 'chang byed ma **IV-1**, 158-160
yang dag shes **IV-1**, 200, 204; **IV-2**, 305
yar 'brog **IV-1**, 61, 63
yar khyu **IV-1**, 106
ye mdzod **IV-1**, 41
ye shes blo gros **III-2**, 89
ye shes dbang phyug **II**, 30
ye shes grags pa **IV-1**, 160
ye shes kyi dkyil 'khor **IV-1**, 193
ye shes kyi mgon po brgyan can **III-2**, 46
ye shes kyi mgon po phyag drug **IV-1**, 153
ye shes kyi mkha' 'gro ma **III-2**, 46
ye shes kyi phar phyin ma **IV-1**, 184
ye shes la dbang ba **IV-1**, 186
ye shes mgon **IV-1**, 44
ye shes mgon po **I**, 63, 66; **IV-1**, 69
ye shes mgon po beng dmar gyi bsnyen sgrub las gsum gyi rnam par bshad pa bdud sde rab tu 'joms pa'i gnam lcags 'bar ba'i 'khor lo **IV-1**, 69
ye shes mgon po phyag bzhi **IV-1**, 153
ye shes mi zad pa'i za ma tog **IV-1**, 187
ye shes mkha' 'gro ma **III-2**, 55, 59; **IV-1**, 112, 242
ye shes 'od **II**, 16, 17, 21, 48, 50, 59, 61, 65; **III-1**, 1, 50
ye shes sems dpa' **III-1**, 70
ye shes tog **IV-1**, 188, 195
ye shes tshe dpag med **IV-1**, 145; **IV-2**, 327
ye shes zhabs **II**, 23, 26; **IV-1**, 74, 109, 238
yi dags **III-1**, 73
yi dam **I**, 66; **III-2**, 7; **IV-1**, 131; **IV-2**, 381
yi dvags **IV-1**, 187, 200
yi dvags 'jam dpal **I**, 71
yi ge drug ma **IV-1**, 163
yi ge drug pa'i rig pa chen po'i gtso 'khor gsum **I**, 56
yid bzang ma **IV-1**, 206
yid bzhin gyi re ba skongs **III-1**, 71
yid bzhin nor bu **IV-1**, 149, 150, 164

yid gzhung ma **IV-1**, 205
yid las 'byung ba **IV-1**, 231
yid mgyogs **IV-1**, 152
yid myur **IV-1**, 196
yid myur ma **IV-1**, 164
yid 'phrog ma **IV-1**, 193
yo byad la dbang ba **IV-1**, 186
yol drang srong **IV-1**, 48
yol ston chen po chos dbang **IV-1**, 48
yol thog 'bebs **IV-1**, 39, 41, 48
yon bdag **III-1**, 15, 51; **IV-1**, 60
yon bdag po **I**, 15
yon btsun **IV-1**, 65
yon tan dbang phyug **II**, 56
yon tan grags **III-2**, 39
yon tan sems dpa' **III-1**, 70
yon tan śī la **II**, 48
yon tan tshe dpag med **IV-1**, 145; **IV-2**, 327
yongs su rdzogs byed sgrol ma **IV-1**, 147
yu ba gdong **IV-1**, 32
yu ru **I**, 43
yul 'khor srung **III-2**, 47, 58; **IV-1**, 200
yum brtan **II**, 10, 11, 13, 14
yum chen mo **III-I**, 61; **IV-1**, 84, 131, 132, 175, 193, 233-235
yum chen mo'i lha khang **IV-1**, 46
yum ma gcig bzang mo **IV-1**, 56
za ba **III-1**, 93
za ba mo **IV-1**, 166, 230; **IV-2**, 348
za hreng **II**, 56; **III-1**, 6, 86
'za' tshon ma ning zhi ba'i las tshogs mkha' 'gro grib sel bklags chog tu bkod pa shel dkar bum pa'i chu rgyun **III-2**, 56
zab chos zhi khro dgongs pa rang grol gyi las byang chub 'tshor ba rang grol gyi snying po **III-1**, 56, 90
zab chos zhi khro dgongs rang grol **III-1**, 90
zangs dkar **II**, 6, 8, 22, 24, 51, 70; **III-2**, 16; **IV-1**, 74, 79, 86
zangs dkar gzhon nu tshul khrims **II**, 24
zar zhang ba **II**, 55
ze thang, ze'u thang **IV-1**, 41
ze mo **IV-1**, 35
ze'u ston **IV-1**, 40
zha lu **IV-1**, 9, 22, 25, 50, 61; **IV-2**, 5, 163, 308, 414
zha lu pa **IV-1**, 26, 50, 100
zha lu, zhva lu **IV-1**, 50, 56, 63
zha lu'i gtsug lag khang gi gzhal yas khang nub ma shar ma lho ma rnams na bzhugs pa'i dkyil 'khor sogs kyi dkar chag **IV-1**, 51
zhabs bsil **III-2**, 24
zhabs bsil ma **III-2**, 24
zhabs rjes **III-1**, 77, 115
zhags 'dzin ma **IV-1**, 228
zhags pa **IV-1**, 191
zhags pa 'dzin pa **IV-1**, 167
zhags pa mo **III-2**, 55
zhal gser **IV-1**, 73
zhal zas ma **III-2**, 23
zhang **III-2**, 39
zhang btsun **IV-1**, 65
zhang dbu dkar po **IV-1**, 153
zhang kyi tsha 'od can **IV-1**, 153
zhang zhung **II**, 22, 51, 65
zhe sa **IV-2**, 160
zhe sdang **III-2**, 32; **IV-2**, 364
zhe sdang 'jigs skyob sgrol ma **III-2**, 87
zhe sdang rdo rje **III-2**, 103
zhe snga **IV-2**, 160
zher sa **II**, 68
zhi **III-1**, 15
zhi ba **I**, 60; **III-1**, 93
zhi ba kun bzang rgyal ba 'dus pa'i bsgrub gzhung **I**, 73
zhi ba ma **III-1**, 134
zhi ba mdung thung gis mtshan pa **IV-1**, 172; **IV-2**, 347
zhi ba mo **IV-1**, 166, 230; **IV-2**, 348
zhi ba 'od **II**, 10-14, 24, 48, 50; **III-1**, 76
zhi ba 'tsho **IV-2**, 389
zhi ba'i lha mo **IV-1**, 134

zhi ba'i lha rnams kyis mchod ma **IV-1**, 125
zhi ba'i me lha **IV-1**, 211
zhi ba'i ye shes **III-2**, 38
zhi khro **III-2**, 39
zhi khro bskyed rdzogs kyi phrin las khrigs su bsdebs pa 'od gsal snying po **III-1**, 87
zhi khro dgongs pa rang grol gyi cho ga sdig sgrib rnam par sbyong ba **III-1**, 29, 94
zhi khro na ra ka dong sprug gi dbang cho ga bdud rtsi'i gang gā **III-1**, 87, 94
zhi khro na ra ka dong sprugs gi skong bshags thugs rje'i zla 'od **III-1**, 86
zhi rgyas dbang drag **III-2**, 48
zhing chung **III-1**, 88, 89
zhing skyong **IV-1**, 91
zho **IV-1**, 101
zho ling **II**, 68
zho nang **IV-1**, 4, 43, 96; **IV-2**, 305
zhu chen **IV-1**, 2; **IV-2**, 304
zhva mo **IV-1**, 33
zla ba **III-1**, 93; **IV-1**, 133, 180, 202, 210, 230
zla ba 'od **IV-1**, 161, 182, 189
zla ba rdzong **III-2**, 75
zla ba'i 'od **IV-1**, 195
zla nyi **I**, 27
zla 'od **IV-1**, 126
zla 'od rdo rje 'dzin **IV-1**, 126
zlog pa ma **IV-1**, 226
zor **IV-1**, 51
zur phud lnga ba **IV-1**, 200

其他语言

Ajanta **III-2**, 2
Anhro Mainyu **III-1**, 73
Andrade **III-2**, 83
Arbman, E. **IV-1**, 91
Atlantis **II, 58; III-1**, 57
Arthel **II**, 58
Bacot, J. **IV-1**, 46
Bagchi, P. C. **III-2**, 43
Baltistan **I**, 31
Banerji, R. D. **III-1**, 62, 65; **III-2**, 67; **IV-1**, 98, 99
Banihal **II**, 57
Barabuḍur **IV-1**, 6
Basgo **I**, 29, 30, 40, 52, 57, 58, 66, 68
Bashahr **II**, 56, 57; **III-1**, 10; **IV-1**, 4
Beckh, H. **II**, 24, 29, 31, 32, 63; **III-1**, 25; **III-2**, 8, 14, 37
Bekhar **III-1**, 4
Bell, C. **II**, 17; **III-2**, 84
Bendall, C. **I**, 9; **III-1**, 24; **III-2**, 8
Bernet Kempers, A. J. **III-1**, 16
Bhadu Gompa **IV-1**, 38, 48
Bhāro **III-2**, 38, 40
Bhattacharya, V. **III-1**, 38
Bhattacharyya, B. **I**, 9, 53-55, 62, 64, 65, 67; **II**, 25; **III-1**, 34, 35, 55, 56, 68, 69, 83, 100, 101, 105-107, 109; **III-2**, 86; **IV-1**, 75, 118, 120, 137, 145, 146, 154; **IV-2**, 304
Bhattasali, N. K. **I**, 53, 55; **IV-1**, 99
Biasutti, R. **I**, 31; **II**, 57; **III-2**, 83
Bodhgayā **I**, 9, 34, 40, 53; **IV-1**, 51, 98; **IV-2**, 403
Booree **II**, 68
Chamba **II**, 58; **IV-1**, 86
Chandra **II**, 57
Chandra Bhāga **II**, 58; **IV-1**, 86
Chang **III-1**, 85, 94, 96
Changra **IV-1**, 38
Charang **II**, 56, 70; **III-1**, 6
Chaudhuri, N. N. **IV-1**, 109
Chavannes, É. **IV-1**, 54; **IV-2**, 403
Chiaraviglio **I**, 4
Chimbre **I**, 41
Chini **II**, 60; **III-1**, 7
Chitkul **III-2**, 84
Chomolari **IV-1**, 33
Choroshika **IV-1**, 35, 48
Chulung Chu **IV-1**, 33
Chumurti **II**, 8; **III-1**, 10
Chure **IV-1**, 35
Coedès, G. **I**, 33; **II**, 16
Coomaraswamy, A. K. **III-1**, 58
Cordier, P. **I**, 8, 9, 13, 14, 17, 21, 23-26, 29, 30, 46; **II**, 22, 33-51, 55, 61, 62; **III-2**, 9, 14, 28, 48, 55, 58, 86, 88, 89; **IV-1**, 8, 41, 45, 74, 109, 122, 137, 145, 147, 148, 155, 162, 197, 198, 207, 210, 237, 238; **IV-2**, 314-321, 326-329, 332, 333, 335, 341, 357
Cosma Indicopleustes **I**, 51
Cowell, E. B. **III-1**, 54; **III-2**, 80
Crooke, W. **IV-1**, 118
Csoma de Körös, A. **I**, 24, 67; **II**, 71; **IV-1**, 52, 56, 60
Cunningham, A. **I**, 53

Da **I**, 44
Dacca **I**, 55
Dainelli, G. **I**, 31; **II**, 57; **III-2**, 83
Dankhar **I**, 56
Darjeeling **III-2**, 83
Das, S. C. **I**, 32, 33; **II**, 3, 7, 62; **III-1**, 60; **IV-1**, 26, 45, 63, 98; **IV-2**, 382
Dawa-Samdup, K. **III-1**, 90; **III-2**, 8
Desgodins, A. **I**, 32
Desideri, I. **IV-1**, 1
Dhotī **III-1**, 59
Dogra **III-1**, 61
Don Martino de Silva Wicremasinghe **II**, 16
Drangkhar **II**, 69; **III-1**, 86
Drojung Dzong **IV-1**, 47
Dunkar **III-1**, 10
Dutreuil de Rhins, J. L. **IV-1**, 21
Dutt, N. **II**, 3
Ellora **III-2**, 2
Evans-Wentz, W. Y. **I**, 70; **III-1**, 90
Filliozat, J. **III-2**, 49
Foucher, A. **I**, 5, 11, 23, 27, 34, 51
Francke, A. H. **I**, 17, 40, 42, 43; **II**, 1, 4, 5, 7, 9, 15, 17, 20, 28, 51, 52, 59, 67, 69, 71; **III-1**, 4, 10, 12, 13, 16, 17, 50, 54, 61, 62, 77, 79, 85, 97, 98, 112, 115; **III-2**, 70, 84; **IV-1**, 39
Gaṇapati Sāstri, T. **I**, 64
Garhwal **III-2**, 7, 35, 83, 84
Gergan **II**, 52, 60, 63, 68, 69, 71
Getty, A. **III-2**, 11; **IV-1**, 75, 79, 118, 120, 145, 240
Ghersi, E. **III-1**, 2, 3, 6, 8, 9, 13, 46, 98, 108, 110; **III-2**, 1, 42
Gilgit **I**, 14; **II**, 3, 28, 128, 129
gompa **IV-1**, 42
Gopinatha Rao, T. A. **IV-1**, 211
Grünwedel, A. **I**, 60, 62, 70; **III-1**, 66; **III-2**, 11, 12, 38, 49, 51; **IV-1**, 97; **IV-2**, 384
Gya **I**, 29, 30, 39, 46-48, 54, 58, 72
Gyani **IV-1**, 92
Gyantse **IV-1**, 4, 38
Gyaridung **IV-1**, 41
Hackin, J. **I**, 59; **II**, 9, 18; **III-2**, 76
Harcourt, A. F. P. **III-2**, 84
Hazara **III-2**, 16
Hedin, S. **II**, 61
Hema **III-2**, 22
Hemis **I**, 41, 42; **III-1**, 90
Heuzey, L. **III-1**, 58
Hoffmann, H. **IV-2**, 325
Huth, G. **II**, 7, 19; **IV-1**, 43, 55, 61, 106
Iwang **IV-1**, 4, 16, 20-22, 24, 43, 92
Jalandhara **II**, 57
Jangi **II**, 71
Jangtang **II**, 71; **III-1**, 6
Jäschke, H. A. **I**, 32
Java **I**, 34
Jomolhari **IV-1**, 33
Julien, S. **I**, 12
Jullundur **II**, 57
Kaje **I**, 52
Kaju Gompa **IV-1**, 4
Kalhana **II**, 28
Kala **IV-1**, 34
Kangra **II**, 54; **III-1**, 10
Kanika **I**, 10
Kapra **III-1**, 6
Karzok **I**, 42
Kashmir **II**, 2, 18, 21, 22, 25-29, 50, 55, 57-59, 63, 64
Kawaguchi Ekai **IV-1**, 45
Kaze **III-1**, 2, 10, 61
Keith, A. B. **III-2**, 8
Kekochutsen **IV-1**, 40
Kern, H. **I**, 105, 120; **IV-1**, 119
Kesar Sham Sher Jang Bahadur **I**, 61
Khalatse **I**, 31, 52; **IV-1**, 96
Khapalu **II**, 60; **III-1**, 7
Kharu **I**, 43
Khojarnath **II**, 60
Kilar **II**, 58

Kishtwar **II**, 58
Kiuk **III-1**, 6, 8
Klaproth, J. H. von **II**, 8; **IV-1**, 62
Kōbōdaishi **IV-1**, 79
Kohāla **II**, 57
Konow, S. **I**, 31
Kuang **II**, 70
Kulu **II**, 57; **III-1**, 10; **III-2**, 16
Kunavar **II**, 60; **III-1**, 6, 98; **IV-1**, 76
Kunu **III-1**, 8
Kunuwar **III-2**, 84
Kunuwār **II**, 8, 59
Kusān **I**, 31
Kushan **IV-1**, 1, 96
Kyangphu **IV-1**, 67
Kyelang **I**, 52, 56, 59, 66
Kyi **III-1**, 61
Lāhul **I**, 30, 31, 40; **II**, 4, 59
Lalou, M. **I**, 64; **II**, 46; **III-1**, 18, 112; **III-2**, 8, 14; **IV-1**, 50, 101; **IV-2**, 304
Lamayuru **I**, 41, 42; **II**, 5; **III-2**, 71
Lao **II**, 70; **III-1**, 7
Laufer, B. **I**, 8, 33; **II**, 3; **III-2**, 52; **IV-1**, 19, 62; **IV-2**, 4, 163
Le Coq, A. von **IV-1**, 94
Lefmann, S. **III-1**, 43; **III-2**, 75
Legge, J. **I**, 12
Leh **I**, 29-31, 38, 40, 45-48, 52-54, 56-60, 63-65, 69-72; **II**, 52
Lévi, S. **I**, 10; **II**, 3, 12; **IV-2**, 402, 403
Li **I**, 41; **III-1**, 86
Lingti **II**, 54
Lippa **III-1**, 9; **IV-1**, 4
Losar **II**, 58
Luk **III-1**, 5
Ma Dzong **II**, 56
Malla **III-1**, 4, 77
Mani **III-1**, 86
Maraini, F. **IV-1**, 1
Marshall, J. **I**, 50
Marx, K. **II**, 9
Mason, K. **I**, 45; **II**, 58
Miang **II**, 56
Miru **I**, 43, 47-49, 64, 68
Mohenjodaro **I**, 50; **III-2**, 80
Morang **III-1**, 6
Mra Chu **IV-1**, 41
Mulbek **I**, 57, 72
Müller, M. **III-1**, 59, 60, 65
Müller, R. F. G. **III-1**, 113
Mus, P. **III-2**, 67; **IV-1**, 6
Nagon **IV-1**, 43
Nagpur **IV-1**, 118
Nako **I**, 41, 61, 71; **III-1**, 86, 97, 109, 114, 115
Namgia **III-1**, 10
Namgyal **I**, 49, 54
Nanjio Bunyiu **III-1**, 106; **III-2**, 49; **IV-1**, 119
Napte **IV-1**, 39
Neil, R. A. **III-1**, 54; **III-2**, 80
Nimu **I**, 30
nodzin kangsa **IV-1**, 32
nono **III-1**, 10, 12
Nirmand **III-2**, 84
Nuk **II**, 69
Nurshika **IV-1**, 41
Nyera Chu **IV-1**, 33
Obermiller, E. **II**, 8, 12, 63, 64; **III-1**, 38; **III-2**, 42, 74; **IV-1**, 36, 48, 50, 97
Odantapuri **I**, 1
Oldenburg, S. F. **III-1**, 114
Öljäitü **IV-1**, 43, 57
Op **III-2**, 5
Orazio della Penna **II**, 8
Page, J. A. **III-1**, 16, 161
Panaśīkara, V. Ś. **III-1**, 109; **III-2**, 9
Pangi **I**, 41, 47, 72; **II**, 60; **III-1**, 7
Paro Chu **IV-1**, 34
Paro Dzong **IV-1**, 34
Pascalis, C. **IV-1**, 75
Pelliot, P. **I**, 50; **III-1**, 114; **IV-1**, 43, 53, 55, 62
Penchoka **IV-1**, 44

Petech, L. **III-1**, 51, 52, 54, 59; **IV-1**, 15
Piccinini, M. **IV-1**, 1
Pimikche **II**, 68; **III-1**, 5
Pin **III-1**, 10
Piyas **II**, 58
Poo **II**, 52, 65, 71; **III-1**, 6, 94; **IV-1**, 4
Porten **IV-1**, 44
Przyluski, J. **I**, 15, 29; **IV-1**, 82
Puling **II**, 68; **III-1**, 3, 5
Purgyul **III-1**, 98, 115
Rājasan **I**, 55
Ralung **IV-1**, 39
Rambirpur **II**, 61
Raspa **III-1**, 6
Rawling, C. G. **II**, 61
Ribbach, S. H. **III-2**, 12, 51
Richoba **III-1**, 5
Riku **IV-1**, 86
Roerich, G. N. **IV-1**, 92
Rohtang **II**, 58
rRcis le Neuf **IV-1**, 46
Rumtse **I**, 49
Rupshu **I**, 30
Sabhar **I**, 55
Sakang **IV-1**, 44
Samada **IV-1**, 38
Sangge **IV-1**, 45
Sangla **III-1**, 6
Saopu **IV-1**, 37
Saspola **I**, 52
Sastri, S. C. **III-1**, 60
Schlagintweit, E. **I**, 32; **II**, 9; **III-2**, 73
Schulemann, G. **IV-1**, 66
Senart, É. **I**, 15
Serkung **III-1**, 6, 8, 110
Setan **IV-1**, 40
Shangs **II**, 23
Shastri, H. **I**, 15, 18, 19, 35; **III-1**, 24, 55, 56, 104; **III-2**, 8
Shasu **II**, 69; **III-1**, 6
Sheh **I**, 30, 31, 54, 55, 57
Shigri **II**, 58
Shingon **IV-1**, 79
Shipki **II**, 55, 61, 68; **III-1**, 4, 6
Shomang **IV-1**, 4
Shonang **IV-1**, 4
Shushot **I**, 45, 46, 48, 49, 56
Shuto **IV-1**, 40
Shuttleworth, H. L. **II**, 4, 5, 17, 54, 60, 69; **III-1**, 17, 81, 83
Sigirya **III-2**, 2
Sisa **III-1**, 10
Śōšāns **I**, 40
Spiti **I**, 30, 40; **II**, 4, 8, 28, 54, 57, 59, 69; **III-1**, 1, 12, 57; **III-2**, 84; **IV-1**, 76
Spitok **I**, 42
Ssanang Ssetsen **II**, 15, 17, 25, 62; **IV-1**, 57
Stcherbatsky, T. **II**, 21
stang **II**, 68; **III-1**, 5
Stein, M. A. **I**, 14; **IV-1**, 21
Stok **I**, 46-49, 52-55, 58, 59, 63, 66, 67, 69, 71
Sumur **III-1**, 94
Suru **I**, 43
Sutlej **I**, 3, 41; **II**, 4, 8, 58, 60, 69, 71; **III-1**, 5, 6, 8, 10; **III-2**, 90
Syayambhūnāth **III-2**, 67
Tailaṅga, G. Ś. **I**, 15
Tajima Ryujun **III-1**, 41; **IV-1**, 79
Takakusu Junjirō **III-1**, 59, 60, 65
Takse **IV-1**, 35, 37, 48
Tamalapanti **II**, 58
Tangan **IV-1**, 41
Tangi **II**, 56
Taru **I**, 43
Terjék, J. **I**, 24
Thang **II**, 68; **III-1**, 5
Thomas, F. W. **III-1**, 51, 52; **III-2**, 52; **IV-1**, 21, 36, 60, 64; **IV-2**, 1
Thugu **IV-1**, 33
Tiak **II**, 68
Tikse **I**, 43, 45-47, 56, 57, 59, 62, 67, 69;

II, 61
Toġon Temür **IV-1**, 45
Toktri Gompa **IV-1**, 43
Toling, Tolingmāth **II**, 61
Toshang **III-1**, 5
Toussaint, G.–C. **IV-1**, 34
Traring **IV-1**, 35
Treding **IV-1**, 35
Trilokanāth **III-2**, 89
Trivikrama Tīrtha **I**, 51
Trumbayung Chu **IV-1**, 33
Trungsa **IV-1**, 40, 85
Tsybikov, G. **I**, 4
Tucci, G. **I**, 16, 20; **II**, 60; **III-1**, 2, 3, 6, 9, 38, 46, 53, 98, 100, 104, 108, 110; **III-2**, 1, 2, 31, 42, 76; **IV-1**, 1, 85
Turkestan **II**, 28; **III-1**, 51, 52, 162; **III-2**, 52
Ugu **I**, 30, 51, 52, 55, 66, 68
Ui Hakuju **III-2**, 8, 14
Upshi **I**, 52, 66
Uren **I**, 18
Vallée Poussin, L. de la **I**, 35; **II**, 16; **IV-1**, 236
Van Gulik, R. H. **III-2**, 61, 62; **IV-1**, 129, 247; **IV-2**, 331
Vasil'eva, V. P. **IV-1**, 29
Vema Kadphises **I**, 31
Vernadsky, G. **IV-1**, 63, 64
Vogel L., J. Ph. **III-1**, 16
Waddell, L. A. **I**, 18, 32; **III-1**, 114; **III-2**, 73, 86; **IV-1**, 30, 41
Waldschmidt, E. **III-2**, 81
Walsh, E. H. C. **IV-1**, 101
Wazir Zarawar Singh **III-1**, 61
Weller, F. **III-1**, 60
Young, G. M. **II**, 61, 63; **III-1**, 5
Zojila **I**, 31
Zorawar Singh **III-1**, 61

主　题

阿弥陀佛
　无量光佛的眷属　**III-1**，59-60
　无量光佛-无量寿佛　**III-1**，58-59

艾旺寺　**IV-1**，92-93
　印度风格的佛殿　**IV-1**，93-94
　于阗风格的佛殿　**IV-1**，94-96

八大尸林　**III-2**，20-23，95-102

宝帐怙主　**IV-1**，87-91

苯教　**I**，42-44，72-73
　佛苯之争　**II**，1-2，6-7
　苯教的流布　**II**，64；**III-1**，7

擦擦
　定义　**I**，32，33
　词源　**I**，33
　起源和意义　**I**，34-35
　制作擦擦的仪轨　**I**，35-37
　年代　**I**，37-38
　塔形擦擦　**I**，71-72
　擦擦上的图像　**I**，39
　　佛塔　**I**，45-49
　　天众身像　**I**，69-77
　　古鲁和成就者　**I**，41-42，67-71
　　苯教　**I**，42-43，72-73

怛特罗
　仪轨　**III-1**，68-69；**III-2**，57-59
　怛特罗召请　**III-1**，67-69

大日如来
　主要曼荼罗　**III-1**，17，40-43，71，75，76；**III-2**，63-66；**IV-1**，76-80
　主要图像　**III-1**，46-50；**IV-1**，75，76
　普明大日如来部文献
　　藏文　**III-1**，17，18
　　梵文　**III-1**，24-26
　普明曼荼罗之意义　**III-1**，34-40
　图像学描述　**III-1**，19-24，26-28

地狱部组
　文献　**III-1**，85-87
　图像　**III-1**，87-95

度母　**III-1**，72；**III-2**，85，88
　二十一度母　**III-2**，86；**IV-1**，146-147
　救八难度母　**III-2**，86，87；**IV-1**，147-148

佛传（十二宏化事迹）　**III-1**，54；**III-2**，74-82

供养天女　**III-2**，23-24；**IV-1**，123

古格
　诸王　**II**，10-18；**III-2**，69-71
　文献　**II**，8-9
　佛教状况　**II**，1-2，6-7，20-24，27-29；**III-2**，30-31
　历史地理　**II**，7-9；**III-1**，2-8

嘿噜嘎　**III-1**，94，95；**III-2**，11-13，34；**IV-1**，241

后藏
　历史地理　**IV-1**，3-5；31-51
　文献　**IV-1**，26-30

护法部组　**III-2**，28-30

护方神　**III-2**，48，65；**IV-1**，72

建筑（宗教）　**III-1**，74；**III-2**，63；**IV-1**，11，38
　部局　**III-1**，13
　建寺场景　**III-1**，96；**III-2**，11
　作为曼荼罗的佛殿　**III-1**，13；108-109

江孜
  江孜王子 **IV-1**, 56
  白居寺 **IV-1**, 100-101
    底层佛殿 **IV-1**, 101-104
    道果殿 **IV-1**, 104-107
    曼荼罗殿 **IV-1**, 107-113
  十万佛塔 **IV-1**, 114-243
    年代 **IV-1**, 7-9, 55-59
    象征意义 **IV-1**, 114-116

教派
  斯比蒂与库那瓦地区教派的分布 **III-1**, 9-11
  萨迦派 **III-1**, 9-10; **IV-1**, 24-25
    年代 **IV-1**, 52-55
    与蒙古人的关系 **IV-1**, 60-66
  噶当派 **II**, 2, 28-29; **III-1**, 9
  噶举派 **III-1**, 10
  格鲁派 **III-1**, 9
  宁玛派 **III-1**, 9-10
  竹巴噶举 **III-1**, 10

金刚怖畏 **III-2**, 37-43
  金刚怖畏曼荼罗 **III-2**, 35-36; 43-45

金刚萨埵 **III-2**, 24-25

金刚手 **III-2**, 88, 89

空行母(十) **III-2**, 30-34

拉隆寺 塑像 **III-1**, 81-84

马头明王 **III-2**, 61-62; **IV-1**, 128-129, 153

曼荼罗
  定义 **III-1**, 17, 75
  密意 **III-1**, 34-37; **III-2**, 18-19; **IV-1**, 80-83

弥勒 **III-1**, 66-67; **IV-1**, 140-142

乃宁寺 **IV-1**, 97-99

仁钦桑波 **III-1**, 1-2
  仁钦桑波传 **II**, 52-59
  关于仁钦桑波的文献 **II**, 19-20
  建寺者 **II**, 4-6, 59-63, 64, 67-71
  年代 **II**, 17-18, 20, 26, 47-52, 71
  仁钦桑波的师徒传承及合作者 **II**, 18-19, 21-24, 25-27, 29
  译师仁钦桑波及其所译经论 **II**, 2-4, 22-23, 29-46
  印度之旅 **II**, 57-59, 64-65

萨玛达
  江浦寺 **IV-1**, 67-68, 84-85
    年代 **IV-1**, 72-75, 121
    怙主殿 **IV-1**, 68-69
      降魔殿 **IV-1**, 69-70
      祖拉康 **IV-1**, 70-72
  折贵寺 **IV-1**, 85-86, 91

三十五忏悔佛 **III-2**, 73; **IV-1**, 127

胜乐
  词源 **III-1**, 9, 13
  胜乐曼荼罗 **III-1**, 13-15

塔
  藏文文献 **I**, 3-5
  梵文文献 **I**, 5-9
  汉文文献 **I**, 10, 11
  象征意义 **IV**, 22-30
  传播 **I**, 18, 30-32
  塔的构件 **I**, 23, 27
  类型 **I**, 5, 9-12
  装藏舍利等法物的塔 **I**, 11, 21-22
  建塔
    为何建塔 **I**, 12-17
    建塔仪轨 **I**, 14, 18-21
  小塔 **I**, 17-19
  塔的数目(108、5) **I**, 29-30

塔波寺
  概貌 **III-1**, 12-13
  祖拉康 **III-1**, 15
    塑像 **III-1**, 15-17, 44-50, 62-63
    壁画内容 **III-1**, 52-54
    壁画年代 **III-1**, 50-52
    内殿 **III-1**, 54, 58
  经藏 **III-1**, 60-62
金殿 **III-1**, 64

壁画内容 **III-1**，64-67
壁画年代 **III-1**，64
曼荼罗殿 **III-1**，75
壁画内容 **III-1**，75-78
壁画年代 **III-1**，75

五部 **III-1**，28-29
宝部 **III-1**，29-31
莲花部 **III-1**，31-33
五佛 **III-1**，54-57；**III-2**，26-28
五佛密意 **III-1**，99-105
五佛明妃 **III-1**，105-107

西藏艺术
特点 **III-1**，10-11，35；**IV-1**，3-4
西藏西部 **III-2**，1-4，65，66
特点 **III-1**，35；**III-2**，2-5，73-74；**IV-1**，24
年代 **III-2**，3-6
内容 **III-2**，2-4

卫藏
特点 **IV-1**，15，16-22
画家、绘画 **IV-1**，9-14，18-20，85
塑师、塑像 **IV-1**，22-24，85

夏鲁王子 **IV-1**，55

药师佛 **III-1**，64；**III-2**，73

扎布让
胜乐殿 **III-2**，27
塑像 **III-2**，19-20
壁画 **III-2**，20-34
金刚怖畏殿
壁画 **III-2**，43-45，59-60
白殿 **III-2**，61
塑像 **III-2**，67
红殿 **III-2**，72
塑像 **III-2**，72-73
内殿 **III-2**，133-145
总管殿 **III-2**，85-89

译名对照表

文　献

中　文	梵　文	藏　文
阿底峡传规之二十一度母成就法并随许		jo bo lugs kyi sgrol ma nyer gcig gi sgrub thabs rjes gnang dang bcas
阿底峡传规之二十一度母成就法羯磨集·两种成就之库		jo bo rje'i lugs kyi sgrol ma nyer gcig gi sgrub thabs las tshogs dngos grub rnam gnyis kyi bang mdzod
阿阇梨铃者传规之轮之五圆满次第要义·显明日光		slob dpon dril bu zhabs kyi lugs kyi 'khor lo'i rdzogs rim pa lnga'i gnad don gsal bar byed pa'i nyi ma'i 'od zer
阿罗波遮那成就法	Arapacanasādhana	
阿罗汉等正觉之一切恶趣清净威光王仪轨	Sarvadurgatipariśodhanatejorājāya-arhate samyaksambuddhasyakalpa-nāma	
阿育王譬喻鬘	Aśokāvadānamāla	
八大灵塔名号经		
八起尸成就法		ro langs brgyad sgrub thabs
八支心髓集	Aṣṭāṅgahṛdayasaṃhitā	
八支心髓注解·句义月光	Padārthacandrikāprabhāsa-nāmāṣṭāṅgahṛdayavivṛti	
拔除地狱		na ra ga dong sprugs, nā ra ka dong sprugs, na rag dong sprugs
拔除地狱·忏悔王		na rag dong sprugs 'gyod tshangs gshags pa'i rgyal po
白琉璃		vaiḍūrya dkar po
白琉璃论·除疑答问		vaiḍūrya dkar po g.ya' sel
白伞盖佛母擦擦仪轨	Sitātapatrāsācchakavidhi	
般若波罗蜜多	Prajñāpāramitā	
般若波罗蜜多八千颂	Aṣṭasāhasrikāprajñāpāramitā	
般若波罗蜜多二万五千颂	Pañcaviṃśatisāhasrikā-prajñāpāramitā	

中文	梵文	藏文
般若波罗蜜多九颂精义论	Prajñāpāramitānavaślokapiṇḍārtha	
般若波罗蜜多理趣一百五十	Prajñāpāramitānayaśatapañcaśatikā	'phags pa shes rab kyi pha rol tu phyin pa'i tshul brgya lnga bcu pa
般若波罗蜜多十万颂	Śatasāhasrikāprajñāpāramitā	
薄伽梵吉祥胜乐轮曼荼罗仪轨	Bhagavacchrīcakrasaṃvara-maṇḍalavidhi	
薄伽梵母般若波罗蜜多摄义九颂广疏	Bhagavatīprajñāpāramitāpiṇḍārtha-ṭīkā	
薄伽梵胜乐轮讚杖	Daṇḍakabhagavaccakrasaṃvara-stotra	
薄伽梵现观	Bhagavadabhisamaya	
宝行王正论	Ratnāvalī	
宝积（经）	Ratnakūṭa	
暴恶金刚五鹏成就法・摧伏毒蛇金刚石		rdo rje gtum po khyung lnga'i grub thabs gdug pa can 'joms par byed pa rdo rje pha laṃ
悲出现	Karuṇodaya	
悲华经	Karuṇāpuṇḍarīka	
辨法法性论	Dharmadharmatāvibhaṅga	
遍知布顿文集		bu ston thams cad mkhyen pa'i bka' 'bum
遍知一切法主布顿译师传・掬花		chos rje thams cad mkhyen pa bu ston lo tsa ba'i rnam par thar pa snyim pa'i me tog
辩中边论	Madhyāntavibhaṅga	
波利质多本生	Jātakapārijāta	
波罗蜜多乘修习次第优波提舍	Pāramitāyānabhāvanākramopadeśa	
波罗难陀经	Parānandasūtra	
波罗提木叉疏等唯不忘忆持书	Prātimokṣabhāṣyāsampramuṣita-smaraṇamātralekha	
不动佛（怛特罗）	Akṣobhya	mi 'khrugs pa'i rgyud
不动佛成就法	Akṣobhyasādhananāma	
不动金刚成就法	Akṣobhyavajrasādhana	
不动勇毅怛特罗		mi g.yo ba'i rtul phod pa'i rgyud
不空羂索仪轨细释王	Amoghapāśakalparāja	

中　　文	梵　　文	藏　　文
不死鼓音		'chi med rnga sgra
禅定六法安立	Dhyānaṣaḍdharmavyavasthāna	
禅定六法安立注	Dhyānaṣaḍdharmavyavasthānavṛtti	
忏悔十万颂		bshags 'bum
忏悔讚	Deśanāstava	
常时断除业障怛特罗	Karmāvaraṇapraśrabdhitantra	las kyi sgrib pa rgyun gcod kyi rgyud
成就法海		sgrub thabs rgya mtsho
成就法海仪轨并随许·如意吉祥藏		sgrub pa'i thabs rgya mtsho'i cho ga rjes gnang dang bcas pa 'dod dgu'i dpal gter
成就法海仪轨并随许法·妙欲吉祥宝藏		sgrub pa'i thabs rgya mtsho'i cho ga rjes gnang dang bcas pa 'dod dgu'i dpal gter
成就法集		sgrub thabs kun las btus pa, sgrub thabs kun btus
成就法略集	Piṇḍīkṛtasādhana	
成就法鬘	Sādhanamālā	
持光天女加持	Devīprabhādharādhiṣṭhāna	
出家经	Abhiniṣkramaṇasūtra	
出曜经	Udānavarga	
初业者灯	Ādikarmikapradīpa	
除灭恶见	Kudṛṣṭinirghātana	
摧破金刚成就法	Vajravidāraṇānāmasādhana	
摧破金刚曼荼罗仪轨	Vajravidāraṇamaṇḍalavidhi	
摧破金刚沐浴仪轨释	Vajravidāraṇānāmasnānavidhivṛtti	
摧破金刚陀罗尼释广注	Vajravidāraṇīdhāraṇīvyākhyāna-bṛhaṭṭīkā	
摧破金刚陀罗尼注释	Vajravidāraṇīdhāraṇīṭīkā	
怛特罗大王幻网	Māyājālamahātantrarāja	
怛特罗中所述诸天众成就法次第集·给予利乐诸欲之毕集藤树		rgyud sde nas gsungs pa'i lha tshogs du ma'i sgrub thabs kyi rim pa phyogs gcig tu bkod pa phan bde'i 'dod dgu ster ba yongs 'du'i 'khri shing
大般涅槃经	Mahāparinirvāṇasūtra	
大宝伏藏		rin chen gter mdzod
大悲莲花网成就法·悲光出生		thugs rje chen po pad ma dra ba'i sgrub thabs thugs rje'i 'od zer 'byung ba

中　文	梵　文	藏　文
大成就者铃者传规之胜乐身曼荼罗生起次第		grub chen dril bu lugs kyi bde mchog lus dkyil gyi bskyed rim
大护法成就功业		bka' srung ma chen po sgrub pa'i phrin las
大护法野赞雅秀玛波主从酬补仪轨・成就甘露漩之如意宝瓶		bstan srung chen po btsan rgod yam shud dmar po gtso 'khor gyi bskang cho ga dgnos grub bdud rtsi 'khyil ba'i rin chen bum bzang
大幻怛特罗	Mahāmāyātantra	
大幻广大现证之大幻生起		sgyu 'phrul chen mo'i mngon rtogs rgyas pa'i sgyu 'phrul chen mo 'byung ba
大教王经	Mahākalparāja	
大金刚持道次第优波提舍甘露秘密	Mahāvajradharapathakramopadeśa-amṛtaguhya	
大菩提塔量度・加持祥焰		byang chub chen po'i mchod rten gyi tshad byin slabs dpal 'bar
大日如来现证怛特罗，大日如来现证	Vairocanābhisambodhitantra, Vairocanābhisambodhi	rnam par snang mdzad mngon byang chub rgyud, rnam par snang mdzad mngon byang, rnam par snang mdzad mngon par byang chub pa
大日如来现证怛特罗后分		rnam par snang mdzad mngon par byang chub pa'i rgyud phyi ma
大日如来现证菩提仪轨・一切利乐生处之自生		rnam par snang mdzad mngon par byang chub pa'i cho ga phan bde kun 'byung las bdag bskyed
大事	Mahāvastu	
大智度论		
灯作明	Pradīpodyotana	
地经	Bhūmisūtra	
地下金刚怛特罗王		rdo rje sa 'og gi rgyud kyi rgyal bo
第二品行部曼荼罗庄严		skabs gnyis pa spyod pa'i rgyud kyi dkyil 'khor gyi bkod pa
第三品事部曼荼罗安立		skabs gsum pa bya rgyud kyi dkyil 'khor gyi rnam gzhag

中　文	梵　文	藏　文
独雄成就法		dpa' bo'i gcig pa'i sgrub thabs
度母诸业出现怛特罗		sgrol ma las sna tshogs 'byung ba'i rgyud
多哈藏	Dohākoṣa	
恶趣清净怛特罗， 恶趣清净	Durgatipariśodhanatantra, Durgatipariśodhana	ngan song sbyong ba
恶趣清净怛特罗释义		ngan song sbyong ba'i rgyud rje'i gsung gi mchan dang bcas pa
法华经	Saddharmapuṇḍarīka	
法集	Dharmasaṅgraha	
法王十万大佛塔志		chos rgyal sku 'bum chen po'i dkar chag
法性空界藏所出 空行会聚断尸 成就库藏		chos nyid mkha'i klong mdzod las mkha' 'gro 'dus pa'i skor las dur gcod dngos grub bang mdzod
法性中阴讲义· 闻即自度之解说		chos nyid bar do'i khrid yig mthong ba rang grol gyi ngo sprod
法性中阴祈请大闻度		chos nyid bar do'i gsol 'debs thos grol chen mo
翻译名义大集	Mahāvyutpatti	
方广游戏经	Lalitavistara	
忿怒秽迹成就法		khro bo'i sme ba brtsegs pa'i sgrub thabs
忿怒阎摩敌 尊胜明王怛特罗		khro bo gshin rje gshed khro bo rnam par rgyal ba'i rgyud
佛顶盖		sangs rgyas thod pa
佛顶盖瑜伽母 怛特罗王		sangs rgyas thod pa zhes bya ba rnal 'byor ma'i rgyud kyi rgyal po
佛顶尊胜	Vijayoṣṇīṣa	
佛法源流·教莲 盛开之日		chos 'byung bstan pa'i padma rgyas pa'i nyin byed
佛灌顶讚	Buddhābhiṣeka nāma stotra	
佛所行讚	Buddhacarita	
佛语总集精粹如意宝 所出外部大圆满静怒 羯磨仪轨之补遗·四 双忏悔瑜伽之总涤· 拔除地狱		bka' 'dus snying po yid bzhin nor bu las phyi skor rdzogs pa chen po zhi khro'i las byang gi kha skong ru zung bzhi'i bshags pa rnam 'byor gyi spyi khrungs na ra ka dong sprugs

中　　文	梵　　文	藏　　文
夫妇黄门息解羯磨集·除空行晦念诵仪轨庄严·白晶瓶之水流		'za' tshon ma ning zhi ba'i las tshogs mkha' 'gro grib sel bklags chog tu bkod pa shel dkar bum pa'i chu rgyun
甘露军荼利成就法	Amṛtakuṇḍalīsādhana	
高贵空行母囊萨文邦传		rigs bzang gi mkha' 'gro ma snang 'od 'bum gyi rnam thar
工巧、医方、历算学等所出名目		bzo dang gso ba/ skar rtsis rnams las byung ba'i ming gi rnam grang bzhugs so
供物仪轨	Balipūjāvidhi	
故事海	Kathāsaritsāgara	
观真言义	mantrārthāvalokinī	
灌顶论	Abhiṣekaprakaraṇa	
灌顶略说注	Sekoddeśaṭīkā	
光明庄严	Ālokālaṅkāra	
广本生	Bṛhadjātaka	
广讚宝藏	Bṛhatstotraratnākara	
广注明灯	Vṛttipradīpa	
鬼蜮活鬼等授记及甚深调伏法		dam sri gson 'dre sogs lung bstan cing 'dul ba'i thabs shin tu zab pa
亥母现证		phag mo mngon par byang chub pa
行集灯	Caryāmelāpakapradīpa	spyod pa bsdus pa'i sgron ma
行者讚	Karmakarastotra	
和合怛特罗，和合	Sampuṭatantra，Sampuṭa	
嘿噜嘎成就法	Herukasādhana	
嘿噜嘎清净	Herukaviśuddhi	
嘿噜嘎现生	Herukābhyudaya	
黑阎摩敌怛特罗	Kṛṣṇayamāritantra	dgra nag gi rgyud
黑阎摩敌轮一切业成就怛特罗王	Yamārikṛṣṇakarmasarvacakra-siddhikaranāmatantrarāja	
红色智慧梃杖怙主念、修、羯磨三事解说·摧破魔军霹雳焰轮		ye shes mgon po beng dmar gyi bsnyen sgrub las gsum gyi rnam par bshad pa bdud sde rab tu 'joms pa'i gnam lcags 'bar ba'i 'khor lo

中　　文	梵　　文	藏　　文
红阎摩敌成就法	Raktayamārisādhana	
红阎摩敌怛特罗		gshin rje gshed dmar po'i rgyud
红阎摩敌十三天 曼荼罗仪轨真性明		gshed dmar lha bcu gsum ma'i dkyil cho ga de nyid gsal
红阎摩敌五天 现证摧破一切阎摩		gshin rje gshed dmar po'i lha lnga'i mngon par rtogs pa gshin rje kun 'joms
后藏志 年楚河上中下三域 稀有语之善说· 学者津梁		myang chung myang yul stod smad bar gsum gyi ngo mtshar gtam gyi legs bshad mkhas pa'i 'jug ngogs
护持胜教之名闻诸尊 依止供食法·清静 渣滓金之雍仲		rgyal ba'i bstan srung gi gtso bo yongs su grags pa rnams bstan cing mchod gtor 'bul tshul snyigs por bral ba gser gyi g.yung drung
护法密意心髓		chos skyong dgongs 'dus snying po
护摩仪轨	Homavidhi	
欢喜成就法	Priyasādhana	
幻网次第		sgyu 'phrul dra ba'i rim pa
幻网次第观自在 成就法	Māyājālakramāvalokiteśvarasādhana	
幻网次第圣观自在 成就法	Māyājālakramāryāvalokiteśvara- sādhana	
幻网怛特罗,幻网	Māyājālatantra, Māyājāla	sgyu 'phrul dra ba, sgyu 'phrul dra
秽迹成就法· 消除晦气大胜		sme ba brtsegs pa'i sgrub thabs nyams grib kun sel rgyal chen po
秽迹明王成就法及 诸浴仪轨直讲庄严· 净眼		khro bo sme ba brtsegs pa'i sgrub thabs dang khrus cho ga rnams nag po 'gro shes su bkod pa mig gtsang dag byed
吉祥薄伽梵现观	Śrībhagavadabhisamaya	
吉祥大金刚怖畏 成就法·全胜诸魔		dpal rdo rje 'jigs byed chen po'i sgrub thabs bdud thams cad las rnam par rgyal ba
吉祥大金刚怖畏 怛特罗	Śrīvajramahābhairavatantra	
吉祥大金刚怖畏生起 次第安立·显耀顶饰		dpal rdo rje 'jigs byed chen po'i bskyed rim gyi rnam bzhag gsal ba'i btsug rgyan

中文	梵文	藏文
吉祥大金刚怖畏生起次第不共甚深指导第二佛陀言教·一切成就自在之入道·有缘无余解脱之津梁		dpal rdo rje 'jigs byed kyi bskyed rim gyi zab khrid thun mong ma yin rgyal ba gnyis pa'i zhal lung grub pa'i dbang phyug kun gi bzhud lam skal ba rbad thar pa'i 'jug ngogs
吉祥嘿噜嘎生起曼荼罗仪轨	Śrīherukabhūtanāmamaṇḍalopāyikā	
吉祥黑阎摩敌成就法·炽燃宝		dpal gshin rje dgra nag gi sgrub pa'i thabs rin po chen 'bar ba
吉祥黑阎摩敌怛特罗第三品		dpal gshin rje gshed nag po'i rgyud rtog pa gsum pa
吉祥黑阎摩敌现证·杀者之堪畏		dpal ldan gshin rje dgra nag gi mnon par rtogs pa gsod byed pa'i 'jigs rung
吉祥红阎摩敌怛特罗王	Śrīraktayamāritantrarāja	
吉祥金刚怖畏曼荼罗仪轨明	Śrīvajrabhairava-maṇḍalavidhiprakāśanāma	
吉祥金刚怖畏热译师传规曼荼罗仪轨显明		dpal rdo rje 'jigs byed rva lugs dkyil 'khor gyi cho ga rab gsal snang ba
吉祥金刚怖畏生圆心髓汇集·密集胜乐怖畏三无分修持法偈颂启请		dpal rdo rje 'jigs byed kyi bskyed rdzogs snying por sgril ba gsang bde 'jigs gsum ya ma bral ba nyams su len tshul tshigs bcad du bsdebs pa
吉祥金刚怖畏仪轨怛特罗王	Śrīvajrabhairavakalpatantrarāja	
吉祥金刚大黑天之造业跋陀罗兄妹三之食子仪轨并随许·电之利刃		dpal rdo rje nag po chen po'i las byed pu tra ming sring gsum gyi gtor cho ga rjes gnang dang bcas pa glog gi spu gri
吉祥金刚心庄严大怛特罗难处释	Vajramaṇḍalālaṅkāra-mahātantrapañjikā	dpal rdo rje snying po'i rgyan gyi rgyud chen po'i dka' 'grel
吉祥军阿波陀那	Śrīsenāvadāna	
吉祥密集曼荼罗诸尊身讚叹 密集曼荼罗诸尊身讚叹	Śrīguhyasamājamaṇḍala-devakāyastotra Guhyasamājamaṇḍala-devakāyastotra	
吉祥普明曼荼罗圆满成就·去除盖障		dpal kun rig gi dkyil 'khor yongs rdzogs kyi sgrub thabs sgrib pa rnam sel

中　文	梵　文	藏　文
吉祥萨迦派对大小护法怙主、兄妹护法、尸林主等奉献食子仪轨·功业速达之使		dpal sa skya pa'i bstan srung mgon po che chung mkhan lcam dral dur khrod bdag po dang bcas pa rnams la gtor ma 'bul ba'i cho ga 'phrin las myur mgyogs kyi pho nya
吉祥萨迦派父法金刚橛共通护法噶杜兄妹成就并随许		dpal sa skya pa'i yab chos yang phur thun mong gi bka' srung dkar bdud lcam dral gyi sgrub thabs rjes gnang dang bcas pa
吉祥胜乐轮现观曼荼罗		dpal 'khor lo bde mchog mngon dkyil
吉祥胜乐轮之现前曼荼罗		dpal 'khor lo bde mchog gi mngon dkyil
吉祥十三金刚怖畏成就法略摄祈愿		dpal rdo rje 'jigs byed bcu gsum ma'i sgrub thabs mdor bsdus smon lam
吉祥四座广大曼荼罗成就法·无忘作忆		dpal gdan bzhi pa'i dkyil 'khor rgyas pa'i sgrub thabs mi brjed par dran byed pa
吉祥无边利他普明仪轨及多种必需仪轨合集·普明仪轨利他天成		dpal kun rig gi cho ga gzhan phan mtha' yas dang de la nye bar mkho ba'i cho ga'i yan lag du ma bcas pa phyogs gcig tu bgyis pa kun rig gi cho ga gzhan phan lhun grub
吉祥喜金刚成就法·弃除惑乱		dpal kyai rdo rje sgrub thabs 'khrul spong
吉祥喜金刚怛特罗次第中自身加持拘留拘啰成就法	Hevajratantrakrame svādhiṣṭhānakurukullesādhana	dpal kye'i rdo rje'i rgyud kyi rim pa las/ bdag byin gyis brlab pa ku ru ku lle'i sgrub thabs
吉祥喜金刚俱生成就法及加持口诀		dpal kye rdo rje lhan cig skyes pa'i sgrub thabs byin rlabs man ngag dang bcas
吉祥喜金刚释续金刚帐之业广大三神中所出调伏部多金刚手成就法随许口诀		dpal kye rdo rje'i bshad rgyud rdo rje gur gyi las rgyas pa'i lha gsum las phyag na rdo rje 'byung po 'dul byed kyi sgrub thabs rjes gnang man ngag dang bcas
吉祥阎摩敌十三天曼荼罗灌顶成就法仪轨宝鬘		dpal gshin rje gshed lha bcu gsum ma rnams kyi dkyil 'khor du dbang bskur pa bsgrubs pa'i thabs kyi cho ga rin po che'i phreng ba
吉祥月秘密明点怛特罗大王	Śrīcandraguhyatilakamahātantrarāja	

中　　文	梵　　文	藏　　文
吉祥总摄轮	Śrīcakrasaṃvara	
吉祥总摄轮成就法	Śrīcakrasaṃvarasādhana	dpal 'khor lo sdom pa'i sgrub thabs
吉祥总摄轮成就法注·弃除惑乱		dpal 'khor lo sdom pa'i sgrub thabs kyi 'grel ba 'khrul ba spong bar byed ba
吉祥总摄轮初次第道学法易解诠说·如意心髓		dpal 'khor lo sdom pa'i rim pa dang po'i lam la slob pa'i tshul go bde bar brjod pa 'dod pa 'jo ba'i snying po
吉祥总摄轮大成就者铃者传规五天 成就法·大乐灌顶王		dpal 'khor lo sdom pa 'grub chen dril bu zhabs kyi lugs lha lnga'i sgrub thabs bde chen dbang gi rgyal po
吉祥总摄轮铃者传规之外曼荼罗五天成就法·译师班智达言教		dpal 'khor lo sdom pa dril bu lugs kyi phyi dkyil lha lnga'i sgrub thabs lo pan zhal lung
吉祥最上本初		dpal mchog dang po
吉祥最上本初 吉祥最上 最上本初怛特罗	Śrīparamādya Paramāditantra	dpal mchog dang po dpal mchog
吉祥最上本初大乘仪轨王	Śrīparamādimahāyānakalparāja	
吉祥最上本初广释 最上本初广释	Śrīparamādiṭīkā Paramādiṭīkā	
寂静衮桑杰瓦都巴成就法		zhi ba kun bzang rgyal ba 'dus pa'i bsgrub gzhung
坚轮仪轨	Sthiracakrabhāvanā	
犍稚经	Ghaṇṭīsūtra	
简要次第成就法	Piṇḍīkramasādhana	
建立支提和擦擦		mchod rten dang tsha tsha gdab pa
教法施主名录		bstan pa'i sbyin bdag byung tshul gyi ming grangs
杰仁波切所述 怖畏标识等笔记		rje rin po che'i 'jigs byed kyi phyag mtshan sogs kyi bshad pa'i zin bris
解脱八难成就·隐蔽小龛	Aṣṭabhayamocanasiddhi-guptasampuṭa	
解脱明点注释	Muktitilakavyākhyāna	
金刚阿阇黎所作集	Vajrācāryakriyāsamuccaya	rdo rje slob dpon gyi bya ba kun las btus pa
金刚怖畏怛特罗难语释	Vajrabhairavatantrapañjikā	

中　　文	梵　　文	藏　　文
金刚乘大过失	Vajrayānasthūlāpatti	
金刚持金刚手羯磨成就法	Vajradharavajrapāṇikarmasādhana	
金刚顶怛特罗 　金刚顶	Vajraśekharatantra, Vajraśikharatantra, Vajraśekhara	rdo rje rtse mo'i rgyud rdo rje rtse mo, rtse mo
金刚甘露怛特罗		rdo rje bdud rtsi'i rgyud
金刚界大曼荼罗出现	Vajradhātumahāmaṇḍalopāyikā	
金刚界大曼荼罗诸天建立	Vajradhātumahāmaṇḍala-sarvadevavyavasthāna	
金刚界曼荼罗	Vajradhātumaṇḍala	
金刚界曼荼罗出现	Vajradhātumaṇḍalopāyikā	
金刚橛根本怛特罗小品 　金刚橛根本怛特罗品		phur pa rtsa dum gyi rgyud, rdo rje phur pa rtsa ba'i rgyud kyi dum bu
金刚空行	Vajraḍāka	
金刚空行释	Vajraḍākavivṛtti	
金刚鬘		rdo rje phreng ba
金刚念诵广释	Vajrajāpaṭīkā	
金刚萨埵心意成就中宣说之静怒拔除地狱之成就法		rdo rje sems dpa' thugs kyi sgrub pa las gsungs pa'i zhi khro na ra ka dong sprugs gi sgrub thabs
金刚生起怛特罗 　金刚生起	Vajrodayatanra Vajrodaya	rdo rje 'byung
金刚手灌顶怛特罗		phyag na rdo rje dbang bskur ba'i rgyud
金刚手王准提成就法	Vajrapāṇirājacuṇḍasādhana	
金刚心		rdo rje snying po
金刚心庄严怛特罗	Śrīvajramaṇḍālaṅkārā	rdo rje snying po rgyan gyi rgyud
金刚心庄严怛特罗之曼荼罗安立		rdo rje snying po rgyan gyi rgyud kyi dkyil 'khor gyi rnam bzhag
金刚心庄严难处释	Vajramaṇḍalālaṅkārapañjikā	
金刚瑜伽母成就法	Vajrayoginīsādhana	
金刚瑜伽母讚	Vajrayoginīstotra	
金刚瑜伽女断首成就法	Chinnamuṇḍāvajrayoginīsādhana	
金刚帐		rdo rje gur
金刚帐二品		rdo rje gur brtag gnyis

中　文	梵　文	藏　文
金刚作吽成就法		rdo rje hūṃ mdzad kyi sgrub thabs
金光明（经）	Suvarṇaprabhāsa	
金色童子因缘经	Suvarṇavarṇāvadāna	
经合集	Sūtramelāpaka	
经庄严	Sūtrālaṅkāra	
经庄严初二颂疏	Sūtrālaṅkārādiślokadvayavyākhyāna	
静怒拔除地狱之忏悔·悲月光		zhi khro na ra ka dong sprugs gi skong bshags thugs rje'i zla 'od
静怒拔除地狱之灌顶仪轨·甘露恒河		zhi khro na ra ka dong sprug gi dbang cho ga bdud rtsi'i gang gā
静怒密意自度仪轨·净治罪障		zhi khro dgongs pa rang grol gyi cho ga sdig sgrib rnam par sbyong ba
静怒生圆羯磨编排·光明精粹		zhi khro bskyed rdzogs kyi phrin las khrigs su bsdebs pa 'od gsal snying po
静怒十身宝帐怙主护法眷属金刚石寨·诸障悉除		gur gyi mgon zhi khro bcu'i bsrung 'khor rdo rje'i brag rdzong bar chag kun sel
九髻曼荼罗庄严		gtsug dgu'i dkyil 'khor gyi bkod pa
救八难度母成就法	Aṣṭabhayatrāṇatārāsādhana	
俱差罗庄严	Kosalālaṅkāra	
具瑞自生女王所出本母护命陀罗尼		dpal ldan rang 'byung rgyal mo'i skor las ma mo srog sgrub gi gzungs
具誓护法海之名录		bstan srung dam can rgya mtsho'i ming gi grangs
抉择智慧方便成就	Prajñopāyaviniścayasiddhi	
开光仪轨	Pratiṣṭhāvidhi	
开眼仪轨	Pratiṣṭhāvidhi	
克珠·格勒贝桑文集		mkhas grub dge legs dpal bzang gi gsung 'bum
空行海	Ḍākārṇava	mkha' 'gro rgya mtsho
空行母金刚帐		mkha' 'gro ma rdo rje gur
口传	Mukhāgama	
拉尊降秋沃之门布跋陀罗兄妹成就法·柱间经典		lha btsun byang chub 'od kyi mon bu pu tra ming sring gi sgrub thabs kha bkol ma'i gzhung lde ba

中　文	梵　文	藏　文
莲花观自在之莲花网次第薄伽梵曼荼罗供养仪轨	Padmāvalokiteśvarasya padmajālakrameṇa bhagavanmaṇḍalapūjāvidhi	
莲花网		pad ma dra ba
莲花遗教		pad ma thang yig
两品		brtag gnyis
铃者五天成就法·悉地库		dril bu lha lnga'i sgrub thabs dngos grub kyi bang mdzod
六臂迅疾智慧怙主食子仪轨酬补及支分		myur mdzad ye shes kyi mgon po phyag drug pa'i gtor cho ga bskang gso cha lag dang bcas
六面怛特罗		gdong drug gi rgyud
六支瑜伽注释	Ṣaḍaṅgayogaṭīkā	
隆多喇嘛文集		klong rdol bla ma'i gsung 'bum
龙供物仪轨	Nāgabalividhi	
龙自在王成就法	Nāgeśvararājasādhana	
啰嚩拏说救疗小儿疾病经		
啰嚩拏童子怛特罗	Rāvaṇa-Kumāratantra	
律摄	Vinayasaṃgraha	
略释金刚灯	Vajrapradīpaṭippaṇī	
曼荼罗尺度略摄注释	Saṅkṣiptamaṇḍalasūtravṛtti	
曼荼罗仪轨	Maṇḍalavidhi	
曼荼罗庄严补遗		dkyil'khor bkod ba rtsom 'phro
曼荼罗作明日光·初分中根本怛特罗真性集曼荼罗庄严		dkyil 'khor gsal byed nyi ma'i 'od zer zhes bya ba'i skabs dang po las rtsa rgyud de nyid bsdus pa'i dkyil 'khor gyi bkod pa
弥勒请问经	Āryamaitreyaparipṛcchā-nāmamahāyānasūtra	byams pas zhus pa'i mdo
密集	Guhyasamāja	gsang ba'dus pa
密集曼荼罗仪轨	Guhyasamājamaṇḍalavidhi	
密集曼荼罗仪轨注释	Guhyasamājamaṇḍalavidhiṭīkā	
密集曼荼罗诸尊身讚叹　吉祥密集曼荼罗诸尊身讚叹	Guhyasamājamaṇḍala-devakāyastotra Śrīguhyasamājamaṇḍala-devakāyastotra	

中　　文	梵　　文	藏　　文
密集难处释	Guhyasamājapañjikā	
密集世自在成就法	Guhyasamājalokeśvarasādhana	
密集文殊金刚 成就法・文殊夺意		gsang 'dus 'jam rdor gyi sgrub thabs 'jam dbyangs yid 'phrog
密集文殊金刚曼荼罗 仪轨・文殊加持变化		gsang 'dus 'jam rdor dkyil 'khor gyi cho ga 'jam pa'i dbyangs kyi byin rlabs kyi rnam 'phru
密集现观成就法	Guhyasamājābhisamayasādhana	
密集注释	Guhyasamājavivaraṇa	
秘密金刚怛特罗王 注释	Guhyavajratantrarājavṛtti	
秘密真言理趣光	Mantranayāloka	
秘密庄严		gsang rgyan
秘密庄严曼荼罗安立		gsang ba rgyan bkod kyi dkyil 'khor gyi rnam bzhag
妙丽庄严	Sundarālaṅkāra	
名等诵	Nāmasaṅgīti	mtshan yang dag par brjod pa, mtshan brjod
名等诵曼荼罗庄严		mtshan brjod kyi dkyil 'khor gyi bkod pa
名等诵注释	Nāmasaṃgītivṛtti	
命主雅秀玛波意之 化现护法忿怒战神 成就法・食子仪轨 次第支分平整		srog bdag yam shud dmar po'i thugs sprul bstan srung 'khu dgra lha'i sgrub thabs gtor chog gi rim pa cha lag thang ma
摩诃毗卢遮那现等觉	Mahāvairocanābhisambodhi	
摩诃毗卢遮那现等觉 所属供养仪轨	Mahāvairocanābhisambodhi- sambaddhatantrapūjāvidhi	
摩诃毗卢遮那现证 神变加持方广经之 帝释王	Mahāvairocanābhisambodhi- vikurvitādhiṣṭhānavaipulya- sūtrendrarājanāmadharmaparyāya	rnam par snang mdzad chen po mngon par rdzogs par byang chub pa rnam par sprul pa byin gyis rlob pa shin tu rgyas pa mdo sde'i dbang po'i rgyal po zhes bya ba'i chos kyi rnam grangs
摩诃婆罗多	Mahābhārata	
摩揭陀贤女阿波陀那	Sumagadhāvadāna	
摩利支天成就法		'od zer can ma'i sgrub thabs
那若巴特别教法 和合往生法讲解・ 进入金刚乘之大车		jo bo nā ro pa'i khyad chos bsre 'pho'i khrid rdo rje'i theg par bgrod pa'i shing rta chen po

中　　文	梵　　文	藏　　文
乃宁寺志 　正善士夫传记宝库		gnas rnying skyes bu dam pa rnams kyi rnam par thar pa rin po che'i gter mdzod
难语明	Durbodhāloka	
年楚河上游地区 游历指南		nyang stod skor la phebs pa'i lam yig tshig bcad
年楚河上中下三域 稀有语之善说· 学者津梁 　后藏志		myang yul stod smad bar gsum gyi ngo mtshar gtam gyi legs bshad mkhas pa'i 'jug ngogs myang chung
念传规秽迹忿怒母 成就法及灌顶沐浴 仪轨		nyan lugs khro mo rme brtsegs ma'i sgrub thabs dbang bskur khrus cho ga dang bcas pa
念诵圣佛顶放无垢 光明入普门陀罗尼及 契经中所集一百零八 支提和五支提建立 仪轨		'phags pa kun nas sgor 'jug pa'i 'od zer gtsug tor dri ma med par snang ba'i gzungs bklag cing mchod rten brgya rtsa brgyad dam mchod rten lnga gdab pa'i cho ga mdo sde las btus pa
诺桑法王传集成· 闻知意之喜宴		chos kyi rgyal po nor bu bzang po'i rnam thar phyogs bsgrigs byas ba thos chud yid kyi dga' bston
譬喻鬘	Dṛṣṭāntamālya	
譬喻如意藤	Avadānakalpalatā	dpag bsam khri shing
菩萨道次第略摄	Bodhisattvamārgakramasaṃgraha	rgyal sras lam rim bsdus
菩萨行集灯宝鬘	Bodhisattvacaryāsaṃgrahapradīpa- ratnamālā	
菩提道灯论	Bodhipathapradīpa	
普除晦气秽迹灌顶 仪轨·月晶甘露水流		sme brtsegs nyams grib kun sel gyi dbang cho ga zla shel bdud rtsi'i chu rgyun
普明根本灌顶结合· 明慧俱喜		kun rig rtsa ba'i dbang gis 'tshams sbyor blo gsal kun dga'
普明曼荼罗庄严		kun rig gi dkyil 'khor gyi bkod pa
普贤成就法	Samantabhadrasādhana	
普贤成就法注释	Samantabhadrasādhanavṛtti	
七功德说示论	Saptaguṇavivaraṇakathā	
七功德正说论	Saptaguṇaparivarṇanakathā	
七如来讚	Saptatathāgatastotra	

中文	梵文	藏文
七十空性论注	Śūnyatāsaptativivṛtti	
千手观音成就法	Sahasrabhujāvalokiteśvarasādhana	
前行海	Puraścaryārṇava	
清净髻珠		rnam dag gtsug nor
青史		deb ther sngon po
青衣金刚手成就法	Nīlāmbaradharavajrapāṇisādhana	
日天心髓讃	Ādityahṛdayastrotra	
如轨密咒总集规则记录补遗		phyag len ltar gsang sngags spyi spungs 'gro lugs zin ris kha skong
如来阿罗汉等正觉之一切恶趣清净威光王品		de bzhin gshegs pa dgra bcom pa yang dag par rdzogs pa'i sangs rgyas ngan song thams cad yongs su sbyong ba gzi brjid kyi rgyal po'i brtag pa
如来部怖畏明王怛特罗		de bzhin gshegs pa'i rigs kyi khro bo 'jigs byed kyi rgyud
如来部忿怒红阎摩敌怛特罗		de bzhin gshegs pa'i rigs khro bo gshin rje gshed dmar po'i rgyud
如意宝树史		dpag bsam ljon bzang
入大手印瑜伽口诀释	Mahāmudrāyogāvatārapiṇḍārtha	
入二谛	Satyadvayāvatāra	
入楞伽经	Laṅkāvatāra	
入菩萨行论	Bodhicaryāvatāra	
入无上瑜伽怛特罗义集	Yogānuttaratantrārthāvatāra-saṃgraha	
入瑜伽	Yogāvatāra	
入瑜伽优波提舍	Yogāvatāropadeśa	
入真性	Tattvāvatāra	
萨迦世系		sa skya'i gdung rabs
萨迦文集		sa skya bka' 'bum
三皈依七十	Triśaraṇagamanasaptati	
三界尊胜曼荼罗仪轨	Trailokyavijayamaṇḍalopāyikā	
三界尊胜明王成就法	Krodharājatrailokyavijayasādhana	
三界尊胜仪轨大王	Trailokyavijayamahākalparāja	'jig rten gsum las rnam par rgyal ba rtog pa'i rgyal po chen po
三理趣灯	Nayatrayapradīpa	
三身讃注释	Kāyatrayastotravivaraṇa	

中　　文	梵　　文	藏　　文
三十五善逝讚	Sugatapañcatrimśatstotra	
三蕴经		phung po gsum pa'i mdo
三中分仪轨	Madhyamabhāgatrayavidhi	
森林篇(摩诃婆罗多)	Vanaparvan	
善道说示论	Supathadeśanāparikathā	
善明成就法	Suviśiṣṭasādhanopāyikā	
善逝身像量度论·如意宝		bde bar gshegs pa'i sku gzugs kyi tshad kyi rab tu byed pa yid bzhin nor bu
善闻集	Suśrutasaṃhitā	
上怛特罗	Uttaratantra	
上师供养讲义·剖析要点耳传窍决宝藏		bla ma mchod pa'i khrid yig gsang ba'i gnad rnam par phye ba snyan rgyud man ngag gi gter mdzod
烧尸仪轨	Śmaśānavidhi	
摄十万龙心髓		klu 'bum bsdus pa'i snying po
摄一切仪轨根本续		rtog pa thams cad bsdus pa'i rtsa ba'i rgyud
摄真实论	Tattvasaṃgraha	
身语意秘密庄严		sku gsung thugs gsang rgyan bkod pa
身语意所依尺度具释·花鬘严饰		sku gsung thugs rten thig rtsa mchan 'grel can me tog 'phreng ba mdzes zhes bya ba
甚深法静怒密意自度		zab chos zhi khro dgongs rang grol
甚深法静怒密意自度羯磨·觉受菩提自度精髓		zab chos zhi khro dgongs pa rang grol gyi las byang chub 'tshor ba rang grol gyi snying po
甚深显密教法随许灌顶教指受法录·利他增上意乐宝王·白莲鬘饰		mdo rgyud zab mo'i chos kyi lung rjes gnang dbang khrid thob yig gzhan pan rin chen dbang rgyal lhag bsam pun da ri ka'i 'phreng bas spud pa
圣八难度母成就法	Āryāṣṭamahābhayatārāsādhana	
圣宝髻陀罗尼	Āryacūḍāmaṇināma dhāraṇī	
圣度母救八难经		'phags ma sgrol ma 'jigs pa brgyad las skyob pa'i mdo
圣空行母金刚帐怛特罗大王仪轨	Āryaḍākinīvajrapañjara-mahātantrarājakalpa	'phags pa mkha' 'gro ma rdo rje gur zhes bya ba'i rgyud kyi rgyal po chen po'i brtag pa

中　　文	梵　　文	藏　　文
圣名等诵广释 秘密真言义观察	Āryanāmasaṃgītiṭīkā- nāmamantrārthāvalokinī	'phags pa mtshan yang dag par brjod pa'i rgya cher 'grel pa mtshan gsang sngags kyi don du rnam par lta ba
圣青衣金刚手 三世间调伏	Āryavajrapāṇinīlāmbaradhara- trilokavinaya	
圣文殊瞿沙讚	Āryamañjughoṣastotra	
圣邬孜甲金刚手 成就法随许并羯磨		dpal phyag na rdo rje u tsa rya'i sgrub thabs rjes gnang las tshogs dang bcas pa'i skor rnams
圣无量寿智成就法	Āryāparimitāyurjñāsādhana	
圣智慧萨埵文殊生起	Āryajñānasattvamañjuśrīupāyikā	
圣智慧萨埵文殊真性 成就法	Āryajñānasattvamañjuśrītattva- nāmasādhana	
胜乐出生		bde mchog sdom 'byung
胜乐出生成就法・ 成就宝藏		bde mchog sdom 'byung gi sgrub thabs dngos grub rin po che'i gter
胜乐怛特罗	Śaṃvaratantra	
胜乐铃者传规五天之 灌顶传承启请		bde mchog dril bu lugs lha lnga'i dbang gi brgyud 'debs
胜乐铃者传规之护摩		bde mchog dril bu lugs kyi sbyin sreg
胜乐轮常住忏悔大 （品）	Cakrasaṃvaravistaraprabandha	
胜乐略怛特罗广释・ 隐义普显		bde mchog bsdus pa'i rgyud kyi rgya cher bshad pa sbas pa'i don kun gsal ba
胜乐生起	Śaṃvarodaya	
胜乐小品怛特罗	Laghusaṃvaratantra	
时轮怛特罗	Kālacakratantra	
事师法五十颂	Gurupañcāśikā	
世界广说・情器世间 明鉴		'dzam gling chen po'i rgyas bshad snod bcud kun gsal me long
世尊红阎摩敌 十三天之摧破武器及 立续吉祥愿		bcom ldan 'das gshin rje gshed dmar po lha bcu gsum gyi 'joms pa'i mtshon cha dang rgyud 'debs smon lam shis brjod bcas
世尊吉祥大金刚怖畏 幻轮仪轨第三品之 广释・三界全胜日光		bcom ldan 'das dpal rdo rje 'jigs byed chen po'i 'phrul 'khor gyi cho ga rtog pa gsum pa'i rgya cher bshad pa khams gsum rnam par rgyal ba'i nyi 'od

中　　文	梵　　文	藏　　文
世尊吉祥大金刚怖畏生起次第甚深指导不共法诠说·共不共成就宝藏		bcom ldan 'das dpal rdo rje 'jigs byed chen po'i bskyed rim gyi zab khrid thun mong ma yin pa'i tshul bshad pa mchog thun dngos grub gter mdzod
世尊吉祥大金刚怖畏生圆直指传承启请		bcom ldan 'das dpal rdo rje 'jigs byed chen po'i bskyed rdzogs dmar 'khrid brgyud 'debs
世尊吉祥总摄轮曼荼罗仪轨		bcom ldan 'das dpal 'khor lo sdom pa'i dkyil 'khor gyi cho ga
世尊吉祥总摄轮现观		bcom ldan 'das dpal 'khor lo sdom pa'i mngon par rtogs pa
世尊吉祥总摄轮总述·殊胜乘甘露喜宴大智良药		bcom ldan 'das dpal 'khor lo sdom pa'i spyi bshad theg mchog bdud rtsi'i dga' ston ye shes chen po'i sman mchog
释量论(颂)	Pramāṇavārttika	tshad ma rnam 'grel
释量论注	Pramāṇavārttikavṛtti	
释量论注释	Pramāṇavārttikaṭīkā	tshad ma rnam 'grel gyi 'grel bshad
释量论庄严	Pramāṇavārttikālaṅkāra	tshad ma rgyan, tshad ma rnam 'grel gyi rgyan
释量论庄严注疏	Pramāṇavārttikālaṅkāraṭīkā	
释续金刚顶曼荼罗庄严		bshad rgyud rdo rje rtse mo'i dkyil 'khor gyi bkod pa
殊胜讚广释	Viśeṣastavaṭīkā	
水供物仪轨	Jalabalividhi	
斯瓦扬布往世书	Svayambhūpurāṇa	
死避优波提舍	Mṛtyuvañcanopadeśa	
死尸清净焚烧方便仪轨经会	Śavaśuddhisaṃskāra-sūtrapiṇḍitavidhi	
四颠倒断舍论	Caturviparyayaparihārakathā	
四十九天成就法		lha zhe dgu ma'i sgrub thab
四座怛特罗		dpal gdan bzhi rgyud
四座金刚		rdo rje gdan bzhi
四座金刚曼荼罗广大成就法·无忘作忆		rdo rje gdan bzhi'i dkyil 'khor rgyas pa'i sgrub thabs mi brjed par dran byed
苏塔本集	Sūtasaṃhitā	

中　文	梵　文	藏　文
俗谛菩提心修习 优波提舍书	Saṃvṛttibodhicittabhāvanopadeśa- varṇasaṃgraha	
娑利哺特罗马 生命吠陀本集	Śālihotrīyāśvāyurvedasaṃhitā	
所作集	Kriyāsamuccaya	
塔各部分别	Caityāṃśavibhāga	mchod rten gyi cha rnam par dbye ba
天人之大灵塔 觉沃银身三尊 稀有事迹叙说· 青琉璃宝之琵琶		lhar bcas 'gro ba'i mchod sdong chen po jo bo dngul sku mched gsum sngon byung gi gtam rabs brjod pa rin chen vai ḍū rya sngon po'i pi wang
天胜讚广注	Devātiśayastotraṭīkā	
天业譬喻	Divyāvadāna	
调伏部多怛特罗大王	Bhūtaḍāmaramahātantrarāja	
调伏怛特罗	Ḍāmaratantra	
调伏三猛厉怛特罗		drag po gsum 'dul gyi rgyud
童子怛特罗	Kumāratantra	
王统世系明鉴		rgyal rabs (chos 'byung) gsal ba'i me long
卫藏圣迹略志·正信 种子		dbus gtsang gi gnas rten rags rim gyi mtshan byang mdor bsdus dad pa'i sa bon
未来往世书后分	Bhaviṣyottarapurāṇa	
文殊师利根本怛特罗, 文殊师利根本仪轨经	Mañjuśrīmūlatantra, Mañjuśrīmūlakalpa	'jam dpal rtsa rgyud
文殊师利幻网		'jam dpal sgyu 'phrul dra ba
文殊师利名等诵广释	Mañjusrināmasaṃgītiṭikā	
问无我经	Nairātmyaparipṛcchā	
无垢顶髻	Vimaloṣṇīṣa	gtsug tor dri med
无垢顶髻陀罗尼仪轨		gtsug tor dri med kyi gzungs cho ga
无垢光	Vimalaprabhā	
无垢问答宝鬘	Vimalapraśnottararatnamālā	
无量寿不死鼓音 曼荼罗仪轨·寿智 如愿成就		tshe dpag med 'chi med rnga sgra'i dkyil cho ga tshe dpal ye shes bsam 'grub
无量寿经	Sukhāvatīvyūha	
无量寿智成就法	Aparimitāyurjñānasādhana	
无量寿智仪轨	Aparimitāyurjñānavidhi	

中　　文	梵　　文	藏　　文
五部遗教		bka' thang sde lnga
五次第	Pañcakrama	
五如来讚	Pañcatathāgatastava	
五相	Pañcākāra	
五欲功德过患演说	Pañcakāmaguṇopālambhanirdeśa	
五蕴论	Pañcaskandhaprakaraṇa	
五支提建立仪轨		mchod rten lnga gdab pa'i cho ga
西藏王臣记		gangs can yul gyi sa la spyod pa'i mtho ris kyi rgyal blon gtso bor brjod pa'i deb ther rdzogs ldan gzhon nu'i dga' ston dpyid kyi rgyal mo'i glu dbyangs, gangs can yul gyi sa la spyod pa'i mtho ris kyi rgyal blon gtso bor brjod pa'i deb ther
喜金刚成就法	Hevajrasādhana	
喜金刚怛特罗	Hevajratantra	
喜金刚所出拘留拘啰成就法	Hevajrodbhavakurukullesādhana	
夏鲁祖拉康之无量宫西东南面曼荼罗目录		zha lu'i gtsug lag khang gi gzhal yas khang nub ma shar ma lho ma rnams na bzhugs pa'i dkyil 'khor sogs kyi dkar chag
现观庄严论	Abhisamayālaṅkāra	mngon par rtogs pa'i rgyan
现观庄严明	Abhisamayālaṅkārāloka	
现觉次第优波提舍	Abhisambodhikramopadeśa	
现入普门无垢顶髻光照一切如来心及三昧耶陀罗尼	Samantamukhapraveśaraśmi-vimaloṣṇīṣaprabhāsasarvatathāgata-hṛdayasamayavilokitanāmadhāraṇī	'phags pa kun nas sgor 'jug pa'i 'od zer gtsug tor dri ma med par snang ba de bzhin gshegs pa thams cad kyi snying po dang dam tshig la rnam par lta ba zhes bya ba'i gzungs
现诵上怛特罗，现诵上	Abhidhānottaratantra, Abhidhānottara	
香混合宝鬘	Dhūpayogaratnamāla	
香混合偈	Aṣṭāpadīkṛtadhūpayoga	
心行甘露	Caitanyacaritāmṛta	
心性安息根本续经教及加行		sems nyid ngal bso'i rtsa ba rgyud kyi lung dang sbyor ba
信言讚	Śraddhāpralāpastava	

中　　文	梵　　文	藏　　文
虚空平等怛特罗	Khasamatantra	
续部总立广述		rgyud sde spyi'i rnam par bzhag brgyas par bshad pa
宣说塔之相性—— 布顿译师译		mchod rten gyi mtshan nyid ston pa bu ston lo tsa'i 'gyur
宣说一切如来圣不动明王之无量力勇毅调伏之仪轨	Āryācalamahākrodharājasya-sarvatathāgatasyabalāparimitavīra-vinayasvākhyātanāmakalpa	
阎摩敌成就法	Yamārisādhana	
药叉大将青衣金刚手大轮诸天讃	Mahāyakṣasenāpatinīlāmbaradhara-vajrapāṇimahācakramaṇḍaladeva-gaṇastotra	
一百零八支提制作法		mchod rten brgya rtsa brgyad bya ba
一切怛特罗王吉祥密集广释明灯之词义辨析再注		rgyud thams cad kyi rgyal po dpal gsang ba 'dus pa'i rgya cher bshad pa sgron ma gsal ba'i tshig don ji bzhin 'byed pa'i mchan gyi yang 'grel
一切恶趣清静	Sarvadurgatipariśodhana	
一切恶趣清净 大曼荼罗成就法	Sarvadurgatipariśodhana-maṇḍalasādhanopāyikā	
一切恶趣清净 死尸护摩仪轨	Sarvadurgatipariśodhana-pretahomavidhi	
一切恶趣清净威光王品， 一切恶趣清净威光王		ngan song thams cad yongs su sbyong ba gzi brjid kyi rgyal po'i brtag pa, ngan song thams cad yongs su sbyong ba gzi brjid kyi rgyal po
一切佛平等和合 怛特罗难语释	Sarvabuddhasamayogatantrapañjikā	
一切佛平等和合 难语释	Sarvabuddhasamayogapañjikā	
一切金刚出现	Sarvavajrodaya	
一切秘密怛特罗王， 一切秘密怛特罗	Sarvarahasyatantrarāja, Sarvarahasyatantra	
一切如来金刚三昧耶 大教王经	Sarvatathāgatavajrasamaya-mahākalparāja	
一切如来身语意 大秘密之秘密集会	Sarvatathāgatakāyavākcitta-rahasyaguhyasamāja	

中　文	梵　　文	藏　　文
一切如来身语意黑阎摩敌怛特罗	Sarvatathāgatakāyavākcitta-kṛṣṇayamārināmatantra	de bzhin gshegs pa thams cad kyi sku gsung thugs gshin rje gshed nag po zhes bya ba'i rgyud
一切如来现证大仪轨王	Sarvatathāgatābhisamaya-mahākalparāja	
一切如来真性集	Sarvatathāgatatattvasaṃgraha	
一切义成就圣施度母成就法	Sarvārthasādhanyāryaprasannatārā-sādhana	
依殊胜舞者续之多闻子之现证·如意珠		gar mkhan mchog gi rgyud la brten pa'i rgyal po rnam thos sras kyi mngon rtogs dgos 'dod 'byung ba
仪轨释	Kalpaṭīkā	
义字释	Arthavyañjanavṛtti	
勇者悦意	Śūramanojñā	
由吉祥大日如来一切恶趣清净曼荼罗仪轨·显明怛特罗义		dpal rnam par snang mdzad kyi sgo nas ngan song thams cad yongs su sbyong ba'i dkyil 'khor gyi cho ga rgyud don gsal ba
由普明命终随持法		kun rig gi sgo nas tshe 'das rjes su 'dzin tshul
有净	Śuddhimatī	
于具瑞夏鲁派教法有大恩之诸贤士传·稀有事迹信之津梁		dpal ldan zhva lu pa'i bstan pa la bka' drin chen ba'i skye bu dam pa rnams kyi rnam thar lo rgyus ngo mtshar dad pa'i 'jug ngog
瑜伽怛特罗四座成就法	Caturpīṭhayogatantrasādhanopāyikā	
瑜伽行地中菩萨地解说	Yogacaryābhūmau bodhisattvabhūmivyākhyā	
瑜伽女遍行	Yoginīsañcāra	
瑜伽自在铃者传规胜乐身曼荼罗灌顶仪轨宝藏		rnal 'byor dbang phyug dril bu lugs bde mchog lus dkyil gyi dbang cho ga rin po che'i bang mdzod
瑜伽自在铃者传规胜乐身曼荼罗现观·密意显明		rnal 'byor dbang phyug dril bu lugs bde mchog lus dkyil gyi mngon rtogs dgongs pa rab gsal

中　　文	梵　　文	藏　　文
瑜伽自在鲁益巴传规之世尊总摄轮成就法·大乐显明		rnal 'byor gyi dbang phyug lū i pa'i lugs kyi bcom ldan 'das 'khor lo sdom pa'i sgrub pa'i thabs bde chen gsal ba
语狮子文殊成就法		'jam dbyangs smra ba'i seng ge'i sgrub thabs
郁伽度母供养仪轨	Ugratārāpūjāvidhi	
欲界自在女军咒女王成就法·会供食子仪轨并祈请		'dod khams dbang phyug ma dmag zor rgyal mo'i sgrub thabs gtor cho ga tshogs mchod pa dang gsol bcas
欲界自在女军咒女王成就法食子仪轨		'dod khams dbang phyug ma dmag zor rgyal mo'i sgrub thabs gtor cho ga
月灯三昧经	Samādhirāja	
月光阿波陀那	Candraprabhāvadāna	
讚金刚手大轮讚·一切义成		phyag rdor 'khor chen gyi bstod pa bstod pas don thams cad 'grub pa
讚无能讚	Varṇārhavarṇe bhagavato buddhasya stotre 'śakyastava	
藻饰词论·智者耳饰		mngon brjod kyi bstan bcos mkhas pa'i rna rgyan
增一讚	Ekottarikastotra	
旃陀罗声明经注	Candravyākaraṇasūtravṛtti	
掌中论	Hastavālaprakaraṇa	
帐面三跋陀罗遮止灵器·贡嘎金刚座之直讲庄严		gur zhal pu tra gsum gyis bzlog mdos gong dkar rdor gdan gyi zhe sol nag 'gros su bkod pa
真谛菩提心修习次第书	Paramārthabodhicitta-bhāvanākramavarṇasaṃgraha	
真性成就论	Tattvasiddhiprakaraṇa	
真性光作	Tattvālokakarī	
真性集怛特罗 　真性集	Tattvasaṃgrahatantra Tattvasaṃgraha	de nyid bsdus pa'i rgyud, de nyid bsdus pa, de nyid bsdus
真性心髓集	Tattvasārasaṃgraha	
真性优波提舍	Tattvopadeśa	
正法大圆满三身解说		dam chos rdzogs pa chen po'i sku gsum ngo sprod
正法源流·入善说教法大海之舟		dam pa'i chos kyi byung tshul legs par bshad pa bstan pa'i rgya mtshor 'jug pa'i gru chen

中　　文	梵　　文	藏　　文
正理穗	Nyāyamañjarī	
正善士夫传记宝库 　乃宁寺志		skyes bu dam pa rnams kyi rnam par thar pa rin po che'i gter mdzod gnas rnying
诤正理	Vādanyāya	
支提成就仪轨		mchod rten sgrub pa'i cho ga
支提成就仪轨略集		mchod rten bsgrub pa'i cho ga mdor bsdus pa
支提分别・律所出经		mchod rten gyi dbye ba 'dul ba byung ba'i mdo
支提建立仪轨		mchod rten gdab pa'i cho ga
至尊巴日巴・坚赞 贝桑波传及道歌集		rje btsun 'bar ras pa rgyal mtshan dpal bzang po'i rnam thar mgur 'bum dang bcas
智成就	Jñānasiddhi	
智慧金刚集怛特罗中 所出七庄严解	Jñānavajrasamuccayatantrodbhava- saptālaṅkāravimocana	
智慧悉地成就法	Jñānasiddhisādhanopāyikā	
中尼迦耶	Majjhimanikāya	
中嬉	Madhyalīlā	
中阴闻度		bar do thos grol
诸欲天成就法		'dod lha sna tshogs kyi sgrub thabs
资粮论	Saṃbhāraparikathā	
自身加持次第差别	Svādhiṣṭhānakramaprabheda	
宗喀巴文集		rgyal ba tsong kha pa chen po'i bka' 'bum
宗义晶鉴		grub mtha' shel kyi me long
最上本初怛特罗 　吉祥最上本初 　吉祥最上	Paramāditantra Śrīparamādya	 dpal mchog dang po dpal mchog
最上本初广释 　吉祥最上本初广释	Paramādiṭīkā Śrīparamādiṭīkā	
最上本初摄部 曼荼罗庄严		dpal mchog rigs bsdus kyi dkyil 'khor gyi bkod pa
最上本初注释	Paramādivṛtti	

天众尊号

中　文	梵　文	藏　文
阿库		a gur
阿罗	Ālo	
阿弥陀佛	Amitābha, Amitāyus	
爱神	Kāma	
安忍女	Kṣamā	
安止(龙王)	Takṣaka	'jog po
昂宿		smin drug
昂宿童子		gzhon nu smin drug
跋罗达婆思扎		baradvasdza
跋陀罗兄妹		pu tra ming sring
白度母	Śitā Tārā, Śvetā	sgrol ma dkar mo, sgrol dkar, dkar mo zla mdangs sgrol ma
白金刚女		rdo rje dkar mo
白女		dkar mo
白伞盖佛母	Sitāpatrā	gdugs dkar mo can, gdugs dkar can
白色不动明王		mi g.yo ba dkar po
白色大金刚度母		rdo rje sgrol ma dkar mo che
白色静相胜乐金刚萨埵		bde mchog rdo rje sems dpa' zhi dkar po
白色女日月		dkar mo nyi zla
白文殊		'jam dbyangs dkar po
白阎摩		gshin rje dkar po
白衣母	Pāṇḍarā, Pāṇḍaravāsinī	na bza' dkar mo, gos dkar mo, rig ma gos dkar mo
斑鹿	Ruru	
般若波罗蜜多,般若佛母	Prajñapāramitā	sher phyin, shes rab kyi pha rol du phyin ma, yum chen mo

中　　文	梵　　文	藏　　文
般若捷(缘觉)		shes rab mgyogs can
般若究竟	Prajñāntaka	shes rab mthar byed
般若女		shes rab ma
傍生文殊		byol song 'jam dpal
宝爱		rin chen chags pa nor bu'i chags pa
宝不动(明王)		rin chen mi g.yo ba
宝灯女		rin po che'i mar me ma
宝灯女陀罗尼		rin chen sgron ma'i gzungs
宝度母		rin chen sgrol ma
宝忿怒自在母	Ratnakrodheśvarī	
宝歌女		rin chen glu ma
宝供养		rin chen mchod pa
宝钩		rin po che'i lcags kyu
宝光		nor bu'i 'od can
宝嘿噜嘎	Ratnaheruka	
宝护		nor bu'i bsrung ba
宝花女		rin po che'i me tog
宝吉祥		nor bu'i dpal
宝吉祥女		rin chen dpal ldan ma
宝见		rin chen lta ba
宝界自在母	Ratnadhātvīśvarī	
宝金翅鸟	Ratnagaruḍa	
宝金刚		rin chen rdo rje
宝金刚女		rin chen rdo rje ma
宝金刚手	Ratnavajrapāṇi	
宝空行		rin chen mkha' 'gro
宝空行母	Ratnaḍākinī	rin chen mkha' 'gro ma
宝利		rin chen rnon po
宝莲		rin chen pad ma
宝莲度女		rin chen pad ma'i phar phyin ma
宝莲三摩地		rin chen pad ma'i ting nge 'dzin
宝链		rin chen lcags sgrog
宝轮		nor bu'i 'khor lo

中　　文	梵　　文	藏　　文
宝鬘		rin chen phreng ba
宝鬘女		rin chen phreng ba ma
宝女		rin chen ma
宝拳		nor bu'i khu tshur
宝拳天女		lha mo rin chen khu tshur ma
宝日		nor bu'i nyi ma
宝入		rin po chen 'bebs pa
宝萨埵		rin chen sems dpa', rin chen gyi sems dpa'
宝萨埵女	Ratnasattvī	rin chen sems ma
宝伞天女		lha mo rin chen gdugs ma
宝烧香女		rin chen bdug pa ma
宝生佛	Ratnasambhava	rgyal mchog rin chen, rin 'byung rin chen 'byung ldan
宝生佛休息		rin chen 'byung ldan dbug dbyung
宝手		phyag na rin chen
宝索		rin po che'i zhags pa
宝涂香女		rin po che'i byug pa ma
宝托木天女		lha mo rin chen srog shing ma
宝王		rin chen rgyal po
宝无量寿		rin chen tshe dpag med
宝舞女		rin chen gar ma
宝嬉女		rin chen sgeg mo
宝喜		rin chen legs pa
宝贤		nor bu bzang po
宝贤女		rin chen bzang mo
宝笑		rin chen bzhad pa
宝药叉		nor bu'i gnod sbyin
宝业		rin chen las
宝雨		rin chen char 'bebs
宝语		nor bu'i gsung ba
宝月		rin chen zla ba
宝帐怙主		gur mgon
宝杖女		nor bu'i mtshon cha ma
宝主女		rin chen gtso mo

中文	梵文	藏文
宝幢		rin chen rgyal mtshan
宝幢天女		lha mo rin chen rgyal mtshan ma
宝自在		rin chen dbang phyug
宝作吽		rin chen hūṃ mdzad
暴恶		gtum po
暴恶大忿怒	Caṇḍamahāroṣaṇa	
暴恶金刚	Vajracaṇḍa	rdo rje gtum mo
暴恶金刚手	Caṇḍavajrapāṇi	phyag rdor gtum po
暴恶女	Caṇḍikā	gtum mo
暴恶眼女		gtum mig ma
暴恶自在		gtum pa'i dbang phyug
暴怒女		'khrugs mo
暴损明王		khro bo ma rungs 'tshe ba
豹面		gzig gdong
贝达利	Vaitālī, Vaitāli	vetālī, vetali
本初佛	Ādi Buddha, Ādibuddha	dang po'i sangs rgyas
本初佛文殊		'jam dbyangs dang po'i sangs rgyas
毕宿		snar ma
壁宿		khrums smad
辩积		spobs brtsegs, spobs pa brtsegs pa
遍入天	Viṣṇu	khyab 'jug
遍入天女	Vaiṣṇavī	khyab 'jug ma, gtogs, gtogs 'dod
遍散		rnam par 'thor ba
遍照		rnam par snang byed
遍照藏(菩萨)	Vairocanagarbha	
遍照使者		pho nya rnam par snang ba
变现		rnam par sprul pa
波阇波提		skye rgu'i bdag mo
卜力哩帝(天)	Bhṛṅgirīṭi	bhriṅgiriti, lha bhriṅgiriti
不败女		mi pham ma
不动地		mi g.yo ba'i sa
不动佛	Akṣobhya	mi bskyod pa
不动金刚	Akṣobhyavajra	mi bskyod rdo rje

中文	梵文	藏文
不动金刚手	Vajrapāṇi Acala	phyag na rdo rje atsala
不动明王	Acala，Acala Vidyārāja	mi g.yo ba khro bo mi g.yo ba
不动无量寿		mi g.yo tshe dpag med
不空成就佛	Amoghasiddhi	don yod grub pa，don yod，don grub
不空见(菩萨)		mthong ba don yod
不空见佛	Amoghadarśin	mthong ba don yod，mthong ba don ldan
不空金刚	Amoghavajra	
不空羂索		don yod pa'i zhags pa
不空羂索心髓		don yod zhags pa'i snying po
不空莲花顶髻		don yod padma gtsug tor
不空王		don yod rgyal po
布噶色	Pukkasī	puskasī，sukasi
布施度母		rab tu sbyin pa'i sgrol ma
布施度女		sbyin pa'i phar phyin ma
步行黛	Padakramasi	
怖畏	Bhīṣaṇa，Bhiśānta	'jigs byed po
怖畏跋拉婆		'jigs bhai ra va
怖畏本母		ma mo 'jigs ma
怖畏遍行		'jigs byed kun 'gro
怖畏黑天	Kālabhairava	
怖畏迦拉跋拉婆		'jigs ka la bhai ra va
怖畏俱毗罗		'jigs ku be ra
怖畏量		'jigs byed pra mi ta
怖畏女		'jigs byed ma
怖畏毗迭		'jigs bi te
怖畏毗萨塔		'jigs bhi sa nta
怖畏群主		'jigs gaṇapati
怖畏智慧跋拉婆		'jigs ye shes bhai ra va
财神王		nor lha'i rgyal po
参宿		lag
藏红花宝女		le brgan rtsi dang rin chen ma
禅定度女		bsam gtan gyi phar phyin ma
常慧		rgyun shes

中　　文	梵　　文	藏　　文
常啼(菩萨)	Sadāprarudita	
嗔(空行母)		zhe sdang
嗔金刚	Dveṣa, Dveṣavajra	zhe sdang rdo rje, rdo rje zhe sdang zhe sdang
称天女	Kīrti	
成就		grub pa
成就女		grub pa mo
成就一切极乐(度母)		bde ba thams cad sgrub ma
成就瑜伽自在		grub pa'i rnal 'byor dbang phyug
成就主女		dngos grub kyi gtso mo
成就自在		grub pa'i dbang phyug
成熟度母		yongs su smin par byed ma, smin pa byed pa'i sgrol ma
痴(空行母)	Moha, Avidyā	gti mug
痴金刚		gti mug rdo rje
痴阎摩敌	Mohayamāntaka	gti mug gshin rje gshed
持藏女		mdzod 'dzin ma
持成就自在		grub 'dzin dbang phyug
持大矛女		gdung chen 'dzin ma
持法王佛		sangs rgyas chos 'dzin rgyal po
持钩(明王)		lcags kyu 'dzin pa
持国(天王)	Dhṛtarāṣṭra	yul 'khor srung
持虎皮		stag lpags 'chang
持剑(明王)		ral gri 'dzin pa
持箭女		mda' 'dzin ma
持戒度女		tshul khrim kyi phar phyin ma
持金刚明王		khro bo rdo rje 'dzin pa
持羂索(明王)		zhags pa 'dzin pa
持快刀(明王)		chu gri 'dzin pa
持瞶(药叉)		rmugs 'dzin
持轮		'khor lo 'chang
持轮女		'khor lo 'dzin ma
持密女		gsang 'dzin mo
持明王义成		rig 'dzin gyi rgyal po don grub

中　　文	梵　　文	藏　　文
持明咒		rig sngags 'chang
持摩尼宝	Maṇidhara	nor bu 'dzin
持女		'dzin pa mo
持清净女		yang dag 'chang byed ma
持索女		zhags 'dzin ma
持天杖（明王）		khaṭvāṅga 'dzin pa
持天杖女		khaṭvāṅga 'dzin ma
持头饰印		rtse phran rgya 'dzin
持长刀（明王）		gri ring 'dzin pa
持杖（明王）		dbyug 'dzin pa
持众飞幡女		ba dan sna tshog 'dzin ma
炽燃金刚鬘名称		'bar ba'i rdo rje phreng zhes grags
丑身		lus ngan (po)
出黛	Udayamasi	
除盖障（菩萨）	Āvaraṇaviṣkambhin, Nīvaraṇaviṣkambhin, Sarvāvaraṇavikambhin	sgrib pa thams cad rnam par sel ba, sgrib thams cad rnam par sel ba, sgrib pa rnam sel, sgrib sel
除无明暗		ma rig mun sel
除忧		mya nang 'joms
除障（明王）	Vighnāntaka	bgegs mthar byed
触金刚母	Sparśavajrī	reg bya rdo rje ma
触女	Sparśā	reg bya ma
处自在		gnas kyi dbang phyug
垂穗女		'og dpag ma
锤阎摩敌	Mudgarayamāntaka	tho ba gshin rje gshed
春神		dpyid kyi lha
慈氏	Maitreya	
赐成就度母		dngos grub thams cad 'byung ma dngos grub 'byung ba'i sgrol ma
赐一切吉祥（度母）		bkra shis thams cad sbyin ma
聪颖女		yid gzhung ma
摧破沉掉度母		rgod pa 'joms pa'i sgrol ma
摧破金刚	Vajravidāraṇī	rdo rje rnam par 'joms pa, rnam par 'joms pa
摧破魔军（度母）		bdud thams cad 'joms

中　　文	梵　　文	藏　　文
摧破死主金刚手		phyag na rdo rje 'chi bdag 'joms pa
摧破虚空金刚女		rdo rje mkha' rnam 'joms pa mo
摧破阎摩女		gshin rje 'joms ma
达戟明王		khro bo ṭak ki
达阳达迦入舌(鬼)		dar dbyangs ta ka lce la 'jug pa
大白焰鬘女		dkar chen 'bar phreng ma
大宝尝味		rin po che chen po ro myang ba
大宝赐财		rin po che chen po nor stsol ba
大暴恶女		gtum chen mo, gtum mo chen mo
大悲观音		thugs rje chen po
大悲莲花网		thugs rje chen po padma dra ba
大鼻女		sna chen ma
大怖畏		'jigs byed chen po
大怖畏女		'jigs byed chen mo
大成就自在		grub chen dbang phyug
大炽燃女		'bar ba chen mo
大顶髻		gtsug tor chen mo
大法宝		chos chen po'i rin po che
大歌女		glu chen po
大骨骼	Mahākaṅkāla	
大黑女		sngo bsangs chen mo
大黑天	Mahākāla	nag po chen po
大红色群主		tshogs bdag dmar chen
大幻金刚慈力		sgyu 'phrul chen po rdo rje snying rje'i stobs
大回遮女		phyir bzlog ma chen mo
大慧(菩萨)	Mahāmati	
大吉祥女	Mahālakṣmī, Manuharama, Manoharā	
大计里摩里		ki li mā li chen po
大寂静(度母)		zhi ba chen mo
大迦利		nag mo chen mo
大金刚		rdo rje che, rdo rje chen mo
大金刚怖畏	Mahāvajrabhairava	rdo rje 'jigs byed chen po
大金刚持	Mahāvajradhara	rdo rje 'chang chen po

中　文	梵　文	藏　文
大金刚度母		rdo rje sgrol ma dkar mo che
大金刚女		rdo rje ma chen mo
大精进女		brtson 'grus chen mo
大孔雀佛母		rma bya chen mo
大乐		bde ba chen
大乐金刚萨埵		bde ba chen po rdo rje sems dpa', rdo rje sems dba' bde ba chen po
大乐空行		bde chen mkha' 'gro
大乐空行母	Mahāsukhaḍākinī	bde chen mkha' 'gro ma
大力		stobs po che
大力明王	Mahābala	khro bo stobs po che, stobs po che, stobs chen
大力女		stobs chen mo
大莲	Mahāpadma	pad ma chen po, pad chen
大莲(龙王)		padma chen po
大莲暴恶自在		pad ma chen po gtum po'i dbang phyug
大莲持地		pad ma chen po sa 'dzin
大莲持地天女名师利		pad ma chen po sa 'dzin lha mo ming śrī
大莲风天名提		pad ma chen po rlun gi lha ming dhī
大莲海		pad ma chen po rgya mtsho
大莲海名纥利		pad ma chen po rgya mtsho ming hrī
大莲黑之标识		pad ma chen po nag po'i mtshan ma
大莲日名吉		pad ma chen po nyi ma ming gī
大铃		dril chen
大轮		'khor lo chen po
大轮金刚手		phyag rdor 'khor chen
大满贤		gang ba bzang po chen po
大名称女		grags chen ma
大明母	Mahāvidyā	rig pa chen mo
大牟尼	Mahāmuni	thub chen
大怒金刚手	Vajrapāṇi Caṇḍamahāroṣaṇa	phyag na rdo rje gtum chen
大鹏金刚手	Garuḍa Vajrapāṇi	
大菩提		byang chub chen po
大日如来	Vairocana	rnam par snang mdzad, rnam snang
大日如来现证佛		rnam pa snam mdzad mngon par byang chub

中　文	梵　文	藏　文
大上生		gyen 'byung chen po
大神变(缘觉)		rdzu 'phrul cher ston
大势至	Mahāsthāmaprāpta	mthu chen po, mthu chen thob
大天	Mahādeva	lha chen po, lha chen
大天女	Mahādevī	lha chen
大象女		glang chen
大雄		dpa' bo chen po
大药叉		gnod sbyin chen po
大自在天	Maheśvara	lha dbang phyug chen po, dbang phyug chen po
大自在天女	Maheśvarī, Gaurī	ke'u ri ma
担木度母	Khadiravaṇitārā	seng ldeng nags kyi sgrol ma
淡黄金刚		rdo rje ser smug, ser skya
导邪		log 'dren
灯女	Dīpā	mar me ma
笛箫女	Vaṃśā	gling bu ma
氐宿		sa ga
地藏(菩萨)	Kṣitigarbha	sa snying, sa'i snying po
地母		sa'i lha mo
地祇		sa dbag
地祇大手		sa bdag lag chen
地天		sa'i lha
地下金刚		rdo rje sa 'og
地狱文殊		dmyal ba'i 'jam dpal
帝释天	Indra	lha'i dbang po, lha brgya byin, brgya byin, dbang po
帝释天女	Indrāṇī	brgya byin, dbang mo
雕首母	Kaṅka[mukhī]	kankamukhī
顶髻白伞盖(佛母)		gtsug tor gdugs dkar mo, gtsug tor gdugs dkar
顶髻炽燃		gtsug tor 'bar ba
顶髻大生		gtsug tor cher 'byung
顶髻佛		gtsug phud sangs rgyas
顶髻光		'od zer gtsug tor
顶髻上生		gtsug tor gyen 'byung
顶髻音声		gtsug tor sgra dbyangs

中　　文	梵　　文	藏　　文
顶髻转轮		gtsug tor 'khor los sgyur ba, gtsug tor 'khor los bsgyur ba, gtsug tor 'khor los 'gyur ba
顶髻尊胜（度母）		gtsug tor rnam rgyal ma
顶髻尊胜佛母	Uṣṇīṣavijayā	gtsug tor rnam rgyal ma, rnam rgyal ma
顶髻尊胜佛母陀罗尼		gtsug tor rnam rgyal ma'i gzungs
定破一切忧暗意		mya ngan dang mun pa thams cad nges par 'joms pa'i blo gros
董布鲁		gtum bu ru
斗宿		chu smad
斗战胜（菩萨）		g.yul las rnam par rgyal ba
独髻（天）女	Ekajaṭā	ral gcig ma
独一大乐		bde chen rang gcig
妒金刚		phrag dog rdo rje
妒金刚阎摩敌	Īrṣyāvajrayamāntaka	phra dog rdo rje gshin rje gshed
妒阎摩敌		phrag dog gshin rje gshed
度母	Tārā	sgrol ma
段护	Khaṇḍakapāla	
段生女	Khaṇḍarohī	dum skyes ma
多宝（佛）	Prabhūtaratna	
多吉帕姆		rdo rje phag mo
多门		sna tshogs sgo
多闻子	Vaiśravaṇa	rnam sras, rnam thos sras
夺人女		ma nu ha ra ma
夺意女		yid 'phrog ma
堕女		ltung byed ma
恶鬼文殊		yi dvags 'jam dpal
恶魔门布跋特		bdud ma rungs pa mon bu bha ta
耳度母	Karṇatārā	rna ba'i sgrol ma
发光地		'od byed pa'i sa
法宝		chos dkon mchog
法海雷音		chos grags rgya mtsho
法慧（菩萨）		chos kyi blo gros
法界金刚女	Dharmadhātuvajrā	chos dbyings rdo rje ma
法界语自在文殊		'jam dpal chos dbyings gsung gi dbang phyug

中　　文	梵　　文	藏　　文
法界智慧性印持金刚		chos kyi dbyings ye shes kyi ngo bo rgya rdo rje 'dzin pa
法界自在母	Dharmadhātvīśvarī	
法金刚女		chos kyi rdo rje ma
法螺三摩地文殊		chos kyi dung gi ting nge 'dzin gyi 'jam dpal
法女		chos ma
法萨埵女	Dharmasattvī	chos kyi sems ma
法云地		chos kyi sprin gyi sa
法自在		chos la dbang ba
法作吽		chos kyi hūṃ mdzad
梵天	Brahmā	tshangs pa, lha tshang pa
梵天女	Brāhmaṇī	tshangs ma
方便度女		thabs kyi phar phyin ma
房宿		lha mtshams
非天罗刹		lha ma yin gyi srin po
非天王		lha ma yin dbang po
非天文殊		lha ma yin 'jam dpal
粉碎天女金刚		thal bar rab tu 'jig pa'i lha mo rdo rje
忿怒		khro bo
忿怒宝		khro bo rin chen
忿怒歌女		khro bo glu ma
忿怒护		khro bo bsrung ba
忿怒吉祥金刚童子		khro bo dpal rdo rje gzhon nu
忿怒金刚		khro bo rdo rje
忿怒金刚法		khro bo rdo rje chos
忿怒金刚军		khro bo rdo rje sde
忿怒金刚利		khro bo rdo rje rnon po
忿怒金刚入		khro bo rdo rje dbab pa, khro bo rdo rje dbab
忿怒金刚萨埵		khro bo rdo rje sems dpa'
忿怒金刚萨埵女		khro mo rdo rje sems ma
忿怒金刚手大轮		khro bo phyag na rdo rje 'khor lo chen po
忿怒金刚业		khro bo rdo rje las
忿怒金刚因		khro bo rdo rje rgyu
忿怒金刚语		khro bo rdo rje smra ba

中　文	梵　文	藏　文
忿怒利		khro bo rnon po
忿怒鬘女		khro bo phreng ba ma
忿怒母		khro mo，khro mo chen mo
忿怒拳		khro bo khu tshur
忿怒萨埵女		khro mo sems ma
忿怒王		khro bo rgyal po，khro ba'i rgyal po
忿怒王恶		khro bo rgyal po sdig pa
忿怒威光		khro bo gzi brjid
忿怒舞女		khro bo gar ma
忿怒嬉女		khro bo sgeg mo
忿怒喜		khro bo legs pa
忿怒笑		khro bo bzhad pa
忿怒阎摩敌		khro bo gshin rje gshed
忿怒药叉		khro bo gnod sbyin
忿怒因		khro bo rgyu
忿怒语		khro bo smra ba
忿怒幢		khro bo rgyal mtshan
忿怒自在母	Krodheśvarī	
奋迅（度母）		myur ma dpa' mo
奋迅金刚女		rnam par bsgyings rdo rje ma， rnam par bsgyings ba'i rdo rje ma
奋勇度母		rab tu dpa' ba'i sgrol ma
风黛	Markamasi	
风力女		rlung gi shugs can ma
风天	Marut，Mārut	rlung lha
风天女		rlung lha
风天摇撼		rlung lha g.yo byed
佛宝		sangs rgyas dkon mchog
佛顶盖		sangs rgyas thod pa
佛忿怒自在母	Buddhakrodheśvarī	
佛嘿噜嘎	Buddhaheruka	
佛吉祥		sangs rgyas dpal
佛空行		sangs rgyas mkha' 'gro
佛空行母	Buddhaḍākinī	sangs rgyas mkha' 'gro ma

中　　文	梵　　文	藏　　文
佛日(佛)		sangs rgyas nyi ma
佛陀莲花		sangs rgyas pad ma
佛眼(佛)母	Locanā	spyan ma
福德善慧		bsod nams dge ba'i blo gros
腐女使		pho nya mo rul ma
腹行		lto 'phye
腹行坚固		lto 'phye rab brtan
腹行王地祇		lto 'phye'i rgyal po sa bdag
缚三界(明王)		'jig rten gsum 'ching, khro bo 'jig rten gsum 'ching
噶杜		dkar bdud
噶觉		kar gyal
甘露嘿噜嘎		bdud rtsi'i heruka
甘露军荼利明王	Amṛtakuṇḍali	khro bo bdud rtsi'i 'khyil ba, bdud rtsi'i 'khyil ba, bdud rtsi'i thab sbyor, bdud rtsi 'khyil pa, bdud rtsi 'khyil
甘露女	Amṛtā	bdud rtsi
甘露作吽		bdud rtsi'i hūṃ mdzad
干枯热瓦提	Śuṣkarevatī	
高胜		mngon phyogs
歌女	Gītā	glu ma
葛玛日	Ghasmarī	ghusmari
根本般若波罗蜜多文殊		sher phyin gtso bor gyur 'jam dpal
根寂(菩萨)		dbang po zhi
功德萨埵	Guṇasattva	yon tan sems dpa'
功德无量寿		yon tan tshe dpag med
功业天成		'phrin las lhun grub
供食女	Naivedyā	zhal zas ma
供水女		mchod yon ma
酤酒女		chang 'tshong ma
骨骼	Kaṅkāla	
观福女		bsod nams gzigs ma
观音	Avalokiteśvara	spyan ras gzigs
观音佛	Buddha Avalokiteśvara	

中　　文	梵　　　文	藏　　　文
观诸福女		bsod nams rnam gzigs ma
观自在		spyan ras gzigs dbang phyug
灌顶宝		dbang skur ba'i rin po che
光黛	Tejomasi	
光积（缘觉）		snang ba brtsegs pa
光鬘		'od kyi phreng ba
光照金刚顶髻称		snang mdzad rdo rje gtsug tor grags
广财（龙王）		nor rgyas
广大		rgyas pa
广目（天王）	Virūpākṣa	mig mi bzang
鬼宿		rgyal
鬼蜮		dam sri
鬼蜮女		dam sri ma nag mo
鬼子母		'phrog ma
鬼子母子		'phrog ma bu dang bcas
诡诈		gya gyu
海意（菩萨）		blo gros rgya mtsho
亥面母		phag gdong ma
亥母	Vārāhī	vā rā hī, phag mo
亥母金刚天女		lha mo phag mo rdo rje
亥首母	Varāhamukhī	
旱魃		skem byed
行法金刚		spyod mdzad chos kyi rdo rje
行王		spyod pa'i dbang po
诃罗诃罗观音		spyan ras gzigs ha la ha la
黑怖畏	Kālabhairava	
黑差役门巴		las byed kyi mon pa nog po
黑女使		pho nya mo nag mo
黑色群主		tshogs bdag nag po
黑蛇手		sbrul nag phyag
黑身	Asitāṅga, Kālabhairava	
黑天	Kṛṣṇa	
黑阎摩敌		dgra nag, gshin rje gshed dgra nag, gshin rje gshed nag po, gshed nag
黑药叉		nag po gnod sbyin

中　　文	梵　　文	藏　　文
黑药叉女		nag mo gnod sbyin
黑瞻巴拉		dzam bha la nag po
嘿噜嘎	Heruka	
宏声		sgra rnam par sgrogs pa
红阎摩		gshin rje dmar po
红阎摩敌		gshin rje gshed dmar po, gshed dmar
吽音叱咤(度母)		hūṃ sgra sgrog pa'i sgrol ma, hūṃ gi sgra rab tu sgrogs ma
呼召忿怒(度母)		'gugs pa'i khro mo
狐首母	Śṛgāla[mukhī]	śrilamukhī
虎面		stag gdong
虎面忿怒母		khro mo stag gi gdong can ma
虎面女		stag gdong can
虎首母	Vyāghra[mukhī]	vyakrimukhī
护贝(龙王)	Śaṅkhapāla	dung skyong
护财女		nor srung
护成就女		grub srung mo
护持地狱		dmyal srung
护持一切女		thams cad bsrung ma
护地女		sa srungs ma
护门		sgo kur can
护善女		legs skyong ma
护咒女		sngags srung mo
花女	Puṣpā	me tog ma
花盛(如来)		me tog cher rgyas
怀火天		dbang gi me lha
欢喜		dga' byed
欢喜地		rab dga' ba'i sa
欢喜自在		dga' byed dbang phyug
幻金刚		sgyu ma rdo rje, sgyur ma rdo rje
幻网次第作明佛母	Māyājālakramakurukullā	
黄色群主		tshogs bdag ser po
黄阎摩		gshin rje ser po

中　　文	梵　　　文	藏　　　文
黄瞻巴拉		dzam bha la ser po
回遮女		zlog pa ma
(空行母)秽迹		rme brtsegs ma
秽迹忿怒母		khro mo rme brtsegs
秽迹空行母		mkha' 'gro ma rme brtsegs
秽迹明王	Ucchuṣma	sme brtsegs, rme brtseg, rme rtsegs, 'chol ba
火舌轮		me lce'i 'khor lo can
火天	Agni	me lha
火天光明		me lha gsal byed
火焰炽燃金刚		rdo rje me dang nyi ma 'bar ltar
火曜		mig dmar
基仁楞镇玛		spyi rin lan bran ma
鸡邬楚荼德枝		spyi'u tshugs thur bltas bris
箕宿		chu stod
极暴恶女		rab gtum ma
极寂静天女		rab tu zhi bar byed pa'i lha mo
极乐成就度母		bde ba sgrub pa'i sgrol ma
极难胜地		spyang dka' ba'i sa
极喜非天		rab dga'
极喜金刚		rab tu dga' ba'i rdo rje
极喜女		rab tu dga' ma
吉祥大莲		dpal pad ma chen po
吉祥嘿噜嘎		dpal heruka
吉祥金刚步		dpal ldan rdo rje 'gros
吉祥金刚大黑天宝帐怙主		dpal rdo rje nag po chen po gur gyi mgon po
吉祥军咒女		dpal ldan dmag zor ma
吉祥禄首女	Śrīvasumukhī	
吉祥密集文殊金刚		dpal gsang ba 'dus pa 'jam pa'i rdo rje
吉祥女		dpal mo
吉祥四臂怙主		dpal mgon phyag bzhi
吉祥天女	Śrīmatī, Śrīmatīdevī, Śrīdevī	dpal ldan lha mo, dpal chen mo, dpal mo
吉祥天女三门巴		dpal lha mo mon pa gsum
吉祥天女欲界自在女		dpal ldan lha mo 'dod khams kyi dbang phyug ma

中　　文	梵　　文	藏　　文
吉祥香(佛)		dpal spos
吉祥总摄轮		dpal 'khor lo sdom pa
吉祥祖母		dpal ldan a phyi ma
极雄女		shin tu dpa' mo
计都		mjug ring
计里摩里		ki li mā li
寂静短矛所标识		zhi ba mdung thung gis mtshan pa
寂静女		zhi ba ma, zhi ba mo
寂静天女		zhi ba'i lha mo
寂静诸天供养女		zhi ba'i lha rnams kyis mchod ma
髻髁		gtsug nas
迦利	Kālī	dus mthang ma, nag mo
迦利龙王	Kālika	
迦楼罗	Garuḍa	ga ru ṇa
迦罗	Kālo	
迦纳明王		khro bo ka na
迦希吉夜	Kārttikeya	kartika
迦希吉夜童子		gzhon nu karti ka
迦希吉夜文殊	Kārttikeya Mañjuśrī	
坚固金刚天女		lha mo rab brtan rdo rje
坚固手印女		phyag rgya brten ma
坚固智慧		rab brtan blo gros
健相(菩萨)		dpa' bar 'gro ba
剑阎摩敌	Khaḍgayamāntaka	ral gri gshin rje gshed
角宿		nag pa
捷意		yid mgyogs
捷意(缘觉)		yid myur
捷意女		yid myur ma
羯哩摩哩		ki li mi li, ki li ma li
羯磨不动(明王)		las kyi mi g.yo ba
羯磨忿怒自在母	Karmakrodheśvarī	
羯磨嘿噜嘎	Karmaheruka	
羯磨怙主		las kyi mgon po
羯磨火天	Karmāgni	las kyi me lha

中　　文	梵　　文	藏　　文
羯磨界自在母	Karmadhātvīśvarī	
羯磨金翅鸟	Karmagaruḍa	
羯磨金刚		las kyi rdo rje
羯磨金刚女		las kyi rdo rje ma
羯磨金刚手	Karmavajrapāṇi	
羯磨空行母	Karmaḍākinī	las kyi mkha' 'gro ma
羯磨弥勒		las kyi byams pa
羯磨秘密		las kyi gsang ba
羯磨女		las ma
羯磨拳天女		lha mo las kyi khu tshur ma
羯磨萨埵		las kyi sems dpa'
羯磨萨埵女	Karmasattvī	las kyi sems ma
羯磨胜眼		las kyi spyan mchog
羯磨王		las kyi rgyal po
羯磨作吽		las kyi hūṃ mdzad
金翅鸟王		nam mkha' lding gyi dbang po
金翅鸟王金刚		nam mkha' lding gi rgyal po rdo rje
金刚爱	Vajrarāga	rdo rje chags pa
金刚白面女		rdo rje gdong dkar mo
金刚宝	Vajraratna	rdo rje rin chen, rdo rje rin po che
金刚宝女	Vajraratnā	rdo rje rin chen ma
金刚宝贤		rdo rje rin chen bzang po
金刚遍入天女		rdo rje khyab 'jug ma
金刚辫		rdo rje ral pa can
金刚步		rdo rje 'gros
金刚不动(明王)		rdo rje mi g.yo ba
金刚不空喜女		rdo rje don yod dga' ma
金刚怖畏	Vajrabhairava, Bhairava	rdo rje 'jigs byed, 'jigs byed
金刚怖畏使者		pho nya rdo rje 'jigs pa
金刚嘈杂天女		rdo rje lha mo ca co sgrog pa
金刚常		rdo rje rtag pa
金刚成就女		rdo rje dngos grub 'byung ma
金刚持	Vajradhara	rdo rje 'chang
金刚持髻		rdo rje gtsug 'chang

中　　文	梵　　文	藏　　文
金刚持明童女		rdo rje gzhon nu'i rig 'dzin ma
金刚持武器		rdo rje mtshon cha 'dzin
金刚持武器女		rdo rje mtshon cha 'dzin ma
金刚锤		rdo rje tho ba
金刚锤使者		pho nya rdo rje tho ba
金刚春		rdo rje dpyid
金刚摧破暴恶		rdo rje mi bzad 'joms
金刚大持风女		rdo rje rlung 'dzin chen ma
金刚大唇女		rdo rje mchu can ma
金刚大黑天		rdo rje nag po chen po
金刚大黑天宝帐怙主	Vajramahākālapañjaranātha	rdo rje nag po chen po gur gyi mgon po
金刚大力		rdo rje stobs po che, rdo rje mthu chen
金刚大日如来		rdo rje snang mdzad
金刚灯女	Vajrālokā, Vajradīpā	rdo rje mar me ma
金刚顶髻		rdo rje gtsug tor
金刚顶髻明王		khro bo rdo rje gtsug tor
金刚顶礼		rdo rje phyag 'tshal ba
金刚冬		rdo rje dgun
金刚冬女		rdo rje dgun ma
金刚度母		rdo rje sgrol ma
金刚法	Vajradharma	rdo rje chos
金刚法女		rdo rje chos ma
金刚法世自在	Vajradharma Lokeśvara	
金刚忿怒母		rdo rje khro mo
金刚忿怒自在母	Vajrakrodheśvarī	
金刚风使者		pho nya rdo rje rlung
金刚甘露		rdo rje bdud rtsi
金刚甘露女		rdo rje bdud rtsi ma
金刚歌女	Vajragītā	rdo rje glu ma
金刚钩	Vajrāṅkuśa	rdo rje lcags kyu
金刚钩女		rdo rje lcags kyu ma
金刚钩仆		bran rdo rje lcags kyu
金刚冠		rdo rje cod pan
金刚灌顶		rdo rje dbang

中　　文	梵　　文	藏　　文
金刚灌顶女		rdo rje dbang skur ma
金刚光	Vajratejaḥ	rdo rje gzi brjid, rdo rje 'od, rdo rje'i 'od
金刚光女		rdo rje mdangs ma
金刚亥母	Vajravārāhī	
金刚嘿噜嘎	Vajraheruka	
金刚护	Vajrarakṣa	rdo rje bsrung ba
金刚护门女		rdo rje sgo ba ma
金刚怙主		rdo rje mgon po
金刚花		rdo rje me tog
金刚花女	Vajrapuṣpā	rdo rje me tog ma
金刚火使者		pho nya rdo rje me
金刚吉祥		rdo rje dpal
金刚吉祥天女		lha mo rdo rje dpal
金刚寂静女		rdo rje zhi ba mo, rdo rje zhi ba ma
金刚坚固吉祥天女		dpal ldan lha mo rdo rje rab brtan ma
金刚脚镯		rdo rje rkang gdub
金刚羯哩羯哩		rdo rje ki li ki li
金刚羯哩羯哩女		rdo rje kīlikīlī
金刚羯哩羯罗		rdo rje ki li ki la
金刚羯哩羯罗亚玛		rdo rje ki li ki la ya ma
金刚羯罗羯罗		rdo rje ki la ki la
金刚羯罗羯罗亚		rdo rje ki la ki la ya
金刚界胜		rdo rje dbyings las rgyal
金刚界自在母	Vajradhātvīśvarī	rdo rje dbyings kyi dbang phyug ma
金刚金刚女		rdo rje rdo rje ma
金刚金女		rdo rje ser mo
金刚具唇女		rdo rje mchu can ma
金刚羂索女		rdo rje zhags pa ma
金刚橛		rdo rje phur bu
金刚橛形女		ki li ki la'i gzugs can 'dzin ma
金刚军		rdo rje sde
金刚空行	Vajraḍāka	rdo rje mkha' 'gro
金刚空行母	Vajraḍākinī	rdo rje mkha' 'gro ma
金刚口女仆		bran mo rdo rje kha

中　　文	梵　　文	藏　　文
金刚乐差使		mngag gzhug rdo rje bde ba
金刚利	Vajratīkṣṇa	rdo rje rnon po
金刚莲花女		rdo rje pad ma, rdo rje padma ma, rdo rje padmo
金刚连环套		rdo rje lu gu rgyud
金刚链	Vajrasphoṭa	rdo rje lcags sgrog, rdo rje sgrog
金刚链女		rdo rje lcags sgrog ma
金刚铃	Vajraghaṇṭa	rdo rje dril bu
金刚铃女		rdo rje dril bu ma
金刚龙仆		bran rdo rje klu
金刚轮		rdo rje 'khor lo
金刚律仪		rdo rje bsdams pa
金刚鬘女	Vajramālā	rdo rje 'phreng ba (ma)
金刚慢		rdo rje snyems pa
金刚慢女		rdo rje snyems ma
金刚眉		rdo rje smin ma
金刚昧女		rdo rje rmongs byed ma
金刚猛厉女		rdo rje drag mo
金刚蜜		rdo rje sbrang rtsi
金刚明女王		rdo rje rig pa'i rgyal mo
金刚魔首仆		bran rdo rje bgegs kyi gtso bo
金刚难立		rdo rje tshug par dka' ba
金刚念		rdo rje dran pa
金刚念女		rdo rje dran ma
金刚女	Vajrī	rdo rje ma
金刚女使		rdo rje pho nya mo
金刚菩萨		byang sems rdo rje
金刚普持		rdo rje kun tu 'dzin
金刚普女		rdo rje kun ma
金刚起尸女	Vajravetālī	rdo rje ro langs ma
金刚乾达婆	Vajragāndharī	rdo rje gāndharī
金刚秋		rdo rje ston (ka)
金刚秋女		rdo rje ston ma
金刚拳	Vajrasandhi, Vajramuṣṭi	rdo rje khu tshur
金刚拳女		rdo rje khu tshur ma

中　　文	梵　　　文	藏　　　文
金刚日	Vajrasūrya, Vajrasūra	rdo rje nyi ma, (rdo rje) nyi ma
金刚日光		rdo rje nyi 'od
金刚入	Vajrāveśa	rdo rje 'bebs
金刚萨埵	Vajrasattva	rdo rje sems dpa', rdo sems
金刚萨埵妙住女		rdo rje sems ma rab bzhag ma
金刚萨埵女	Vajrasattvī	rdo rje sems ma
金刚萨埵休息		rdo rje sems dpa' dbugs 'byung ba
金刚三昧女		rdo rje ting nge 'dzin ma
金刚色		rdo rje gzugs
金刚色女		rdo rje gzugs ma
金刚商主使者		pho nya rdo rje ded dpon
金刚烧香女	Vajradhūpā	bdugs spos ma, bdug pa ma, rdo rje bdug spos ma
金刚舌		rdo rje ljags
金刚舌女		rdo rje ljags ma
金刚身		rdo rje'i sku
金刚声		rdo rje sgra
金刚圣		rdo rje 'phags pa
金刚胜身		rdo rje sku mchog
金刚胜业		rdo rje las rab
金刚时		rdo rje dus
金刚时女		rdo rje dus ma
金刚食女		rdo rje za ba ma
金刚时仆		bran rdo rje dus
金刚饰女		rdo rje 'phyor ma
金刚手	Vajrapāṇi	phyag na rdo rje, phyag rdor
金刚手秘密主	Vajrapāṇi Guhyapati	
金刚手明妃		lag na rdo rje rig ma
金刚手印		rdo rje'i phyag rgya can
金刚手子		phyag rdor gyi sras po
金刚束腰女		rdo rje rked chings ma
金刚水灌顶女		rdo rje chu dbang ma
金刚四座		rdo rje gdan bzhi
金刚索	Vajrapāśa	rdo rje zhags pa

中　　文	梵　　文	藏　　文
金刚调伏		rdo rje rab tu 'dul
金刚调伏凶猛		rdo rje gdug pa 'dul
金刚童女		rdo rje gzhon nu ma
金刚涂香女	Vajragandhā	dri chab ma
金刚王	Vajrarāja	rdo rje rgyal po
金刚味		rdo rje ro
金刚无量寿		rdo rje tshe dpag med
金刚无作女		rdo rje mi byed ma
金刚舞女	Vajranṛtyā	rdo rje gar ma
金刚武器		rdo rje mtshon cha
金刚武器女		rdo rje mtshon cha ma
金刚嬉女	Vajralāsyā	rdo rje sgeg mo
金刚喜	Vajrasādhu	rdo rje legs (pa)
金刚喜女		rdo rje dga' ba mo
金刚贤		rdo rje bzang po
金刚香		rdo rje dri
金刚相女		rdo rje mtshan mo
金刚象鼻		rdo rje glang sna
金刚笑	Vajrahāsa	rdo rje bzhad pa
金刚笑女		rdo rje bzhad ma
金刚心		rdo rje snying po
金刚心女		rdo rje snying po ma
金刚胸		rdo rje brang
金刚漩		rdo rje 'khyil ba
金刚寻求女		rdo rje tshol byed ma
金刚迅疾女		rdo rje mgyogs ma
金刚眼女		rdo rje spyan ma
金刚焰女		rdo rje 'bar ba mo
金刚仰面		rdo rje gyen du lta ba'i gdong
金刚药叉	Vajrayakṣa	rdo rje gnod sbyin
金刚业	Vajrakarma	rdo rje las
金刚业度女		rdo rje las kyi phar phyin ma
金刚业女	Vajrakarmā	rdo rje las ma
金刚意女		rdo rje thugs ma

中　　文	梵　　　文	藏　　　　文
金刚意生		rdo rje yid las byung ba
金刚因	Vajrahetu	rdo rje rgyu
金刚饮血		rdo rje khrag 'thung
金刚饮血女		rdo rje khrag 'thung ma
金刚语	Vajrabhāṣa	rdo rje smra ba
金刚欲自在女		rdo rje 'dod ba'i dbang phyug ma
金刚月		rdo rje zla ba
金刚悦		rdo rje sdug
金刚悦女		rdo rje rangs byed ma
金刚云		rdo rje sprin
金刚云女		rdo rje sprin ma
金刚杂孜噶		rdo rje tsar tsi ka
金刚杖		rdo rje dbyug pa
金刚杖（明王）		rdo rje be con
金刚杖女		rdo rje dbyug mchog ma
金刚照女		rdo rje snang byed ma
金刚正明		rdo rje rig pa dam pa
金刚正施		rdo rje dam pa sbyin pa
金刚幢	Vajraketu	rdo rje rgyal mtshan
金刚姊妹		rdo rje sring mo
金刚自在		rdo rje dbang phyug
金刚自在女		rdo rje dbang phyug ma
金刚醉		rdo rje myos pa
金刚尊胜		rdo rje rnam rgyal
金刚作吽	Vajrahūṃkāra, Hūṃkāra	rdo rje hūṃ mdzad, hūṃ mdzad
金刚作乐		rdo rje bde byed
金刚座释迦牟尼	Śākyamuni Vajrāsana, Vajrāsana Śākyamuni	rdo rje gdan
金刚作损女		rdo rje gnod byed mo
金光妙眼女		gser 'od lta bu'i spyan snga ma, gser 'od lta bu'i spyan mnga' ma
金光明狮游戏	Suvarṇasiṃhavikrīḍita	
金色般若佛母	Kanakavarṇaprajñāpāra-mitā	
金颜度母		gser mdog can ma, gser mdog can gyi sgrol ma

中　文	梵　文	藏　文
金眼金翅鸟		mkha' lding ser mig can, mkha' lding gser mig
金曜		pa sangs
紧那罗王树		mi'am ci'i rgyal po ljon pa
近耳	Upakarṇa	
近王		nye dbang
精进度女		brtson 'grus kyi phar phyin ma
经咒金刚手		phyag na rdo rje mdo gzungs
井宿		nabs so
静色大威光女		gzugs zhi gzi brjid chen mo
静相作乐多闻子		rnam thos sras zhi ba bde byed
净心(非天)		thags bzang ris, lha ma yin thags bzang ris
净信度母	Prasannatārā	rab tu dang ba'i sgrol ma
净治一切业障陀罗尼		las kyi sgrib pa thams cad rnam par sbyong ba'i gzungs
鸠盘荼	Kuṣmāṇḍa, Kumbhāṇḍa	
酒敌	Surāvairin	
救毕舍遮难度母		sha za'i 'jigs pa skyob pa'i sgrol ma
救嗔难度母		zhe sdang 'jigs skyob sgrol ma
救痴难度母		gti mug 'jigs skyob sgrol ma
救盗贼难度母		chom rkun gyi 'jigs pa skyob pa'i sgrol ma
救度恶趣度母	Durgottāriṇītārā	ngan song las sgrol ba'i sgrol ma
救度六趣		'gro ba drug sgrol
救妒难度母		phra dog 'jigs skyob sgrol ma
救火难度母		me'i 'jigs pa skyob pa'i sgrol ma
救慢难度母		nga rgyal 'jigs skyob sgrol ma
救悭难度母		ser sna 'jigs skyob sgrol ma
救强盗难度母		mi rgod kyi 'jigs pa skyob pa'i sgrol ma
救蛇难度母		sbrul gyi 'jigs pa skyob pa'i sgrol ma
救狮难度母		seng ge'i 'jigs pa skyob pa'i sgrol ma
救水难度母		chu 'jigs pa skyob pa'i sgrol ma
救贪难度母		'dod chags 'jigs skyob sgrol ma
救象难度母		glang po'i 'jigs pa skyob pa'i sgrol ma
救邪见难度母		lta ngan 'jigs skyob sgrol ma
救疑难度母		the tshom 'jigs skyob sgrol ma

中　　文	梵　　文	藏　　文
鹫首母	Gṛdhra[mukhī]	kritamukhī
拘留拘啰	Kurukullā	
拘留拘啰天女		lha mo rig byed ma
居米		rgyud mid
具宝陀罗尼		nor ldan gyi gzungs
具抖怙主		mgon po gzag ldan
具福女		bsod nams ldan ma
具鼓天女		lha mo rnga can ma
具光女		'od ldan ma
具亥面		phag zhal can
具金刚		rdo rje can
具颈肢		gnya' lag can
具库箧		gter sgrom can
具力		mthu can
具力（非天）		stobs ldan
具力部多		'byung po dbang ldan
具力部多王		'byung po'i rgyal po dbang ldan
具莲女		pad ma can
具莲天女		lha mo pad ma can
具髅	Kapālin	
具拳		khu tshur can
具瑞军咒女王热玛提		dpal ldan dmag zor gyi rgyal mo rematī
具色女		gzugs can ma，mdangs ldan ma，mdangs can ma
具善		legs ldan
具善女		legs ldan ma
具身佛		sangs rgyas gzugs can
具饰智慧怙主		ye shes kyi mgon po brgyan can
具威女		gzi ldan ma
具笑女		bzhad ldan ma
具鸦面		bya rog dong can
具芽		myu gu can
具一切佛法藏陀罗尼		sangs rgyas thams cad kyi chos kyi mdzod dang ldan pa'i gzungs
具语音（缘觉）		smra ba'i sgra can

中　　文	梵　　文	藏　　文
具欲		'dod pa can
具增女		rgyas ldan ma
具种(龙王)		rigs ldan
具众仆		g.yog du ma can
俱毗罗	Kubera	ku be ra, nor sbyin
俱毗罗药叉		gnod sbyin ku be ra
俱生金刚		lhan cig skyes pa rdo rje
羂索		zhags pa
羂索女		zhags pa mo
军咒女		dmag zor ma
军咒女王		dmag zor rgyal ma
军咒热玛提		dmag zor rematī
卡拉琼尊		kha rag khyung btsun
卡萨巴尼(观音)	Khasarpaṇa	khar sa pa ṇi
卡瓦哩	kharvarī	
铠严女		shin tu go cha ma, shin tu go cha mo
亢宿		sa ri
科日(玛)	Gaurī	ke'uri, gauri ma, ke'u ri ma, keurima
科日度母	Gaurītārā	gau ri sgrol ma
空行观自在		spyan ras gzigs dbang phyug mkha' spyod
空行母	Ḍākinī	
狂乱怖畏	Unmattabhairava	
旷野(药叉)	Aṭavī	'brog gnas
奎宿		nam gru
拉玛	Lāmā	
蓝色妙颈女		sngon mo mgrin bzang ma
蓝阎摩		gshin rje sngon po
蓝杖明王		dbyig pa sngo, dbyug sngon po, dbyug sngon can, khro bo dbyug sngon can
狼面忿怒母		khro mo spyang ki'i gdong can ma
狼首母	Śvamukhī	sonamukhī
老母		ma rgad byed pa
老女		rgan byad ma
楞伽十颈罗刹		srin po lang ka mgrin bcu

中　　文	梵　　文	藏　　文
楞伽自在女		laṅkā'i dbang phyug ma
离垢(菩萨)	Anagha	
离垢地		dri med pa'i sa
哩嚩帝	Revatī	
力度女		stobs kyi phar phyin ma
力天		stobs kyi lha
力贤		stobs bzang
力游(龙王)	Karkoṭa	stobs rgyu
连环套金刚		rdo rje lu gu rgyud gzhan
莲花(龙王)	Padma	padma
莲花爱		padma'i chags
莲花宝		pad ma rin chen
莲花不动(明王)		pad ma mi g.yo ba
莲花不空自在		padma'i don yod pa'i dbang phyug
莲花禅定		pad ma ting nge 'dzin
莲花持法		padma chos 'dzin
莲花灯女		padma'i mar me ma
莲花度母		padma'i sgrol ma, pad ma'i sgrol ma
莲花忿怒自在母	Padmakrodheśvarī	
莲花佛		sangs rgyas pad ma
莲花歌女		padma'i glu ma
莲花皈依智		padma'i mchi ba'i blo gros
莲花嘿噜嘎	Padmaheruka	
莲花护		padma'i srung ba
莲花花女		padma'i me tog ma
莲花吉祥		padma'i dpal
莲花界自在母	Padmadhātvīśvarī	
莲花金翅鸟	Padmagaruḍa	
莲花金刚手	Padmavajrapāṇi	
莲花究竟		padma mthar byed
莲花决定自在		pad ma nges pa'i dbang phyug
莲花空行		pad ma mkha' 'gro
莲花空行母	Padmaḍākinī	pad ma mkha' 'gro ma
莲花链		padma'i lcags sgrog

中　　文	梵　　文	藏　　文
莲花鬘女		padma'i phreng ba ma
莲花颦眉		pad ma khro gnyer can, padma'i khro gnyer
莲花普降		padma kun tu dbab
莲花拳		padma'i khu tshur
莲花日		padma'i nyi ma
莲花入		padma'i 'bebs pa, pad ma 'bebs
莲花萨埵		pad ma sems dpa', pad ma'i sems dpa'
莲花三摩地		padma'i ting nge 'dzin
莲花烧香女		padma'i bdug pa ma
莲花生		padma 'byung gnas
莲花胜女		padma rgyal mo
莲花手	Padmapāṇi	padma'i phyag
莲花手观音	Avalokiteśvara Padmapāṇi	
莲花手世自在	Padmapāṇi Lokeśvara	
莲花涂香女		padma'i dri ma
莲花王		padma'i rgyal po
莲花网		padma'i dra ba can
莲花网观音		spyan ras gzigs padma dra ba
莲花网十一面(观音)		pad dra bcu gcig zhal
莲花无量寿		pad ma tshe dpag med
莲花舞女		padma'i gar ma
莲花舞自在		pad ma'i gar gyi dbang phyug, padma'i gar gyi dbang phyug, pad ma gar gyi dbang phyug
莲花舞自在观自在		spyan ras gzigs dbang phyug pad ma gar gyi dbang phyug
莲花嬉女		padma'i sgeg mo
莲花喜		padma'i legs
莲花笑		padma'i bzhad pa
莲花阎摩敌	Padmayamāntaka	pad ma gshin rje gshed
莲花眼		pad ma'i spyan
莲花药部		padma sman gyi sde
莲花药叉		padma'i gnod sbyin
莲花业		pad ma'i las
莲花因		padma'i rgyu, pad ma'i rgyu

中　　文	梵　　文	藏　　文
莲花语		padma'i gsung, pad ma'i smra ba
莲花彰显金刚相		pad ma'i mngon mtshan rdo rje mtshan
莲花彰显女		padma'i mngon mtshan ma
莲花自在		padma'i dbang phyug
莲颜女		pad ma'i zhal ma
莲眼女		pad ma spyan ma
莲焰女		padma 'bar ma
莲衣女		pad ma gos ma
莲支菩萨		pad ma'i yan lag, padma yan lag, byang sems padma'i yan lag
恋喜女		dga' ba la chags ma
獠牙突出		mche ba rnam par gtsigs pa
麟角喻(缘觉)		bse ru lta bu
铃		dril bu
柳宿		skag
六臂大黑天		mgon po phyag drug
六臂智慧怙主		ye shes kyi mgon po phyag drug
六面童天		lha gzhon nu gdong drug
六面童子		gzhon nu gdong drug
六字大明佛母	Ṣaḍakṣarīmahāvidyā	
六字佛母		yi ge drug ma
六字观音	Ṣaḍakṣara Avalokiteśvara	
六字世自在	Ṣaḍakṣarī Lokeśvara	
龙女持宝		gtsug na'i bu mo nor 'dzin ma
龙王噶迦		nāga kar gyal
楼陀罗	Rudra	drag po
娄宿		tha skar
禄慧吉祥女	Vasumatiśrī	
禄吉祥女	Vasuśrī	
鹿王		ri dvags rgyal po
轮铠女		'khor lo'i go cha ma
轮力女		'khor lo'i shugs can ma
罗睺	Rāhu	sgra gcan
罗睺罗		sgra gcan 'dzin

中　　文	梵　　文	藏　　文
螺髻梵王	Śikhī Mahābrahmā	
绿度母	Tārā Śyāmavarṇā, Śyāmātārā, Tārā Śyāmā, Śyāmā Tārā	sgrol ma ljang gu, sgrol ma ljang khu, sgrol ljang
马耳女		rta rna ma
马面忿怒母		khro mo rta'i gdong can ma
马胜		rta mchog
马胜王		rta mchog rgyal po
马胜智慧金刚		rta mchog ye shes rdo rje
马头明王	Hayagrīva	rta mgrin, khro bo rta mgrin
玛萨拉马提	Jalamati	sman dza la ma ti
玛夏尼	Śmāśānī	smasali, smasani
鬘(天)女	Mālā	phreng ba ma
满贤女妙光		gang bzang bu mo gzi legs ma
满贤药叉	Yakṣa Pūrṇabhadra	gnod sbyin gang bzang, gang ba bzang po
慢(空行母)		nga rgyal
忙莽计母	Māmakī	
霉烂		srul po
美孜明王		khro rgyal smre rtsegs
昧女		rmongs byed ma
门莫金色快刀女		mon mo gser gyi spu gri ma
门王		sgo'i dbang po
猛厉		drag po
猛厉女		drag mo
弥勒	Maitreya	byams pa
秘密成就马头(明王)		rta mgrin gsang grub
秘密成就女		gsang sgrub ma
密集(金刚)	Guhyasamāja	gsang 'dus, gsang ba 'dus pa
密集不动金刚		gsang ba 'dus pa mi bskyod rdo rje, gsang ba 'dus pa mi bskyod pa
密集观音		gsang 'dus spyan ras gzigs
密集文殊金刚		gsang 'dus 'jam pa'i rdo rje
密咒随持佛母		gsang sngags rjes 'dzin ma
面容		bzhin byad
妙臂		dpung bzang

中　　文	梵　　文	藏　　文
妙臂(佛母)		lag bzang
妙金无垢		gser bzangs dri med
妙损明王	Śumbha	gnod mdzes, khro bo gnod mdzes
妙贤		rab tu bzang po
妙贤女		rab tu bzang mo, shin tu bzang mo
妙眼(佛)		spyan legs
妙眼(菩萨)	Sulocana	
妙音天女	Sarasvatī	dbyangs can ma, lha mo dbyangs can ma
妙种女		rigs mdzes ma
灭三界明王		'jig rten gsum 'jig, khro bo 'jig rten gsum 'jig
灭罪(菩萨)	Apāyajaha	
名称天女		lha mo grags ldan ma
明金鬘金刚手		lag na rdo rje rig ser phreng
明亮		rnam par gsal ba
摩诃毗卢遮那	Mahāvairocana	rnam par snang mdzad chen po, rnam snang chen po
摩竭女		chu srin ma
摩利支(天)	Mārīcī	'od zer can ma, 'od zer can, lha mo 'od zer can
摩利支天陀罗尼		'od zer can ma'i gzungs
魔(罗)	Māra	bdud
魔王		bdud rgyal
牟尼		thub pa
牟尼金刚		thub pa rdo rje
穆监达迦速入(鬼)		mu rgyan ta ka myur bas 'jug pa
木曜		phur bu
目真邻陀(龙王)	Mucilinda	
那罗延	Nārāyaṇa	
难伏护门		sgo srungs gdul dka'
难陀(龙王)		dga' bo, nye dga' bo
难遮女		dka' zlog ma
内障		nang sgrib can
涅乌通乃诺梅		gnye'u thung gnas gnon me
牛耳自在		ba lang rna ba'i dbang phyug
牛宿		gro bzhin

中　　文	梵　　文	藏　　文
女人		mi mo
女使		pho nya mo
女宿		byi bzhin
琵琶女	Vīnā	pi wang ma
毗绮宫达		pi ci kuṇ ḍa li
颦眉		khro gnyer, khro gnyer can
颦眉度母		khro gnyer, khro gnyer can, khro gnyer g.yo ba'i sgrol ma
颦眉明王		khro bo khro gnyer can
瓶鼻		bum sna
破敌(度母)		gzhan 'joms ma
破坏	Saṃhāra	
破死女		'chi 'joms ma
破一切忧暗意		mya ngan gyi mun pa thams cad rnam par 'joms pa'i blo gros
破欲(度母)		chags pa 'joms pa'i (sgrol ma)
菩提萨埵金刚		byang chub sems dpa' rdo rje
菩提萨埵金刚休息		byang sems rdo rje dbugs dbyung
普成自在		kun grub dbang phyug
普持女		kun 'dzin ma
普度恶趣(菩萨)		ngan song kun 'dren
普光		kun nas 'od zer
普光地		kun tu 'od kyi sa
普花		kun tu me tog
普见无量寿		kun gzigs tshe dpag med
普明大日如来	Sarvavid Vairocana	kun rig rnam par snang mdzad
普胜		kun tu rgyal ba
普贤(菩萨)	Samantabhadra	kun tu bzang po, kun bzang
普贤大乐		kun tu bzang po bde ba che
普贤女		kun tu bzang mo
普照		kun snang, kun tu snang ba
普照慧		kun tu snang ba'i blo gros
普照使者		pho nya kun tu snang ba
骑虎梃杖		beng stag zhon

中　　文	梵　　文	藏　　文
起尸		ro langs
起尸女		ro langs ma
弃诈		g.yon dor
恰尼		bya ni
恰桑		phyag sangs
悭金刚		ser sna rdo rje
悭贪对治金刚宝		ser sna'i gnyen por rdo rje rin chen
悭阎摩敌	Mātsarayamāntaka	ser sna gshin rje gshed
千手千眼(观音)		phyag stong spyan stong
乾达婆王五髻		dri za'i rgyal po zur phud lnga pa
前磨		mdun brdar
钦波		chen po
禽面女		bya gdong ma
青颈观音		spyan ras gzigs mgrin sngon can
清净王(如来)		sbyong ba'i rgyal po
秋月(度母)		ston kha zla ba
祛大毒(缘觉)		dug chen 'joms
祛一切忧(度母)		mya ngan thams cad sel bar byed ma
祛忧度母		mya ngan sel ba'i sgrol ma
曲行		khyur 'gro
拳		khu tshur
犬面母		khyi gdong ma
群主(天)	Gaṇapati	tshogs kyi bdag, lha tshogs bdag
燃灯(佛)	Dīpaṅkara	mar me mdzad
燃灯度母	Pradīpatārā	mar me'i sgrol ma
热玛提	Rematī	re ma ti
热瓦提	Revatī	
热执玛		re'u dri ma
人文殊		mi'i 'jam dpal
忍辱度女		bzod pa'i phar phyin ma
日光黛	Arkamasi	
日曜，日天		nyi ma
柔顺		'jam pa po
柔漩(药叉)		'jam po 'khyil ba

中　文	梵　文	藏　文
如此眼		de bzhin spyan
如火炽燃(明王)		me ltar 'bar ba
如火炽燃金刚		rdo rje me ltar 'bar ba, rdo rje me ltar rab tu 'bar ba, me ltar 'bar ba
如火炽燃金刚日		rdo rje nyi ma me ltar 'bar ba
如火炽燃微细(明王)		me ltar 'bar ba phra mo
如来		de bzhin gshegs pa
如来钩女		de bzhin gshegs lcags kyu ma
如来休息		de bzhin gshegs pa dbugs 'byung ba
如意宝	Cintāmaṇi	yid bzhin nor bu
入毒		'jug pa'i dug
入女		'bebs ma
锐利		rnon po
锐利文殊		'jam dpal rnon po
萨埵金刚女		sems ma rdo rje ma
萨埵母		sems ma
塞建陀	Skandha	
塞邬蒙达迦入心鬼		se'u mon ta ka snying du 'jug pa'i 'dre
三界自在		khams gsum dbang phyug
三界尊胜(明王)	Trilokavijaya	khams gsum rnam par rgyal ba, khams gsum rnam par rgyal, khams gsum rnam rgyal, khro bo 'jig rten gsum rnam par rgyal ba, 'jig rten gsum las rnam par rgyal ba, 'jig rten gsum las rnam rgyal, khro ba 'jig rten gsum rgyal
三具善昆仲		legs ldan mched gsum
三昧耶度母	Samayatārā	
三摩地金刚菩萨		byang sems ting nge 'dzin rdo rje
三世佛		dus gsum sangs rgyas
三阎摩门巴		gsod byed kyi mon pa gsum
三重		sum brtsegs
散支(药叉)	Pañcika	pañ ji ka, lnga rtsen
桑仲姆		sangs drung mu
色金刚母	Rūpavajrī	gzugs rdo rje ma

中　　文	梵　　文	藏　　文
色女	Rūpā	gzugs ma
僧宝		dge 'dun dkon mchog
杀女		gsod byed ma, gsod ma
山居女		ri khrod ma
山居叶衣佛母	Parṇaśābarī	ri khrod lo ma gyon ma, ri khrod lo ma can ma
山胜（缘觉）		ri bo rgyal ba
善部多		'byung po dge ba
善财（菩萨）	Sudhana	nor bzang
善财童子	Sudhana	gzhon nu nor bzang, nor bzang
善度母		dge ba'i sgrol ma
善慧地		legs pa'i blo gros kyi sa
善灭女具味		'gog yag sras mo dri ldan ma
善名称		mtshan legs
善趣金刚手		phyag na rdo rje 'gro bzang, 'gro bzang
善业寂静度母		dge las zhi ba'i sgrol ma
商主差使		mngag gzhug ded dpon
上生		gyen 'byung
烧女		sreg ma
烧香女	Dhūpā	bdug pa ma, bdug spos ma
舌毒		lce dug
舍三摩地智藏		gtong ba ting nge 'dzin ye shes kyi snying po
舍沙（龙王）	Śeṣa	
身持金刚		sku rdo rje 'dzin pa
身空行		sku yi mkha' 'gro
身空行母	Kāyaḍākinī	sku yi mkha' 'gro ma
神通王		mngon mkhyen rgyal po
神通自在		rdzu 'phrul la dbang ba
声金刚母	Śabdavajrī	sgra rdo rje ma
生主		skye dgu'i bdag pa
圣不空羂索观音		'phags pa spyan ras gzigs don yod zhags pa
圣处自在		'phags pa gnas kyi dbang phyug
圣大力度母		'phags ma sgrol ma stobs chen mo
圣度母		'phags pa sgrol ma, 'phags ma sgrol ma
圣女		'phags ma

中　文	梵　文	藏　文
圣颦眉度母		'phags ma sgrol ma khro gnyer can
圣文殊		'phags pa 'jam dpal
胜解自在		mos pa la dbang ba
胜解行地		mos spyod kyi sa
胜乐(金刚)	Śaṃvara	bde mchog
胜乐触词		bde mchog reg tshig rnams
胜乐金刚空行		bde mchog rdo rje mkha' 'gro ma
胜三界(度母)		'jig rten gsum las rnam par rgyal ma
胜施度母		mchog sbyin sgrol ma
胜者顶髻		rgyal ba'i gtsug tor
胜者度母	Jayatārā	rgyal ba'i sgrol ma
胜者金刚女		rgyal ba'i rdo rje ma
失忆		brjed byed
施财		nor sbyin
狮面		seng ge gdong
狮面忿怒母		khro mo seng ge gdong can ma
狮面士夫		skyes bu seng ge'i zhal
狮首母	Siṃha[mukhī]	simhamukhī
狮子吼(缘觉)		seng ge sgra
狮子吼王		seng ge sgra rgyal po
施胜根度母		dbang mchog ster ba'i sgrol ma
湿婆	Śiva	
湿婆女	Śivā	zhi ba
十一面观音		spyan ras gzigs bcu gcig zhal, spyan ras gzigs zhal bcu gcig, bcu gcig zhal
时钩女		dus kyi lcags kyu ma
时链女		dus kyi lcags sgrog ma
时铃女		dus kyi dril bu ma
时轮(金刚)	Kālacakra	dus kyi 'khor lo
时罗刹女		dus kyi srin mo
时索女		dus zhags ma, dus kyi zhags pa ma
时喜女		dus kyi dga' ba mo
时药叉女		dus kyi gnod sbyin mo
时夜(女)		dus mtshan, dus mtshan ma, dus kyi mtshan mo

中　　文	梵　　　文	藏　　　　文
时杖女		dus kyi dbyug pa ma
食女		za ba，za ba mo
使者		pho nya ba
世间怙主	Lokanātha	'jig rten mgon po
世间怙主观音		spyan ras gzigs 'jig rten mgon po
世自在	Lokeśvara	'jig rten dbang phyug
世自在大势至	Mahāsthāmaprāpta Lokeśvara	
世自在王（佛）	Lokeśvararāja	
世尊大暴恶	Mahācaṇḍa	bcom ldan 'das drag po chen po
世尊牟尼		bcom ldan 'das thub pa
室宿		mon gru
释迦怙主		shā kya mgon po
释迦牟尼	Śākyamuni	shā kya thub pa
释迦狮子	Śākyasiṃha	shā kya seng ge
释迦种王（佛）		shā kya rigs dbang
誓言空行		dam tshig gi mkha' 'gro
誓言空行母	Samayaḍākinī	dam tshig mkha 'gro ma
誓言自在		dam tshig dbang phyug
誓愿度		smon lam gyi phar phyin
手印（女）		phyag rgya
寿命自在		tshe la dbang ba
殊胜		mchog
殊胜嘿噜嘎		heruka mchog
殊胜明		rig pa mchog
舒逸		rab sim
树荫女		shing grib ma
双身佛空行		sangs rgyas mkha' 'gro yab yum
水晶女		chu shel ma
水天（龙王）		chu lha
水天汇集		chu lha sdud byed
水天女	Vāruṇī	
水曜		lhag pa，gza' lhag
死主金刚手		phyag na rdo rje 'chi bdag
四臂智慧怙主		ye shes mgon po phyag bzhi

中　文	梵　文	藏　文
四语童子		tshig bzhi gzhon nu
似鹏金刚手	Vajrapāṇicuṇḍa	phyag dor khyung 'dra
苏摩女	Saumyā	zla ba
速入毒		myur bas 'jug pa'i dug
粟珊斯		
随求佛母	Pratisarā	
随求女		so sor 'brang ma
祟巴		gsod pa
娑竭罗（龙王）	Sāgara	
塔罗	Tālo	
贪金刚		'dod chags rdo rje
贪阎摩敌	Rāgayamāntaka	'dod chags gshin rje gshed
贪欲群主		tshogs bdag chags pa
檀荼女	Daṇḍā	be con
陶鼓女	Murajā	rdza rnga ma
天文殊		lha'i 'jam dpal
调伏部多（金刚手）	Bhūtaḍāmara	'byung po 'dul byed, phyag na rdo rje 'byung po 'dul byed
调伏三界（明王）		'jig rten gsum 'dul, khro bo 'jig rten gsum 'dul
调伏众生		'gro ba 'dul ba, 'gro 'dul, 'gro 'dul ba
调伏众生观自在		spyan ras gzigs dbang phyug 'gro 'dul byed
调伏众生世尊		bcom ldan 'das 'gro 'dul ba
调御丈夫（缘觉）		dpa' bo 'dul ba
铁钩		lcags kyu
铁管金刚手		phyag rdor lcags sbugs
铁链		lcags sgrog
梃杖怙主		mgon po beng
童女	Kaumārī	gzhon nu, gzhon nu ma
（莲花）童子		gzhon nu
童子文殊	Mañjukumāra	
屠家女		g.yung mo
涂香女	Gandhā	dri chab ma, byug pa ma
土曜		spen pa
陀罗尼天女		gzungs ma lha mo

中　　文	梵　　文	藏　　文
陀罗尼印女		gzungs kyi phyag rgya ma
瓦商拘罗玛	Vaśamkuruma	
外障		phyi sgrib can
网明（菩萨）		dra ba can gyi 'od
微尘明王		khro bo gzegs ma
威光天女欢喜金刚		lha mo gzi brjid dga' ba'i rdo rje
威光蕴		gzi brjid phung po，gzi byed phung po
危宿		khrums stod
唯发心转法轮		sems bskyed ma thag tu chos kyi 'khor lo bskor ba，sems bskyed ma thag tu chos kyi 'khor lo rab tu bskor ba
尾宿		snubs
味金刚母	Rasavajrī	ro rdo rje ma
畏惧女	Bheruṇḍā	skrag byed ma
蔚蓝天女		sngo bsangs lha mo
味女	Rasā	ro ma
胃宿		bra nye
文殊	Mañjuśrī，Mañjunātha	'jam pa'i mgon，'jam dpal，'jam dbyangs，'jam mgon
文殊师利童子		'jam dpal dbyangs gzhon nu
文殊阎摩敌		'jam dpal gshin rje gshed
乌摩（天后）	Umā	
乌摩独髻女	Umā Ekajaṭā	
无边（龙王）	Ananta	mtha' yas，klu mtha' yas，mtha' yas kyi bu
无边金刚	Amitavajra	mtha' yas rdo rje
无边门陀罗尼		sgo mtha' yas pa'i gzungs
无边颜女		mtha' yas zhal ma
无垢女		dri med ma
无见	Antardhāna	
无尽慧宝箧		ye shes mi zad pa'i za ma tog
无尽意（菩萨）		blo gros mi zad pa
无量光		'od dpag med
无量光佛	Amitābha	'od dpag med
无量光舞自在		'od dpag med gar gyi dbang phyug
无量寿佛	Amitāyus	tshe dpag med，sangs rgyas tshe dpag med

中　　文	梵　　文	藏　　文
无能胜(明王)	Aparājitā	gzhan gyis mi thub, khro bo gzhan mi thub pa
无能胜(天)女		gzhan gyis mi thub ma
无能胜具鬘		gzhan gyis mi thub phreng ba can
无上度母		sgrol ma bla med
无畏(缘觉)		'jigs pa med pa
无我母	Nairātmyā	bdag med ma
无虚忿怒母		khro mo ma bcos ma
无疑佛		gdon mi za ba
无忧最胜吉祥		mya ngan med mchog dpal
无支分金刚文殊		'jam dbyangs yan lag med pa'i rdo rje
无著意		thogs med yid
五髻	Pañcaśikha	zur phud lnga ba
五髻乾达婆		dri za zur phud lnga ba
五字文殊	Mañjuśrī Arapacana, Arapacana Mañjuśrī	
舞(天)女	Nṛtyā	gar ma
舞者金刚手		phyag na rdo rje gar mkhan
舞自在	Narteśvara	
舞自在观音		spyan ras gzigs gar gyi dbyang phyug
舞自在女		gar gyi dbang phyug ma
息火天		zhi ba'i me lha
昔无嘿噜嘎		sngon med heruka
嬉(天)女	Lāsyā	sgeg mo
喜金刚	Hevajra	kye rdo rje, kyai rdo rje
喜金刚次第拘留拘啰		kye rdo rje'i rim pa'i kurukullā
喜女		dga' ba (mo)
喜云丛		dga' bo sprin phung
喜自在		dga' ba'i dbang phyug
夏嘎罗哩		sha ka ra li
夏美岗嘎		sha med gangs dkar
贤顶盖		thod pa bzang po
贤护(菩萨)		bzang skyong
贤意女		yid bzang ma
显吉祥度母		bkra shis snang ba'i sgrol ma

中　文	梵　文	藏　文
显明除信		snang ba dad sel
现前地		mngon du gyur pa'i sa
现三世明王		khro bo 'jig rten gsum snang
香金刚母	Gandhavajrī	dri rdo rje ma
香女		spos ma
香象(菩萨)		spos glang, spos kyi glang po
象金刚天女		lha mo glang po'i rdo rje
消毒(度母)		dug sel ma
消毒女陀罗尼		dug sel ma'i gzungs
消毒天女		lha mo dug sel ma
消苦(度母)		sdug bsngal thams cad bsreg ma, sdug bsngal bsreg byed sgrol ma
消苦(缘觉)		gdung ba bsel ba
枭面母		'ug gdong ma
枭首母	Ulūka[mukhī]	hulumukhī
小怒金刚手		phyag na rdo rje tum chung
笑		bzhad pa
笑(天)女	Hāsyā	bzhad ma, lha mo bzhad pa ma
心性安息观音		spyan ras gzigs sems nyid ngal bso
心宿		snron
心自在		sems la dbang ba
星宿		mchu
凶猛阎摩门布跋陀罗		gshin rje ma rungs pa mon bu pu tra
雄慧女		dpa' bo'i blo can ma
熊面		dom gdong
虚空藏(菩萨)	Ākāśagarbha	nam mkha' snying po, nam mkha'i snying po, nam snying
虚空光		nam mkha' 'od zer
虚空金刚		nam mkha' rdo rje
虚空库(菩萨)	Gaganagañja	nam mkha' mdzod, nam mkha'i mdzod
虚空善女		nam mkha' dge ma
虚空颜女		mkha' gdong ma
虚空眼女		nam mkha'i spyan ma
虚空自在女		nam mkha' dbang phyug ma

中　　文	梵　　文	藏　　文
虚宿		mon gre
雪山女神	Pārvatī	
迅疾		myur mdzad
迅疾怙主		myur mdzad mgon po phyin kha
鸦面母		khva gdong ma
鸦首母	Kāka[mukhī]	Kākamukhī
压障		grib gnon
雅秀玛波		yam shud dmar po
阎曼德迦	Yamāntaka	
阎摩	Yama	gshin rje
阎摩催破母		gshin rje 'joms ma
阎摩敌	Yamāri	gshin rje gshed
阎摩敌大金刚怖畏	Yamāntaka Mahāvajrabhairava	gshin rje gshed rdo rje 'jigs byed chen po
阎摩敌文殊金刚		gshin rje gshed 'jam dpal rdo rje
阎摩坚固母		gshin rje brtan ma
阎摩獠牙母		gshin rje mche ba ma
阎摩女		gshin rje ma
阎摩女使		gshin rje pho nya mo
颜女		gdong can ma
眼垂		mig 'phyang
眼面佛		spyan gdug pa'i zhal
焰慧地		'od 'phrog pa'i sa
焰鬘白衣女		'bar ba'i phreng ba gos dkar mo
药叉		gnod sbyin
药师佛	Bhaiṣajyaguru	sman bla
曜母		gza' yum chen mo
野干金刚天女		lha mo lce spyang rdo rje ma
业无量寿		las kyi tshe dpag med
业自在		las la dbang ba
一切轮女		'khor lo thams cad ma
一切义成		don thams cad grub par byed pa
一切义成就佛		bcom ldan 'das don thams cad sgrub pa
一切义成就施度母		don thams cad grub pa rab tu sbyin pa'i sgrol ma

中　　文	梵　　　文	藏　　　文
义成		don grub
意持金刚		thugs rdo rje 'dzin pa
意金刚		thugs kyi rdo rje
意空行		thugs kyi mkha' 'gro
意空行母	Cittaḍākinī	thugs kyi mkha' 'gro ma
翼宿		dbo
音声王		sgra dbyangs rgyal po
饮酒女		chang 'thung ma
印拳天女		lha mo phyag rgya'i khu tshur ma
雍仲		g.yung drung
游戏王文殊		'jam dbyangs rgyal po rol pa
与愿(度母)	Varadā Tārā	mchog gtsol ma
语持金刚		gsung rdo rje 'dzin pa
语空行		gsung gi mkha' 'gro
语空行母	Vāgḍākinī	gsung gi mkha' 'gro ma
语狮子(文殊)	Vādisiṃha	smra ba'i seng ge, 'jam dbyangs smra ba'i seng ge
语王文殊	Vādirāṭ	'jam dbyangs ngag gi rgyal po
语自在文殊	Mañjuśrī Vāgīśvara	'jam dbyangs ngag gi dbang phyug
欲帝(明王)	Ṭakkirāja	'dod rgyal, 'dod pa'i rgyal po
欲火炽燃女		'dod pa'i me 'bar ma
欲界天女		'dod khams lha mo
欲界自在女		'dod khams dbang phyug ma
欲女		'dod pa
欲自在天		lha 'dod pa'i dbang phyug
欲足如意		yid bzhin gyi re ba skongs
圆鼓女	Mṛdaṅgā	rnga zlum ma
圆满度母	Niṣpannatārā	yong su rdzogs par byed ma, rdzogs pa'i sgrol ma, yongs su rdzogs byed sgrol ma
远行地		ring tu song ba'i sa
愿度女		smon lam gyi phar phyin ma
愿慧(菩萨)		smon lam blo gros
愿自在		smon lam la dbang ba
月光		zla 'od
月光(菩萨)	Candraprabha	zla ba 'od, zla ba'i 'od

中　　文	梵　　文	藏　　文
月光金刚持		zla 'od rdo rje 'dzin
月曜,月天		zla ba
悦意差使		mngag gzhug yid du 'ong ba, mngag gzhug pa yid du 'ong ba
匝弥陀		dzamita
杂孜噶(天女)	Carcikā	tsa rtsi ka, tsartsikā
再夺色女		mdangs slar 'phrog ma
赞扎利	Caṇḍālī	tsaṇḍali
增慧陀罗尼		shes rab 'phel ma'i gzungs
增火天		rgyas pa'i me lha
增禄佛母		nor rgyun ma
增长		'phel ba
增长(天王)	Virūḍhaka	'phags skyes po
札董培		sgra dung 'phel
瞻巴拉	Jambhala	'dzam bha la
旃陀罗女		gdol pa ma
张宿		gre
长寿女		tshe 'dzin ma
杖阎摩敌	Daṇḍayamāntaka	dbyug pa gshin rje gshed
招引一切众生(度母)		'gro ba thams cad 'gugs ma
招引众生度母		'gro ba 'gugs pa sgrol ma
召女		'gugs byed ma
照无边	Amitābha	snang ba mtha' yas
遮文荼	Cāmuṇḍā	tsa mu ṇḍi
哲莫哈	Pramohā	
轸宿		me bzhi
正慧(仙人)		yang dag shes
正念(药叉)		yang dag shes
正贤水生佛		chu skyes dam pa
执金刚女		rdo rje 'ju ba ma
制御三界世自在		'jig rten gsum po dbang du byed pa'i 'jig rten dbang phyug
制御一切有情文殊		sems can thams cad dbang du byed pa'i 'jam dbyangs
至尊拘留拘啰		rje btsun ma kurukullā

中　文	梵　文	藏　文
智度女		ye shes kyi phar phyin ma
智慧(菩萨)		ye shes blo gros
智慧称(佛)		ye shes grags pa
智慧度女		ser rab kyi phar phyin ma
智慧怙主	Prajñānātha	ye shes mgon, ye shes mgon po
智慧空行母	Jñānaḍākinī	ye shes mkha' 'gro ma, ye shes kyi mkha 'gro ma
智慧萨埵	Prajñāsattva	ye shes sems dpa'
智慧萨埵文殊		'jam dpal ye shes sems dpa'
智慧文殊		'jam dpal ye shes
智慧无量寿		ye shes tshe dpag med
智拳天女		lha mo ye shes khu tshur ma
智幢(菩萨)		ye shes tog
智自在		ye shes la dbang ba
众戏女		rol pa tshar dgu ma
诛火天		mngon spyod kyi me lha
诸乐女		bde sogs ma
诸种空行		sna tshogs mkha' 'gro
诸种空行母		sna tshogs mkha' 'gro ma
诸种身形佛		sangs rgyas sna tshogs gzugs can
转轮(明王)		'khor los bsgyur ba
转轮女		'khor lo sgyur ma
幢顶臂严(佛母)		rgyal mtshan rtse mo, rgyal mtshan rtse mo'i dpung rgyan
幢顶臂严女		rgyal mtshan rtse mo'i dpung rgyan ma
准提度母	Cundā	sgrol ma tsun da
准提陀罗尼		skul byed ma'i gzungs
濯足女		zhabs bsil ma
资具自在		yo byad la dbang ba
自性障		rang bzhin gyi sgrib pa can
自在金刚		dbang phyug rdo rje
自在天	Īśāna, Īśvara	dbang ldan, dbang phyug
总摄轮	Cakraśambara, Cakrasaṃvara	'khor lo sdom pa
总摄阎摩女		gshin rje sdom byed ma

中　　文	梵　　文	藏　　文
觜宿		mgo
最胜嘿噜嘎	Mahāśrīheruka	che mchog heruka
最胜金刚持	Vara Kuliśadhara	
尊胜		rnam par rgyal ba
尊胜度母		rnam par rgyal ba'i sgrol ma
尊胜佛母	Vijayā	rnam par rgyal ma
尊胜金翅鸟		rgyal khyung mchog
尊胜明王		khro bo rnam par rgyal ba
尊胜女		rnam rgyal ma
作吽		hūṃ mdzad
作蜜		sbrang rtsir byed pa
作扰女		skyod byed ma
作日(玛)	Caurī	tsaurī, tse'u ma, cauri ma, curima
作胜		rgyal bar byed pa
坐轮		stan pa'i 'khor lo

人　　名

中　　文	梵　文	藏　　文	其他语言
阿达贝考赞 贝考赞		mnga' bdag dpal 'khor btsan dpal 'khor btsan, dpal 'khor can, dpal 'khor btsang	
阿达赤热巴巾 赤热巴巾 热巴巾		mnga' bdag khri ral pa can khri ral pa can ral pa can	
阿达柯热 柯热		mnga' bdag kho re 'khor re, kho re	
阿底峡 燃灯吉祥智	Atīśa Dīpaṅkaraśrījñāna	 dpal mar me mdzad ye shes	
阿迦伦		ag len	
阿卡拉		acara	
阿卡罗悉地	Ākarasiddhi		
阿麦钦波 阿麦钦波桑杰意希 介·阿麦钦波桑杰意希		a mes chen po a mes chen po sangs rgyas ye shes lce a mes chen po sangs rgyas ye shes	
阿摩罗瞿民	Amaragomin		
阿那达玛 阿那玛		a nan ta smal a nan rmal	
阿那律		ma 'gag pa	
阿难陀		kun dga' bo	
阿婆度底巴	Avadhūtipā		
阿若德		a rog lde	
阿阇世王	Ajātaśatru		
阿说示		rta thul	
阿索德 阿索卡德		a sog lde a so ga lde	
阿喜玛		a dzi smal, a 'dzid smal, a 'dzid rmal	

中　文	梵　文	藏　文	其他语言
阿育王	Aśoka		
埃文斯·温茨			Evans-Wentz, W.Y.
安顿札仁 布让巴·安顿札仁		an ston grags rin spu hrangs pa an ston grags rin	
安夺德			Andrade, A. de
安慧	Sthiramati		
安隐因陀罗	Kṣemendra		
昂旺绛贝德勒嘉措		ngag dbang 'jam dpal bde legs rgya mtsho	
翱(氏)		rngog	
翱·多德		rngog mdo sde	
翱·洛丹协饶 洛丹协饶 翱译师		rngog blo ldan shes rab blo ldan shes rab rngog lo tsā ba	
奥伯米勒			Obermiller, E.
奥登堡			Oldenburg, S. F.
巴·赛囊		sba gsal snang, san gsal snang	
巴曹译师楚臣杰波		pa tshab lo tsā ba tshul khrims rgyal po	
巴达玛		par btab rmal	
巴德		'bar lde	
巴考			Bacot, J.
巴莱		bha le	
巴热		bha re	
巴日巴		'bar ras pa	
巴日译师		ba ri lo tsā ba	
巴特恰利亚			Bhattacharyya, B.
巴特萨利			Bhattasali, N.
八思巴 众生怙主八思巴· 洛卓坚赞贝桑波 喇嘛八思巴		'phags pa 'gro mgon 'phags pa blo gros rgyal mtshan dpal bzang bo bla ma 'phags pa	
白噶德		pad dkar lde	
白朗巴		pa snam pa	
白玛噶波		pad ma dkar po	

中　文	梵　文	藏　文	其他语言
白玛坚		pad ma can	
白玛诺吉		pad ma nor bskal	
班觉		dpal 'byor	
班觉仁钦		dpal 'byor rin chen	
班纳吉			Banerji, R. D.
班那沃		'ban sna bo	
班钦波熏奴旺秋		ban chen po gzhon nu dbang phyug	
般若波利	Prajñāvalī		
般若护	Prajñāpāla		
般若吉祥护	Prajñāśrīgupta		
般若作护	Prajñākaragupta		
宝成 布顿 布顿仁波切 布顿仁钦朱		rin chen grub bu ston bu ston rin po che bu ston rin chen grub	
宝金刚	Ratnavajra	rin chen rdo rje	
悲班智达 诺布林巴	Karuṇāpaṇḍita Ratnadvīpa	 nor bu gling pa	
悲班智达 诺布林巴	Karuṇāpaṇḍita Ratnadvīpa	 nor bu gling pa	
贝奔		dpal 'bum	
贝德		dpal lde	
贝吉衮		dpal gyi mgon	
贝考赞 阿达贝考赞		dpal 'khor btsan, dpal 'khor can, dpal 'khor btsang mnga' bdag dpal 'khor btsan	
贝克			Beckh, H.
贝拉		dpal la	
贝拉尊希瓦沃 希瓦沃		dpal lha btsun zhi ba 'od zhi ba 'od	
贝莫	Lakṣmī (karā)		
贝钦		dpal chen	
贝钦沃波		dpal chen 'od po	
贝琴衮		dpal byin mgon	
本达			Bendall, C.

中　文	梵　文	藏　文	其他语言
本莫宗奔贝 　蔡巴本莫宗奔贝		dpon mo 'dzom 'bum dpal tshal pa dpon mo 'dzom 'bum dpal	
本奈特・凯帕斯			Bernet, K. A. J.
苯西琼那		bon bzhi khyung nag	
波罗	Pāla		
波斯匿王	Prasenajit		
伯・释迦多吉 　释迦多吉		bal shā kya rdo rje shā kya rdo rje	
伯戴克			Petech, L.
伯希和			Pelliot, P.
布顿 　布顿仁波切 　布顿仁钦朱 　宝成		bu ston bu ston rin po che bu ston rin chen grub rin chen grub	
布尼玛		puṇya smal	
布尼玛拉	Puṇyamala		
布让巴・安顿札仁 　安顿札仁		spu hrangs pa an ston grags rin an ston grags rin	
不二金刚	Advayavajra		
不空(金刚)	Amoghavajra		
蔡巴(家族)		tshal pa	
蔡巴本莫宗奔贝 　本莫宗奔贝		tshal pa dpon mo 'dzom 'bum dpal dpon mo 'dzom 'bum dpal	
蔡巴默朗		tshal pa smon lam	
蔡诺朗德		tshe snol lam lde	
蔡诺帕德		tshe snol pha lde	
藏巴嘉热		gtsang pa rgya ras pa	
查巴・熏奴协饶 　熏奴协饶		gra pa gzhon nu shes rab gzhon nu shes rab	
查巴那		khra ba na	
绰理哲瓦		chos rje ba	
陈那	Diṅnāga		
成就女王	Siddharājñī	grub pa'i rgyal mo	
持恒河	Gaṅgādhara		

中　　文	梵　文	藏　　文	其他语言
赤贝		khri dpal	
赤德		khri lde	
赤德衮		khri lde mgon	
赤德祖丹 　美阿匆		khri lde btsug brtan mes 'ag tshom	
赤吉德尼玛衮 　吉德尼玛衮 　扎西吉德尼玛衮 　赤吉林		khri skyid lde nyi ma mgon skyid lde nyi ma mgon bkra' shis skyid lde nyi ma mgon khri kyi ling	
赤拉衮		khri la mgon	
赤热巴巾 　阿达赤热巴巾 　热巴巾		khri ral pa can mnga' bdag khri ral pa can ral pa can	
赤松德赞		khri srong lde btsan, khri srong lde'u btsan	
赤塘・扎雅		khri thang Jñāna	
赤扎西阿达孜德赞 　孜德		khri bkra shis mnga' bdag rtse lde btsan rtse lde	
赤扎西拉德赞 　拉德赞 　拉德		khri bkra shis lha lde btsan lha lde btsan lha lde	
赤扎西札巴德		khri bkra shis grags pa lde	
赤扎西孜巴贝 　赤扎西孜贝 　扎西孜巴贝 　扎西孜		khri bkra shis rtsegs pa dpal khri bkra shis brtsegs dpal bkra shis rtsegs pa dpal, bkra shis brtsegs pa dpal bkra shis rtsegs	
赤札巴德		khri grags pa lde	
赤札门赞		khri sgra dmun btsan	
楚臣坚赞		tshul khrims rgyal mthsan	
楚臣杰瓦		tshul khrims rgyal ba	
楚臣迥乃 　丁译师		tshul khrims 'byung gnas steng lo tsā ba	
楚臣尼玛		tshul khrims nyi ma	
楚臣仁钦		tshul khrims rin chen	
楚臣永丹		thsul khrims yon tan	
崔比科夫			Tsybikov, G.

中　　文	梵　文	藏　　　文	其他语言
达波钦波囊钦・衮噶帕巴 　达波钦衮噶帕巴 　大司徒衮噶帕巴 　帕贝		bdag po chen po nang chen kun dga' 'phags pa bdag po chen kun dga' 'phags pa tai si tu kun dga' 'phags pa 'phags dpal	
达仓热巴		stag tshang ras pa	
达玛 　朗达玛		dar ma glang dar ma	
达摩多罗	Dharmatrāta		
达尼钦波桑波贝 　达尼钦波贝 　达钦桑波贝		bdag nyid chen po bzang po dpal bdag nyid chen po dpal bdag chen bzang po dpal	
达钦・多吉羌		bdag chen rdo rje 'chang	
达斯			Das, C. S.
达瓦坚赞		zla ba rgyal mtshan	
答力麻八剌	Dharmapāla		
答麻八剌饶其达	Dharmapālarakṣita		
大悲班智达		Paṇḍita thugs rje chen po	
大村西崖			Omura Seigai
大德解脱军	Bhadanta Vimuktisena		
大迦叶	Mahākāśyapa	'od srungs chen po	
大司徒衮噶帕巴 　达波钦波囊钦・衮噶帕巴 　达波钦衮噶帕巴 　帕贝		tai si tu kun dga' 'phags pa bdag po chen po nang chen kun dga' 'phags pa bdag po chen kun dga' 'phags pa 'phags dpal	
大元衮噶仁迥 　喇嘛衮仁		ta'i dben kun dga' rin 'byung bla ma kun rin	
大元国师衮噶尼玛坚赞贝桑波 　衮噶尼玛 　衮噶尼玛坚赞波		kun dga' nyi ma'i rgyal mtshan dpal bzang po ta'i dben gu shri kun dga' nyi ma kun dga' nyi ma'i rgyal mtshan po	
大元洛卓坚赞		ta'i dben blo gros rgyal mtshan	
大元曲吉坚赞		ta'i dben chos kyi rgyal mtshan	
戴涅理			Dainelli, G.
德格定斯			Desgodins, A.

中　　文	梵　文	藏　　　文	其他语言
德护	Guṇapāla		
德慧	Guṇamati		
德拉·派那			Della Penna, F. O.
德勒噶巴温波南卡		bde legs ga pa dbon po nam mkha'	
德勒绛贝嘉措		bde legs 'jam dbal rgya mtsho	
德西德里			Desideri, I.
德祖衮		lde btsug mgon, lde gtsug mgon	
德作吉祥贤	Guṇākaraśrībhadra		
底洛巴	Tilopā	ti lo pā	
帝履富婆	Trapuṣa		
帝师衮噶坚赞贝桑波 衮噶坚赞贝桑波 衮噶坚赞 曲杰衮噶坚赞贝 桑波 公哥儿监藏班藏卜		ti shri kun dga' rgyal mtshan dpal bzang po kun dga' rgyal mtshan dpal bzang po kun dga' rgyal mtshan chos rje kun dga' rgyal mtshan dpal bzang po	
帝师索南洛卓		ti shri bsod nams blo gros	
第悉·桑结嘉措		sde srid sangs rgyas rgya mtsho	
丁译师 楚臣迥乃		steng lo tsā ba tshul khrims 'byung gnas	
顶普巴		sding phu pa	
都丹萨德杰沃		dus bden sa bde rgyal 'od	
顿（家族）		'don	
顿月坚赞 喇嘛顿月坚赞		don yod rgyal mtshan bla ma don yod rgyal mtshan	
顿珠查布		don grub skyabs	
顿珠桑波		don grub bzang po	
多巴·勒顿		ldog pa kle ston	
多贡喀巴		ldog gong kha pa	
多吉杜迥		rdo rje bdud 'jom	
多吉帕姆		rdo rje phag mo	
多吉旺秋		rdo rje dbang phyug	
多吉则		rdo rje rtsal	
多吉札 热译师		rdo rje grags pa, rdo rje grags rva lo tsā ba	

中　　文	梵　文	藏　　文	其他语言
多罗那它	Tāranātha		
夺波		dol po	
法藏 　曲吉迥乃	Dharmākara	 chos kyi 'byung gnas	
法称	Dharmakīrti		
法护	Dharmapāla		
法慧 　曲洛 　曲吉洛卓	Dharmamati	 chos blos chos kyi blo gros	
法吉祥贤	Dharmaśrībhadra		
法王饶丹衮桑帕巴 　饶丹衮桑帕巴		chos rgyal rab brtan kun bzang 'phags pa rab brtan kun bzang 'phags pa	
法贤			
法智慧		chos blo gros	
梵授王	Brahmadatta	ser skya'i rgyal po tshangs byin	
菲利奥札			Filliozat, J.
菲诺			Finot, L.
费卢波	Virūpā	virvapa, 'bir va pa	
佛吉祥寂	Buddhaśrīśānti		
佛密	Buddhaguhya		
佛密	Buddhagupta	sangs rgyas gsang ba	
佛贤	Buddhabhadra		
佛智	Buddhajñāna		
佛作铠	Buddhākaravarman		
弗兰克			Francke, A. H.
富楼那		gang po	
富歇			Foucher, A.
噶(译师)		ska	
噶朗玛		ka lan rmal	
噶玛拔希		karma pakshi	
噶玛丹迥		karma bstan skyong	
噶瓦・贝则		ska ba dpal brtsegs	

中　　文	梵　文	藏　　　文	其他语言
盖尔西			Ghersi, E.
冈波巴		sgam po pa	
高罗佩			Van Gulik, R. H
格蒂			Getty, A.
格勒贝桑 　克珠·格勒贝波 　克珠·格勒贝桑 　克珠杰 　格勒贝		dge legs dpal bzang mkhas grub dge legs dpal bzang po mkhas grub dge legs dpal bzang khas grub rje dge legs dpal	
格伦威德尔			Grünwedel, A. von
格萨尔		ge sar	
格瓦		dge ba	
格威洛卓 　玛译师		dge ba'i blo gros rma lo tsā ba	
格西坚协		dge shes rgyal she	
格协 　贡巴·格协		dge shes gung pa dge shes	
给孤独长者	Anāthapiṇḍada		
根敦珠巴		dge 'dun grub pa	
更敦朗杰		dge 'dun rnam rgyal	
公哥儿监藏班藏卜 　曲杰衮噶坚赞贝桑 　波 　衮噶坚赞贝桑波 　衮噶坚赞 　帝师衮噶坚赞贝桑 　波		 chos rje kun dga' rgyal mtshan dpal bzang po kun dga' rgyal mtshan dpal bzang po kun dga' rgyal mtshan ti shri kun dga' rgyal mtshan dpal bzang po	
公哥监藏巴藏卜 　喇嘛衮噶坚赞		 bla ma kun dga' rgyal mtshan	
公哥罗古罗思监藏班 藏卜 　公哥罗班藏卜 　衮噶洛卓坚赞贝桑 　波 　喇嘛衮噶洛卓坚赞 　贝桑波		 kun dga' blo dpal bzang po kun dga' blo gros rgyal mtshan dpal bzang po bla ma kun dga' blo gros rgyal mtshan dpal bzang po	

中　　文	梵　文	藏　　文	其他语言
公哥罗亦中纳思监藏班藏卜 　衮噶伊实巴絅拉实 　嘉勒灿巴勒藏布 　公哥列思巴冲纳思 　监藏班藏卜 　喇嘛衮噶雷必迴乃 　（洛卓坚赞贝桑波） 　衮噶雷必迴乃洛卓 　坚赞贝桑波 　衮噶雷迴		kun dga' blo'i 'byung gnas rgyal mtshan dpal bzang po bla ma kun dga' legs pa'i 'byung gnas blo gros rgyal mtshan dpal bzang po kun dga' legs 'byung gnas blo gros rgyal mtshan dpal bzang po kun dga' legs 'byung	
贡巴・格协 　格协		gung pa dge shes dge shes	
贡觉（家族）		gon gyo	
贡却坚赞		dkon mchog rgyal mtshan	
贡却杰波		dkon mchog rgyal po	
贡却伦珠		dkon mchog lhun grub	
贡却桑波		dkon mchog bzang po	
贡却孜 　玛域瓦・贡却孜		dkon mchog brtsegs mar yul ba dkon mchog brtsegs	
贡塘则波		gung thang btsad po	
共松岗赞		gung srong gang btsang	
谷嘉勒		mgu ca legs	
古鲁仁波切 　莲花生	 Padmasambhava	gu ru rin po che pad ma 'byung gnas	
古尚・阿札		sku zhang snga sgra	
古尚・贡波贝		sku zhang mgon po dpal	
古尚・衮噶奔		sku zhang kun dga' 'bum	
古尚・衮噶顿珠		sku zhang kun dga' don grub	
古尚・仁钦坚赞		sku zhang rin chen rgyal mtshan	
古尚・意希衮噶		sku zhang ye shes kun dga'	
古尚・札巴坚赞		sku zhang grags pa rgyal mtshan	
古新・尊追坚赞 　尊追坚赞		gur shing brtson 'grus rgyal mtshan brtson 'grus rgyal mtshan	
广月	Prabhūtacandra		
桂・赤桑		'gos khri bzang	
桂・赤桑波		mgos khri bzang po	

中　　文	梵　文	藏　　文	其他语言
桂·琼贵则		mgos khyung rgod rtsal	
桂氏		mgos	
桂译师 　熏奴贝		'gos lo tsā ba gzhon nu dpal	
衮邦江姆 　喇嘛衮邦江姆		kun spangs lcam mo bla ma kun spangs lcam mo	
衮噶巴		kun dga' 'bar	
衮噶奔		kun dga' 'bum	
衮噶坚赞		kun dga' rgyal mtshan	
衮噶坚赞贝桑波 　衮噶坚赞 　帝师衮噶坚赞贝桑波 　曲杰衮噶坚赞贝桑波 　公哥儿监藏班藏卜		kun dga' rgyal mtshan dpal bzang po kun dga' rgyal mtshan ti shri kun dga' rgyal mtshan dpal bzang po chos rje kun dga' rgyal mtshan dpal bzang po	
衮噶雷必迥乃洛卓坚赞贝桑波 　公哥罗亦中纳思监藏班藏卜 　衮噶伊实巴絅拉实嘉勒灿巴勒藏布 　公哥列思巴冲纳思监藏班藏卜 　喇嘛衮噶雷必迥乃（洛卓坚赞贝桑波） 　衮噶雷迥		kun dga' legs 'byung gnas blo gros rgyal mtshan dpal bzang po kun dga' blo'i 'byung gnas rgyal mtshan dpal bzang po bla ma kun dga' legs pa'i 'byung gnas blo gros rgyal mtshan dpal bzang po kun dga' legs 'byung	
衮噶雷坚 　旺·衮噶雷必（洛卓）坚赞贝桑波		kung dga' legs rgyal dbang kun dga' legs pa'i（blo gros）rgyal mtshan dpal bzang po	
衮噶洛卓		kun dga' blo gros	
衮噶洛卓坚赞		kun dga' blo gros rgyal mtshan	
衮噶洛卓坚赞贝桑波 　喇嘛衮噶洛卓坚赞贝桑波 　公哥罗古罗思监藏班藏卜 　公哥罗班藏卜		kun dga' blo gros rgyal mtshan dpal bzang po bla ma kun dga' blo gros rgyal mtshan dpal bzang po kun dga' blo dpal bzang po	

中　　文	梵　文	藏　　　文	其他语言
衮噶尼玛 　衮噶尼玛坚赞波 　大元国师衮噶尼玛 　坚赞贝桑波		kun dga' nyi ma kun dga' nyi ma'i rgyal mtshan po kun dga' nyi ma'i rgyal mtshan dpal bzang po ta'i dben gu shri	
衮噶宁波 　萨钦・衮噶宁波 　萨钦		kun dga' snying po sa chen kun dga' snying po sa chen	
衮噶仁钦		kun dga' rin chen	
衮噶桑波		kun dga' bzang po	
衮噶索南桑波 　索南桑波 　索诺木藏布 　唆南藏卜 　洛本索南桑波		kun dga' bsod nams bzang po bsod nams bzang po slob dpon bsod nams bzang po	
衮噶索南札巴坚赞贝桑波		kun dga' bsod nams grags pa rgyal mtshan dpal bzang po	
衮噶瓦		kun dga' ba	
衮噶旺秋		kun dga' dbang phyug	
衮噶扎西坚赞 　曲杰衮扎		kun dga' bkra shis rgyal mtshan chos rje kun bkras	
衮申协措 　瑜伽母曲吉准玛		kun sring shes mtsho rnal 'byor ma chos kyi sgron ma	
衮斯・钦则旺波		kun gzigs mkhyen brtse'i dbang po	
郭仓巴		rgod tshang pa	
国师洛卓坚赞		gu shri blo gros rgyal mtshan	
哈科			Harcourt, A. F. P.
哈肯			Hackin, J.
海伦			Heron of Alexandria
河口慧海			Kawaguchi Ekai
褐衣者	Kambala		
黑行	Kṛṣṇācārya	nag po spyod pa	
弘法大师			Kōbōdaishi
忽必烈 　薛禅皇帝		 se chen	Khubilai
胡特			Huth, G.

中　文	梵　文	藏　文	其他语言
吉德		skyid lde, kyid lde	
吉德尼玛衮 赤吉德尼玛衮 扎西吉德尼玛衮 赤吉林		skyid lde nyi ma mgon khri skyid lde nyi ma mgon bkra' shis skyid lde nyi ma mgon khri kyi ling	
吉尔甘			Gergan, J.
吉祥	Svastika		
吉祥持		dpal 'dzin	
吉祥天大德菩提王 拉尊降秋沃 拉喇嘛降秋沃 降秋沃		dpal lha bstun pa bodhi rāja lha btsun byang chub 'od lha bla ma byang chub 'od byan chub 'od	
吉祥贤	Śrībhadra		
寂藏	Śāntigarbha		
寂护	Śāntirakṣita	zhi ba 'tsho	
寂静智慧		zhi ba'i ye shes	
寂天	Śāntideva		
寂贤	Śāntibhadra		
加拉维里奥			Chiaraviglio, D.
嘉・绛贝桑瓦		rgya 'jam dpal gsang ba	
嘉・桑喜		rgya sang shi	
嘉・尊追森格 尊追森格		rgya brtson 'grus seng ge brtson 'grus seng ge	
嘉嘎・协饶坚赞		rgya gar shes rab rgyal mtshan	
嘉氏		rgya	
嘉耶楚		rgya ye tshul	
迦腻迦			Kanika
迦叶	Kāśyapa		
贾曹・达玛仁钦		rgyal tshab dar ma rin chen	
坚赞		rgyal mtshan	
坚赞巴		rgyal mtshan pa	
坚赞贝		rgyal mtshan dpal	
坚赞札		rgyal mtshan grags	
江巴曲洛		rgyang pa chos blos	
绛贝德勒嘉措		'jam dpal bde legs rgya mtsho	

中　　文	梵　文	藏　　文	其他语言
绛林贡波		'jam gling mgon po	
绛央南卡坚赞		'jam dbyangs nam mkha' rgyal mtshan	
绛央钦则		'jam dbyangs mkhyen brtse	
降秋坚赞		byang chub rgyal mtshan	
降秋赛贝		byang chub sems dpa'	
降秋沃 　拉尊降秋沃 　拉喇嘛降秋沃 　吉祥天大德菩提王		byan chub 'od lha btsun byang chub 'od lha bla ma byang chub 'od dpal lha bstun pa bodhi rāja	
降秋协饶 　芒沃・降秋协饶		byang chub shes rab mang 'or byang chub shes rab	
降赛桑姆贝 　雍玛吉桑姆		byang sems bzang mo dpal yum ma gcig bzang mo	
焦(译师)		cog	
焦若・贡桑协饶丹玛		cog ro kun bzang shes rab bstan ma	
焦若・鲁意坚赞 　鲁意坚赞		cog ro klu'i rgyal mtshan klu'i rgyal mtshan	
觉江霍玛		jo lcam hor ma	
觉觉达奔		jo jo stag 'bum	
觉觉意希奔		jo jo ye shes 'bum	
觉觉尊玛		jo jo btsun ma	
觉莫擦擦尊姆		jo mo tsha tsha btsun mo	
觉莫多吉奔		jo mo rdo rje 'bum	
觉莫多吉丹		jo mo rdo rje ldan	
觉莫衮宁		jo mo kun snying	
觉莫切镇贝		jo mo khye 'dren dpal	
觉莫卓		jo mo 'bro	
觉瓦		jo ba	
觉译师		skyo lo tsā ba	
节・曲桑		dpyal chos bzang	
节敦钦波・帕杰瓦		dpyal ston chen po 'phags rgyal ba	
节氏		dpyal	
杰斯开			Jäschke, H. A.
杰瓦桑波		rgyal ba bzang po	
杰瓦协饶		rgyal ba shes rab	

中　　文	梵　文	藏　　　文	其他语言
杰威迥乃	Jinākara	rgyal ba'i byung gnas	
介·阿麦钦波桑杰意希 　阿麦钦波桑杰意希 　阿麦钦波		lce a mes chen po sangs rgyas ye shes a mes chen po sangs rgyas ye shes a mes chen po	
介·拉桑札		lce lha bzang grags	
介氏		lce	
介夏		lce zhar	
介尊·协饶迥乃		lce btsun shes rab 'byung gnas	
戒日王	Śīlāditya		
戒主慧	Śīlendrabodhi	śi len dra bho dhi	
金刚铠	Vajravarman		
金刚协饶桑布	Vajraprajñābhadra	vajra shes rab bzang po	
金刚智	Vajrobodhi		
金铠	Kanakavarman		
晋美南卡		'jigs med nam mkha'	
精进贤	Vīryabhadra		
净饭王	Śuddhodana	zas gtsang	
拘罗达多	Kuladatta		
具瑞胜菩提		dpal ldan byang chub mchog	
俱生游戏	Sahajavilāsa	lhan cig skyes pa'i rol pa	
喀陀朗迪赞		kha thog nam rdig btsan	
卡切班钦 　释迦师利	 Śākyaśrī	kha che paṇ chen	
凯萨森塞姜格巴哈杜尔			Kesar Sham Sher Jang Bahadur
凯斯			Keith Arthur, B.
康巴·噶顿		khams pa rgva ston	
康林罕			Cunningham, A.
康萨本姆		khang gsar dpon mo	
考德			Coedes, G.
科尔迪埃			Cordier, P.
柯热 　阿达柯热		'khor re, kho re mnga' bdag kho re	
科斯马·印第科普莱特斯			Cosma Indicopleustes

中　　文	梵　文	藏　　文	其他语言
克珠·格勒贝桑波 　克珠·格勒贝桑 　克珠杰 　格勒贝桑 　格勒贝		mkhas grub dge legs dpal bzang po mkhas grub dge legs dpal bzang mkhas grub rje dge legs dpal bzang dge legs dpal	
克尊钦波·南卡雷必洛卓坚赞贝桑波 　南卡雷巴		mkhas btsun chen po nam mkha' legs pa'i blo gros rgyal mtshan dpal bzang po nam mkha' legs pa	
拉德 　赤扎西拉德赞 　拉德赞		lha lde khri bkra shis lha lde btsan lha lde btsan	
拉噶		lha dga'	
拉吉嘉那		lha rje rgya nag	
拉吉加歇		lha cig cag she	
拉吉曲降		lha rje chos byang	
拉吉泽玛		lha gcig mdzes ma	
拉喇嘛降秋沃 　拉尊降秋沃 　吉祥天大德菩提王 　降秋沃		lha bla ma byang chub 'od lha btsun byang chub 'od dpal lha bstun pa bodhi rāja byan chub 'od	
拉喇嘛意希沃 　意希沃		lha bla ma ye shes 'od ye shes 'od	
拉鲁玛		ra lul smal	
拉露			Lalou, M.
拉益坚赞		lha'i rgyal mtshan	
拉益旺波		lha'i dbang po	
拉则		lhas btsas	
拉尊		lha btsun	
拉尊降秋沃 　吉祥天大德菩提王 　拉喇嘛降秋沃 　降秋沃		lha btsun byang chub 'od dpal lha bstun pa bodhi rāja lha bla ma byang chub 'od byan chub 'od	
喇嘛八思巴 　众生怙主八思巴·洛卓坚赞贝桑波 　八思巴		bla ma 'phags pa 'gro mgon 'phags pa blo gros rgyal mtshan dpal bzang bo 'phags pa	

中　文	梵　文	藏　文	其他语言
喇嘛顿月坚赞 　顿月坚赞		bla ma don yod rgyal mtshan don yod rgyal mtshan	
喇嘛衮		bla ma mgon	
喇嘛衮邦江姆 　衮邦江姆		bla ma kun spangs lcam mo kun spangs lcam mo	
喇嘛衮噶坚赞 　公哥监藏巴藏卜		bla ma kun dga' rgyal mtshan	
喇嘛衮噶雷必迥乃洛卓坚赞贝桑波 　公哥罗亦中纳思监藏班藏卜 　衮噶伊实巴絅拉实嘉勒灿巴勒藏布 　公哥列思巴冲纳思监藏班藏 　衮噶雷必迥乃洛卓坚赞贝桑波 　衮噶雷迥		bla ma kun dga' legs pa'i 'byung gnas blo gros rgyal mtshan dpal bzang po kun dga' blo'i 'byung gnas rgyal mtshan dpal bzang po kun dga' legs 'byung gnas blo gros rgyal mtshan dpal bzang po kun dga' legs 'byung	
喇嘛衮噶洛卓坚赞贝桑波 　公哥罗古罗思监藏班藏卜 　公哥罗班藏卜 　衮噶洛卓坚赞贝桑波		bla ma kun dga' blo gros rgyal mtshan dpal bzang po kun dga' blo dpal bzang po kun dga' blo gros rgyal mtshan dpal bzang po	
喇嘛衮仁 　大元衮噶仁迥		bla ma kun rin ta'i dben kun dga' rin 'byung	
喇嘛索南坚赞贝桑波 　索南坚赞贝桑波		bla ma bsod nams rgyal mtshan dpal bzang po bsod nams rgyal mtshan dpal bzang po	
喇嘛意希贝		bla ma ye shes dpal	
莱尊衮		leg gtsug mgon	
朗达玛 　达玛		glang dar ma dar ma	
劳弗尔			Laufer, B.
勒巴		legs pa	
勒巴贝		legs pa dpal	
雷巴桑波		legs pa bzang po	

中　　文	梵　文	藏　　　文	其他语言
雷必协饶 　小译师雷必协饶		legs pa'i shes rab lo chung legs pa'i shes rab	
离车子	Licchavi		
利他贤	Parahitabhadra		
莲花护	Kamalarakṣita Kamalagupta Kamalaguhya		
莲花戒	Kamalaśīla		
莲花生 　古鲁仁波切	Padmasambhava	pad ma 'byung gnas gu ru rin po che	
莲金刚	Padmavajra		
莲作铠	Padmākaravarman		
列维			Lévi, S.
林仓(家族)		gling tshangs	
铃者	Ghaṇṭāpāda	ghaṇṭa pā dril bu pa	
隆多喇嘛		klong rdol bla ma	
龙树	Nāgārjuna		
鲁噶		klu dga'	
鲁益巴		lū i pa	
鲁益坚赞 　焦若・鲁益坚赞		klu'i rgyal mtshan cog ro klu'i rgyal mtshan	
伦珠		lhun grub	
罗睺罗		sgrag can 'dzin	
罗摩	Rāma		
洛本(仁波切)・ 索南孜莫		slob dpon (rin po che) bsod nams rtse mo	
洛本・札巴坚赞		slob dpon grags pa rgyal mtshan	
洛本玛・多德		slob dpon ma mdo sde	
洛本玛・衮噶奔		slob dpon ma kun dga' 'bum	
洛本玛・尼玛奔		slob dpon ma nyi ma 'bum	
洛本玛・仁钦迥乃		slob dpon ma rin chen 'byung gnas	
洛本玛・索南奔		slob dpon ma bsod nams 'bum	
洛本南卡坚赞贝桑波 　南卡坚赞		slob dpon nam mkha' rgyal mtshan dpal bzang po nam mkha' rgyal mtshan	

中　　文	梵　文	藏　　　文	其他语言
洛本钦波欧珠坚赞		blob dpon chen po dngos grub rgyal mtshan	
洛本仁钦坚赞(贝桑波)		slob dpon rin chen rgyal mtshan (dpal bzang po)	
洛本索南桑波 　唆南藏卜 　索诺木藏布 　衮噶索南桑波 　索南桑波		slob dpon bsod nams bzang po kun dga' bsod nams bzang po bsod nams bzang po	
洛本意希迥乃		slob dpon ye shes 'byung gnas	
洛丹协饶 　翱·洛丹协饶 　翱译师		blo ldan shes rab rngog blo ldan shes rab rngog lo tsā ba	
洛敦·多吉旺秋		lo ston rdo rje dbang phyug	
洛林			Rawling, C. G.
洛略格玛		blos slos dge ma	
洛那格玛瓦		slo na dge ma ba	
洛桑贝丹意希		blo bzang dpal ldan ye shes	
洛桑楚臣强巴嘉措		blo bzang tshul khrims byams pa rgya mtsho	
洛桑格桑嘉措		blo bzang bskal bzang rgya mtsho	
洛桑曲吉坚赞		blo bzang chos kyi rgyal mtshan	
洛桑曲吉坚赞贝桑波		blo bzang chos kyi rgyal mtshan dpal bzang po	
洛卓饶色		blo gros rab gsal	
洛卓桑波		blo gros bzang po	
洛卓旺秋		blo gros dbang phyug	
玛底	Mati		
玛尔巴·多吉意希		mar pa rdo rje ye shes, mar pa rdor yes	
玛尔巴·曲吉洛卓 　玛尔巴		mar pa chos kyi blo gros mar pa	
玛尔顿·曲吉坚赞		dmar ston chos kyi rgyal mtshan	
玛尔通·德巴协饶		mar thung dad pa shes rab	
玛吉贝姆		ma gcig dpal mo	
玛吉衮噶南卡金		ma gcig kun dga' nam mkha' rgyan	

中　文	梵　文	藏　文	其他语言
玛吉降巴姆		ma gcig byang pa mo	
玛吉康卓奔		ma gcig mkha' 'gro 'bum	
玛吉南卡坚赞		ma gcig nam mkha' rgyal mtshan	
玛吉南卡杰姆		ma gcig nam mkha' rgyal mo	
玛吉尼玛仁钦		ma gcig nyi ma rin chen	
玛吉尚尊玛		ma gcig zhang btsum ma	
玛吉熏奴奔		ma gcig gzhon nu 'bum	
玛吉熏奴玛		ma gcig gzhon nu ma	
玛吉永达姆		ma gcig yon bdag mo	
玛乃赞		ma ne btsan	
玛桑达波		ma zangs dar po	
玛译师 　格威洛卓		rma lo tsā ba dge ba'i blo gros	
玛域瓦·贡却孜 　贡却孜		mar yul ba dkon mchog brtsegs dkon mchog brtsegs	
马克斯			Marx, K.
马拉伊尼			Maraini, F.
马歇尔			Marshall, J. H.
马阳巴		ma yang pa	
芒松芒赞		mang srong mang btsang	
芒沃·降秋协饶 　降秋协饶		mang 'or byang chub shes rab byang chub shes rab	
梅森			Mason, K.
栂尾祥云			Toganoo Shōun
美阿匆 　赤德祖丹		mes 'ag tshom khri lde btsug brtan	
蒙哥		mon gor	
弥勒护	Maitrīpā		
米拉日巴		mi la ras pa	
秘密莲花	Kamalaguhya		
妙眼吉祥友	Sunayanaśrīmitra		
敏珠诺门汗		smin grol no mon han	
摩诃男		ming chen	
摩陀婆阿阇梨	Mādhvācārya		
目犍连	Maudgalyāyana	mo'u dgal gyi bu	

中　文	梵　文	藏　文	其他语言
木斯			Mus, P.
那措译师		nag tsho lo tsā ba	
那伽德		na ga lde	
那伽罗阇	nāgarāja		
那伽提婆	nāgadeva		
那若巴	Nāropā		
南卡·晋美多吉		nam mkha' 'jigs med rdo rje	
南卡贝		nam mkha' dpal	
南卡丹		nam mkha' brtan	
南卡坚赞 洛本南卡坚赞贝桑波		nam mkha' rgyal mtshan slob dpon nam mkha' rgyal mtshan dpal bzang po	
南卡雷		nam mkha' legs	
南卡雷巴 克尊钦波·南卡雷必洛卓坚赞贝桑波		nam mkha' legs pa mkhas btsun chen po nam mkha' legs pa'i blo gros rgyal mtshan dpal bzang po	
南卡桑波		nam mkha' bzang po	
南卡沃色		nam mkha' 'od zer	
南卡协涅		nam mkha' bshes gnyen	
难陀	Nanda	dga' bo	
难陀波罗	Nandabalā		
囊钦帕巴贝 帕巴贝桑波		nang chen 'phags pa dpal 'phags pa dpal bzang po	
囊钦帕巴仁钦		nang chen 'phags pa rin chen	
囊钦饶觉		nang chen rab 'byor	
囊萨姑娘		a ce snang gsal	
囊索钦莫		nang so chen mo	
尼玛贝		nyi ma dpal	
尼玛坚赞		nyi ma rgyal mtshan	
尼玛坚赞贝桑波		nyi ma rgyal mtshan dpal bzang po	
尼玛旺秋赤德		nyi ma'i dbang phyug khri lde	
念·达玛札		gnyan dar ma grags	
念顿·楚巴		gnyan ston tshul 'bar	
念智称	Smṛtijñānakīrti		
涅巴·尼玛协饶		gnyal pa nyi ma shes rab	

中　　文	梵　文	藏　　文	其他语言
聂译师 　永丹札		gnyos lo tsā ba yon tan grags	
牛护	Gorakṣa		
努尔巴		gnur pa	
诺布林巴 　悲班智达	Ratnadvīpa Karuṇāpaṇḍita	nor bu gling pa	
诺桑	Sudhana	nor bzang	
帕巴贝桑波 　囊钦帕巴贝		'phags pa dpal bzang po nang chen 'phags pa dpal	
帕巴协饶 　桑噶译师		'phags pa shes rab zangs dkar lo tsā ba	
帕贝 　达波钦波囊钦·衮 　噶帕巴 　达波钦衮噶帕巴 　大司徒衮噶帕巴		'phags dpal bdag po chen po nang chen kun dga' 'phags pa bdag po chen kun dga' 'phags pa tai si tu kun dga' 'phags pa	
帕当巴		pha dam pa	
帕德		bha lde	
毗达卡		'bi ta ka bhitaka	
毗那塞	Bhinase	bhi na se	
皮契尼尼			Piccinini, P.
频婆娑罗王	Bimbisāra		
婆罗			Bhāro
婆履	Bhallika		
婆毗耶王	Bhavyarāja		
婆苏达	Vasanta	dpyid	
蒲散			de la Vallée Poussin, L.
普纪吕斯基			Przyluski, J.
奇诺·意希旺秋 　奇诺·扎雅 　意希旺秋 　扎雅	 Jñāna	kyi nor ye shes dbang phyug skyi nor jñāna ye shes dbang phyug	
祇陀	Jeta		
恰那多吉 　恰那 　众生怙主恰那		phyag na rdo rje phyag na 'gro mgon phyag na	

中　文	梵　文	藏　文	其他语言
乔梵波提		ba lang bdag	
乔玛			Csoma de Körös, A.
庆喜藏	Ānandagarbha	kun dga' snying po	
琼・仁钦札		khyung rin chen grags	
琼波曲尊		khyung po chos brston	
琼康巴钦波		khyung khams pa chen po	
琼氏		khyung	
秋波冈噶波		phyug po sgang dkar po, phyug po ban dkar po	
瞿昙弥	Gotamī		
曲古沃色		chos sku 'od zer	
曲吉迥乃 　法藏	 Dharmākara	chos kyi 'byung gnas	
曲吉洛卓 　曲洛 　法慧	 Dharmamati	chos kyi blo gros chos blos	
曲吉仁钦		chos kyi rin chen	
曲吉札巴丹贝旺秋		chos kyi grags pa bstan pa'i dbang phyug	
曲杰顿珠仁钦		chos rje don grub rin chen	
曲杰衮噶坚赞贝桑波 　衮噶坚赞贝桑波 　衮噶坚赞 　公哥儿监藏班藏卜 　帝师衮噶坚赞贝桑波		chos rje kun dga' rgyal mtshan dpal bzang po kun dga' rgyal mtshan dpal bzang po kun dga' rgyal mtshan ti shri kun dga' rgyal mtshan dpal bzang po	
曲杰衮扎 　衮噶扎西坚赞		chos rje kun bkras kun dga' bkra shis rgyal mtshan	
曲杰喇嘛索南坚赞贝桑波		chos rje bla ma bsod nams rgyal mtshan dpal bzang po	
曲杰南卡赞金		chos rje nam mkha'i mtshan can	
曲杰萨迦班钦・衮噶坚赞 　萨迦班智达 　萨班		chos rje sa skya paṇ chen kun dga' rgyal mtshan sa skya paṇḍita sa skya paṇ chen sa paṇ	
曲迥扎西		chos skyong bkra shis	

中　　文	梵　文	藏　　文	其他语言
曲洛 　法慧 　曲吉洛卓	Dharmamati	chos blos chos kyi blo gros	
燃灯	Dīpaṅkara		
燃灯护	Dīpaṅkararakṣita		
燃灯吉祥智 　阿底峡	Dīpaṅkaraśrījñāna Atīśa	dpal mar me mdzad ye shes	
燃灯贤	Dīpaṅkarabhadra		
饶丹衮桑帕巴 　法王饶丹衮桑帕巴		rab brtan kun bzang 'phags pa chos rgyal rab brtan kun bzang 'phags pa	
热·奔森格		rva 'bum seng ge	
热·觉瓦		ri'i jo ba	
热·曲饶		rva chos rab	
热·意希森格		rva ye shes seng ge	
热巴巾 　阿达赤热巴巾 　赤热巴巾		ral pa can mnga' bdag khri ral pa can khri ral pa can	
热达玛		re mda' ma	
热玛		re'u rmal	
热琼巴		ras chung pa	
热译师 　多吉札		rva lo tsā ba rdo rje grags, rdo rje grags pa	
仁钦班觉		rin chen dpal 'byor	
仁钦贝朱		rin chen dpal grub	
仁钦查布		rin chen skyabs	
仁钦坚赞		rin chen rgyal mtshan	
仁钦朗杰贝桑波		rin chen rnam rgyal dpal bzang po	
仁钦洛卓贝桑波		rin chen blo gros dpal bzang po	
仁钦宁波		rin chen snying po	
仁钦乔		rin chen mchog	
仁钦桑波 仁钦旺秋	Ratnabhadra	rin chen bzang po rin chen dbang phyug	
仁钦熏奴		rin chen gzhon nu	
仁钦札		rin chen 'grags	
日护	Sūryagupta	nyi ma sbas	

中　　文	梵　文	藏　　文	其他语言
绒巴·协饶森格		rong pa shes rab seng ge	
如来护	Tathāgatarakṣita		
如意牛	Kāmadhenu		
萨迦班智达 萨班 曲杰萨迦班钦·衮噶坚赞		sa skya paṇḍita sa skya paṇ chen sa paṇ chos rje sa skya paṇ chen kun dga' rgyal mtshan	
萨加那	Sajjana		
萨囊彻辰			Ssanang Ssetsen
萨钦·衮噶宁波 衮噶宁波 萨钦		sa chen kun dga' snying po kun dga' snying po sa chen	
萨尚瓦		zar zhang ba	
萨特沃斯			Shuttleworth, H. L.
三眼	Trinetra		
桑波贝		bzang po dpal	
桑察索南坚赞		zangs tsha bsod nams rgyal mtshan	
桑丹桑波		bsam gtan bzang po	
桑噶·熏奴楚臣		zangs dkar gzhon nu tshul khrims	
桑噶玛		saṅgha smal	
桑噶译师 帕巴协饶		zangs dkar lo tsā ba 'phags pa shes rab	
桑杰彭措		sangs rgyas phun tshogs	
桑杰仁钦 桑仁		sangs rgyas rin chen sangs rin	
桑杰桑波		sangs rgyas bzang po	
桑杰意希		sangs rgyas ye shes	
色乌顿		ze'u ston	
色耶熏		srid ye gzhon	
森格贝		seng ge dpal	
森格坚赞		seng ge rgyal mtshan	
森格朗杰		seng ge rnam rgyal	
沙畹			Chavannes, É.
善财	Sudhana		
善护	Sādhupāla		

中　　文	梵　文	藏　　文	其他语言
善乐金刚	Suratavajra		
善生女	Sujātā		
善说	Subhāṣita		
商底巴	Śāntipa		
商主子诺桑	śreṣṭhi putra Sudhana	tshong dpon gyi bu nor bzang	
尚吉察沃金		zhang kyi tsha 'od can	
尚乌噶波		zhang dbu dkar po	
尚译师		zhang lo tsā ba	
尚尊		zhang btsun	
阇那檀那	Janārdana		
阇延多主	Jayanta Bhaṭṭa		
舍尔巴茨基			Stcherbatsky, T.
舍利弗	Śāriputra	sha ri'i bu	
舍利弗主	Śāriputrasvāmin		
舍利弗足	Śāriputrapāda		
胜敌	Jitāri		
胜护	Jayarakṣita		
胜吉祥持	Vijayaśrīdhara		
胜菩提		byang chub mchog	
胜天	Jinadeva	rgyal ba'i lha	
胜友	Jinamitra	dzi na mi tra	
施戒	Dānaśīla		
施拉根韦特			Schlagintweit, E.
师子贤	Haribhadra		
师觉月			Bagchi, P. C.
释迦多吉 伯·释迦多吉		shā kya rdo rje bal shā kya rdo rje	
释迦光	Śākyaprabha	shā kya 'od	
释迦慧	Śākyabuddhi	shā kya blo	
释迦洛卓	Śākyamati	shā kya blo gros	
释迦桑波		shā kya bzang po	
释迦师利 卡切班钦	Śākyaśrī	 kha che paṇ chen	

中　文	梵　文	藏　文	其他语言
释迦协涅		shā kya bshes gnyen	
释迦意希		shā kya ye shes	
释迦友	Śākyamitra		
斯坦因			Stein, A.
斯文·赫定			Hedin, S. A.
松巴堪布		sum pa mkhan po	
松顿耶巴		sum ston ye 'bar	
松额		srong nge	
松赞干布		srong btsan sgam po	
苏摩那它	Somanātha		
索南班觉		bsod nams dpal 'byor	
索南贝		bsod nams dpal	
索南德		bsod nams sde	
索南坚赞		bsod nams rgyal mtshan	
索南坚赞贝桑波 喇嘛索南坚赞贝桑波		bsod nams rgyal mtshan dpal bzang po bla ma bsod nams rgyal mtshan dpal bzang po	
索南杰瓦		bsod nams rgyal ba	
索南桑波 衮噶索南桑波 索诺木藏布 唆南藏卜 洛本索南桑波		bsod nams bzang po kun dga' bsod nams bzang po slob dpon bsod nams bzang po	
索南札巴		bsod nams grags pa	
塔波旺杰		dvags po dbang rgyal	
塔尔巴		thar pa ba	
塔尔巴译师		thar pa lo tsā ba	
檀丁	Daṇḍin		
唐敦杰瓦		thang ston rgyal ba	
提婆	Āryadeva		
提婆达多	Devadatta		
提婆罗阇	devarāja		
天主	Indrasvāmin		
天主慧	Devendrabuddhi	lha dbang blo	

中　　文	梵　文	藏　　文	其他语言
天作	Devākara		
田岛隆纯			Tajima Ryujun
童子吉祥	Kumāraśrī		
图齐			Tucci, G.
图森			Toussaint, G. C.
托马斯			Thomas, F. W.
陀朗赞		thor lang btsan	
妥懽帖睦尔			Toġon Temür
妥妥日隆赞		tho tho ri long bstan	
瓦德尔			Waddell, L. A.
瓦西里耶夫			Vasil'eva, V. P.
完钦查布		ban chen skyabs pa	
完泽笃			Öljäitü
旺·衮噶雷必(洛卓)坚赞贝桑波 衮噶雷坚		dbang kun dga' legs pa'i (blo gros) rgyal mtshan dpal bzang po kung dga' legs rgyal	
旺·热特那		dbang ratna	
旺·札巴坚赞		dbang grags pa rgyal mtshan	
旺秋贝		dbang phyug dpal	
旺雍嘉姆		dbang yum rgya mo	
旺尊		dbang brtson	
韦勒			Weller, F.
文殊称		'jam dpal grags pa	
文殊师利	Mañjuśrī		
文殊友		'jam dpal bshes gnyen	
翁则贝乔		dbu mdzad dpal mchog	
倭色尔·索热森			Zorawar Singh
沃德		'od lde	
沃尔什			Walsh, E. H. C.
沃格尔			Vogel
沃吉坚赞		'od kyi rgyal mtshan	
沃色森格		'od zer seng ge	
沃松		'od srungs	
邬金巴		u rgyan pa	

中　　文	梵　文	藏　　　文	其他语言
乌特迦	Rudraka		
无能胜月		mi thub zla ba	
无畏作护	Abhayākaragupta		
无诤念	Araṇemi		
无支分金刚	Anaṅgavajra		
无著	Asaṅga		
无住金刚	Asthiravajra		
五群贤善	Pañcabhadrava- rgīya		
希瓦沃 　贝拉尊希瓦沃		zhi ba 'od dpal lha btsun zhi ba 'od	
嬉金刚	Lalitavajra	sgeg pa'i rdo rje	
喜达玛		dzi dar smal 'ji dar rmal	
喜塔玛		'dzi thar smal	
夏尔巴		shar pa	
夏喀（家族）		shar kha	
夏鲁玛吉熏奴奔		zha lu ma gcig gzhon nu 'bum	
夏鲁瓦・索南坚赞		zha lu ba bsod nams rgyal mtshan	
夏斯特里			Shastri，H.
小译师雷必协饶 　雷必协饶		lo chung legs pa'i shes rab legs pa'i shes rab	
协当多吉		zhe sdang rdo rje	
协饶贝		shes rab dpal	
协饶贝桑波巴 　协饶贝桑波		shes rab dpal bzang po pa shes rab dpal bzang po	
协饶嘉措		shes rab rgya mtsho	
协饶雷巴		shes rab legs pa	
协饶旺秋		shes rab dbang phyug	
邪命外道优波祇难	Ājīvaka Upagaṇa		
辛饶		gshen rab	
信作铠	Śraddhākara- varman		
匈・多吉坚赞		shong rdo rje rgyal mtshan	
须菩提		rab 'byor	

中　　文	梵　文	藏　　文	其他语言
须菩提吉祥寂	Subhūtiśrīśānti		
须菩提吉祥贤	Subhūtiśrībhadra		
旭烈兀			Hulagu
薛波(译师)		shol po	
薛禅皇帝 　忽必烈		se chen	 Khubilai
雪(译师)沃迥		skyo 'od 'byung	
熏奴贝 　桂译师		gzhon nu dpal 'gos lo tsā ba	
熏奴贝		gzhon nu dpal gser lding pa gzhon nu	
熏奴奔巴		gzhon nu bum pa	
熏奴嘉措		gzhon nu rgya mtsho	
熏奴沃		gzhon nu 'od	
熏奴协饶 　查巴・熏奴协饶		gzhon nu shes rab gra pa gzhon nu shes rab	
熏旺		gzhon dbang	
询集达拉王	Śuncidala		
迅卡巴		shon 'khar pa	
亚东格西		gro mo dge bshes	
阎膏珍			Vema Kadphises
杨			Young, G. M.
羊雄鲁琼		yam shud klu chung	
耶舍	Yaśas		
业金刚	Karmavajra		
一切智友	Sarvajñamitra		
意希旺秋 　奇诺・扎雅 　奇诺・意希旺秋 　扎雅	 Jñāna	ye shes dbang phyug skyi nor jñāna kyi nor ye shes dbang phyug	
意希沃 　拉喇嘛意希沃		ye shes 'od lha bla ma ye shes 'od	
因陀罗菩提	Indrabhūti		
雍玛吉桑姆 　降赛桑姆贝		yum ma gcig bzang mo byang sems bzang mo dpal	
永丹尸罗	Guṇaśīla	yon tan śī la	

中　　文	梵　文	藏　　文	其他语言
永丹旺秋		yon tan dbang phyug	
永丹札 　聂译师		yon tan grags gnyos lo tsā ba	
永尊		yon btsun	
优波离		nye bar 'khor	
优波难陀	Upananda		
优多罗	Uttarā		
优楼频螺迦叶	Urubilvā Kāśyapa		
优陀夷		'char kha	
有贤	Bhavabhadra		
鱼主怙	Matsyendranātha		
瑜伽母曲吉准玛 　衮申协措		rnal 'byor ma chos kyi sgron ma kun sring shes mtsho	
宇顿钦波曲旺		yol ston chen po chos dbang	
宇妥・永丹贡波		g.yu thog yon tan mgon po	
宇妥培		yol thog 'bebs	
宇长松		yol drang srong	
郁头蓝弗	Udraka		
玉札董兴		g.yu sgra stong shan	
玉札穷		g.yu sgra chung	
玉札兴巴		g.yu sgra shan pa	
月称	Candrakīrti		
月光	Candraprabha		
云丹		yum brtan yum btsan	
咱迦巴		rtsva skya pa	
咱瓦日巴		dza ba ri pa	
赞巴		tshan pa tsan pa	
赞德		btsan lde	
赞杰		btsan skyes	
赞喀沃切		btsan kha bo che	
赞勒		btsan ne, tsan ne	
赞秋德		btsan phyug lde	
扎让瓦		tsa rang ba	
扎西德		bkra shis lde	

中　　文	梵　文	藏　　文	其他语言
扎西德衮		bkra shis lde mgon	
扎西衮		bkra shis mgon	
扎西吉德尼玛衮 赤吉德尼玛衮 吉德尼玛衮 赤吉林		bkra' shis skyid lde nyi ma mgon khri skyid lde nyi ma mgon skyid lde nyi ma mgon khri kyi ling	
扎西桑波		bkra shis bzang po	
扎西孜巴贝 赤扎西孜巴贝 赤扎西孜贝 扎西孜		bkra shis rtsegs pa dpal, bkra shis brtsegs pa dpal khri bkra shis rtsegs pa dpal khri bkra shis brtsegs dpal bkra shis rtsegs	
扎西孜摩		bkra shis rtse mo	
扎雅 奇诺・扎雅 奇诺・意希旺秋 意希旺秋	Jñāna	 skyi nor jñāna kyi nor ye shes dbang phyug ye shes dbang phyug	
札巴德		grags pa lde	
札巴坚赞		grags pa rgyal mtshan	
札巴洛卓		grags pa blo gros	
札巴仁钦		grags pa rin chen	
札奔德		grags 'bum lde	
札德		grags lde	
札登巴		brag stengs pa	
札旺波		grags dbang po	
札赞德		grags btsan lde	
札支勒		'brag rdzi legs	
哲钦波・协饶巴		'bre chen po shes rab 'bar	
哲氏		'bre 'dre	
珍赞德		spran btsan lde	
镇顿塔哲		dran ston mtha' bral	
执财施		nor sbyin 'dzin	
止贡赞普		gri gum btsan po	
止仁董赞		sgri rings ldongs btsan	
智吉祥	Jñānaśrī		
智吉祥贤	Jñānaśrībhadra		

中文	梵文	藏文	其他语言
智吉祥友	Jñānaśrīmitra		
智足	Jñānapāda	ye shes zhabs	
智作	Jñānākara		
智作护	Jñānākaragupta		
智作铠	Prajñākaravarman		
种敦巴		'brom ston pa	
众生怙主八思巴·洛卓坚赞贝桑波 八思巴 喇嘛八思巴		'gro mgon 'phags pa blo gros rgyal mtshan dpal bzang bo 'phags pa bla ma 'phags pa	
众生怙主恰那 恰那多吉 恰那		'gro mgon phyag na phyag na rdo rje phyag na	
卓杰旺秋		khro rgyal dbang phyug	
孜德 赤扎西阿达孜德赞		rtse lde khri bkra shis mnga' bdag rtse lde btsan	
孜赞杰尊·札巴坚赞		rtse btsan rje btsun grags pa rgyal mtshan	
宗喀巴		tsong kha pa	
尊巴		brtson pa	
尊巴降沃		btsun pa byang 'od	
尊追坚赞 古新·尊追坚赞		brtson 'grus rgyal mtshan gur shing brtson 'grus rgyal mtshan	
尊追森格 嘉·尊追森格		brtson 'grus seng ge rgya brtson 'grus seng ge	

地　　名

中　文	梵　文	藏　文	其他语言
阿济		'a lci	Alchi
阿里		mnga' ris	
阿里三围		mnga' ris bskor gsum	
阿莫杜琼		ar mo 'dul chung	
阿耨达池	Anavatapta		
阿塔尔			Arthal，Atholi
阿旃陀	Ajantā		
艾劳拉			Ellora
艾旺			Iwang
巴曹白朗		pa tshab pa snam	
巴尔蒂斯坦			Baltistan
巴高			Basgo
巴迦河	Bhāga		
巴罗拉恰	Bārālācha		
巴伍拉康		ba 'ug lha khang	
巴伍寺		ba 'ug	Bhadu Gompa
巴夏尔			Bashahr
白岗		spos khang	
白居寺		dpal 'khor chos sde	
白朗		pa snam	
白朗雪布		pa snam zhol po	
班尼哈尔			Banihal
班准		'ban gron	
班左拉		pan tso ra	
邦噶		spang dkar	
邦吉			Pangi
邦隆吉山		spang lung gi ri	

中　　文	梵　文	藏　　　文	其他语言
宝洲	Ratnadvīpa		
宝自性天成山		rin po che'i rang bzhin gyi lhun po	
暴虐	Caṇḍogra		
北东山		sbal gdong	
贝廓德庆林		dpal 'khor bde chen gling	
贝廓曲德林		dpal 'khor chos sde gling	
贝邬玛		spe'u dmar	
滨河			Pin
波林			Puling
波罗奈斯	Benares		
钵逻耶伽	Prayāga		
勃律		bru zha	
补哩罗摩罗耶	Pullīra Malaya		
布拉马普特拉河	Brahmaputra		
布琼			Purgyul
布让		pu rang, spu hrangs, pu hrangs, spu rangs, pu rangs	
怖畏骷髅	Karaṅkabhīṣaṇa		
才曲玛		tshe chu ma	
蔡巴		tshal pa	
藏		gtsang	
测给		tshad ge	
查巴		gra ba	
查塘寺		gra thang	
查乌龙寺		gra'u lung, gra bo lung	
昌常		drang drang	
超岩寺	Vikramaśīlā		
赤塘		khri thang	
冲巴涌曲			Trumbayung Chu
冲萨		khrungs sa	Trungsa
楚布寺		mtshur phu	
春丕		chu 'bi	Chumbi
达巴宗		zla ba rdzong	
达蔡		stag tshal	

中　文	梵　文	藏　　文	其他语言
达蔡宇嘉		stag tshal yol lcags	
达卡			Dacca
达垅		stag lung	
达那		stag na	
达奇			Tangi
达热寺		rte re，rta ra	
达孜		stag rtse	Takse
打隆宗		stag lung rdzong	Talung Dzong
大吉岭			Darjeeling
大因陀罗山	Mahendra	dbang chen	
大孜囊吉山		btsas rnams kyi ri che	
代村			Da
岛通卡尔		to dung gar	
德巴尔			Durbar
德格		sde dge	
德普寺		bde bu	
德庆		bde chen	
底噶迦西	Tikacaṣi	ti ka ca ṣi	
底克塞			Tikse
底雅		bsti yag，ti yag	Tiak
帝沙鸠那	Tiśakuna， Tiśakune		
顶普寺		sding phu	
定日朗可寺		ding ri glang 'khor dgon	
东嘎			Dunkar
东嘎寺		dung dkar	
兜率天	Tuṣita		
杜琼		'dus yung，'du chung，'dul chung	Drojung Dzong Drojung
堆龙		stod lung	
堆纳		dud sna	Tuna
顿卡			Dankhar
顿日		don ri	
多吉丹寺		rdo rje gdan	

中　文	梵　文	藏　文	其他语言
多嘉		rdo lcags	
多庆		mdo chen，do chen	Dochen
多穷寺		do chung	
多香			Toshang
朵堆		mdo stod	
朵甘思		mdo khams	
朵思麻		mdo smad	
额浦河			Op
頞部陀	Arbuṭa		
飞行寺			Odantapuri
吠舍离	Vaiśālī		
缚刍河	Vakṣu，Pakṣu		
嘎布帕		dkar dpag	Kapra
嘎东寺		dga' sdong	
嘎拉湖		skar la	Kala
嘎恰噶		gab phya dkar	
噶大克		sgar thog	Gartok
噶丹拉康		dga' ldan lha khang	
噶尔索克			Karzok
噶举寺			Kaju Gompa
噶拉恰提		ka la cag ti	
噶逻禄		gar log	
噶莫垅		ga mo lung	
噶南		bka' nam	Kanam
噶浦寺		ga phud	
噶琼拉康		dkar byung lha khang	
噶瓦尔			Garhwal
噶扎			Kangra
盖日噶		ke ri ka	
甘丹寺		dga' ldan	
甘珠尔寺		bka' 'gyur	
冈底斯山	Kailāsa		
岗巴宗		gam pa rdzong	
岗地		gangs	

中　　文	梵　文	藏　　　文	其他语言
岗嘎		gangs dkar	
岗桑波山		gangs bzang po, gang bzang po	
岗瓦桑波山		gang ba bzang po	
高野山			Koyasan
恭卡尔		go khar, mgo mkhar	
贡塘		gung thang	
古尔顶		'gur lding	
古尔莫		gur mo	
古格		gu ge	
古鲁拉康寺		gu ru lha khang	
古钦如		kul 'ching ru	
古如		'gu ru	
古如隆		'gu ru lung	
古新		gur shing	
鬼城	Pretapuri		
桂波垅		rgod po lung	
桂帕里		mgos phag ri	
桂域		mgos yul, 'gos yul	
桂域堆松		mgos yul stod gsum	
果西		sgo bzhi	
哈沃山		ha 'o	
哈扎拉			Hazara
亥密斯寺			Hemis
豪布伦噶		ho bu lang bka', ho bu lang ka	
恒河	Gaṅgā		
吉(牧区)		dkyil	
吉德古罗			Chitkul
吉尔吉特			Gilgit
吉果		skyid sgo	
吉奎		skyid khud	Kekochutsen
吉隆		skyid rong, skyi rong	
吉祥林	Lakṣmīvana		
吉祥如意天成寺		dpal yid bzhin lhun gyis grub pa	
吉祥山	Śrīparvata		

中　　文	梵　文	藏　　文	其他语言
吉祥无譬天成(殿)		dpal dpe med lhun gyis grub pa	
加德满都			Kathmandu
加尔各答			Calcutta
迦兰陀竹林	Veṇuvana Kala-ndakanivāpa		
迦摩缕波	Kāmarūpa		
迦毗罗卫	Kapilavastu		
迦湿弥罗			Kashmir
嘉巴		lcags pa	
嘉地			Gya
嘉卡		rgya mkhar	
嘉卡垅		rgya mkhar lung	
嘉垅寺		'ja' lung	
嘉乃寺		rgya gnas	Gyani
嘉且		brgya phyed	
嘉日东			Gyaridung
嘉塘		lcags thang	
嘉札		rgya grags	
家天	Gṛhadevatā		
甲玛		rgya ma	
坚贡寺		rgyan gong	
坚垅寺		spyan lung	
剑桥			Cambridge
江(牧区)		rgyang	
江都拉康		rkyang 'dur lha khang	
江都寺		rkyang 'dur	
江噶贡玛		rgyang dkar gong ma	
江卡		rgyang mkhar	
江浦寺		rkyang dgon pa, rkyang phu, rgyang phu	Kyangphu
江热		lcang ra	
江若		rgyang ro	
江若河		rgyang ro chu	
江孜		rgyal rtse, rgyal mkhar rtse	Gyantse
江孜山		rgya mkhar rtse'i ri	

中　　文	梵　文	藏　　　文	其他语言
绛		byang	
降日色札		byang ri se brag	
降卓		byang 'brog	
憍罗山	Kolagiri		
憍萨罗	Kośala		
焦若		cog ro, bcog ro	Choroshika
脚旺		skyu wang, kyu wang, khyung weng	
觉囊		jo nang	
杰朗			Kyelang
羯陵伽	Kaliṅga		
金顶		skyin lding	
金刚座	Vajrāsana	rdo rje gdan	
金刚座殿		rdo rje gdan	
金卡垅		skyin mkhar lung	
金线		gser gzhung ri mo	
金洲	Suvarṇadvīpa		
锦格			Jangi
啾啾	Kilikilārava		
居芒		sgyu mang, rgyu lan	
拘尸那揭罗	Kuśinagara		
俱鲁侘	Kulūṭa		
具瑞卡喀		dpal ldan 'khar dga'	
咔堆		'khor stod	
咔若		mkha' ro	
卡巴鲁			Khapalu
卡喀		'khar dga'	
卡拉孜			Khalatse
卡莫色寺		kha mo ze	
卡如			Kharu
卡萨		khab gsar	
卡则			Kaze, Kaje, Kaja
卡孜		khva rtse, kha tse	
康		khams	
康马		khang dmar	

中　　文	梵　文	藏　　　文	其他语言
康热		gang ro，gangs ro	
康萨		kang sar	
考哈拉			Kohāla
科加		kha char，'kha 'char，'kha' char，'khor chags，'khor chags dgon	Khojarnath
克拉尔			Kilar
克什瓦尔			Kishtwar
库昂			Kuang
库勒		khu le	
库鲁			Kulu
库那瓦			Kunavar，Kunuwār
库努			Kunu
狂笑	Aṭṭahāsa		
奎穷寺		gud chung	
拉堆		la stod	
拉多		lha do	
拉多贝垅寺		lha do sbas lung	
拉胡尔			Lāhul
拉贾桑			Rājasan
拉康沃		lha khang 'og	
拉隆		lha lung	
拉麦		la smad	
拉穷寺		lhag chung	
拉日		la ri	
拉萨		lha sa	
拉沃			Lao
拉孜		lha rtse	
喇嘛玉如寺			Lamayuru
蓝比浦			Rambirpur
蓝毗尼	Lumbinī		
滥波	Lampaka		
朗巴垅		glang pa lung	
朗巴庞塘寺		glang pa phang thang	
朗巴色顶		glang pa gser lding	

中　文	梵　文	藏　　文	其他语言
朗杰			Namgyal
朗杰孜摩寺		rnam rgyal rtse mo	
勒堆		las stod	
勒堆贡却卡寺		las stod dkon mchog mkhar	
勒珠寺		las drug dgon pa	
李(于阗)		li	
里地			Li
理帕			Lippa
列城			Leh
林热寺		gling ras kyi dgon pa	
灵鹫山	Gṛdhrakūṭa		
灵提			Lingti
龙马		lung dmar	
龙那		lung nag	
隆塘空		lung thang khung	
路科			Luk
伦噶		lang ka	
罗摩自在	Rāmīśvara		
罗萨尔			Losar
罗塘			Rohtang
洛布江孜		nor bu khyung rtse	
洛地		lho	
洛堆		lho stod	
洛江达若		nor khyung stag ro	
洛札		lho brag	
吕杰康		nyug rgyal khang	
玛格顶		mag dge lding	
玛哈桑噶		ma hā gsang 'gal	
玛朗		mang nang	
玛尼			Mani
玛旁雍措		ma pham g.yu mtsho	Manosarovar
玛曲			Mra Chu
玛如孜		ma ru rtse	
玛域		mar yul	

中　　文	梵　文	藏　　文	其他语言
马阳		ma yang	Miang, Ma Dzong
满隆寺		man lung	
曼陀罗山	Mandāra		
芒（牧区）		mang	
芒垅寺		mang lung	Toktri Gompa
芒沃		mang 'or	
茂那		mo na	
茂让			Morang
门地		mon	
门格河		mon skyer chu	
门卓		smon gro, smon 'gro	
蒙古			Mongol
弥如			Miru
密丛	Gahvara		
摩诃菩提寺	Mahābodhi		
摩亨佐·达罗			Mohenjodaro
摩揭陀	Magadha		
摩腊婆	Mālava		
摩罗耶山	Malaya		
摩奴	Maru		
莫（佛殿）		rmog	
姆拜			Mulbek
那格浦尔			Nagpur
那衮			Nagon
那果			Nako
那揭罗	Nāgara		
那烂陀寺	Nālandā		
那曲萨玛	Karṇāṭa	rna 'chus sa ma	
那热		na ra	
那塘		snar thang	
那推		sna thod	Napte
乃胡		sne 'u	
乃宁		gnas rnying	
乃萨		gnas gsar	

中　　文	梵　文	藏　　文	其他语言
南卡			Namgia
尼连禅河	Nairañjanā		
尼木		snye mo	
尼穆			Nimu
年巴		nyang bar	
年楚河		nyang chu	
年措拉康		nyang 'tsho lha khang	
年堆		nyang stod	
年麦		nyang smad	
年若		nyang ro	
娘尔玛		myar ma	Nyerma
涅如藏布			Nyera Chu
聂旺		nye wang	
宁若		nying ro	
牛授河	Godāvari		
纽提		nyung ti	
努克			Nuk
努玛曲垅		nu ma chos lung	Nurshika
帕顶寺		phar lding	Porten
帕里		phag ri	
帕罗河			Paro Chu
帕罗宗			Paro Dzong
帕木竹		phag mo gru	
帕竹		phag gru	
培贵		pas khu	Penchoka
毗米切			Pimikche
毗耶斯			Piyas
婆罗浮屠			Barabuḍur
菩提伽耶			Bodhgayā
普地			Poo
普卡		phur khar, pur mkhar	
普日		bu ri, pho ri	Booree
奇地			Kyi
奇尼			Chini

中　　文	梵　文	藏　　文	其他语言
祇园	Jetavana		
恰巴			Chamba
恰果		chags mgo	
恰让			Charang
恰域		bya yul	
迁德拉			Chandra
迁德拉巴迦			Chandra Bhāga
羌巴		changs pa	
羌地			Chang
强丁			Jangtang
切噶		bye gar	Bekhar
且达寺		bye mda' dgon pa	
且芒寺		'chad mang	
青哲			Chimbre
丘克			Kiuk
曲顶寺		chos lding	
曲拉佐伯山		chu rag btsogs po'i ri	
曲龙		khyung lung	
曲隆河			Chulung Chu
曲弥		chu mig	
曲木底			Chumurti
曲惹			Chure
曲苏		chu su	
让日孜		rang rig rtse	
饶巴		ro dpag, ro pag	
惹尼		rad nis, rva nid	
热(牧区)		ra	
热巴			Raspa
热布加林		rab rgyas gling	Rabgyeling
热地		ri	
热觉瓦			Richoba
热龙		rva lung	Ralung
热龙河		ra lung chu	
热日		re hri	

中　　文	梵　文	藏　　文	其他语言
仁庆岗		rin chen sgang	
日不顶			Treding, Traring
日绰		ri khrod	
日绰甘丹		ri khrod dga' ldan	
日喀则		gzhis ka rtse	
日朗		ri nang	
日朗浦曲		ri nang phug chu	
日土		ru thog	
日沃切		ri bo che	
日孜		rig rtse	
日宗寺		ri rdzong	
戎穷		rong chung	
如姆泽			Rumtse
如休			Rupshu
萨尔那特	Sārnāth		
萨迦		sa skya	
萨迦拉康		sa skya lha khang	
萨垅		bsa' lung	
萨玛		sa ma	
萨玛达		sa ma mda'	Samada
萨马萨		sa ma sa	
萨丕寺		sa phud	
萨婆拉			Saspola
萨让		za hreng	Sarang
萨特莱杰河			Sutlej
塞卜哈尔			Sabhar
赛多		gzhis stod	Shuto
三世怙主			Trilokanāth
桑丹		bzang ldan	
桑顶寺		bsam ldings, bsam lding	
桑噶		zangs dkar	Zanskar
桑迦尸国	Sāṅkāśya		
桑拉			sangla
桑佩仁波切林		bsam 'phel rin po che'i gling	

中　　文	梵　文	藏　　文	其他语言
桑日		bzang ri	
桑耶		bsam yas	
桑珠拉康		bsam 'grub lha khang	
桑珠孜		bsam sgrub rtse	
桑孜		bsam rtse	
色城寺		gser phreng	
色顶寺		gser lding	
色贡			Serkung
色拉寺		se ra	
色拉珠德		se ra sgrub sde	
色乌塘		ze thang, ze'u thang	Setan
色札亚龙		se brag g.ya' lung	
森格岗		seng ge sgang	
森格普满曲		seng ge phug sman chu	
莎鲁		sa lu	
赡部洲	Jambudvīpa		
上亚东寺		gro mo stod	
少岗			Sakang
阇烂达罗	Jalandhara		Jullundur
阇衍帝		dzayanti	
舍卫城	Śrāvastī		
什布奇			Shipki
斯比蒂			Spiti
斯比多克寺			Spitok
斯多克			Stok
斯瓦扬布			Svayambhūnāth
苏剌侘	Saurāṣṭra		
苏穆尔			Sumur
苏如			Suru
塔波		ta pho, ta po	Tabo
塔尔巴		thar pa	
塔尔巴林		thar pa gling	
塔玛拉潘提			Tamalapanti
塔如			Taru

中文	梵文	藏文	其他语言
谭岗			Tangan
塘波切瓦		thang po che ba	
瑭麦		stang med, tang med, tsangs med	
天女砦	Devīkoṭa	lha mo'i mkhar	
土耳其斯坦			Turkestan
土故			Thugu
托林		tho ling, mtho mthing, mtho lding, tho lding	Toling, Totling, Tolingmāth
王舍城	Rājagṛha	rgyal po'i khab	
卫		bdus	
卫藏		dbus gtsang	
翁奇		weng gir	
翁塘		'om thang	
乌巴西			Upshi
乌谷			Ugu
乌仁			Uren
乌如		dbu ru	
乌斯藏		dbus gtsang	
乌荼	Oḍiviśa		
乌仗那	Uḍḍiyāna, Ujjayana, Oṭṭiyāna, Uṭṭiyāna	o rgyan	
无抵天	Vaikuṇṭha		
无譬城	Anupamapura	grong khyer dpe med	
希古			Shigri
西基利亚	Sigiriya		
西达		gzhi bdag	
徙多河	Sītā		
喜马拉雅	Himālaya		
喜萨			Sisa
细脱喇章		bzhi thog bla brang	
夏才		shag tshal, bshag tshal	
夏鲁		zha lu, zhva lu	
夏苏			Shasu

中　　文	梵　文	藏　　　　文	其他语言
下亚东寺		gro mo smad	
香布孜古		sham bu rtse dgu	
香布孜古山		sham bu rtse'i dgu'i ri	
香地		shangs, shang	
香让		shang rang	
香孜宗		shang tse rdzong	Shangtse
香醉	Gandhamādana	spos dang ldan	
象河	Vāraṇa		
象泉河		glang chen kha 'bab	
象雄		zhang zhung	
协地		skyegs	
协噶江孜		shel dkar rgyal rtse	
协乃宁		skyegs gnas rnying	
协萨		zher sa, bzher wer	
协乌寺		she'u	
谢地			Sheh
信度	Sindhu		
信度河	Sindhu		
凶暴幽暗	Ghorāndhakāra		
须弥山	Sumeru		
雪朗		zho nang	Shonang, Shomang
雪林		zho ling	
雪山		gangs can	Hema
雪韶			Shushot
雅德		g.yag sde	
雅鲁藏布江		gtsang po	
雅桑		g.ya' bzang	
亚东		gro mo	
焰扰	Jvālākula		
阳谷寺		pho lung	
阳固		g.yang skur, gyan skur ri hri	
羊卓		yar 'brog	
夭如		g.yo ru	
耶佐		ye mdzod	

中　　文	梵　文	藏　　　文	其他语言
叶玛寺		g.ye dmar	
叶如		g.yas ru	
阴谷寺		mo lung	
雍仲尼夏寺		g.yung drung nyi shar	
雍仲寺	Svastikā	g.yung drung dgon pa	
于阗(李)		li	
玉如		yu ru	
玉瓦东		yu ba gdong	
约如		g.yon ru	
泽普		btsas phu	Saopu
扎布让		tsa pa rang, rtsa ba rang	
扎达寺		brag stag	
扎廓山		rtsa 'khor	
扎让		tsa rang	
扎什伦布寺		bkra shis lhun po	
扎西岗		bkra shis sgang	Tashigang
札玛寺		brag dmar	
瞻波	Campa		
彰卡			Drangkhar
长玛山		drang ma'i ri	
爪哇岛			Java
哲		dras	
哲蚌寺		'bras spungs	
哲东塘噶丹拉康		sbre gdong thang dga' ldan lha khang	
哲古措		gri gu tsho	
哲拉康		sbre lha khang	
哲莫寺		'bras mo dgon pa	
折贵寺		'dre gun dgon pa, 'bras khud	Riku
折利咀罗		tsaritra	
止仓		'bri mtshams	
止仓扎穆		'bri 'tshams rdza smug	
止贡		'bri gung	
止贡赞普山		rje gri gum btsan po'i ri	
止穷惹		dril chung re, dri la chung	

中　　文	梵　文	藏　　　文	其他语言
重孜		'brong rtse	Drongtse
重孜拉尊		'brong rtse lha btsun	
珠穆拉日			Chomolhari, Jomolhari
竹巴		grug dpag	
卓垅		sgro lung	
卓玛日		sgrol ma ri	
卓尼		co ne	
孜垅寺		rdzi lung	
孜乃萨寺		rtsis gnas gsar	rRcis le Neuf
孜囊吉山		btsas rnams kyi ri	
紫金		rtse chen	Tsechen
宗雪		rdzong shos	
左吉拉			Zojila

术　语

中　文	梵　文	藏　文	意大利文
阿赖耶识	ālayavijñāna, ālaya		centro cosciente dell'individuo
阿里札仓		mnga' ris grva tshang	
阿罗汉	arhat		
阿毗达磨	abhidharma		
阿尚		a zhang	
阿阇梨	ācārya		maestro
阿说他树	aśvattha		Ficus religiosa
阿修罗	Asura		
阿伊罗拔塔	Airāvata	rab brtan	elefante bianco
爱乐广大	vistīrṇaruci		
庵没罗树	āmra		Mangifera indica
唵嘛呢叭咪吽	oṃ maṇipadme hūṃ		
八标识		mtshan ma brgyad	
八怖畏	aṣṭabhairava	'jigs byed (brgyad)	
八大菩萨		byang sems brgyad	otto Bodhisattva
八大天		lha chen brgyad	otto mahādeva
八辐法轮		'khor lo rtsibs brgyad	ruota ad otto raggi
八男女阎摩		gshin rje pho brgyad mo brgyad	
八山	droṇa	bre	staio
八天女		lha mo brgyad	otto divinità femminili
八正道	aṣṭāṅgamārga		ottuplice sentiero
拔除地狱		nāraka dong sprugs	
百夫长		rgya dpon	centurioni
班钦		paṇ chen	
班智达	paṇḍita		

中　文	梵　　文	藏　　文	意大利文
斑莲		sna tshogs pad ma sna tshogs padma	doppio loto
般若	prajñā	shes rab	sapienza, scienza mistica
般若波罗蜜多	prajñāpāramitā	shes rab kyi pha rol du phyin pa	
半跏趺坐	ardhaparyaṅka		
宝	ratna		gemma
宝部		rin chen rigs	famiglia della gemma
宝藏瓶		gter gyi bum pa	vaso che contiene un tesoro
宝冠	mukuṭa		diadema
宝灌顶	ratnābhiṣeka		battesimo nella gemma
宝瓶	pūrṇakumbha ratnakalaśa gañjira		vaso
宝生佛四印		rin 'byung phyag rgya bzhi	
悲	karuṇā		compassione
背光	prabhāmaṇḍala		alone
贝拉赞普		dpal lha btsan po	
苯教		bon po, bon	religione bon
本莫切		dpon mo che	molto onorevole
本母	Mātṛkā	ma mo	
本钦		dpon chen	capo supremo
本师	ādiguru		rivelatore
本颂	kārikā		
本益		dpon yig	cancelliere
本尊		yi dam	divinità tutelare
哔叽		ther ma	pezze di lana sottile
毕舍遮		sha za	
遍满	spharaṇa		dilatazione
标识		mtshan ma	segni, simboli
别别自证	pratyātmavedanīya		individualmente sperimentabile
别部曼荼罗		rigs so so ba'i dkhyil 'khor	
钵	piṇḍapātra, pātra	lhung bzed	vaso monacale, per l'elemosina
波迦吒树	latāparkaṭī		
波罗提瓦树	pārthiva		
钹		cha lang	

中　文	梵　　文	藏　　文	意大利文
不动佛部		mi bskyod pa'i rigs	mistica famiglia di mi bskyod pa
不共念住	āveṇikasmṛtyupa- sthāna		sostegni della consapevolezza particolare
部多	bhūta	'byung po	classe di forze malefiche
部多王		'byung po'i bdag po	
布画	paṭa		disegno su stoffa
布施	dāna		liberalità
部组	kula		
擦擦		tsha tsha	
藏靴		ltar zon, lham	scarpe
草体		dbu med	
刹土神		zhing skyong	
禅定佛	dhyānibuddha		
禅定印	dhyānamudrā samādhimudrā		atteggiamento (mudra) della meditazione
禅定坐	dhyānāsana		
禅观 禅定	dhyāna		formula di meditazione
禅修带	yogapaṭṭa	sgom thag	fascia usata dal yogin
禅修殿		sgrub khang	celle per le realizazioni mistiche
长号		dung ring	trombe di rame
长矛		mdung ring	lancia
弗戈		gsal shing	albero da impalare
嗔	dveṣa	zhe sdang	odio iracondia
尘土鬼	pāṃśupiśāca		demone fatto di polvere e terra
成就殿		grub thob lha khang	tempio dell'asceta
成就法	sādhana	sgrub thabs	metodo di realizzazione mistica
成就者	siddha	grub thob	asceta
成所作智	kṛtyānuṣṭhānajñāna	bya ba grub pa'i ye shes	tipo di scienza gnostica
城邑神		grong khyer kyi lha	
痴	moha	gti mug	confusione mentale
持明	vidyādhara		
出世间		'jig rten las 'das pa	esoterico
除障	vighnavināśa		allontanamento delle forze cattive

中　文	梵　　文	藏　　文	意大利文
触地印	bhūmisparśamudrā		chiamare la terra a testimonio dell'illuminazione
穿耳派	Kāṇphāṭ		
传承	sampradāya	brgyud	linea di esperienze
传规		lugs srol	indirizzi (dottrinali)
传记		rnam thar	biografia
慈	maitrī		
次第净治	kramaśuddhi		purificazione progressiva
怛特罗	tantra		
大悲	mahākaruṇā		
大悲曼荼罗		snying rje chen po can gyi dkyil 'khor	
大悲胎藏曼荼罗	Mahākaruṇāgarbha-maṇḍala		
大部饿鬼曼荼罗		yi dvags phal mo che'i dkyil 'khor	
大禅师		sgom chen	
大乘	Mahāyāna		
大忿怒曼荼罗		khro bo chen po'i dkyil 'khor	
大灌顶		dbang chen	
大乐		bde chen	estasi
大论		blon po chen po	ministro
大人	mahāpuruṣa		superuomo
大日如来之成就曼荼罗		rnam par snang mdzad kyi sgrub pa'i dkyil 'khor	
大身印		sku phyag rgya chen po	
大神殿		lha khang chen mo	
大手印	mahāmudrā		
大司徒		tai bsvi tu，tai si tu	
大无量宫		gzhal yas khang chen po, steng gzhal yas khang chen mo	
大腰鼓		mu rdza	
大圆镜智	ādarśajñāna，ādarśa		un tipo di scienza mistica

中　文	梵　　文	藏　　文	意大利文
大智灌顶曼荼罗		ye shes chen po'i dbang bskur ba'i dkyil 'khor	
大转轮印		'khor los bsgyur ba'i phyag rgya chen po	
带角狮子	vyālaka		lione cornuto
丹珠尔		bstan 'gyur	
丹珠尔拉康		bstan 'gyur lha khang	
道次第		lam rim	processo di meditazione e purificazione
道格拉族			Dogra
道果殿		lam 'bras lha khang	
滴水		za ra tshags	
底蜜纳	timila		
帝师		ti shri	maestro dell'imperatore
第一天	Paramavyoma		
谛语	satyavacana		
地狱部组 地狱鬼怪	Nāraka	na rag narag	
地祇		sa bdag	spiriti del suolo, tutelari, demoni indigeti
顶阁		dbu rtse	piano piu' alto
顶髻	uṣṇīṣa	gtsug tor	
兜率天	Tuṣita		paradiso di Maitreya
独部		rigs rkyang	partitamente
独雄	ekavīra	dpa' bo gcig pa	eroe solitario
度		phar phyin	perfezioni
短号		rkang gling	flauto
堆(派)		stod	scuola delle regole monastiche di stod
顿观	Sadyo 'nubhava		
多门(塔)		sgo mang	stupa delle molte porte
俄(传规)		ngor	scuola di ngor
饿鬼		yi dags, yi dvags	lemure
恶趣清净曼荼罗	Durgatipariśodhana-maṇḍala		

中文	梵文	藏文	意大利文
恶兆		ltas ngan	infausto
耳饰		rna cha	orecchini
法	dharma	chos	
法会		chos 'khor	concilio
法界	dharmadhātu	chos kyi dbyings	assoluto
法轮	dharmacakra	chos kyi 'khor lo chos 'khor	ruota
法身	dharmakāya	chos sku	corpo eterno del Buddha, della legge
法身支提	dharmakāyacaitya		caitya del corpo della legge
法施	dharmadāna	chos sbyin	dono della legge
法王	dharmarāja	chos rgyal	
法性智	dharmatājñāna		puro conoscere
法衣		chos gos	abito religioso
法印	dharmamudrā		sigillo dell'assoluto
法主		chos rje	(titolo onorifico)
幡	patākā	ba dan	festoni, stendardi
烦恼魔	kleśamāra		passioni e tendenze al male
烦恼障	kleśāvaraṇa		offuscamenti derivanti dalle passioni
梵线	brahmasūtra brahmadaṇḍa	tshangs thig	linea di brahma
方便	upāya	thabs	prassi, mezzo di realizzazione
方便怛特罗	Upāyatantra		
飞天	apsaras		
飞檐		bya 'dab	sporgenza a tetto
非天		lha ma yin	
吠舍佉月	Vaiśākha		
忿怒	krodha	khro bo	aspetto irato
忿怒王曼荼罗		khro bo rgyal po'i dkyil 'khor	
忿怒威猛		khro drag po	manifestazione terrifica
封诰		'ja' sa	
佛灌顶	buddhābhiṣeka tathāgatābhiṣeka		battesimo generico

中　文	梵　　文	藏　　文	意大利文
佛瓶	buddhakalaśa		
佛语	buddhabhāṣita		parole del Buddha
伏藏		gter ma	
福德	puṇya		merito
福德资粮	puṇyasaṃbhāra		accumulazione della virtu'
辅音	kāli		serie delle consonanti
嘎乌		ga'u	specie di bulle
噶当派		bka' gdams pa	
噶举派		bka' brgyud pa	
噶逻禄		gar log	nome di tribù
噶玛巴		karma pa	
噶玛噶举		karma bka' brgyud	
甘珠尔		bka' 'gyur	
格鲁派		dge lugs pa	setta gialla
格年		dge bsnyen	
格西		dge bshes	
根本怛特罗 根本续		rtsa rgyud	tantra originario, fondamentale
弓	cāpa		arco
功德水	arghya	mchod yon	
工巧论	śilpa		manuali di tecnica
供养	pūjā		rito sacro
供养天女		mchod pa'i lha mo	deità femminili in atto di adorazione
钩		lcags kyu	uncino
鼓		rnga mo	tamburo
古恩札		gun dza	
古鲁	guru	gu ru	
古尚		sku zhang	(titolo onorifico)
骨连环套		rus pa'i lu gu rgyud	
骨饰		rus rgyan	paramenti di ossa umane scolpite
刮铲		chags shing	spatola

中　文	梵　　文	藏　　文	意大利文
关房		mtshams khang	posto di meditazione
观想	dhyāna		formula di meditazione
管家		gnyer pa	amministratore
灌顶	abhiṣeka	dbang	iniziazione，battesimo iniziatico
灌顶传承		dbang bka'	
光明		'od gsal	luce essenziale
广大		rgyas pa	diffuso
广疏		'grel chen	grande commento
鬼		dregs，'dre	
鬼曜	graha		demone che procrea malattie
鬼卒		las mkhan	
贵霜	Kuṣān		Kushan
棍		dbyug pa	bastone
寒地狱		grang dmyal	inferni freddi
行（蕴）	saṃskāraskandha		predisposizione a forze carmiche
行部怛特罗	Caryātantra	spyod pa'i rgyud	
诃利计罗树	harikela		
和尚		ha shang	
合十（印）	añjalimudrā		atteggiamento di adorazione，devozione，omaggio
合十持花	puṣpāñjali		mani unite，atteggiamento della preghiera con fiore
赫塔瑜伽	Haṭhayoga		
红宝石	padmarāga		rubino
红人尸曼荼罗		mi ro dmar bo'i dkyil 'khor	
红砂碗		kham phor	coppa
喉音	ka varga		(sillabe) gutturali
后分续		rgyud phyi ma	supplemento al tantra
后分之后分续		rgyud phyi ma'i phyi ma phyi ma'i phyi ma	supplemento del supplemento al tantra
后弘期		phyi dar	nuova penetrazione della fede
斛	droṇa	bre	staio
护财	Dhanapāla	nor skyong	

中　文	梵　文	藏　文	意大利文
护法	dharmapāla rakṣā	chos skyong bstan srung ma bstan srung srung ba	deità protrettrici
护方神	dikpāla	phyogs skyong	protettori dei punti cardinali
护境	kṣetrapāla		esseri irati che vigilano sulla superficie consacrata
护轮	rakṣācakra	srung ba'i 'khor lo	cerchio della difesa
护门神	dvārapāla	sgo skyong sgo ba	protettori delle porte
护使(都元帅)		hu shri (du dben shas)	
护世	lokapāla		re dei punti cardinali
户数		dud grangs	famiglie
怙主		mgon po	
怙主殿		mgon khang	deità protrettrici
化身	nirmāṇakāya		proiezione umana, terrena
怀	vaśya	dbang	dominio sugli altri, sottomissione
幻	māyā		
幻网	māyājāla	sgyu 'phrul dra ba	rete illusoria
幻网曼荼罗		sgyu 'phrul dra ba'i dkyil 'khor	
回廊		'khyams, yab ring	veranda
回向	pariṇāmanā		trasmissione dei meriti
晦魔		dme yug	lutti causati da epidemie
火祭	agnicayana		
火焰炽燃	jvālāśikhā		fiamme
霍尔		hor	popolazioni turche centro Asiatiche; dinastia mongola
霍尔丕		hor phigs	
基座		khri 'degs	stilobate
笈多	Gupta		
极乐世界 极乐净土	Sukhāvatī	bde ba can	paradiso d'occidente
吉沃		rje bo	
吉祥多门塔		bkra shis sgo mang mchod rten	fausto stupa dalle molte porte

中　文	梵　　文	藏　　文	意大利文
吉祥结	śrīvatsa		segno sul petto di Viṣṇu
吉祥俱生不变大乐		dpal ldan lhan cig skyes pa mi 'gyur ba bde ba chen	
吉祥世尊胜乐怛特罗	Śrīmadbhagavat Śambara Tantra		
吉祥世尊总摄轮	Śrīmadbhagavat Cakraśambara		
嫉	īrsyā	phrag dog	invidia
集市		tshong 'dus	mercato principale
集注	ṭīkā		commento
计都	Ketu	mjug ring	
计度	saṃkalpa		sintesi
计算		rtsis	far calcoli
记事		lo rgyus	racconto
寂静相	śānta, śiva	zhi	divinità serene
加持	adhiṣṭhāna		grazia, grazia divina
迦兰伽树	karañja		Pongamia glabra
嘉丕		rgya phigs	
家舍神		khyim lha	
坚固一切真言、明、心髓之四转轮曼荼罗		sngags dang rig pa dang snying po thams cad brtan par byed pa'i 'khor los sgyur ba bzhi'i dkyil 'khor	
犍稚	gaṇḍī		specie di clava
剑	khaḍga	ral gri	spada
箭	śara		freccia
将军		dmag dpon	generale
讲说传承		bshad bka'	
降忿怒本尊	krodhāveśa		invocazione delle deità terrifiche
降服	digvijaya		trionfo
降神	aveśa		invasamento
交杵金刚	viśvavajra	rdo rje rgya gram, sna tshogs rdo rje	doppio vajra
绞刑柱		dam shing	palo per impiccare i criminali
脚镯	nūpura		anello per la caviglia

中　文	梵　　文	藏　　文	意大利文
教法		chos lugs	metodo
教授	āmnāya		modi di realizzazione
觉沃		jo bo	
觉支	bodhyaṅga		concomitanti della illuminazione
阶梯	sopāna	them skas	scale, scalette, gradini
劫	kalpa		evo cosmico
羯磨部		las kyi rigs	famiglia attiva, della spada, dell'azione
羯磨灌顶	karmābhiṣeka		battesimo nell'azione
羯磨瓶	karmakalaśa		
羯磨印	karmamudrā		
解脱门	vimokṣamukha		superamento, sentiero che conduce alla salvazione
界	dhātu		categorie elementari
金翅鸟	garuḍa	nam mkha' lding mkha' lding	
金刚(杵)	vajra	rdo rje	
金刚阿阇梨	vajrācārya	rdo rje slob dpon	
金刚部		rdo rje rigs	famiglia del vajra, diamante
金刚乘	Vajrayāna		
金刚持上师		bla ma rdo rje 'chang	maestro che tiene il vajra
金刚大曼荼罗		rdo rje'i dkyil 'khor chen po	
金刚灌顶	vajrābhiṣeka		battesimo admantino
金刚灌顶曼荼罗		rdo rjes dbang bskur ba zhes bya ba'i dkyil 'khor	
金刚环	vajrāvalī	rdo rje ra ba	cintura di vajra
金刚跏趺坐	vajraparyaṅka		
金刚界	Vajradhātu	rdo rje dbyings	sfera indeffettibile di diamante
金刚界曼荼罗	Vajradhātumaṇḍala	rdo rje dbyings dkyil 'khor	
金刚界之成就 曼荼罗		rdo rje dbyings kyi sgrub pa'i dkyil 'khor	
金刚橛		phur bu, phur pa	pugnale magico, chiodo magico
金刚莲花	vajrapadma		loto di diamante

中　文	梵　　文	藏　　文	意大利文
金刚铃		rdo rje dril bu	campanello contrassegnato dal vajra
金刚瓶	vajrakalaśa		
金刚拳(印)	vajrasandhi	rdo rje khu tshur	
金刚身	vajrakāya		corpo admantino
金刚生起	vajrodaya	rdo rje 'byung	
金刚心		rdo rje snying po	
金刚座	vajrāsana	rdo rje gdan	sedile di diamante
紧那罗	kiṃnara		
紧那罗女	kiṃnarī		
经	sūtra		testi buddhistici
经函	pustaka		libro
精舍	vihāra		
经书护板	pālaka	glegs shing	copertina di libro
经堂		'du khang	sala delle radunanze
净瓶	kamaṇḍalu kalaśa kumbha	chab ril chab blugs spyi blugs bum pa	vaso sacramentale
净土	Sukhāvatī	bde ba can	paradiso d'occidente
净治	śuddhi		purificazione, sublimazione
静怒		zhi khro	aspetto beatifico e aspetto irato
静寺		dben dgon	romitorio
镜子	ādarśa	me long	specchio
九曜	navagraha		nove pianeti
救八难度母		sgrol ma 'jigs brgyad skyob	otto forme di Tārā che proteggono dalle otto cose terribili
救度	tārayati		oltrepassare
救一切难		'jigs kun skyob	protegge da tutte le paure
旧密		sngags rnying	vecchio sistema
居士	upāsaka		discepolo laico
具密曼荼罗		gsang ldan dkyil 'khor	
俱生	sahaja		ingenita

中　文	梵　　文	藏　　文	意大利文
俱生派	sahajīya		
俱生身	sahajakāya		
俱胝	koṭi		10 milioni
眷属	parivāra	'khor	seguito
羂索	pāśa	zhags pa	laccio
决定胜	naiḥśreyas	nges par legs pa	supremo bene, salvazione
君陀花	kumuda		un fiore
卡切		kha che	popolazione non tibetana
开光	pratiṣṭhā prāṇapratiṣṭhā	rab tu gnas	consecrazione
铠甲	kavaca	go cha	corazza
堪布		mkhan po	
靠背		rgyab yol	alone
克		khal	circa 11 chili
空	śūnya		vuoto
空行	ḍāka	mkha' 'gro	
空行母	ḍākīnī	mkha' 'gro ma	
空性	śūnyatā	stong pa nyid	insostanzialità, vuoto universale
口诀		man ngag	istruzioni
苦修	tapas		
快刀		chu gri	coltello
昆仲		ming po	
拉喇嘛	devaguru	lha bla ma	maestro degli dei
拉衣布降秋赛贝	Devaputra Bodhisattva	lha yi bu byang chub sems dpa'	
拉尊	devabhadanta	lha btsun	
喇章		bla brang lha brang	appartamento dell'abate palazzo
栏杆		lan kan lan khan	recinto
兰札体	lañja		caratteri lan tsa
乐	mahāsukha		beatitudine
犁		thong gshol	aratro
礼拜	vandanā		omaggio

中 文	梵 文	藏 文	意大利文
礼拜走廊		'da' yab kyi 'khor yug 'khor lam，skor lam	corridoio per la circumambulazione
利他	parārtha		
力嬉	vaibhavavilāsa		emanazioni di Kṛṣṇa
莲花	padma	pad ma	loto
莲花部		padma rigs，pad ma'i rigs	famiglia del loto
莲花弹指	padmācchaṭā		
莲花灌顶	padmābhiṣeka		battesimo nel loto
莲花链		padma'i lcags sgrog	catena fatta di loti
莲花瓶	padmakalaśa		
莲剑	padmakhaḍga		spada contrassegnata da un loto
莲铠	padmakavaca		un talismano
莲铃	padmaghaṇṭā		campanella contrassegnata da un loto
莲座	padmāsana		base，trono a fiore di loto
列		leb	
铃	ghaṇṭā	dril bu	campanello
领队		ru 'dren	guidatori delle ali (degli eserciti)
柳叶宫	Aṭakāvaṭī，Alakāvatī		
六字大明咒	ṣaḍakṣarīmahāvidyā		scienza mistica delle sei sillabe
六字大明主从三	Ṣadakṣara	yi ge drug pa'i rig pa chen po'i gtso 'khor gsum	
六字曼荼罗	Ṣaḍakṣarīmaṇḍala		
六字真言	ṣaḍakṣaramantra		formula sacra in sei sillabe
龙妃	nāginī		
龙女	nāgī	klu 'brog mo	
龙王	nāga	klu	serpente
龙须花	nāgakeśara		fiore di nāgakeśara
楼阁	kūṭāgāra		
颅器	kapāla	thod pa	coppa fatta con teschio umano
鲁	nāga	klu	serpente
轮 轮盘	cakra	'khor lo	ruota
轮部	cakrakula		

中文	梵文	藏文	意大利文
轮回	saṃsāra nivartate		
轮王坐	lalitākṣepa		
罗刹	rākṣasa	srin po	
罗刹女	rākṣasī	srin mo	
罗汉	arhat		
罗睺	Rāhu		
律藏	vinayapiṭaka		
马主		rta bdag	cavalieri a seguito del dio
慢	māna	nga rgyal	superbia
曼荼罗	maṇḍala		
芒果树	cūta		Mangifera indica
毛毡		phying	feltro
帽子		zhva mo	cappello
没入	laya		riassorbimento
门巴		mon pa	nome generico di popolazione di confine
门布		mon bu	
门布跋陀罗		mon bu pu tra	
秘密		gsang ba	segreto
秘密曼荼罗		gsang ba'i dkyil 'khor	
秘密主曼荼罗		gsang ba'i bdag po'i dkyil 'khor	
妙观察智	pratyavekṣaṇājñāna		
妙喜(净土)	Abhirati	mngon par dga' ba mngon dga' ba	paradiso di Akṣobhya
明窗		rab gsal	finestrella
明点	bindu		elemento creativo
明妃	śakti		potenza divina
明咒 明女	vidyā		essenza della scienza mistica, sapienza (divinità)
命根		mtshan ma	organi sessuali
命命鸟		shang shang	
魔		bdud gdon	forze malefiche, demoni

中　文	梵　　文	藏　　文	意大利文
魔变		bdud kyi cho 'phrul	magica apparizione dei demoni
魔鬼 魔类		bgegs	influenze malefihe
魔罗	māra		forze sataniche, dio della morte
魔女		phra men ma	
摩竭鱼	makara		mostro marino
摩竭幢	makaradhvaja	chu srin gyi rgyal mtshan	stendardo con mostro marino
摹制擦擦仪轨		tsha tsha gdab pa'i cho ga	
摹制一切仪轨	sarvakatāḍanavidhi		
末那识	manokliṣṭavijñāna		senzazione mentale ottenebrata
毪子		sle'u	coperte di lana
牧场 牧区		'brog	pianoro erboso
牧民		'brog pa	nomadi
沐浴		khrus	riti di lustrazione
捺落迦	Nāraka	na rag narag	
囊钦		nang chen	
囊索		nang so	
内		nang	esoterico
内殿		dri gtsang khang gtsang khang	cella
内供	ādhyātmika pūjā		rito interiore
内相		nang blon	ciambellano
念		gnyan	
念处	smṛtyupasthāna		consapevolezze
念珠	akṣamālā	bgrang 'phreng	rosario
涅槃	nirvāṇa, parinirvāṇa		
宁玛派		rnying ma pa	
帕木竹巴		phag mo gru pa	
牌楼	toraṇa		arco (architettura)
毗奈耶	vinaya		regole monastiche
琵琶		pi wang	liuto
飘带	paṭṭa	dar dpyangs, dpyangs	benda di seta
频那夜迦	vināyaka		

中 文	梵 文	藏 文	意大利文
品		dum bu	
平等性智	samatājñāna		identità germinale
平头	harmya harmikā	pu shu	torretta, piccolo padiglione turrito
婆咤树	vaṭa		Ficus bengalensis
菩萨	bodhisattva		
菩提	bodhi	byang chub	suprema illuminazione
菩提道场	bodhimaṇḍa		trono della illuminazione
菩提心	bodhicitta		suprema illumunazione
朴刀		shang lang	stocco
氆氇		snam bu	pezze di lana
普明	Sarvavid	kun rig	
普明殿		kun rig lha khang	
七佛		rabs bdun	sette Buddha
七字	saptākṣara		sette sillabe
七字真言	saptākṣaramantrā		mantra di sette sillabe
期剋印	tarjanīmudrā		simbolo della minaccia
骑乘	vāhana		veicolo
器世间	bhājanaloka		mondo fisico, mondo delle apparenze
悭	mātsarya	ser sna	avarizia
千佛		sangs rgyas stong pa	mille Buddha
千户		stong skor	
千户长		stong dpon	chiliarca
钱		zho	circa 50 grammi
乾达婆	gandharva	dri za	
前弘期		snga dar	prima propagazione della fede
前教		sngar chos	religione anteriore al Buddhismo (Bon)
寝殿		gzims khang	abitazione
清查户数		sde rtsis	censimento
青莲花	uptala		fiore di loto azzurro
情世间	sattvaloka		mondo spirituale
琼		khyung	
球鼓	mukuṇḍa		

中　文	梵　　文	藏　　文	意大利文
娆动	kṣobha spanda		tremolio
热地狱		tsha dmyal	inferni caldi
仁波切		rin po che	
日轮座	sūryāsana		sedile solare
日-月	sūrya-candra	zla nyi	sole-luna
肉髻	uṣṇīṣa	gtsug tor	
如来部		de bzhin gshegs rigs	famiglia dei Tathāgata
如来藏	Tathāgatagarbha		fondo dell'essere
如来秘密布绘曼荼罗		de bzhin gshegs pa'i gsang ba ras ris kyi dkyil 'khor	
如意宝	cintāmaṇi		gemma cintamani
如意宝幢	cintāmaṇidhvaja		stendardo magico
入一切部之曼荼罗之因金刚轮		rigs thams cad kyi dkyil 'khor du 'jug pa'i rgyur rdo rje 'khor lo	
褥子		grum ze	coperte
萨迦派		sa skya pa	
三藏	Tripiṭaka		
三叉戟	triśūla	kha tvaṃ ga rtse gsum	tridente
三界尊胜	Trilokavijaya	khams gsum rnam par rgyal, khams gsum rnam rgyal	
三界尊胜印		khams gsum rnam par rgyal ba'i phyag rgya	
三界尊胜之成就曼荼罗		khams gsum rnam rgyal gyi sgrub pa'i dkyil 'khor	
三具善昆仲		legs ldan mched gsum	
三昆仲		ming po gsum	
三昧耶	samaya		
三摩地	samādhi		culmine del processo meditativo, rapimento dell'estasi
色蕴	rūpaskandha		elemento fisico della persona umana
僧户		lha sde	beni ecclesiastici
僧人		ban dhe	

中　文	梵　　文	藏　　文	意大利文
山楞花			Aglaia roxburghiaa
山神		ri'i lha	
善根	kuśalamūla		merito
善士	sādhu		
善知识	kalyāṇamitra		moralmente utile agli altri
商主	śreṣthi	tshong dpon	capo mercante
上师传承		bla ma'i rgyud	serie di maestri
蛇索		sbrul zhag	laccio fatto con serpenti
阇提花		jāti	
舍(无量)	upekṣā		
舍利	śarīra	sku gdung ring bsrel	reliquia
摄部		rigs bsdus	mandala sintetico
摄一切仪轨中所出摄部曼荼罗		rtog pa thams cad bsdus pa las byung ba rigs bsdus pa'i dkyil 'khor	
摄政	yuvarāja	rgyal tshab	reggente
身	kāya	sku	corpo
身所依		sku rten	
神殿		lha khang	tempio, piccola cappella
神教		lha chos	religione degli dei (Bon)
神垒		lha tho	
神通	abhijñā		facolta' soprannaturali
神足	ṛddhipāda	rdzu 'phrul rkang pa, rdzu 'phrul	coefficenti miracolosi, poteri taumaturgici
生命		srog	vita
生起次第	utpattikrama		metodo generativo
生身	nirmāṇakāya		proiezione umana, terrena
声闻	śrāvaka		uditori
圣地	tīrtha	gnas mchog	luoghi di pellegrinaggio
圣地神		gnas kyi lha	
胜者		rgyal ba	
尸利沙树	śirīṣa		Acacia sirissa
尸林		dur khrod	cimiteri
尸林神		dur khrod kyi lha	

中　文	梵　　文	藏　　文	意大利文
施依印		skyabs sbyin	mudra della minaccia
施主	dānapati yajamāna	sbyin bdag po sbyin bdag yon bdag po yon bdag	donatore, sacrificante, munifico
狮头	kīrtimukha		testa di leone
狮子吼	siṃhanāda		ruggito del leone
狮子座	siṃhāsana		
识	vijñāna		coscienza
十二宏化事迹		mdzad pa bcu gnyis	12 momenti fondamentali della vita del Buddha
十方佛		phyogs bcu sangs rgyas	Buddha dei dieci punti cadinali
十夫长		bcu dpon	decurioni
十护方神		phyogs skyong	
十力	daśabala	stobs bcu	10 forze mistiche, 10 poteri
十万佛塔		sku 'bum	
十自在		dbang bcu	10 capacita' dominanti
时轮	kālacakra	dus 'khor	ruota del tempo
时轮怛特罗	kālacakratantra		
石柱	stamba	rdo ring	pilastri di pietra
事部怛特罗	Kriyātantra		
事部三怙主		rigs gsum mgon po	protettori delle tre famiglie mistiche
世间		'jig rten pa	
世间八大天		'jig rten pa'i lha chen brgyad	
世间曼荼罗		'jig rten pa'i dkyil 'khor	
世间神	laukika	'jig rten pa	
世尊总摄轮护轮		bcom ldan 'das 'khor lo sdom pa'i bsrung 'khor	
释怛特罗部		rgyud 'grel	
释迦狮子	Śākyasiṃha		
释经部		mdo 'grel	
誓言		dam tshig	
誓言拳	samayamuṣṭi		

中　文	梵　　文	藏　　文	意大利文
誓愿	praṇidhāna	smon lam	voto
收摄	saṃharaṇa		concentrazione in un punto
手印	mudrā		sigillo
受	vedanā		sensazione
受用身	sambhogakāya		mistico corpo
舒相坐	rājalilāsana		
树神		shing lha	
双身		yab yum	padre-madre, divinita' accoppiate
双神变	yamakaprātihārya		
说法印	dharmavyākhyāna		sigillo della legge
铄乞底	śakti		potenza divina
司徒		si tu	
思惟印	vitarkamudrā		simbolo del ragionare dialettico, della discussione logica
死魔	maraṇamāra		morte
四标识		mtshan ma bzhi	
四不护	catvāryārakṣyāṇi		
四大天王		rgyal chen bzhi	
四大种神		'byung bzhi'i lha	
四护门		sgo ba bzhi	
四姊妹		sring mo bzhi	
寺志	māhātmya	dkar chag	eulogio del monastero
窣堵波	stūpa	mchod rten	
俗户		mi sde	beni laici
塑师		lha bzo mkhas pa lde sku mkhas pa	modellatore delle statue in stucco
素馨花			Jasminum glandiflorum
随念	anusmṛti		
娑罗树	śala		
索波		sog po	
所缘	ālambana		punto di partenza, sostegno
所知障	jñeyāvaraṇa		offuscamenti derivanti dalla nescienza
塔	stūpa	mchod rten	
塔瓶	aṇḍa		globo centrale, pentola, cupola

中　文	梵　　文	藏　　文	意大利文
胎藏界	Garbhadhātu		
太阳		nyi ma	
贪	rāga	'dod chags	passione
弹指	acchaṭā		dita atteggiate a far lo schiocco
檀越	dānapati yajamāna	sbyin bdag po sbyin bdag yon bdag po yon bdag	donatore, sacrificante, munifico
唐卡		thang ka	
鼗鼓	ḍāmaru		tamburello magico
提仁提日印	tirintiri mudrā		
天	deva		
天宫	vimāna	gzhal yas khang	sede celeste, padiglioni
天后	devī		
天女		lha mo	
天女殿		lha mo'i lha khang	
天杖	khaṭvāṅga	kha taṃ ga kha tvaṃ ga	
天杖印	khaṭvāṅgamudrā		
天竺样式		rgya gar lugs rgya lugs	maniera indiana
天子	devaputra		
天子魔	devaputramāra		tentatore
天子菩萨	Devaputra Bodhisattva	lha yi bu byang chub sems dpa'	
调伏众生曼荼罗		'gro ba 'dul ba'i dkyil 'khor	
调伏众生之成就 曼荼罗		'gro ba 'dul ba'i sgrub pa'i dkyil 'khor	
调息	prāṇāyāma		restituire al respiro il suo valore essenziale
梃杖		dbyug to	
通人冠		paṇ chen zhva mo	berretto del pandit
同分		phyogs mthun cha mthun	tantra derivati, affini
铜钱		dong rtse	

中　文	梵　　文	藏　　文	意大利文
凸出		glo 'bur	ale laterali, sporgenze
土官		thus dkon	
托木	daṇḍa yaṣṭi	srog shing	albero della vita, anima di legno
陀罗尼	dhāraṇī	gzungs	
陀罗尼曼荼罗		gzungs kyi dkyil 'khor	
陀罗尼印	dhāraṇīmudrā		
外道	tīrthika		
外供	bāhya pūjā		rito esteriore
外金刚部之成就曼荼罗		phyi rdo rje rigs kyi sgrub pa'i dkyil 'khor	
万户		khri skor	
万户长		khri dpon	capo di 10.000
卍字符	svastikā		
王	rāja	rgyal po	re
王妃		btsun mo	
围墙		lcags ri	recinto
文集		gsung 'bum	
文殊曼荼罗		'jam dpal gyi dkyil 'khor	
乌策		dbu rtse	piano piu' alto
无部雄	akulavīra		
无二智慧	jñānam advayam		
无分	abhedya		infendibile
无佛世界中宣说佛出生之曼荼罗		sangs rgyas med pa'i 'jig rten pa'i khams su sangs rgyas 'byung ba'i ston pa zhes bya ba'i dkyil 'khor	
无垢顶髻	Vimaloṣṇīṣa	gtsug tor dri med	
无垢顶髻曼荼罗		gtsug tor dri med kyi dkyil 'khor	
无垢虚空大曼荼罗		nam mkha' dri med dkyil 'khor chen po	
无垢虚空极净法界心髓		nam mkha' dri ma med pa/ shin tu rnam par dag pa/ chos kyi dbyings kyi snying po	

中　文	梵　　文	藏　　文	意大利文
无量	apramāṇa		
无量宫	vimāna	gzhal yas khang	sede celeste, padiglioni
无明	avidyā	ma rig	
无上瑜伽部怛特罗	Anuttarayogatantra	rnal 'byor bla med rgyud	
无畏	vaiśāradya	'jigs med 'jigs pa med pa mi 'jigs pa	impertubabilita', intrepidezze
无畏印	abhayamudrā		atteggiamento, simbolo della protezione
五跋陀罗	pañcabhadravargīya		
五部	pañcakula	rigs lnga	serie dei cinque Buddha, cinque famiglie mistiche
五部陀罗尼		gzungs grva lnga gzungs lnga	
五次第	pañcakrama		
五佛	pañcatathāgata		
五佛冠		rigs lna	diadema "cinque famiglie"
五根	pañcendriya		cinque facoltà
五根识		dbang shes lnga	
五股金刚杵	pañcaśūlavajra	rdo rje rtse lnga	vajra a cinque punte
五光	pañcaraśmi		cinque elementi luminosi
五护	pañcarakṣā		
五力	pañcabala		cinque poteri
五蕴魔	skandhamāra		cinque costituenti della personalita' umana
息	śāntika	zhi	beatitudine ineriore, pacificazione
息增怀诛		zhi rgyas dbang drag	
喜苑神		kun dga' ra ba'i lha	
戏论	prapañca		
暇满		dal 'byor	
夏鲁派		zha lu pa	
仙人	ṛṣi	drang srong	vate
贤劫	Bhadrakalpa	bskal bzang	
贤坐	bhadrāsana		

中　文	梵　　文	藏　　文	意大利文
显贵		bla brang nang	
显现	ābhāsa	snang ba	
相	nimitta		segni
相女		mtshan ma	
想	saṃjñā		idea
象皮		glang ipags	pelle d'elefante
小叠涩		bad chung	duplice bordo piccolo
小无垢虚空曼荼罗		nam mkha' dri med chung dkyil 'khor, nam mkha' dri med chung ba	
邪命外道	Ājīvaka		
新密		sngags gsar ma	
心髓	hṛdaya	snying po	cuore della dottrina
心一境性	ekāgratā		stato di assoluta concentrazione
星宿	nakṣatra	rgyu skar	mansioni lunari
性力派	śākta		
兄弟		sku mched	
兄妹		lcam dral	
雄	vīra		
修法者	sādhaka		persona che compie la cerimonia
修钦		zhu chen	
休息		dbugs dbyung	
虚妄分别	vikalpa		discriminazione
喧嚣	ḍāmara		grido incomposto
烟	dhūma		
厌离	udvega		turbamento
腰带		ske rags	
腰鼓		gling rdza rnga	
曜		gza'	pianeti
药叉	yakṣa	gnod sbyin	
野干		lce spyang	sciacalli
野驴		rkyang	

中文	梵文	藏文	意大利文
业	karma	las phrin las	atto
业印女	mudrā		
一切恶趣清净		ngan song thams cad sbyong ba	
一切佛平等和合曼荼罗		sangs rgyas thams cad mnyam par sbyor ba'i dkyil 'khor	
一切无著力	asamparigraha		forza del non ataccamento al nulla
一味	ekarasa		identita' di tutte le cose
仪轨	vidhi		ritualistica, prescrizione ritualistica
义成之成就曼荼罗		don grub kyi sgrub pa'i dkyil 'khor	
译师	lo tsā ba		traduttore
意	citta, manas	thugs	spirito
意识	manovijñāna	yid kyi rnam shes	senzazione mentale
意誓印		dam tshig gi phyag rgya, dam tshig phyag rgya	
意所依		thugs rten	ricettacolo della forza spirituale
意欲	saṃkalpa		desiderio
阴阳魔障		gnod pho mo	spiriti maligni d'ambo i sessi
因缘	pratītyasamutpāda		
印度风格		rgya gar lugs rgya lugs	maniera indiana
印契	mudrā		sigillo
雍仲		g.yung drung	
优婆塞	upāsaka		discepolo laico
优陀那颂	udāna		frase ispirata
游戏坐	lalitāsana		
有修树	arjuna		Terminalia arjuna
右脉	piṅgalā		
右绕	pradakṣiṇā	g.yas 'khor	giro rituale a destra
于阗风格		li lugs	seguire la maniera di Khotan
瑜伽	yoga		

中　文	梵　　文	藏　　文	意大利文
瑜伽部怛特罗	Yogatantra		tantra della classe yoga
瑜伽行派	Yogācāra		
瑜伽女	yoginī	rnal 'byor ma	
语	vāc	gsung	verbo
语所依		gsung rten	
与愿印	varadamudrā		atteggiamento del dono, simbolo della carità
玉札		g.yu sgra	
元音	āli		serie delle vocali
圆鼓		rnga zlum	
圆光	prabhāmaṇḍala		alone
圆满次第	sampannakrama		metodo perfetto
圆满和合	yoga, samāpatti		
原人	Puruṣa		
缘觉	pratyekabuddha		
院		le tshe	partizione
月轮座	candrāsana		sedile lunare
钺刀	karttrī	gri gug	pugnale, coltello
钺斧	paraśu	dgra sta	scure
蕴	skandha		costituenti della persona
赞神之王		btsan gyi rgyal po	re dei btsan
赞颂	praśasti		glorificazione
赞同印		legs so sbyin	
增	puṣṭika	rgyas	incremento, prosperità materiale
增上生	abhyudaya	mngon mtho	prosperiotà e felicità
瞻波迦花	campaka		fiore di kampaka
战鼓	paṭaha		
战神		dgra lha	
章	paṭala		capitolo
障		bgegs	influenze malefihe
障碍	vighna		forze cattive
障清净解脱	āvaraṇaviśuddhi-vimukti		liberazione ottenuta dall'eleminazione delle infezioni morali e intellettuali

中　文	梵　　文	藏　　文	意大利文
真实	tattva		essenze primordiali
真言	mantra	sngags	
真言乘	Mantrayāna		
正勤	prahāṇa		perfette rinuncie
支提	caitya		
卮子花	priyaṅgu		
执持	dhāraṇā		
止贡巴		'bri gung pa	
止贡噶举		'bri gung bka' brgyud	
志	māhātmya	dkar chag	eulogio del monastero
制感	pratyāhāra		riduzione dell'attività sensoria a funzione fisilogica
智		shes rab	mistica gnosi
智慧曼荼罗		ye shes kyi dkyil 'khor	
智慧资粮	jñānasaṃbhāra		accumulazione della sapienza trascendentale
智拳印	bodhyagrīmudrā	byang chub mchog	
中叠涩		bad bar	bordo dentellato
中观学派	Mādhyamika		dialettica
中脉	suṣumnā		vena centrale
中阴		bar do	
种子字	bīja	sa bon	seme, lettera mistica
仲		drung	epiteto onorifico
众弗戈曼荼罗		shu la mang po'i dkyil 'khor	
众短矛曼荼罗		mdung thung mang po'i dkyil 'khor	
众颅器曼荼罗		thod pa mang po'i dkyil 'khor	
众梃杖曼荼罗		be con mang po'i dkyil 'khor	
肘		khru	cubito
诛	māraṇa	drag	soppressione, maestrai nella magia nera
朱古		sprul sku	incarnato

中　文	梵　　文	藏　　文	意大利文
诸经部		mdo mang	
竹巴噶举		'brug pa bka' brgyud	
主尊	vibhu	gtso bo	divinita' centale del maṇḍala
驻寺		gnas dgon	convento vero e proprio
转法轮	dharmacakra-pravartana		messa in moto della ruota della legge
转法轮印	dharmacakramudrā		mudra della predicazione
转轮		'khor los sgyur ba 'khor los bsgyur pa 'khor los bsgyur ba	
转轮王	cakravartin		
转文字轮曼荼罗		yi ge 'khor lo bskor ba'i dkyil 'khor	
庄严		bkod pa	disposizione delle figure sul mandala
拙火	gtum mo'i me		
濯足水	pādya	zhabs bsil	
孜		btsas	
孜巴		rtsi pa	astrologi
姊妹		sring mo	
自利	ātmārtha		liberalità
自利利他	parātmahita		duplice beneficio, bene altrui e bene proprio
自天而降	devāvatāra		discesa dal cielo
自性清净解脱	bhāvaviśuddhi-vimukti		convinzione della libertà della natura delle creature
自性身	svabhāvikakāya		
自在		dbang ba	
宗本		rdzong dpon	prefetto
总摄	saṃvara		unione
总摄轮	cakrasaṃvara	'khor lo sdom pa	
足印		zhabs rjes	impronte
祖拉康		gtsug lag khang	
祖孙三王		mes dbon gsum	i tre antenati
最胜	vara		

中　文	梵　　文	藏　　文	意大利文
尊胜塔		rnam rgyal mchod rten	stupa del vittorioso, nobile
左脉	iḍā		vena iḍā
佐钦		rdzogs chen	sottoscuola dei rnying ma pa
作吽印	hūṃkāramudrā		

其　　他

中　　文	梵　　文	藏　　　　文	其他语言
安格拉·曼纽			Anhro Mainyu
白殿		lha khang dkar po	
半干半湿人头		thod pa rad pa, bgrad pa	
保护	rakṣā		
北大殿		gtsang khang chen mo byang	
鼻血		shangs mtshal	
壁画		ri mo	
蝙蝠		pha wang	
表达		gtam	
波罗蜜	pāramitā		
忏悔		ltung bshags	
朝圣地		gnas skor	
嗔	krodha	khro ba	
持诵	japa		
持	ādhāra		
出家(苦行)	abhiniṣkramaṇa		
除尽	antaka		
除去知与所知的生起	jñānajñeyodayakṣaya		
传说	vṛttānta	gtam rgyud	
从意而生	manasija		
达奔		mda' 'bum	
大地身形		sa chen po 'dzin pa	
大莲暴恶自在之标识		pad ma chen po gtum po'i dbang phyug gi mtshan ma	
大莲黑之标识		pad ma chen po nag po'i mtshan ma	
大莲贪欲武器之标识		pad ma chen po chags pa'i mtshon cha'i mtshan ma	

中　　文	梵　　文	藏　　文	其他语言
大怒		rab tu khro bo	
大象		glang khyu mchog	
大自在天身形		dbang phyug chen po'i gzugs 'dzin pa	
灯焰明	dīpa		
地区		ru	
顶轮	sahasrāra		
杜鹃		kokila	
断		gcod	
法流不断		'das ma 'ong 'byung ba	
梵天身形		tshangs pa'i gzugs 'dzin pa	
梵天之标识		tshangs pa'i mtshan ma	
风天身形		rlung gi gzugs 'dzin pa	
福祉和财富		don du, bkra shis	
父(续)		pha	
妇女		bud med	
干人头		thod pa skam	
甘露所依口		bdud rtsi'i rten kha	
宫殿		pho brang	
后分处	Uttarasthāna		
欢喜自在及大黑天		dga' byed dbang phyug nag po chen po	
绘制		lag pa'i 'du byed	
火羊(年)		me lug	
迦腻迦(塔)			Kanika
家禽		khyim bya	
教	pravacana		
金殿		gser khang	
近住弟子		nye gnas	
空性类		stong pa nyid dum bu	
莲花生的修行洞		padma'i sgrub phug	
两瞳		'bras bu gnyis	
鬣狗		lcags spyang	
罗汉殿		gnas brtan lha khang	
萝卜		la phug	
马颈	hayagrīva		

中　　文	梵　　文	藏　　文	其他语言
马头明王殿		rta mgrin lha khang	
马头	hayaśiras		
曼荼罗殿		dkyil khang	
门厅		sgo khang	
门右侧		mar khyu	
门左侧		yar khyu	
弥勒殿		byams pa lha khang	
密集后分	Samājottara		
面		gdong	
灭一切障		bgegs thams cad rnam par gzhom pa	
母(续)		ma	
那塘(版)		snar thang	
南殿		gtsang khang lho	
鸟		bya	
柠檬	bījapūra		
圮废神殿		lha khang gog po	
清净类		rnam dag dum bu	
人户		zhing chung	
仁钦桑波译师神殿, 译师神殿		rin chen bzang po lo tsā ba'i lha khang, lo tsā ba'i lha khang	
三区		chol kha gsum	
山谷		rong	
蛇		sbrul	
摄(部), 简略		bsdus pa, bsdus	
伸右足	ālīḍha		
伸左足	pratyālīḍha		
十地经(函)	Daśabhūmikasūtra		
十万佛塔		sku 'bum	
释迦殿		shā kya thub pa lha khang	
叔父		khu	
水鸡(年)		chu bya	
水牛(年)		chu glang	
水天身形		chu lha'i gzugs 'dzin pa	
粟珊斯			Śōšāns

中　　文	梵　　文	藏　　文	其他语言
天王	mahārāja	rgyal chen rgyal po	
甜面饼		la du	
头发		ke'u shi	
温泉		chu tshan	
西藏万户章		bod yul khri skor gyi le'u	
蜥蜴		rtsangs	
喜金刚怛特罗所出制御三界拘留拘啰		kye'i rdo rje rgyud las 'byung ba'i 'jig rten gsum po dbang du byed pa'i lha mo rig byed ma	
喜金刚怛特罗所出自身加持拘留拘啰		kye rdo rje'i rgyud las 'byung ba'i rang byin kyis rlabs pa'i rig byed ma	
小白殿		lha khang dkar byung	
写作		yig	
心自性清净	prakṛtiprabhāsvaram cittam		
新鲜人头		thod pa rlon pa	
虚空明相	khadyota		
鸭		bya gag	
阳火龙(年)		me pho 'brug	
阳焰相	marīci		
愚痴对治调伏众生		gti mug gi gnyen por 'gro 'dul	
欲天身形		'dod pa'i lha'i gzugs 'dzin pa	
真性类		de bzhin nyid dum bu	
侄孙		dbon	
指		sor mo	
中等		bar ma	
中观类		dbu ma dum bu	
种敦(小殿)		'brom ston	
种敦大殿		'brom ston lha khang chen po	
胄裔		dpon brgyud	
诸轮		sna tshogs 'khor lo	
猪		phag	
灼热光		tsha zer	
宗山(城堡)		rdzong	

图书在版编目(CIP)数据

梵天佛地 / (意) 图齐著;魏正中,萨尔吉主编
. —上海: 上海古籍出版社,2018.5 (2025.3 重印)
(亚欧丛书)
ISBN 978-7-5325-8713-1

Ⅰ.①梵… Ⅱ.①图… ②魏… ③萨… Ⅲ.①藏学—研究 Ⅳ.①K281.4

中国版本图书馆 CIP 数据核字(2018)第 020027 号

亚欧丛书 EurAsia Series
梵天佛地
(全八册)
[意]图齐 著
魏正中 萨尔吉 主编
上海古籍出版社
地中海与东方学国际研究协会 出版 发行
(上海市闵行区号景路159弄1-5号A座5F 邮政编码 201101)
(1)网址: www.guji.com.cn
(2)E-mail: guji1@guji.com.cn
(3)易文网网址: www.ewen.co
上海世纪嘉晋数字信息技术有限公司印刷
开本 710×1000 1/16 印张 149.25
2018年5月第1版 2025年3月第6次印刷
ISBN 978-7-5325-8713-1

K·2427 定价: 800.00元
如有质量问题,请与承印公司联系